Alfred Kirchhoff

Die ältesten Weisthümer der Stadt Erfurt

über ihre Stellung zum Erzstift Mainz aus den Handschriften hrsg., erklärt und mit

ausführenden Abhandlungen versehen Ein Beitrag zur Verfassungs und Kulturgeschichte der

deutschen Städte

Alfred Kirchhoff

Die ältesten Weisthümer der Stadt Erfurt
über ihre Stellung zum Erzstift Mainz aus den Handschriften hrsg., erklärt und mit ausführenden Abhandlungen versehen Ein Beitrag zur Verfassungs und Kulturgeschichte der deutschen Städte

ISBN/EAN: 9783743346819

Hergestellt in Europa, USA, Kanada, Australien, Japan

Cover: Foto ©ninafisch / pixelio.de

Manufactured and distributed by brebook publishing software (www.brebook.com)

Alfred Kirchhoff

Die ältesten Weisthümer der Stadt Erfurt

Die ältesten

Weisthümer der Stadt Erfurt

über

ihre Stellung zum Erzstift Mainz

aus den

Handschriften herausgegeben, erklärt und mit ausführenden
Abhandlungen versehen.

Ein Beitrag

zur Verfassungs- und Culturgeschichte der deutschen Städte

von

Alfred Kirchhoff.

Nebst einem Plan der Stadt Erfurt um 1300 und einer Uebersichtskarte von Mittelthüringen
gezeichnet von Herrn Major Böckner.

Halle,

Verlag der Buchhandlung des Waisenhauses.

1870.

Karl Herrmann
dem Wiedererwecker der Erfurter Alterthumsforschung

und

Heinrich Beyer
dem Neubegründer eines Erfurter Stadtarchivs

in aufrichtiger Hochachtung und Dankbarkeit

zugeeignet.

Vorwort.

Ein Buch, welches namentlich für die Verfassungsgeschichte von Alt-Erfurt endlich einmal die erreichbar ältesten Originalquellen mit ausführlichem Commentar und beigefügten Bearbeitungen für den Standpunkt der heutigen Forschung vorlegt, braucht nicht um Entschuldigung wegen seines Erscheinens zu bitten.

Jacob Grimm ließ in seiner Weisthümer-Sammlung Thüringen fast ganz leer ausgehen; Michelsen bedachte zwar ganz besonders auch Erfurt, als er jene stattliche Reihe von Rechtsdenkmalen aus dem mittelalterlichen Thüringen veröffentlichte, die seinem Verweilen an der thüringischen Saale ein bleibendes Andenken sein werden; aber diejenigen Rechtsaufzeichnungen, welche von der frühzeitig in Thüringens Centralstadt aufgerichteten Herrschaft des Mainzer Erzstifts sprechen und von den vor- und nachher dort vorhanden gewesenen anderen Stadtgewalten absichtlich schweigen und doch unabsichtlich hie und da etwas verrathen, ließ man fast allerseits in ungestörter Archivruhe liegen. Ohne aus ihnen als den authentischen Quellen die verfassungsgeschichtlichen Grundzüge zu entnehmen, lieferten Specialhistoriker theilweise fleißig ausgearbeitete Werke über die alte Streitfrage von Mainz gegen Erfurt in einem Sinn, als wenn der berühmte Proceß, der einst über diese Sache am

Reichs-Kammergericht Acten auf Acten thürmte, noch in unseren Tagen seine Unsterblichkeit bethätigen sollte, und als ob es einem ernsthaft objectiven Forscher an Stelle des Ertheilens von Recht an die eine, Unrecht an die andere Partei nicht allein auf Darlegung des geschichtlichen Entwicklungsganges ankäme, aus dem ja ein gleichwiegendes Urtheil ganz von selbst hervorwächst; allgemeine Darstellungen deutscher Städteentwicklung hielten sich dagegen, wie bei so mangelhafter Quellengrundlage leider geboten war, von Erfurt meist in gemessener Ferne.

Daß kein Besserer als ich den Versuch gemacht hat, der bedeutenden Rolle, welche in Deutschlands älterer Geschichte die Stadt Erfurt gespielt hat, auch in der Geschichtschreibung Ausdruck zu geben und zunächst das verfassungsgeschichtliche Fundament des Lebens dieser uralten Stadt ausschließlich nach unverfälschten urkundlichen Berichten zu erforschen — das wird hoffentlich nur für kurze Zeit ein Schaden sein. Denn es steht sicher zu erwarten, daß, nachdem nun der Anfang gemacht ist, tüchtigere Kräfte sich an die Arbeit machen werden, nicht nur die hier gebotenen Quellen weiter zu bearbeiten, sondern vielleicht auch — ich denke an die (leider nur theilweise durch Süddeutschland) verstreuten Reste des Mainzer Archivs — neues Quellenmaterial ans Licht zu ziehen.

Eins muß ich aufrichtig und mit großem Dank hier bekennen: was das vorliegende Buch an Unvollkommenheiten besitzt, ist nirgends entschuldigt durch Uebelwollen und Unbereitwilligkeit Anderer; ich habe mich vielmehr von allen Seiten ohne Ausnahme der bereitwilligsten Zuvorkommenheit zu erfreuen gehabt. Am meisten verdanke ich dem Magdeburger Staats- und dem Erfurter Stadtarchiv: ihnen gehören die mit größter Liberalität mir zur Benutzung überlassenen Handschriften der wichtigen Weisthümer von 1289 und 1332, von denen das letztere, das sogenannte Bibra=Büchlein, bisher nur in einer gründlich verderbten Uebersetzung seines lateinischen Textes bekannt war. Neben den Verwaltungen dieser beiden Archive auch denen des erneſtiniſchen Commun= und Weimariſchen Staatsarchivs ſowie des Kgl. ſächſiſchen Haupt=Staatsarchivs und der Kgl. Bibliothek zu Berlin für die verſtattete Einſicht in werthvolle handſchriftliche Documente meinen Dank hier öffentlich auszusprechen, iſt mir eine ſehr angenehme Pflicht.

Von den materiellen Opfern, ohne welche eine Arbeit wie die vorliegende unmöglich zu leiſten wäre, würde ich nicht zu reden haben, wenn ich nicht auch in dieſer Beziehung eine Dankespflicht zu erfüllen hätte; ſie gilt den ſtädtiſchen Behörden von Erfurt, die durch völlig uneigennützige Mittragung der Herſtellungskoſten dieſes Buches ähnlich wie durch die Begründung eines neuen Erfurter Stadtarchivs — nach Entführung des älteren — bewieſen haben, daß ſie es verſtehen, wie das heutige Erfurt keinen koſtbareren Schatz beſitzt als das Andenken an ſeine große Vorzeit, und daß es nicht bemüthigend, ſondern nur ermuthigend wirken kann, wenn man ſieht, was auf dem heimathlichen Boden einſt im Verhältniß zur damaligen Mitwelt ſo viel Größeres geleiſtet worden iſt.

Die ſchönen graphiſchen Zuthaten, mit denen Herr Major Böckner die nicht zu entgeltende Güte hatte, das Buch auszuzeichnen, bedürfen meines Lobes nicht; ich möchte es jedoch nicht unerwähnt laſſen, daß Herr Major Böckner an der in manchen Einzelheiten recht ſchwierig geweſenen Herſtellung des beigefügten Stadtplans auch den beſten Forſcherantheil hat.

Ohne kleinere Versehen ist der Druck bei meiner Entfernung vom Druckort freilich nicht abgegangen; ich glaube jedoch S. 304 ff. alles Nöthige gethan zu haben, um diesem Uebelstand Abhülfe zu schaffen. Für Mitbesorgung der Druckrevision und nochmalige Collationirung der Erfurter Handschriften habe ich schließlich Herrn Archivrath Beyer noch ein ganz besonderes Dankeswort auch an dieser Stelle auszusprechen.

Berlin, im Juni 1870.

Der Verfasser.

Inhalt.

Seite

I. Das Weisthum von 1289.
    Vorbemerkung 1
    Text 5

II. Das Bibra-Büchlein.
    Vorbemerkung 31
    Text 37

III. Das Weisthum über die Vizthum-Rechte.
    Vorbemerkung 134
    Text 134

Abhandlungen:
    I. Die Bischofsmacht auf ihrer Höhe.
        1. Residenz, Mauerbau, Burghut 143
        2. Gerichtshegung 149
        3. Münze und Zoll 165
        4. Ständige Einnahmen 180
    II. Graf und Bischof 195
    III. Bischof und Rath 237
    IV. Landwirthschaft, Gewerbe und Handel 255
    V. Die Juden 278

Nachträge und Verbesserungen 304
Deutung der Abkürzungen 307
Wortregister 308
Namenregister 310
Deutung der auf dem beigefügten Stadtplan gebrauchten Zahlen . . 312

I. Das Weisthum von 1289.

Vorbemerkung.

Das 13. Jahrhundert bildet die eigentliche Krisis-Periode in dem Rechtsstreit zwischen dem Erzstift Mainz und der Stadt Erfurt. Schon 1203 ruft der Erzbischof Siegfried die Capitel der beiden Stiftskirchen zu Erfurt (Mariä und Severi), deren eignes Ansehen mit dem des Erzstifts stehe und falle, zum gemeinsamen Kampf gegen die Erfurter Bürger auf, die ihm „Gutes mit Bösem, Liebe mit Haß vergelten." Zu wiederholten Malen beweisen in der Folgezeit die Erzbischöfe ihren Zorn gegen die Stadt durch Niederlegen des Gottesdienstes, ja 1279 wird Erfurt auf Jahre vom Erzbischof Werner in den Bann gethan, und der gesammte Clerus muß die Stadt verlassen. Erst nach fast drei Jahren erweichen tausend Silbermark des Bischofs Herz, er versöhnt sich mit der Bürgerschaft, gestattet ihr wieder Glocken- und Orgelschall, und unter der Bedingung erklecklicher Schmerzensgelder für das lange Exil zieht auch die Geistlichkeit in feierlicher Procession wieder ein.

Gerade damals führte ein in der deutschen Rechtsgeschichte bisher noch nicht gewürdigter Jurist, einer der frühesten Romanisten in Deutschland, den nachmals so chronisch gewordenen Staatsproceß zwischen Erfurt und Mainz: Heinrich von Kirchberg.[1] Einer osterländisch-thüringischen Dynastenfamilie entstammt, hatte er in Paris und Bologna studirt, war in Rom vom Papst besonderer Ehrenbezeigung gewürdigt worden und kam jetzt von Padua, wo er als schlagfertiger Jurist manchen Wortsieg erfochten und als Rechtslehrer geglänzt hatte, mit dem Corpus juris im riesigen Büchersack auf dem Pferd, über die

---

[1] Savigny kannte ihn noch nicht, da erst durch Höflers Herausgabe des „Carmen historicum occulti autoris" (Wien 1861) seine interessante Biographie bekannt wurde.

Alpen in die Heimath zurück. Ihn erkor sich die Stadt Erfurt zu ihrem Anwalt, gab ihm Obdach für sich und seine Bücher, Kleidung für Sommer und Winter und reichlichen Gehalt. Aber es scheint eben hier die erste Anwendung des römischen Rechts auf Gründung absoluter Fürstenmacht in einer deutschen Stadt geschehen zu sein: der gelehrte Decretalen=Doctor, zugleich kirchlicher Würdenträger, beweist der deutschen Bürgergemeinde „aus dem großen Canon", daß sie Unrecht habe, erwirkt ein „beflügeltes" Mahnschreiben des Papstes, an welchen der Rath vom Erzbischof appellirt hatte,[1] und läßt durch Widerruf des Geschehenen seitens der Bürger Mainz bestimmen „nicht mehr mit dem Stachel zu stechen". Bürger aus Kirchbergs Freund= schaft werden zum Erzbischof gesendet, die Aussöhnung mit klingender Münze zu vollziehen; und Feinde Kirchbergs meinten, er habe selbst bei der Sache mehr seinen Beutel als der Bürger Wohl im Auge gehabt, — ja man sprach von Verrath. Leider besitzen wir über diese zwischen Erzbischof Werner und Erfurt geführten Verhandlungen nur wenige Bruchstücke in Abschrift[2] und außerdem die von den Rich= tern des Mainzer Stuhles selbst aufgenommene Urkunde[3] über das ihnen von Kirchberg im October 1282 abgelegte Gelöbniß, alle der Stadt nachtheiligen in seinen Händen noch befindlichen Schriftstücke zurückgeben zu wollen. In dem werthvollen „Libellus correctus", einer 1608 dem kaiserlichen Kammergericht eingereichten Vertheidigungs= schrift des Raths zu Erfurt (jetzt im Besitz der dortigen Evang. Mi= nisterialbibliothek), befindet sich indessen unter Artikel 91 die Nachricht, daß Kirchberg trotz dieses urkundlich aufgesetzten Gelöbnisses die Resti= tution unterlassen habe, „dardurch die Stadt umb viel guter Nach= richtung benachtheiliget worden." Fest steht nur dies, daß der Streit sich auch unter dem nächsten Erzbischof Heinrich wieder anfachte. Dieser aber stellte, als er in einer deutschen Sühne=Urkunde[4] am 4. März 1287 den „bis heute gehegten Unwillen" gegen die Stadt ablegte, eine gründliche Ausgleichung über die beiderseitigen Rechte mit den Worten in Aussicht: „Auch sollen die Bürger in Erfurt von dem nächsten Martinstag an alle unsre Rechte, als sie von Alters herkom= men sind, ausrichten und unter ihrem Insiegel uns und unserem Stift geschrieben geben, wie unsere Boten, die wir mit unsern Briefen dazu

---

[1] M. A. VII, 9. [2] M. A. VII, 3. [3] M. A. XXVII, 3.
[4] M. A. VI, 1.

senden werden, und sie übereinkommen; und dasselbe Recht werden wir ihnen wiedergeben besiegelt mit unserem und unseres Capitels Insiegel."
Es trat indessen eine neue Verstimmung hemmend dazwischen, da Heinrich die von seinem Vorgänger Werner geschehene Uebertragung der erzstiftischen Beamtungen zu Erfurt widerrechtlich und eigenmächtig (ohne Zuziehung seines Capitels) in Hinsicht auf die Personen, denen die Aemter auf längere Dauer gegeben waren, ändern wollte;[1] und so kam es erst 1289 unter seinem Nachfolger, Erzbischof Gerhard, zu der beabsichtigten Ausgleichung durch ein, wie es also scheint, von beiden Parteien berathenes, als Concordanz von jedem der beiden Theile dem andern in einem seinerseits besiegelten Exemplar urkundlich ausgestelltes, deshalb im vorzüglichen Sinn fundamentales Weisthum.

Dieses bis jetzt am correctesten bei Höfer[2] abgedruckte Rechtsdenkmal folgt hier in wortgetreuem Abdruck des einen uns glücklich erhaltenen Originals, nämlich des vom Erzbischof und seinem Stift ausgestellten. Es gehörte früher dem Erfurter Stadtarchiv, kam (nach erfolgter Uebertragung des letzteren nach Magdeburg) mit anderen besonders interessanten älteren Urkunden deutscher Sprache auf einige Zeit in das Geheime Staats- und Kabinetsarchiv nach Berlin und befindet sich nun wieder in Magdeburg (unter VII, 10ᶜ). Ein großes rechteckiges Pergament, hat es $2\frac{1}{2}'$ Höhe und $22''$ Breite; durch Pergamentstreifen sind zwei parabolische Siegel in braunem Wachs daran befestigt: das linke, den heiligen Martinus, den Stiftspatron von Mainz, mit dem Bischofsstab in der Rechten, dem aufgeschlagenen Buch in der Linken darstellend, ist das des Erzstifts; das rechte, nur fragmentarisch erhaltene, ist das des Erzbischofs Gerhard, den es darstellt, wie er mit schwörend gehobener Rechten auf dem Bischofsstuhl sitzt. Die sehr deutliche Schrift ist neugothische, aufrechte Minuskel und läuft in drei Columnen, ringsum einen mäßigen Rand lassend, von oben nach unten, jedoch so, daß die letzte Columne den ihr gelassenen Raum nur etwas über die Hälfte füllt. Nur die Initialen der (von uns numerirten) Abschnitte 1—4 sind mit rother Lackfarbe aufgetragen, die Stellen für alle folgenden dagegen leer geblieben, so daß die Anfangsbuchstaben der §§ 5—56 ergänzt werden mußten,

---

[1] M. A. VII, 10ᵇ.
[2] Höfer, Auswahl der ältesten Urkunden deutscher Sprache im Kgl. Geheimen Staats- und Kabinets-Archiv zu Berlin. Hamburg 1835. 4. No. 18 pp. 39—48.

was ebenso leicht als sicher zu thun war, zumal uns noch mehrere Handschriften zu Gebot standen. Von letzteren ist besonders zu erwähnen die prächtige Abschrift in dem von dicken dunkelgrün bezogenen Holzdeckeln eingeschlossenen „grünen Buch" des M. A. („Erfurter Copialbücher 2").[1] Hier sind die schön blau und roth gemalten Initialen vollständig; der Text stimmt bis auf zwei wichtigere Varianten fast ganz mit unserem Original überein. Außer dieser Nebenhandschrift, die mit M bezeichnet werden mag, citiren wir noch mit E eine solche des E. A. (Tit. III, A, 3): sie füllt nicht ganz 6½ Pergamentseiten in Folio und unterscheidet sich von den eben beschriebenen Manuscripten durch zwei Text-Aeußerlichkeiten, indem nämlich statt „Erzbischof" gewöhnlich gesetzt ist „unser Herr der Bischof" und statt „er" durchgängig die provincielle Pronominalform „he," seltener „her." Es ist ein „von den Richtern des heiligen Stuhls zu Mainz" nach dem von der Stadt Erfurt besiegelten Original[2] 1302 aufgenommenes Transsumt.

Nur wo es nöthig erschien, sind die beiden letztgenannten Handschriften hier citirt worden, im Uebrigen ist wesentlich nach dem Magdeburger Original geschrieben (bis auf Vermeidung von viermal versehentlich geschehenen Wortverdoppelungen); Scheidezeichensetzung und Wahl der großen Buchstaben geschah dagegen nach eigenem Ermessen: das Original hat nur hie und da ganz willkürliche Kommastriche neben den auch nicht ganz consequent gehaltenen Punkten; v und u wurden ebenfalls nicht nach der Willkür der Handschrift, sondern phonetisch gesetzt, für ö also auch ö geschrieben.

Die sprachliche Bedeutung betreffend sei hier nur kurz darauf hingedeutet, daß unser Weisthum **eins der ältesten Weisthümer in deutscher Sprache** ist, die ja überhaupt erst im 13. Jahrhundert aufkamen. Mit dem 17—19 Jahre älteren Baseler Bischofsrecht inhaltlich und formell am meisten verwandt, ist diese Rechtsaufzeichnung in ihrer Sprache dem Sachsenspiegel auffallend ähnlich, ja in einigen analogen Bestimmungen findet sich fast wörtliche Uebereinstimmung.

---

[1] Es hat in der fortlaufenden Reihe der Copialbücher des M. A. die No. 1378 und ist nicht zu verwechseln mit dem gleichnamigen, aber in hellgrüne Pappe gebundenen Buch des E. A., das auch nicht wie obiges Schmal-, sondern Breitfolio hat und besser seinen alten Namen „das pergamenen buch" behalten hätte.

[2] Dieses andere Original unseres Weisthums ist bis jetzt noch nirgends zu Tage getreten.

In dem namen unsers herren Iesu Christi. Amen.

Hie hebet sich¹ daz gerihte² des ertzebischoves unde sines stiftes von Meintze, daz er hat in der stat zu Erforthe. Amen.

Man bekennet³ dem ertzebischove von Meintze an sinem 1 gerihte zu Erforthe kamphis,⁴ gotesvrides unde burcvrides,⁵

---

¹) „Sich heben" für „sich erheben," wie es von Sifrit und den Nibelungen heißt: an einem morgen früeje huoben sie sich dan; „sich erheben" aber ist der schönere, sinnlichere Ausdruck für unser „anheben."

²) gerihte hier in dem allgemeineren Sinn von öffentlicher Machtbefugniß; eine sehr natürliche denominatio a potiori, da dem Germanen die Gerichtshegung stets der wesentlichste Bestandtheil politischer Macht war. Indem Sigemunt die Krone an Sifrit gibt, befiehlt er ihm „geriht unde lant" (Nib. 714, 1), „daz gerihte irteilen" heißt in der Kaiserchronik geradezu die Herrschaft übertragen, Gericht für Herrschaftsgebiet zu sagen blieb ja bis in die Neuzeit Brauch.

³) bekennen c. gen. = eine Sache zuerkennen. Auch sonst öfter bekennen statt erkennen; die Berggeiß, sagt der „althochd. Physiologus", bekennet, ob Leute, die sie im Thal sieht, Jäger sind.

⁴) Kampf bezeichnet Zweikampf, speciell den vor Gericht zwischen Kläger und Verklagtem, daher dann, wie hier, überhaupt die Klagführung vor Gericht. Das Mühlhäuser Stadtrecht beweist, wie der gerichtliche Zweikampf im damaligen Thüringen so wenig vergessen war wie im Gebiet des Magdeburger Rechts (Gaupp p. 317); auch in Erfurt hieß daher ein seiner Schuld vor Gericht Ueberführter geradezu ein „Verwundener" d. h. ein im Kampf Ueberwundener (II, 218); das Petersskloster verträgt sich 1373 mit den Grafen von Gleichen „um die Kosten, die wir beiderseits gewandt haben auf den Krieg, den wir unter einander in dem Hofe zu Rom haben gehalten" (C. A. Reg. Oo. p. 594. no. 6); aber analoge Sprachwendungen waren auch außerhalb Thüringens ganz gewöhnlich, z. B. „ze gegenrede stén in kampfe" (Parz. 418, 12), jemanden (sogar einen Todten) vor Gericht „verwinden" im Sachsenspiegel (I, Art. 64).

⁵) Mit Gottesfrieden wird die hohe, mit Burgfrieden die niedere Gerichtsbarkeit bezeichnet sein. Friede hieß Rechtsschutz und Gewährung desselben im Gericht, also der Gerichtsact selbst. Dem Burg- d. h. Stadtfrieden (der „Civil"-Gerichtsbarkeit) steht aber die Blutgerichtsbarkeit deshalb als Gottes-

unde siner achte,⁶ und ouch der notnunft,⁷ unde alles des
rehtes, daz er von altere hat an sinem gerihte gehabet.⁸ Unde

friede gegenüber, weil arge Verbrechen unmittelbar als Uebertretungen heiliger Gottesgebote erschienen, ein derselben Schuldiger daher völlig „friedlos," der „Acht" aller Menschen verfallen war. In Erfurt begann auch jede Anklage im peinlichen Gericht mit den Worten: „Herr Richter, so klage ich diesen an, daß er wider Gott und seine heiligen Gebote gesündigt hat" (M. A. Erf. Acten VII, 6). Einen wieder von der Acht befreien hieß ihn „wieder in seinen Gottesfrieden setzen" (Haltaus s. v. Gottes-Fried). — Unsere Stelle spricht also nach der Gerichtsbarkeit im Allgemeinen dieselbe nochmals in ihren beiden Haupttheilen dem Erzbischof zu und fügt dann in ähnlichem Fortschritt noch weitere Competenzen hinzu, die freilich auch wieder in den vorangenannten schon liegen, aber offenbar als zur Zeit irgendwie streitig oder neu einer speciellen Zusicherung bedürftig erschienen. Daß gegen den wörtlichen Sinn der Ueberschrift das vorstehende Weisthum überhaupt mehr eine Concordanz über streitige Punkte als ein System sämmtlicher Bischofsrechte sein sollte, lehrt am besten eine Vergleichung mit II.

⁶) āhte = Acht, feindliche Verfolgung, ausgesprochen in feierlicher Hegung des Hochgerichts durch den Vogt. Jedes Halsgericht schloß nach Erfurter Rechtsbrauch, im Fall sich der Angeklagte vor Gericht stellte, entweder mit Freisprechung (wo dann der Richter wörtlich so wie in Mühlhausen „ihm, seinem Leib und Gut den Frieden" gebot) oder mit dem Todesurtheil, falls sich aber der Angeklagte nicht stellte, jedesmal damit, daß der Vogt als Richter die Acht über ihn und alle die ihn bergen würden aussprach und solche „Acht," d. h. Befugniß zur Verfolgung des Thäters, dem Kläger „mit dem Stabe überantwortete".

⁷) notnunft (nýdnaeme in König Alfreds Gesetzen) = Gewaltthat an einem Weib verübt, hier natürlich Gericht darüber. Zunächst bezeichnet zwar notnunft der Ableitung gemäß zwangsweises Nehmen, Raub überhaupt (im friesischen Recht sogar in der ausschließlichen Beziehung auf Sachen, noch dazu unmittelbar nach dem über Gewaltthat an Frauen handelnden Titel erwähnt), sonst kommt das Wort jedoch ganz allgemein in der Bedeutung mit Nothzucht überein, und nur in sofern findet sich in den germanischen Volksrechten eine verschiedene Begrenzung seines Begriffs, als einige darunter sowohl die Vergewaltigung an einer Frau zum Zweck des Stuprums als zum Zweck der Verheirathung verstehen, andere die Vergewaltigung mit dem letztgenannten Zweck als „Frauenraub" davon ausschließen. (Entführung, als Wegnahme eines Weibes aus ihrem bisherigen Ehe- oder sonstigen Mundverband mit ihrer Einwilligung, ist natürlich überall von Nothnunft ausgeschlossen.) — Rücksichtlich der Strafbarkeit scheinen übrigens Frauenraub und Nothnunft i. e. S. in allen unsern Volksrechten einander gleichgestellt worden zu sein. Vgl. Wilda, Strafrecht p. 834.

⁸) In diesen Worten liegt eine Bestätigung von dem in Anm. 5 Gesagten. Acht und Nothzuchtprozeß bedurften einer ausdrücklichen Anerkennung, (wie denn

swa sin schultheizze oder [9] sin rihtere niht vil wol [10] zu Erforthe gerihten mach, da sol der rat zu helfen endeliche,[11] die*) des jares ist, daz dem ertzebischove reht gesche unde ouch deme clegere, swenne der rat des gemant wirt von deme rihtere des ertzebischoves.[12]

Von deme gotesvride unde von deme burcvride.

Nieman sal den anderen beclagen umbe bakkenslege oder 2 umbe scheltwort oder umbe rouffen in deme gotisvride und

---

*) E: der.

---

der letztere z. B. im Magdeburger Recht mit besonderem Nachdruck dem Burggrafen vorbehalten ist: „daz man vrouwen notet.. richtet die burchgrave vnd anderes nieman, der schultheize nicht." (Gaupp p. 237); der schon seit Alters bestehende Complex erzbischöflicher Gerichtscompetenzen wird dagegen nur summarisch erwähnt in der bekannten Besorgniß mittelalterlicher Beurkundungen, daß etwas durch Nichterwähnung nicht gewährleistet erscheinen möchte (so auch am Ende der §§ 9 und 56).

[9]) oder soll wohl einfach beide Worte identificiren, da in Erfurt wie anderwärts (vgl. Zöpfl, Bamberger Recht p. 51) scultetus und judex gleichbedeutend vorkommen; weniger wahrscheinlich ist es, daß dieses oder (= „oder überhaupt") das zweite Wort als eine Verallgemeinerung einführen soll, wiewohl allerdings im Halsgericht nicht, wie im gewöhnlichen Gericht, der Schultheiß, sondern der Vogt den Vorsitz hatte, Richter also für Vogt und Schultheiß zusammenfassende Bezeichnung sein könnte.

[10]) vil wol = recht wohl, mit genügender Autorität.

[11]) endeliche = nach dem Ende oder Ziel strebend, eifrig, ohne Säumen.

[12]) Hier liegt einer der Fälle vor, wo uns die im vorstehenden Weisthum gesammelten rechtlichen Vereinbarungen jüngeren Datums noch urkundlich erhalten sind. Die betr. Urkunde (M. A. XXIV, 3) datirt vom III. Idus Sept. 1285; durch dieselbe bekundet das Mainzer Capitel „auf das Gesuch der Erfurter Bürger", daß, wenn in Schuldsachen der geständige oder seiner Schuld überführte Beklagte dem Urtheilsspruch des erzbischöflichen Schultheißen Ungehorsam entgegenstelle, der Schultheiß sich an die Rathsmannen wenden solle „qui statim sine prorogatione qualibet (= endeliche), sicut nobis promiserunt, fideliter cooperabunt, ut mandatio judicis conpleatur," und diese mandatio, durch den Freiboten verkündet, geht dahin „ut ille ipsi actori et ipsi judici satisfaciat" (= daz dem ertzebischove reht gesche unde ouch deme clegere).

man ime sin vri vrónin;²³ stet aber daz vri jar und tac²⁴ in der vróne, so sal daz vri ledik sin dem ertzebischove von Meintze. Die wile aber ime der vribote niht gebutet, so blibet er ane búzze. Die ersten búzze múz er abir geben deme schribere uf genade.

Von deme kóffe des vrigen gutis.

7 Ist aber daz ieman eine mark oder zwo, mer oder minner verkouffit an sime vrige, so sal geben der da kouffet deme ertzebischove den vrigen cins uf sinen tisch.²⁵ Wer aber, daz ern versumte zu gebene, biz daz man ime dru gebot getete, so wer er die búzze schuldik, die davure geburt; unde gevrónte man daz vri deme ertzebischove, so vellit er von der gulde,²⁶ die er uffe dem vrige gehóffet hatte, unde belibet daz²⁷ deme ertzebischove. Verrihtet abe*) jener niht, des daz vri ist oder der die gulde virkófte, den cins und die gulde dem ertzebischove, biz daz man iz gevrónit oder ufge-

---

*) E: abir.

---

²³) vrónen (vrónen) = in gerichtlichen Beschlag nehmen, davon vrone (gerichtliche Beschlagnahme) und entvrone (Aufhebung derselben) in II, 188.

²⁴) „Jahr und Tag" bedeutete nach der deutschen Glosse zum Sachsenspiegel (I, Art. 38 § 2) 1 Jahr und 6 Wochen; gewohnheitsrechtlich wurden jedoch auch zu den 6 Wochen noch einige, gewöhnlich 3, Tage hinzugefügt (Grimm, Rechtsalterth. p. 223), in Thüringen indessen vielleicht nur einer, wie die thüringische Gewerfrist vermuthen läßt (vgl. bei Avemann, Hist. Burggr. Kirchberg. Urk. p. 116).

²⁵) auf des „Erzbischofs Tisch"; so nannte man speciell den in der Severikirche aufgestellten Tisch, auf welchem nach uraltem Ceremoniell der Freizins erlegt wurde.

²⁶) gulde oder gülte = Zahlung, sowohl die man thut als die man fordert, hier natürlich: Schuldforderung, Schuldcapital. Der Schuldner heißt danach, daß er eben eine Schuld zu „gelden" hat, bisweilen der „Geldner" (Schneidt, Thesaurus juris francon. p. 1030).

²⁷) Es (d. h. die Schuldforderung) bleibt dann in der Hand des Erzbischofs, der, wie das Folgende sagt, sogar das Freigut (ohne es in diesem Fall „Jahr und Tag" in Frohne zu behalten) völlig für sich einzieht, wenn nicht der Schuldner vor der gerichtlichen Beschlagnahme dem Erzbischof, der nun in die Stelle seines Gläubigers getreten, seine Schuld sammt dem von seinem bisherigen Gläubiger versäumten Freizins entrichtet.

holit,²⁸ so vellet er von allem sinem rehte, unde wirt daz vri unde daz güt ledic deme ertzebischove. Dit sal man halten von allem deme güte, daz vri heizzet, ez si von aldere verköffet oder swaz man verköffet immer mere.

Von deme erbe, daz da ist an vrigem güte.

Nieman sal dehein erbe an dicheime vrigen güte haben 8 dan ein, aber alle sin angebornen erben soln glich teil dra behaben.²⁹

Von erbe unde von vrigem güte.

Swelich erbe oder vri ³⁰ des ertzebischoves schultheizze 9 lihet ³¹ unde die erbeherren mit einander, daz von zehen marken ist oder drundir, daz ³² sal man deme schultheizzen halp geben unde deme erbeherren halp. Swaz aber uber zehen mark ist, des sal werden deme erbeherren funf schilling, und, daz daruber ist, daz sal man geben dem schultheizzen uffe genade. Ander reht, daz zu deme vrige gehörit,³³ blibet an allem deme rehte, als ez ist von alder her gestanden.

---

²⁸) ufgeholen ist wohl so viel wie geholen (= erwerben) mit der Nebenbedeutung des Aufhebens (nämlich des bisherigen Besitzverhältnisses durch die Consiscirung).

²⁹) behaben = erwerben. Freigüter sollen also zu gleichen Theilen den angeborenen Erben vererbt werden, kein Erbe mehrfachen Antheil haben. Daß Mehrere zusammen ein Frei besitzen konnten, lehrt gleich der folgende Paragraph. Uebrigens wurde, wenn Eltern bei Lebzeiten mit ihren Kindern Freigüter abtheilten, wie bei jeder Intestatsuccession in Freigüter wohl schon damals (wie wenigstens später) keine Lehnwaare gefordert. Vgl. Faber l. c. p. 15.

³⁰) Das soll heißen: „Freigut im erbzinspflichtigen Besitz so gut wie (bisher) erbzinsfreies Freigut." Vgl. den Anfang von § 5 und III, 22.

³¹) Leihen heißt hier nicht als Freigut verleihen wie in § 3, wo vom Verkauf erbzinsfreier, und wie in § 5, wo vom Verkauf erbzinsbelasteter Freigüter die Rede ist; hier hat Leihen vielmehr die Bedeutung von „als Erblehen vergeben," was sich auch auf bisher schon erbzinspflichtige Güter beziehen kann, wenn dieselben nämlich an den Erbherrn heimgefallen waren.

³²) daz = die Abgabe bei dieser Lehnsübertragung, deren Höhe nur für die Güter von mehr als 10 Mark Werth im Folgenden bestimmt wird (und zwar auch nur die Abgabe an den Erbherrn).

³³) Dahin wird gehören: der Auflaßschilling, den der Verkäufer, und der Schreibschilling, den der Käufer (außer dem Lehnrecht, § 3) von jedem einzelnen Freigut zu zahlen hatte (Faber p. 60 f.).

Dit ist von der muntze des ertzebischoves von Meintze zu Erforthe in der stat.

10   Swaz der man köffit kornis unde gerstin unde habern, davon sal er geben slegeschatz,³⁴ ande ³⁵ des er darf zu biere unde zu brode, des ime niht uf deme velde websit oder niht en hat an korngelde.³⁶

Von deme korne, daz kumet zu Erforthe.

11   Swaz kornes kumet zu Erforte in daz wippilde oder in die stat ³⁷ unverköft, daz sal man köffen mit nuwen phenningen, oder man sal davon geben slegeschatz.

---

³⁴) slegeschatz = Schlägegeld, Prägeabgabe an den münzberechtigten Herrn. In den folgenden Bestimmungen ist „Schlägeschatz geben" meistens gleichgesetzt dem „kaufen mit neuen Pfennigen", und es wird diese Alternative wohl schon damals ganz allgemein freigestanden haben: entweder kaufte man mit alter Münze (d. h. nach § 17 mit Münze von nicht diesjähriger Prägung), dann aber mußte man eine gewisse Abgabe beim Abschluß des Kaufgeschäfts als „Schlägeschatz" entrichten; oder aber man kaufte (natürlich mit Einbuße) Pfennige der neuesten Prägung (von den erzbischöflichen Münzern „noch nicht verkaufte" nach II, 133). Im letzteren Fall wurde der Schlägeschatz implicite erhoben, und in beiden Fällen machte man beim Verkauf der bezeichneten Marktwaaren die jedesmal jüngste Prägung rentabel.

³⁵) ande = âne (ohne, ausgenommen).

³⁶) korngelt = korngülte, Korn als Zins verlehnter Ländereien; denn „Geld" (= Geltung, Entgeltung) hieß damals die Abgabe, Entrichtung, noch nicht für gewöhnlich speciell das, was wir jetzt unter Geld verstehen, wofür man das Wort „Schatz" hatte.

³⁷) Stadt bedeutet die Alt- oder Innenstadt d. h. die vier Viertel innerhalb der engeren alten, noch jetzt wenigstens dem Namen nach theilweise erhaltenen Mauer. Weichbild dagegen ist nach dem älteren Erfurter Sprachgebrauch, wo es regelmäßig in der Form Wipilde oder Wippilde vorkommt, oft gerade nur der Theil des Stadtgebiets außerhalb der „Stadt" und begreift also im Wesentlichen die Vorstädte bis an die jüngere äußere Umwallung in sich. Auch in Bibras Sprachgebrauch schließt der Begriff Weichbild (oppidum) die Innenstadt (civitas) in der Regel aus (II, 75, 121, 141; vgl. auch II, 61). Das erinnert an die italienische Unterscheidung von Stadt und Borgo, welches letztere noch jetzt in der Bedeutung von Vorstadt im Gebrauch ist; „intra civitatem vel in burgo" heißt es in einer ital. Urk., „in civitate aut oppido Erfordensi" schreibt Bibra.

Von deme slegeschatz.

Ez in sal öch nieman slegeschatzes ledik sin, er si phaffe odir leige oder edele oder gemeine lute ane dem muntzmeister des ertzebischoves unde die husnegenozzen.³⁸

Von deme cimmerholtze.

Allez daz cimmerholtz, daz man behowen hat mit der barten,³⁹ daz sal man chöffen mit nuwen phenningen; köffet man ez mit alden phenningen abir, so sal man davon geben slegeschatz, ane das holtz, davon man machet legiln,⁴⁰ kuphin⁴¹ unde bodiche⁴² unde allerleige holwerk:⁴³ davon en slegeschatzit er^a) niht.

---

^a) M: man.

---

³⁸) husgenozzen (so ist nach § 22 wohl auch hier für husnegenozzen zu bessern) bedeutet die familia oder Dienerschaft eines Herrn überhaupt, dann aber, wie oben, ins besondere die einem Herrn untergebene Münzergenossenschaft.

³⁹) barte = breites Zimmermannsbeil.

⁴⁰) legil, logel oder lagel (lat.: lagena) bezeichnet ein kleines Fäßchen; wie es nach Schmeller noch jetzt in Baiern als Gemäß für Milch, Salz, Nägel u. s. w. in Gebrauch ist, so war es auch ehedem in Erfurt Hohlmaß für Flüssiges und Festes: „eine Lagel Seife", „eine Lagel Süßwein" kommt in einem dortigen alten Zollregister vor (fol. 27 des Grünen Buchs im E. A.), gleich unten zeigt § 18 die Verwendung von Lägeln zum Transport und vielleicht zugleich als Gemäß für Korn und Bier.

⁴¹) Die Kufe ist ein großes Holzgefäß, unten breiter wie oben, besonders zur Kelterung dienend, wenigstens unterschieden sich an andern Orten die vornehmeren „Küfer" als solche, die wesentlich mit Weingefäßen zu schaffen hatten, von den „Küblern" und gemeinen Faßbindern. Das Wort Kufe (angels. cyfe, niederl. küve und kübe) ist auch (vom lateinischen cupa) den romanischen Sprachen bekannt (z. B. franz. la cuve = die Butte).

⁴²) Besonders Braubottiche werden viel Nachfrage auf dem Markt gefunden haben, da die Bierbrauerei in einer großen Anzahl von „Biereigenhöfen" von den nicht zünftigen Bürgern Erfurts betrieben wurde. Jedoch hatten nicht Alle damals eigene Braugefäße (III, 21), während der Erfurter Zuchtbrief von 1351 (Art. 19) dies jedem Biereigen zur Pflicht machte.

⁴³) Hohlwerk nannte man alle napf- oder muldenartige Marktwaare, von Gläsern und irdenen Töpfen bis zu Badtrögen und Krippen. Da die meisten dieser Gegenstände von Holz waren, so begriff man dann Holzgeräth

Von des cimmerholtzes slegeschatze.

14 Swelich man köffet ein fůder gecimmers, daz zu der barten gehöret,⁴⁴ daz sol er köffin mit nuwen phenningen; köst ers abir mit alden phenningen, so sal er zwene phenninge geben zu slegeschatze. Virköffet aber der waltman⁴⁵ von eime fůdere ein holtz oder zwei, also daz er daz fůder brichet,⁴⁶ so sal er geben den slegeschatz selbe, unde der kouffere niht.

Von den lampvellin.

15 Die lampvel sal man köffen mit nuwen phenningen von deme guotem vritage⁴⁷ nach mittem tage biz an den phingist abent nach mitteme tage.

Von lanthopphin⁴⁸ unde von pherden.

16 Hopphin, die da wehset inme lande, unde phert, die man köffet zů halber mark unde darunder, unde nuwe wagene sal man köffen mit nuwen phenningen.

überhaupt unter dem Namen Hohlwerk (vgl. II, 13, 14, 214). Das Vorkommen der Variante holtwerk könnte eine Anähnlichung an „Holzwerk" (durch die niederdeutsche Form holt) vermuthen lassen; aber mindestens der ursprünglichen Bedeutung lag die Beziehung auf Holz fern. In einer Erfurter „Zoll- und Schlägeschatzordnung" des 16. Jahrhunderts (M. A. V. 2ᵃ) steht allerdings für derartige Marktwaare sogar der Ausdruck Waldwerk, indessen nur weil nach noch jetzt üblicher Weise zumal die Leute vom Thüringer Wald oder seinen waldigen Vorbergen Schnitwaare in die benachbarten Städte zum Verlauf brachten und seit Alters in Erfurt den Namen Waldmänner oder Waldleute führten. Uebrigens wurde auch schon im 13. Jahrhundert viel Holzwerk in der Stadt gearbeitet (Carmen historicum occulti autoris v. 1703 ff.).

⁴⁴) Unbearbeitetes, aber der Bearbeitung mit der Barte fähiges Holz, das für die Zimmerung d. h. den damals noch fast allgemein herrschenden Holzbau der Häuser in die Stadt geführt wurde.

⁴⁵) Vgl. Anm. 43.

⁴⁶) Das Fuder trennen, das Holz im Einzelnen verkaufen.

⁴⁷) Charfreitag.

⁴⁸) „Land" schlechthin bezeichnete in Erfurt stets das Thüringer Land. „Landhopfen" ist also zu verstehen wie das bekanntere „Landwein", mit welchem Wort schon der Erfurter Zuchtbrief von 1351 den in- und außerhalb des Stadtgebiets gewachsenen thüringischen Wein dem Würzburger und Elsasser entgegenstellt.

Dit ist von deme burneholtze,⁴⁹ daz zu Erforthe kumet.

Alliz daz burneholtz sal man köffen mit phenningen unde mit scherpfin,⁵⁰ die da sint geworht des jares zu Erforthe uf deme isene.⁵¹

Dit ist von der fůre des kornes und der legelin.⁵²

Vůret ein man ein vaz uf sime wagene, daz er fullen wolle mit biere, mit sime korne, unde kouffit er daz biere mit deme selben korne, davon en sal er niht slegeschatzen. Ist aber me kornes daruber, davon sal er geben slegschatz.

Von eines iegelichen dinges slegeschatz.

Von eines iechlingen dinges köffe en sal man niht me slegeschatzz geben danne einen.

Von der burgere slegeschatze zů Erforte.

Ein ieclich burger en sal decheinen slegeschatz geben von deme dinge, daz er kouffet wider sinen gegenburgere.⁵³

Dit ist von der werunge⁵⁴ des silbers der geste⁵⁵ zu Erforthe.

Swelich gast nimit silber⁵⁶ umbe sinen kouf⁵⁷ zu eime burgere,⁵⁸ so sal der gast geben den slegeschatz unde der burgere niht.

⁴⁹) Brennholz.

⁵⁰) 1 Scherf (obolus) = ½ Pfenning (denarius).

⁵¹) isen = Prägeisen, die eiserne Platte mit dem eingeschnittenen Prägebild, die dazu diente, dünne Silberbleche (damals etwa von der Größe eines Viergroschenstücks) zu Silberpfenningen mit bloß einseitig hervortretendem Gepräge zu „schlagen".

⁵²) Vgl. Anm. 40. Im Folgenden sind die Lägel mit dem allgemeineren Ausdruck Fässer bezeichnet, während sonst Lägel oder Legel (lagenae) von größeren, eigentlichen Fässern (dolea) unterschieden zu werden pflegten (vgl. II, 165).

⁵³) Mitbürger.

⁵⁴) werunge ist so viel wie wēr oder gewēr, bedeutet also Leistung, Zahlung, Entrichtung für etwas, hier Abgabe der „Gäste", wenn sie ungemünztes Silber als Bezahlung annahmen.

⁵⁵) Auswärtige Nichtbürger.

⁵⁶) Ungemünztes Silber (vgl. § 22), dessen Export offenbar durch diese Satzung erschwert werden sollte, denn sonst hatte (bis auf den in § 14 berührten Fall) der Käufer den Schlägeschatz zu tragen.

⁵⁷) Kaufen hieß überhaupt: einen Handel abschließen; es wurde daher auch, wie hier, vom Verkäufer gebraucht. Dabei ist „um" wie im nächstfolgenden § auf den Tausch zu beziehen: „wer Silber um, d. h. für seinen Verkauf nimmt."

⁵⁸) Die Präposition zu (oder bei, um) drückt recht sinnlich das körperliche Nahesein von Käufer und Verkäufer aus und kommt (als ad, apud) sehr

Dit ist von deme wehsele zu Erforthe in der stat.

22   Nieman sal wochselen silber mit der wage umbe phenninge oder phenninge umbe silber danne zu [59] dem muntzemeistere oder zů den husgenozzen; unde der munzmeister der sal zů allen ziten nuwe phenninge haben zu dem wehsele.

Von deme wehsele des lötigen [60] silbers.

23   Ein ieclich burgere mak wol wochsiln lötich silber, daz er gelden [61] sal oder uzze deme lande fůren wil; er en sal aber dikein silber wechsiln, daz er vor [62] verköffen wolle durch geniez.

Von den velschern. [a]

24   Ein ieclich velschere, die [b] da begriffen wirt mit valschin [c] phenningen, mit eime schillinge oder mer, deme sal man slahen abe die hant. [63] Wirt aber begriffen valsch bi deme

---

[a]) Ueberschrift nach M.   [b]) M und E: der.   [c]) Die Haupthandschrift hat: valschem.

---

oft in Erfurter Urkunden vor, so auch II, 68 (emero apud ober ad aliquem = von einem kaufen), „Wein zu einem Bürger kaufen" im 16. Art. des Zuchtbriefs, „3 Schock Neunaugen gekauft umb Henrichen Herbsteen" (p. 55 der Engelmannsrechnung von 1511).

[59]) zu in derselben Bedeutung wie im vorhergehenden § beim Kauf: zu dem Münzmeister oder den an der Wechselbank sitzenden Münzern herantretend, um vor ihnen und zwar von ihnen sich wechseln zu lassen.

[60]) lötiges silber = durch das Gewicht (lot) seinem Werth nach bestimmtes, ungemünztes Silber, was man auch kurzweg „Silber" nannte, im Gegensatz zu „Pfenningen" (vgl. die zwei vorhergehenden §§ mit II, 185 und den entsprechenden Ausdruck „pecunia sive in denariis fuerit vel argento" in einer Erf. Urk. von 1281, M. A. VII, 7 u. 8).

[61]) = bezahlen (s. Anm. 26); bei Zahlung an Fremde konnte der Erfurter Bürger in der Stadt wie auf Geschäftsreisen zum Zahlen mit löthigem Silber leicht genöthigt werden durch die bunte Mannigfaltigkeit des damaligen Münzwesens, bei der kaum irgend welche Münze überall sicheren Curs hatte.

[62]) vor verkoufen wellen durch geniez (E hat vort, wie unten in § 43: furt geniezen wellen) = höher verkaufen wollen zu Gewinn, Rohsilber kaufen um Handel damit zu treiben. Auch in Köln war, sogar den Goldschmieden, Handel mit Rohsilber untersagt (Ennen, Gesch. d. St. Köln I, 539).

[63]) Nach dem Sachsenspiegel (II, Art. 26 § 2) wird nur der mit mehr als einem Schilling (d. h. mit mehr als einer Zwölfzahl) falscher Pfenninge Betroffene durch Handabhauen bestraft, bei geringerem Befund bloß das Geld

muntzmeistere oder bi den husgenozzen oder bi andern, die muntzen kunnen, den get ez an den lip.⁶⁴

Dit ist von valschem gelode⁶⁵ unde wagin.

Der muntzemeister der sal war nemen valschiz gelodes unde wagen. Bi sweme er daz vindet, der sal ime wettin⁶⁶ driu phunt⁶⁷ unde dru scherph uf genade.⁶⁸ Vindet man aber anderweide bei deme selben man valsch gelode oder wage, daz get ime an sin hant, zu deme drittem male an den lip.

Dit ist von den umbeschrodelinge der phenninge.

Swer mit umbeschrödelingen, daz da heizzet genoste,⁶⁹ begriffen wirt mit eime settine,⁷⁰ daz get ime an die hant, mit eime lote an den lip.

Von den essen,⁷¹ da man silber uf burnet.

Ez en sal nieman haben ein essen, da man silber uffe burne, danne der muntzemeister unde die husgenozzen unde

---

dem Inhaber genommen. Diese Strafe des Handabhauens für den Besitz falscher Münze scheint auch in Thüringen allgemein gewesen zu sein, vgl. das Mühlhäuser Stadtrecht (ed. Stephan p. 33).

⁶⁴) d. h. er hat sein Leben verwirkt („ez gét ime an den hals" sagt der Sachsenspiegel in der oben citirten Stelle von dieser Bestrafung des Münzers).

⁶⁵) gelote = Gewicht, also Collectivum von lot (= einzelnes Gewichtsstück).

⁶⁶) die bem Richter anheimfallende Buße (wette) erlegen.

⁶⁷) Pfund (talentum ober libra) ist wie Schilling nur Renn-Münze. Ein Pfund zählt 20 Schillinge (solidi), wie ein Schilling 12 Pfenninge (denarii).

⁶⁸) Vgl. oben Anm. 17.

⁶⁹) genoste, das demnach in Erfurt für betrügerische Umschneibung der Münzen der gebräuchliche Ausdruck war, ist ein nur noch unten in § 30, sonst aber nirgends vorkommendes Wort, das noch keine genügende sprachliche Erklärung gefunden hat. Da die Münzen alle dünne Bracteaten mit scharfem Rand waren, so konnte vorsichtige „Umschrotung" leicht verborgen bleiben, bedurfte also besonderer Strafverschärfung.

⁷⁰) settine scheint ein Bruchtheil eines Lothes genannt worden zu sein, der wieder in Siebentel zerlegt wurde, denn settina heißt noch im heutigen Italienisch eine Anzahl von Sieben.

⁷¹) Schmelzheerd.

goltsmide unde stubeweschere; [72] swa si mere funden werden
abir, daz get an die hant.

Dit ist von silber burnene.

28   Ein ieclich goltsmit sal lötich [73] burnen under sinem [74]
ceichene. En tete er des niht, so wirt er bůzhaft an drin
phunden und an drin scherphen dem muntzmeister uf genade,
und [75] sal eime igelichem, als er geburnet, den hert ufheben,
der is mŭdit,*) [76] en burnet aber niht lödik under sime zeichene. [77] Daz sal er ufrihten eim ieclichem, dem is not geschet.

---

*) E: mutet.

[72]) Staubwäscher. Ein interessanter Industriezweig, dieses Auswaschen
des schweren Goldstaubes aus staubartigem Schutt, der wohl beutelweise auf
den Markt kam, und aus dem ihn die „Staubwäscher" durch den bekannten
Schlemmproceß aussonderten, um die Körnchen an die Goldschmiede zu verkaufen oder selbst zu verwenden. Der Flußsand der Gera ist nie (wie ein
paar Mal der der Saale und Schwarza) goldhaltig befunden worden.

[73]) d. h. nach dem gesetzlichen Gewichts-Verhältniß (lot) das Silber bis
auf den bestimmten Grad von beigemischten unedlen Metallen rein brennen,
was also auf das Vorhandensein einer Norm auch für die Silberhaltigkeit der
zu Schmuck und Geräthschaften verarbeiteten Silberlegirung deutet.

[74]) Jeder Goldschmied in Erfurt hatte das Recht „unter seinem eigenen
Zeichen" (II, 155: quilibet sub signo suo) Silber zu „reinigen" d. h. die
vorschriftsmäßige Legirung darzustellen.

[75]) aus dem Vorigen zu ergänzen: der muntzmeister.

[76]) is (für es) ist Genitiv von ez; muoten c. gen. — etwas verlangen,
um etwas nachsuchen, hier bezogen auf die Erlangung eines eigenen Zeichens
für die Silberausschmelzung, die ohne solche Autorisirung ungesetzlich war.

[77]) Diese Stelle scheint schon den frühesten Lesern des Originals Schwierigkeit bereitet zu haben: die alte Abschrift E schaltet daher zwischen en burnet
und aber ein er ein, und in der That ist en, als sollte es einen neuen Theil
des Artikels beginnen, im Original groß geschrieben nach vorgesetztem Punkt;
dann aber käme der Widersinn heraus, daß der straffällige Goldschmied die
Aufhebung seines Heerdes, d. h. die Niederlegung seines Geschäfts, selbst
verlangte. Die Worte „der is mutet" werden also einen erst mit zeichene
endenden Relativsatz beginnen, und dann ist der Sinn des Ganzen folgender:
wer das Recht löthig zu brennen erlangen wollte, mußte es (gewiß gegen eine
Abgabe) vom Münzmeister „muten", der ihm dann sein „Zeichen aufrichtete";
wer ohne diese Mutung Silberschmelzung trieb, verfiel in dieselbe Wette wie
der, welcher falsches Gewicht oder falsche Wage benutzte (§ 25); wer aber
gemutet hatte und dann unter dem ihm obrigkeitlich verstatteten Zeichen betrügerisch das Silber nicht vollöthig darstellte, gefährdete das Ansehen der strengen Münzer-Polizei und verwirkte damit seinen Heerd.

Dit ist von deme seigere [78] des muntzmeisters.

Ez en sal öch nieman haben dekeinen seigere danne der 29 muntzemeister; swa er [79] abir mer funden wirt, daz get an die hant.

Dit ist von den eiden der goltsmide.

Alle goltsmide solen iechliches iares sweren deme muntze- 30 meistere, daz si burnen rehte unde melden, swer genoste [80] lazze burnen.

Dit ist von den husgenozzen.

Der husgenozzen soln sehtzehen sin: zwelfe, die da 31 wurken*) [81] konnen mit hamer unde mit zangen, unde viere von gnaden. [82]

---

*) Hbschr.: wrken (vvrken).

[78]) seigaere = Wage, besonders Münzwage, die sich wesentlich von gewöhnlichen Wagen unterschieden haben muß (vgl. oben § 25). Schon für das Wechselgeschäft war freilich dem Münzmeister und seinen Genossen eine möglichst genaue Wage nothwendig, da man eingelieferte fremde Münze, die mit der einheimischen „gekauft" wurde, auf ihre Vollwichtigkeit zu prüfen hatte und, bei dem Fehlen jeder größeren Münzsorte, große Summen abzuwägen statt abzuzählen pflegte. Das genaue Aussondern vollwichtiger Münzstücke von zu leichten war das, was man „das Aufseigern der Münze" nannte. Besitz des Seigers Anderen verbieten hieß so viel als ihnen die Möglichkeit nehmen, in geringerer Legirung genau im Gewicht stimmende Pfenninge oder Scherfe nachzuprägen.

[79]) ihrer, deren (der Seiger).

[80]) Da genoste nach § 26 Umschneidung der Münze bedeutet, so wird derselbe Ausdruck hier metonymisch für das durch Umschrotung betrügerisch gewonnene Silber gebraucht sein.

[81]) wurken = wirken (prägen). Vgl. § 17.

[82]) Hiermit ist eine uns abermals noch urkundlich erhaltene Verordnung vom VIII. Kal. Jan. 1262 kurz zusammengefaßt. In dieser bestimmt Erzbischof Werner, daß die Zahl der eigentlichen Münzer („qui sciant ipsimet denarios fabricare malleis et forcipe, qui etiam sedeant ad cambiendum cum denariis et cum libra") zwölf sein solle, jedoch wolle er aus besonderer Gnade ihnen noch gestatten vier Genossen anzunehmen „nescientes denarios fabricare", „ut sic in universo sint sedecim husgenoze" (M. A. VII, 2). Da sich die Münzergilde durch Cooptation ergänzte und jeder Münzer einen seiner Söhne durch Zustimmung der Genossen in die societas aufnehmen lassen konnte, so lag in der Gestattung der vier nescientes eine Connivenz gegen die Familien, aus denen sich die „Hausgenossenschaft" ergänzte; denn die Einkünfte der Hausgenossen werden nicht gering gewesen sein, in Köln z. B. erhielten sie von jeder zur Prägung kommenden Mark Silber 4 Denare (Ennen, l. c. I, 523).

Von den phenningen, die des iares solen gen.

32 Man sal iechliches iares zu sante Jacobs tage [83] nuwe phenninge slahen. Abir me muntze Erfordisscher phenninge danne eine [84] mugen gen, ob iz deme muntzemeister behait. [85] Unde der muntzemeister der sal nemen darzu die husgenoczen unde swen er wil unde sal die phenninge machen, daz si fugen der stat unde deme lande; [86] unde die phenninge suln alle wiz sin. [87]

Dit ist von des muntzemeisters lugern [88] zu Erforthe.

33 Swen des munzmeisters knehte, die dazu gesworn hant, oder die husgenozzin besain uf irn eit, daz er gewechselt habe, deme sal der muntzemeister zu hant [89] lazzen gebieten in sinen hof, unde daz gebot en sal niht ubernehtic werden. [90] Tar aber der man verrichtin dafure, [91] den eit mach nemen der munzemeister, ob er wil. Bekennet aber er, so sal er wettin deme muntzemeister dru phunt und dru scherf uffe sine gnade.

---

[83]) 25. Juli.

[84]) Mehr als eine Münzung (im Fall regeren Marktverkehrs). Die Jacobi-Münzung war also das jährliche Minimum.

[85]) behagt, beliebt.

[86]) Thüringen. Vgl. Anm. 48.

[87]) Nach ihrer feinen Silberweiße hießen sie in Erfurt wie in Köln Weißpfennige, in der Engelmannsrechnung des E. A. „Silbergeld" (im Gegensatz zu „Landgeld").

[88]) luogāre = Schauer.

[89]) sofort.

[90]) Da in der Stadt nur Erfurter Pfennige der laufenden Münzperiode Curs hatten, so ging bei diesem strengen Wechselverbot jeder Scherf, für den Marktwaare käuflich war, durch die Hand der Hausgenossen. Verbreitung falscher Münze wurde hierdurch ebenso verhindert, als schrankenloses Uebervortheilen der Fremden durch Bürger bei Einwechselung ihrer Münze gegen die erfurtische.

[91]) „Getraut sich der Mann dafür Versöhnung herbeizuführen" — bezieht sich nach dem Folgenden auf Ablegung eines Reinigungseides, daß er nicht gewechselt habe, welchen Eid der Münzmeister jedoch abweisen kann.

Von versûchunge der phenninge.

Der vicetûm oder der muntzemeister des ertzebischoves 34
mugen, swelîche zît si wollen, versûchen der husgenozzin
phenninge, ob sie gerecht sin, grifende in ir budele.⁹²

Dit ist aber von versûchunge der phenninge.

Swenne aber die burgere dunket, daz sich die phenninge 35
wandiln an der wizze unde an der swerde,⁹³ so sulen si
manen des ertzebischoves vicetûm oder sinen munzmeister, daz
si griffen in der husgenozzen budele und versuchen daz. Swenne
abir si des gemant werden von den burgeren,⁹⁴ so sulen si
zu hant gên mit den burgern und solen daz versûchen. Vindet
man aber die phenninge zu lihte oder zu swar oder zu hart,⁹⁵
daz sal man richten mit dem rehte, daz davor geschriben ist.

Von deme wechsele.

Die⁹⁶ munzmeistere unde die husgenozzen sulen zu wechsil 36
sitzen mit nuwen phenningen unde niht mit alten.

Dit ist öch von deme wechsele der phenninge.

Swelich husgenozze zu wechselo sitzet mit alden phen- 37
ningen, wirt er des mit reht uberredit,⁹⁷ so wirt er bûzhaft
deme ertzebischove oder sinem munzmeister drier phunde unde
drier scherfe uffe gnade.

---

⁹²) Sie greifen in ben Beutel, in welchem die Hausgenossen das Geld auf dem Wechseltisch liegen haben. Mhd. biutel (ahd. bûtil) ist auch sonst öfters Neutrum, so daß man ir nicht für eine Verkürzung von ire (wie § 29 er oder ir von irer) zu halten braucht, ir budele vielmehr singularisch nehmen kann.

⁹³) An Weiße und Schwere mußte sich die Münze mindern, sobald mehr Kupfer zugeschmolzen wurde. Die Form „Schwerde" findet sich auch im 52. Art. des Erfurter Zuchtbriefs (Neue Mittheil. des thür.-sächs. Vereins VII. Band).

⁹⁴) d. h. vom Rath.

⁹⁵) Zu leicht, wenn sie (bei gesetzlichem Silbergehalt der Legirung) etwas kleiner oder dünner waren; zu schwer, wenn der Falschmünzer geringere Legirung in zu großem Quantum auf die einzelnen Münzen vertheilt hatte; zu hart, wenn zu viel Kupfer zugeschlagen war, daß sie vollöthige Pfennige ritzten.

⁹⁶) = der.

⁹⁷) durch Zeugniß überführt.

Von unirgedeme^a)⁹⁸ silber.

38 Swelicherhande silber, daz man wechselt⁹⁹ an deme banke,¹⁰⁰ daz sal man widerbrengen¹⁰¹ zu deme isene unde eriettin.^b

Von der werunge¹⁰² des silbers und phenningen.

39 Ein iechlich husgenozze, der da wechselt an dem bank silber, der sal daselbens wern mit nuwen phenningen unde niergen anders noch nieman ander sal ouch weren mit alden phenningen vur en.¹⁰³ Tut ers darubir, so ist er buzhaft deme

---

^a) M: erietime. ^b) E: un ir ieten.

---

⁹⁸) Dieses Participium erklärt sich aus dem nachfolgenden Infinitiv eriettin, zu dem schon die Variante oriotime (verschrieben für unerietime) deutlich hinführt. Das tonlose e geht auch in unserem Weisthum sehr oft (durchgängiger freilich im Mühlhäuser Stadtrecht) in i über (vgl. im Obigen: kamphis, kornis, phingist, wechsil, knuttiln, nemin, koufft, drundir, abir u. s. w.); mit dem tonlosen e würde unser Dativ vollständig lauten: unergedeneme, was hier zusammengezogen ist zu unergedeme. In letzterer Form ist nun d in Folge der schon damals in Thüringen üblichen Verweichlichung der tenuis nur mißbräuchlich für t eingetreten (vgl. alden in § 14, müdit in § 28 u. s. w.), und das g steht für ein in der M-Variante zu i erweichtes j, so daß die verkürzte Form correcter unerjeteme lauten würde („Ruben geben" schreibt 1511 ganz analog Engelmann statt „Rüben jäten" p. 62 seiner schon mehrfach citirten Rechnungsübersicht der Mainzer-Hof-Verwaltung). Das Verbum eriettin oder erieten (wie in E statt ir ieten stehen sollte) = erjäten hat die Bedeutung säubern und wurde schon in der mittelhochd. Periode besonders vom Säubern des Ackers oder Gartens gebraucht; einen Garten erjäten hieß also ihn ausjäten, von Unkraut reinigen. — Unsere Rechtsbestimmung soll mithin das Gebot ausdrücken, alles an der Wechselbank eingewechselte, geprägte und ungeprägte Silber „zum Eisen" zu bringen d. h. behufs Verwendung zur Münzprägung einzuschmelzen, die Schmelzmasse aber bis zur normalen Löthigkeit von unedlem Metall zu reinigen.

⁹⁹) einwechselt.

¹⁰⁰) Wechselbank = Wechseltisch.

¹⁰¹) Wiederbringen paßt nur auf gemünztes Silber, das man wieder aufs Prägeisen bringen d. h. einschmelzen und mit dem erneuerten Prägbild versehen sollte.

¹⁰²) Bezahlung (von wern = zahlen; vgl. Anm. 54), denn Rohsilber wie fremde und alte einheimische Münze wurde von den Hausgenossen (mit Gewinn) für neue Münze gekauft.

¹⁰³) heimlich für ihn unausgewechselte alte, folglich billigere Münze in Umlauf setzen.

ertzebischove oder sime muntzemeister drier phunde unde drier
scherfe uf genade.

Von der ammichtin rechte.

Des ertzebischoves schultheizze, marktmeister unde munze- 40
meister unde der vogt des groven unde des vicetûms gesinde,[104]
die zu irme brode gen unde die in irme huse slafen, uber die
sulen si rihten. En tetin si des niht, so sal der schultheizze
des ertzebischoves rihten ubir daz selbe gesinde; der butil[105]
der in sal aber niht gebieten deme gesinde in irs herren hus,
er sal aber ime gebieten, swa man iz geseit, an der strazze
oder andirswa für den schultheizzen; der sal danne ubir iz
rihten nach rechte.

Dit ist von deme markitmeister ammichte des ertzebischoves.

Der marktmeister der sal sinen zol nemen von allirhande 41
luten, alse si verköffet haben; unde die wile si niht verkouffet
habin, so en sal man si niht phendin umbe den zol. Ist aber,
daz ein man ein teil virköffet von sime waine,[106] so sal er
sinen zol geben odir ein phant, biz daz er allez virkouffe, ob
iz der zolnere eische oder niht; gibit er danne deme zollnere
niht sinen zol, so var er uf sin reht.

Von deme, der zollis sal ledich wesen oder niht.

Phaffen*) unde rittere unde ritterskint unde begebene lute[107] 42
die en soln niht zollen, ez in si, daz si köffen irme gesinde
an irme virdientem lone gewant oder vremden luten ettewaz:
davon sulen si dan zollen.

---

*) Die Hdschr. hat eigentlich [P]affen.

[104]) gesinde = die Gefolgschaft eines Adligen im altgermanischen Sinn,
dann überhaupt die Bediensteten, Untergebenen, die in Erfurt von der Kost,
die sie bei ihrem Herrn hatten, ihre Brotesser hießen (Zuchtbrief, Art. 40),
gerade wie das engl. lord ursprünglich den Herrn als Brotlieferer (hlaford)
seiner Gefolgschaft bezeichnet.

[105]) butil ist noch die echt althochd. Form (mhd. bütel, in lat. Glossen
gewöhnlich mit praeco wiedergegeben) zur Bezeichnung des Amtsdieners eines
Gerichtsherrn.

[106]) Wagen.

[107]) Mönche und Nonnen; denn „sich begeben" ohne genitivischen Zusatz
heißt: in ein Kloster gehen.

Dit ist ouch von deme zolle, den man gibet.

43 Koubet aber ein phaffe oder ein ritter uf gewinnunge ettewaz, dez er welle furt [108] geniezzen: davon sal er zol geben. [Einis iclichen burgers gesinde en sal dicheinen zol geben],*) ez en si danne also, daz iz köffe oder virköffe, dez iz furt wolle geniezzen: davon sal ez danne geben sin markitreht.

Von zolle.

44 Alle des ertzebischoves lute unde des greven unde des vicetûms, die iz von aldere zu rehte virhaben [109] solen sin, die en solen deheinen zol geben.

Von deme zolle, den man enphurit uz der stat.

45 Swer den zol enphurit oder entreit uber die uzzirn brukkin, [110] dem sal der zolner nachvolgin unde sal in ufhalden in deme wippilde [111] unde nicht daruzze unde sal in füren für sinen herren. Mak aber der man bringen, [112] daz er den zol gegeben habe, so ist er ledic; en mak er des niht getûn, so sal er wettin dru phunt unde dru scerph uffe des marktmeisters gnade; kumet abir er des enwec, unde wirt daz

---

*) Ergänzt aus M und E, da diese Worte auffallender Weise in dem einen, uns allein vorliegenden, Original fehlen.

---

[108] furt (wie oben in § 23 vor, vort) = höher, weitergehend in der Preisforderung; also: auf Gewinn, behufs theureren Wiederverkaufs etwas kaufen. In II, 43 ist der Ausdruck furt zerkaufen wörtlich übersetzt mit ulterius vendere.

[109] eigentlich: die dessen seit Alters zugehalten sind, d. h. die davon seit Alters ausgeschlossen, befreit sind.

[110] Die Thorbrüden der Innenstadt; „äußere" genannt im Gegensatz gegen die innerhalb der Altstadt über Flußarme führenden Brücken; nach Anlegung der äußeren Wall-Linie um die Vorstädte (im 14. Jahrhundert) nannte man natürlich jene Brüden die inneren im Gegensatz zu den vor den äußeren Thoren über den Stadtgraben führenden, so daß Engelmann (um 1500) sehr natürlich die obige Bestimmung in die Worte faßt: Alle, die den zol über die innersten brucken vor den innersten dhoren an der stadt Erffurdt entfuren oder enttragen, seint iglicher III pfund und dry scherff... schuldig (Michelsen, Mainzer Hof p. 27).

[111] Vgl. Anm. 37.

[112] = erbringen, beweisen.

ubirnehtic, so en mac ime der marktmeister dikeine schult gegebin.

Dit ist ouch von demo zolle, den man gibit von manigerhand dinge.

46 Als manik man also uf einen wain sin dinc legit zu fûrendo, also mangen zol sal man geben davone, die da uzzewendic der stat gesezzin ist.

Wie man zollen sal.

47 Von eime schillinge und darubir sal man geben einen phennic zu zolle unde darunder biz an sehs phenninge ein scherph, under sehs phenningen abir sal man niht zollen.

Dit ist von deme zolle der geste.

48 Swelich gast, die uzwendic landes ist unde kumet zu Erfortho mit eime waine oder mit eime karrin geladin, daz he niderleit¹¹³ von deme waine, ob¹¹⁴ he intledit, davon gibit he vier phenninge; davon abir, da he ufledit, davon gibit he aber vier phenninge, unde von deme karrin¹¹⁵ niderzulegine gibit he zwene phenninge unde ufzuladine aber zwene phenninge unde dikeinen zol.

Dit ist von deme zolle der wain unde der karrin.

49 Swer abir ein geladin wain oder karre durch die stat oder umme die stat durch die windisschin gehowin¹¹⁶ oder

---

¹¹³) um die geladene Waare „niederzulegen" zum Feilbieten. Indem man durch Thüringen, also bei dem damaligen Straßenzug fast stets durch Erfurt, durchfahrende Waare bei deren „Niederlegung" gegen eine Ab- und Auflabegebühr für zollfrei erklärte, das bloße Durchfahren der Handelsfrachten, wenigstens der werthvolleren, also viel theurer machte und somit für die meisten Fälle ausschloß, sicherte man der Stadt ihre schon seit Karl d. Gr. bestehende, auch für die Industrie der Bürger hoch wichtige Bedeutung als Stapelplatz.

¹¹⁴) wenn, oder zeitlich: wann; das scheinbar temporale da im Folgenden möchte dagegen statt daz verschrieben sein.

¹¹⁵) Die Abgabe von einer Karrenlast ist regelmäßig halb so groß als die von einer Wagenlast, der Karren selbst also wohl auch halb so groß gewesen als der gewöhnliche (bei der Mißlichkeit der Landstraßen gewiß nicht allzu große) Frachtwagen.

¹¹⁶) Wendische Ansiedlungen drangen in uralten Zeiten aus den Waldbergen des Südostens, wo noch jetzt ein Dorf, wenig über ¹/₂ Meile von

durch den brul¹¹⁷ oder umbe der Juden grab, daz bi den siechin ist,¹¹⁸ der sal zol gebin.

Erfurt entfernt, Windisch-Holzhausen genannt wird, in einem schmalen Streifen bis dicht an die Stadt vor, so daß Melchendorf, Dittelstedt und das seit der Franzosenzeit verschwundene Daberstedt villae Slavorum hießen, obwohl allem Anschein nach (wenigstens schon im 13. Jahrhundert) hier das deutsche Element überwog und slavische Art vielleicht nur noch in Sitte und Rechtsbrauch hie und da erkennbar war. Die Mark von Daberstedt, die das Weichbild Erfurts im Südosten unmittelbar berührte, muß zunächst unter den „windischin gehowin" gemeint sein (Gehofen, wie im Namen des benachbarten Dorfes Ilversgehofen, = Gehöfte, Siedelungen).

¹¹⁷) „Der Brul", wie man noch im 16. und 17. Jahrhundert sagte, war, was schon der Name verräth, ein Wiesenplan (in lat. Urkunden bruel gewöhnlich durch pratum, bisweilen auch durch das mittellat. Wort für „Moor" wiedergegeben, z. B. „ad murum, qui vulgo vocatur bruel" bei Lacomblet I, p. 151 f.). Wasserreich, erst allmählich durch Entsumpfung für die Cultur gewonnen, mit Buschholz, Erlen, Weiden und Espen theilweise bewachsen, zog sich der Brul (heutzutage: „das Brühl") im Süden der eigentlichen Stadt an der hier in mehrere Arme gespaltenen Gera hin. Ein speciell erzbischöfliches Dorf war hier erwachsen und galt, selbst den Namen Brühl führend, bereits damals als südliche Vorstadt. Unsere Stelle beweist indessen, daß noch 1289 das Brühl theilweise als außerhalb der Stadt liegend betrachtet wurde, so gut wie Daberstedt. Vgl. auch II, 102 „extra muros in Plurali" und II, 181 „in Plurali extra muros et eciam intra."

¹¹⁸) Der alte Judenfriedhof lag im Norden der Stadt vor dem Andreasthor dicht an der Stadtmauer nach dem Moritzthor zu; das hier erwähnte Siechenhaus in seiner Nähe wird deshalb die „Enelenden-Herberge" beim (inneren) Johannisthor gewesen sein, die schon im ältesten der uns erhaltenen Freizinsregister (dem von 1293) vorkommt. Da letztere in den späteren Registern (z. B. dem Severiregister von 1350 im E. A.) jenseit der Kirschlache in der Nicolaipfarrei genannt wird, muß sie auf dem schmalen Raum zwischen dem letzten Theil der Kirschlache, dem Kronenburger Wehr, der wilden Gera und Johannisbrücke, also gerade östlich von dem nur durch die dort inselreiche Gera getrennten Judenfriedhof gelegen haben. Dieser ganze Raum wurde nach der Siechenherberge das Enelend oder Elend (exilium) genannt. Uebrigens deutet der Umstand, daß nur von Ausweichen der Handelsfrachten vor dem Ost-, Süd- und Nordthor geredet wird, darauf hin, daß das uralte Westthor (vom Löwenwappen der Grafen von Gleichen „Lauenthor" genannt) schon damals nicht vom regelmäßigen Handelsverkehr berührt wurde, wie es denn unlange darauf den Grafen von Gleichen vom Rath abgekauft und vermauert worden ist.

Von deme unrehtem buwe.[119]

Der martemeister[120] sal ouch rihten ubir unrechten gebu und ubir gazzin und ubir unrehten ubirhanc[121] und von wegin unde von kameren, die zu wege gen,[122] unde ubir mist, die da ligit in der strazze.

Dit ist von deme geleite der burgere unde rihtere.

Swen die burgere unde die rihtere mit einander zu Erforte geleidin, den in suln die geistlichen rihtere an nihte bekummern zu deme male.[123]

Dit ist von den winschrodern.[124]

Die winschrodere solen nemen vier phenninge von eime fudere[125] ufzuschrodine und dri phenninge niderzuschrodine. Ist iz abir also, daz si niht eime burgere mugin oder wollin

---

[119]) buwe, wie das gleich folgende gebû, bedeutet jede Art von Bauwerk.

[120]) Von den auslautenden Consonanten des Wortes Markt pflegte man in diesem älteren Erfurter Dialekt bald den ersten, bald den zweiten zu unterdrücken; die nachmals, wie noch jetzt, in Erfurt übliche Dialektform „Marcht" kommt in jenen Zeiten selten in Erfurt vor.

[121]) gesetzwidrig überhängende d. h. zu weit über die Frontebene des Erdgeschosses stufenartig vorgerückte Stockwerke, allenfalls auch Erker.

[122]) „Wege" mögen im Gegensatz zu „Gassen" die breiteren, fahrbaren Straßen bedeuten; dann aber werden „zu Wege gehende Kammern" nach der Fahrstraße sich öffnende, vor den eigentlichen Häusern errichtete Gaden oder Buden sein (wie die Lin-Gaden d. h. Leinwand-Buden am Rathhaus), die für Roß und Reisige wie für Fuhren nicht zum Hemmniß werden sollten.

[123]) Das geistliche Gericht soll nicht das freie Geleit brechen, welches die Rathmannen (burgere als Vertreter der Bürgerschaft wie in § 35 genannt) nebst den weltlichen Beamten des Erzbischofs (rihtere) einmal gewährt haben. Da die letzteren jedenfalls bei Geleitssachen concurrirten, ist es nicht statthaft unter rihtere den Rath zu verstehen, der sonst allerdings öfters in lat. Urk. des 13. Jahrhunderts mit judices Erfordenses bezeichnet wird.

[124]) schrötäre = Ab- und Auflader von Fässern, hier also von großen Weinfässern (jedoch auch Bierfässern und anderen Lasten, vgl. § 53). Unter „schroten" verstand man nicht nur schneiden und hauen, sondern auch stemmen, sich entgegenstemmen, was der Auflader zum Heben der Fuderfässer, der Ablader zur Verhinderung des Herabschurrens derselben thun mußte.

[125]) § 14 zeigt Fuder in der Bedeutung Wagenlast, im Obigen wird es die daraus abgeleitete Bedeutung eines großen, eine ganze Wagenlast ausmachenden Fasses haben. Vgl. II, 28 mit III, 21: in ersterer Stelle heißt carrata, was in letzterer fuder genannt wird.

helfin, mac he selbe daz fuder uf oder nidergelegin; oder tut
iz iman emo zu helfe, daz stet emo ane varo.¹²⁶ Irrint¹²⁷
si abir einen gast me danno ubir nacht, so sulen si eme die
kost abelegin.

Von den schrotleitern.¹²⁸

53 Ein ieclich burgere mac wol ein lange leittern und ein
kurte habin zu schrotin und ein seil. Ein ieclich burgere mac
wol schrotin uf odir nider ein halb fudir ane vare in sin hus;
virwarlosin aber die winschrodere einis maunis win oder bier
oder andirs waz, daz si uf oder niderschrodin: daz soln si
selbe geldin.¹²⁹ Si sulen och gereit¹³⁰ sin deme ertzebischove
zu schrotin ane lon sinen win oder sin bier, he si engegen-
wertic oder niht.

Von deme gewant snidene.¹³¹

54 Nieman sal gowant sniden zu Erforte danne uffe
deme vrige¹³² des ertzebischoves undir den gadimen.¹³³

---

¹²⁶) steht ihm ohne Gefahr (der Bestrafung) frei.

¹²⁷) irren = beirren, einem hindernd in den Weg treten. Das Gewerk der Weinschröter scheint damals also ein trotziges Selbstgefühl seiner Bedeutung für die weinreiche, daher auch gewiß starken Weinhandel treibende Stadt gehabt zu haben. Der Bürger hatte nach Obigem erst dann das Recht, ein Vollfuder sich selbst oder zusammen mit guten Freunden auf- und abzuladen, wenn die Weinschröter nicht konnten „oder wollten helfen." Dem Fremden sollten sie dann wenigstens „die Kost" (Zehrung und Herbergegeld) „ablegen" d. h. abnehmen, vergüten (wie vorher: „niederlegen").

¹²⁸) zum Niedergleitenlassen der mit Seilen umwundenen Fässer.

¹²⁹) den Schaden entgelten, ersetzen (vgl. Anm. 36).

¹³⁰) bereit, willig, zur Hand.

¹³¹) Dieser Ausdruck bezieht sich nicht bloß auf die Thätigkeit unserer heutigen Schnittwaarenhändlers; unsere mittelalterlichen „Gewandschneider", oder „Tuchschläter" waren vielmehr Schnittwaarenhändler und Schneider zugleich, „Gewand schneiden" hieß sowohl Kleider verfertigen (z. B. kleider nâch ritter-lichen siten gesniten) als Zeug verkaufen, weil doch immer von einem grö-ßeren Stück dabei abzuschneiden war.

¹³²) Hier ist daz vri in anderem Sinn zu verstehen als in § 5 und 7, wo es einfach vri guot bedeutete. Des Erzbischofs Frei ist der von jeder bürgerlichen Abgabe befreite Raum auf dem Marktplatz, wo der Erzbischof als Inhaber desselben gegen Walpurgis- und Martinizins, der allerdings „Frei-zins" war, Verkauf gewisser Waaren halten ließ.

¹³³) Das Gadem (spätere Form: Gaden) war der Name für jeden irgendwie kastenartig eingeschlossenen Raum: von Kiste und Schrank bis zu

Swi¹³⁴ iz darubir tût, wirt hes mit gerihte besait,¹³⁵ die sal gebin de burgeren funf schillinge unde funf schillinge des ertzebischoves marktmeistere zu büze. Ez mac abir ein ieclich man wol ein gantz tuoch köffin, des he darf eme zu kleidern oder sime gesinde, unde snide daz ane vare.

Von deme schultheizzen amichte in dem brule.

Der schultheizze in dem brule sal habin sin recht an allin 55 stukkin, als iz von aldere ist gewest unde sal lihen alliz daz guot, da man ime von cinsit.¹³⁶ Unde der schultheizze in der stat, die sal lihen alliz daz gût, da man ime von cinsit zu koufmannekirchen.

Wir bischof Gerhart ertzebischof von Meintze, mit hank-56 nisse¹³⁷ unde mit willen unsers capitels von Meintze haben wir besigilit disen brief mit unserm unde mit unsers capitels insigele, mit alsolhem underscheide¹³⁸ unde furwort:¹³⁹ ob

---

Stockwerk und Haus. Ein koufgadem war eine Kaufbube; die oben genannten Gaben sind ebenfalls offene Kaufstände (II, 57 camerae pannicidarum), und zwar solche für Tuch- und Kürschnerwaare, an deren Stelle später das sogenannte Gewandhaus auf dem Wenigen Markt (bis 1618) stand. Für Leinenzeug werden im 13. Jahrhundert Kaufbuben auf dem anderen Marktplatz der Stadt „vor den Graben" genannt. Der Erzbischof erhob auch von ihnen einen, wiewohl weit geringeren, Jahreszins: „Tuguria, in quibus inciditur lineus pannus ante gradus annuatim XXXIV den." heißt es in „des Schreibers Bartholomäus Renten-Nachweis", der bald nach 1250 abgefaßt ist und sich in genauer Abschrift des Coblenzer Originals im E. A. befindet; gerade um diese „apothecae sive domus sitae ante gradus, in quibus pannus lineus vendi solet" hatte sich Erzbischof Werner mit dem Rath gestritten, letzterer sie ihm aber 1277 restituirt (M. A. VII, 3).

¹³⁴) swi für swer, wie gleich in dem Folgenden und in den §§ 36 und 48 zu Anfang die für der.

¹³⁵) besagen = ein rechtliches Gutachten abgeben, transitiv: jemanden anklagen; also: „wird er des (hes contrahirt aus hc es) angeklagt."

¹³⁶) Er soll die bei Verkauf (§ 6) und Verlehnung (§ 9) fälligen Abgaben aller der Freigüter erhalten, deren Freizins er (in der Severi-Kirche) für das Erzstift einnimmt wie der Stadt-Schultheiß von den anderen Freigütern, deren Zins in der Kaufmanns-Kirche zahlbar ist.

¹³⁷) verhancniss (wie verhengunge) = Einwilligung; ohne die Vorsilbe ver war dieses Wort bisher nicht nachgewiesen.

¹³⁸) genaue Erklärung, Bestimmung.

¹³⁹) vorher ausgesprochene Bedingung, Vorbehalt.

icht an unserm rechte oder unsers stiftis von Meintze, daz wir han in der stat zu Erforte, umbe unsern nutz, ere oder reht unde ouch der stat zu Erforthe ist zu oder abezitûnen oder zu bezzeren, daz daz geschehen sol mit unseren wizzene beidenthalp [140] ane vare,[141] beidenthalp unvercigen [142] unsis rechtis.

57   Dirre brief ist geschriben unde gegebin zu Meintze an deme nehsten samztage nach sante Katherines tage,[143] do man zalte von gotis geburte tusent zweihundert und nune unde achtzichare. Anno Domini millesimo ducentesimo octogesimo nono.

---

[140]) Die Stadt soll nicht einseitig Veränderungen der dem Erzstift daselbst zustehenden Rechte vornehmen. Das Erzstift ist hierbei wie in der Ueberschrift und bei der Besiegelung der Urkunde in Erzbischof und Stift im engeren Sinn d. h. Capitel geschieden.

[141]) ohne heimliches, listig verstedtes Gegenstreben, ohne Gefährdung; das Wort vâre (Nachstellung) war gerade für hinterlistige Rechtsverdrehung in Thüringen im Gebrauch: die Herrn von Apolda werden vom Kloster Heusdorf verpflichtet, Gericht zu halten „sine capcione, que Vare volgariter nominetur" (Rein, Thur. sacra II, 143).

[142]) „unverzichtend auf unser Recht", grammatisch als adverbiale Participialconstruction zu verstehen (wie „unbeschadet unseres Rechtes"), denn unverzigen steht dialektisch für unverzihen (wie noch 1511 in der Engelmanns-Rechnung des E. A. p. 42), und dies ist das negative Particip von verzihen (verzeihen, versagen). „Sich verzeihen" hieß so viel wie sich lossagen („unde habent sichc voreigen alles des rechtis, des su darane hatten" in einer Urk. von 1298 bei Höfer, älteste Urkunden deutscher Sprache p. 52).

[143]) Der Katharinentag ist der 25. November. Dieser fiel 1289 auf einen Freitag, mithin ist die Aufzeichnung und Ausstellung unseres Weisthums am 26. November 1289 geschehen.

II. Das Bibra-Büchlein.

Vorbemerkung.

In den Jahren 1335 und 1336 wurde Thüringen von wildem Kriegsgetümmel erfüllt. Anlaß dazu gab die zwiespältige Wahl zur Besetzung des erledigten Erzstuhles Mainz: seit 1328 stritten sich um ihn Heinrich von Virneburg und Erzbischof Balduin von Trier. Für den Austrag dieses Streites im Thüringer Land mußte die Entscheidung der schon damals mächtigsten Centralstadt Erfurt, welche die Mainzer Erzbischöfe längst „ihre Stadt" nannten, von höchster Bedeutung sein. In dieser Situation tritt ein Mann für kurze Zeit in den Vordergrund der Geschichte Thüringens: Hermann von Bibra.

Da, wo noch jetzt eine Meile westwärts vom Unstrut-Freiburg das Städtchen Bibra liegt — wo sich der Saubach durch ein romantisches Schluchtenthal aus den Waldbergen der Finne den Weg zum Biberbach öffnet, um mit diesem zusammen gerade am Fuß der altberühmten Felsenhöhe von Burgscheidungen sein Wasser mit dem der Unstrut zu mischen — auf dieser altthüringischen Dingstätte am Zusammenfluß von Biber- und Saubach stand, wie man als sicher annehmen darf, die Wiege Hermanns. Bald jedoch scheint dieser die heimischen Wälder mit den Mauern Erfurts vertauscht zu haben: hier finden wir ihn mit seinen beiden, gleich ihm dem geistlichen Stand gewidmeten Brüdern in den Anfangsdecennien des 14. Jahrhunderts. Er muß ein Mann von hervorragenden Fähigkeiten gewesen sein: man machte ihn zum Decan der berühmten Stiftskirche Unsrer Lieben Frauen und zugleich zum Provisor d. h. obersten Verwalter des Mainzer Hofs, jenes bedeutenden „Vorwerks" des Mainzer Erzstifts im Brühl zu Erfurt.[1] Mit großem Eifer schloß sich nun zur Zeit jener doppelten

---

[1] 1325 war bereits Hermann von Bibra Provisor (als solcher bezeugte er am 16. November d. J. eine Hausübertragung), während am 2. Juni 1324 noch Hermann von Gutenshausen Provisor war (E. A.).

Bischofswahl unser Hermann von Bibra dem Balduin von Trier an, ja er rief ihn 1335 nach Erfurt selbst, wo er die Bürger für ihn gewonnen hatte und wo sich darauf hin der Prätendent wirklich anschickte mit Hülfe der streitbaren Bürgerschaft und mit Zuziehung einer rheinischen Hülfsschaar unter dem Grafen von Katzenellenbogen den Kampf mit den gegnerischen Großen des Landes, sogar mit dem Landgrafen von Thüringen aufzunehmen. Bald jedoch wurden die Erfurter an einem solchen Kirchenfürsten, der das Land mit Mord und Brand füllte, selbst der Kirchen nicht schonte, irre, und damit mußte Bibras Stellung, der von dem Allen die Seele war, die allergefährlichste werden.

Muthig sehen wir ihn auch jetzt noch einstehen für die Sache Balduins, der er sich einmal ergeben: er tritt gewaltsam gegen die Bürger auf, schont weder Mann noch Gut, so daß die Erfurter endlich, zugleich von der Ungnade des durch den Landgrafen von Thüringen angerufenen Kaisers und dem Unwillen des ganzen Landes über solche Parteinahme für den Trier'schen bedroht, sich der Person Hermann von Bibra's zu bemächtigen beschließen.[1] Dieser rettet sich auf den Petersberg hinter die Mauern des berühmten Klosters Petri und Pauli; aber man erbricht die verriegelten Pforten und bringt den unbeugsamen Mann als Gefangenen in einen lichtlosen Thurm. Da verbrachte er mehrere Tage und Nächte, ohne deren Wechsel zu spüren, bis sich seine beiden Brüder für ihn zur Haft einstellten.

Nun soll nicht weiter erzählt werden, wie Erfurt diese Gewaltthat, an einem hochgestellten Cleriker verübt, im Jahr 1336 büßen mußte, wie die Stadt belagert und am Alexiustag unter den Zitterblättern des „Espichs" auf jenem Bruchland im Süden der Stadt eine blutige Schlacht geliefert wurde, wie sich endlich die grollende Bischofsmacht wieder durch Geld versöhnen ließ und der Papst den über Erfurt ausgesprochenen Bann löste. — Uns genügt es die gewaltige Persönlichkeit dessen kurz bezeichnet zu haben, der 1332 das seinen Namen tragende Buch von den Bischofsrechten und -Gefällen fleißig zusammentrug. Danken wir ihm, daß er seiner ganzen Stellung und Sinnesrichtung gemäß gewiß kein Titelchen aufzuzählen versäumt haben wird, was an Gerechtsamen dem Erzbischof in Erfurt

---

[1] Vgl. M. A. VII, 14—18 mit dem Chronicon Sampetrinum (ed. Stübel p. 172).

und dem Thüringer Land überhaupt zustand; danken wir ihm besonders auch dafür, daß er in heiligem Eifer für das Recht des Hochstifts und in sehr natürlichem Eifer für die Erhaltung aller Einkünfte des ihm überwiesenen und ihn mit ernährenden Mainzer Hofs zurückgriff auf längst vergangene Zeiten und „aus den alten Registern" so manches in sein ausführliches Weisthum eintrug, was keine praktische Bedeutung mehr hatte, uns aber um so interessanter sein muß.

Leider besitzen wir vom Bibra-Büchlein kein einziges ganz vollständiges Exemplar, indessen ergänzen einander die in Magdeburg und Erfurt befindlichen Handschriften so glücklich, daß hier die Restauration des Ganzen versucht werden konnte, wobei jedoch der ausführliche Schlußtheil derjenigen Handschrift, die auf das Ansehen einer Original-Handschrift den meisten Anspruch machen darf (die daher hier auch allen andern vorangestellt ist), weggelassen wurde, weil er sich nur auf die thüringischen Besitzungen des Erzstifts außerhalb Erfurts bezieht. Einige Stellen (s. die §§ 49, 85, 181) verweisen zwar auf später zu gebende nähere Ausführungen, die in keiner der uns bekannten Handschriften sich finden; es ist jedoch ebenso möglich, daß Hermann von Bibra diese Nachträge unterlassen hat, als daß uns einige Stücke des Bibra-Büchleins selbst in den vollständigsten Handschriften fehlen.

Wir besprechen nun sämmtliche[1] uns auffindbar gewesenen Handschriften mit Angabe der bei Citirungen gebrauchten Chiffern.

A: Handschrift des M. A. (wie die folgende unter VI, 3) in Groß-Folio. Die Schrift ist eine dünne gothische Cursiv-Minuskel und gleicht völlig derjenigen in den Erfurter Freizinsregistern der ersten Hälfte des 14. Jahrhunderts. Mit Leerlassen größerer und kleinerer Flächen zwischen größeren oder kleineren Abschnitten füllt die Handschrift 28 Blätter dünnen Pergaments in je 2 fein und eng liniirten Columnen auf jeder Seite. Die ersten beiden Lagen von je 8 Blättern haben stets über 40 Zeilen, gewöhnlich 44 oder 47; die dritte Lage mit Blatt 17—30 (wovon das letztere den rückseitigen Umschlag der zusammengehefteten drei Lagen bildet, während Blatt 19 ausgeschnitten ist) hat nur 35—37 Zeilen in den Columnen und enthält jenen langen Katalog der Mainzer Be-

---

[1] Nicht mit aufgezählt werden hierbei einige werthlose jüngere Abschriften des M. A. und eine daselbst befindliche neuere Uebersetzung, die zwar die bei Faldenstein abgedruckte weit übertrifft, aber auch an erheblichen Fehlern leidet.

sitzungen außerhalb Erfurts, an welchem Bibra längere Zeit gearbeitet zu haben muß, wie die mehrfach darin vorkommende Jahrzahl 1333 beweist. Abgesehen von diesem hier nicht aufnehmbar gewesenen Theil (der wieder allen übrigen Mss. fehlt) ist diese vielleicht das Original selbst enthaltende Handschrift gerade die am wenigsten vollständige: sie schneidet (nach der im Folgenden gewählten Paragraphen-Eintheilung) mit § 163 ab. Eine oder sogar mehrere Lagen scheinen dem Exemplar seit Alters in der Mitte zu fehlen.

B: Eine der vorhergehenden in jeder Beziehung ähnliche Handschrift des M. A., auch wohl ziemlich gleichen Alters mit derselben, die jedoch weiter führt, nämlich (eine Lücke an Stelle der §§ 174 u. 175 abgerechnet) zu bis Ende von § 185. Es sind 2 Lagen von je 8 Pergamentblättern mit 46 Zeilen in jeder Columne.

C: Eine Pergamenthandschrift des E. A. (Tit. III, 10 C) in Groß-Octav aus dem 15. Jahrhundert, aber wohl aus der Anfangszeit desselben. Die Schrift ist viel kunstgerechter als bei A und B, ähnelt mit ihren sauber vertical stehenden Minuskel-Lettern einer fetten und großen Druckschrift in deutschen Lettern der Gegenwart, unterscheidet sich auch von der einfarbig schwarzen Schrift in A und B schon durch die rothen, bisweilen auch blauen Initialen, die auf der ersten Seite besonders zierlich gemalt sind, und ist von allen Handschriften (soweit diese Erfurt allein betreffen) die vollständigste, dabei aber nicht ohne kleinere Versehen. Die 25 Pergamentblätter (in drei Lagen geheftet) sind bis auf schmale Randstreifen alle voll beschrieben, und zwar hat nur die 1. Seite (wegen des großen Initials) 26 Zeilen, alle anderen haben genau 27. Ein besonderes Interesse kommt diesem Exemplar des Bibrabuchs noch dadurch zu, daß es, wie aus einer eigenhändigen Randbemerkung, das Jahr 1496 betreffend, hervorgeht, das Handexemplar des berühmten Rheingauers Nicolaus Engelmann, des ebenbürtigsten Nachfolgers unseres Hermann von Bibra in der Verwaltung des Mainzer Hofs zu Erfurt,[1] gewesen ist.

C[2]: Pergamenthandschrift des M. A. („Erfurter Copialbücher 4") mit der alten Aufschrift „Des von Bibra Buchlin;"[2] ist in Aussehen

---

[1] Michelsen. Der Mainzer Hof zu Erfurt am Ausgange des Mittelalters (Jena 1853) p. 11 f.

[2] „Des von Bibra büchlein" ist auch der Titel unseres Weisthums in Engelmanns „Küchenmeisters-Befehlen" (Michelsen l. c. p. 23 und p. 33, wo statt das zu lesen ist des); erst neuerdings machte man daraus abkürzend

und Text das völlige Ebenbild von C, nur fehlen leider die Schluß-
paragraphen 228 und 229, da in Folge des Ausschnitts des letzten
Blattes bereits vor dem Ende von § 227 das Ganze mit den Worten
„burgravii vel" abbricht.

D: Papierhandschrift des E. A. (Tit. III, A 13). Mit andern
Rechtsaufzeichnungen vereint[1] füllt hier eine etwa dem Ende des
15. Jahrhunderts angehörige Abschrift von C² (mit Einrückung der
dort als Marginalien beigefügten Zusätze in den Text) 28 Octav-
blätter zu 27—30 Zeilen mit rothen Initialen der Abschnitte, aber
häufigen Schreib- oder Lesefehlern, besonders mit steter Vernach-
lässigung des gewöhnlichen Halbirungszeichens (des Querstrichs durch die
meist langgezogene Schlußziffer) einer Zahlenangabe.

Zu diesen fünf Handschriften des eigentlichen Bibrabüchleins fügen
wir hier noch zwei subsidiäre Handschriften:

E: Eine den Handschriften A und B im Aeußerlichen (bis auf
die hier nicht beliebte Trennung in Columnen) völlig gleichende Aufzeichnung der Gefälle, welche 1332 in den Mainzer Hof geliefert wurden (im M. A. versehentlich mitten unter die Freizinsregister gestellt als
„Lehn- und Erbzinswesen des Erfurter Gebiets No. 3"). Zwei Lagen,
die eine von 10 Blättern mit je 37 Zeilen, die andere von 6 zu
je 46 Zeilen (also gleich liniirt der Handschrift B) mit einem ange-
hefteten Schlußblatt, zusammen in eine lederartige Pergamentschale
gebunden, bringen eine für die §§ 1—135 des Bibrabüchleins höchst
erwünschte Specificirung der erzstiftischen Revenüen in Erfurt; ja der
Eingang des Bibrabüchleins zeigt uns sogar theilweise die Anfangsworte dieses Registers, welche lauten: Anno Domini M°CCC°XXXII°
innovatum et conpilatum est istud registrum censuum ex antiquis libris et registris, in quo continentur omnes redditus,
pensiones et proventus pertinentes ad allodium Erffordense,
qui dantur in civitate Erffordensi et eius suburbiis in festo
beato Walpurgis, deinde in villis pertinentibus ad dictum allodium. Es liegt uns also, zumal auch im weiteren Text sehr vielfach
ganz wörtliche Uebereinstimmung herrscht, hiermit ohne Zweifel das

---

ein „Bibra-Büchlein" und gebraucht daher das Wort Bibra wie einen ablichen
Familiennamen, was nur nicht zu einer Verwechslung von Hermanns
Geschlecht mit dem wirklichen (fränkischen) Adelsgeschlecht derer von Bibra
führen darf.

[1]) Vgl. Herrmann, Bibliotheca Erfurtina p. 194.

Fundamental-Register für die größere erste Hälfte unseres Weisthums vor, und wir ersehen daraus, daß Bibras Aufzeichnungen keineswegs eine gelehrte oder polemische Tendenz verfolgten, sondern dem praktischen Bedürfniß dienen sollten, eine Uebersicht über die bunte Masse der erzstiftischen Einkünfte im „Hof" zu Erfurt zu gewinnen, womit Hermann von Bibra seinem wackern Nachfolger Nicolaus Engelmann so trefflich vorarbeitete.

F: Pergamenthandschrift des M. A. („No. 1827. Lehnssachen No. 1") ungefähr von der Aeußerlichkeit der Mss. C und C². Es ist ein ebenfalls werthvolles Zinsregister, dessen Charakter durch die Anfangsworte ausgesprochen wird: „Incipit liber censualium allodii domini archiep. Mog. in Erfordia, collectus ex antiquis libris ipsius census."

Endlich sind die §§ 230—234 der im Uebrigen weggelassenen Uebersicht der ländlichen Einkünfte des Mainzer Hofs außerhalb der Stadt Erfurt und der speciell mainzischen Dörfer der Erfurter Umgegend (in A) entnommen, der „Anhang" dagegen, der nicht mit zum eigentlichen Bibrabüchlein zu rechnen ist,[1] stammt aus einer hier mit M bezeichneten Handschrift des M. A. (mit in „Copialbücher 1378"), die verglichen wurde mit einer späteren Copie (W) des W. A., wo sie sich in dem „Copiale Erfurdense Vulcano abreptum" („Sammlungen No. 76") findet.

Die Herstellung des ganzen übrigen Textes beruht wesentlich auf einer Vergleichung der drei zuerst genannten Handschriften A, B, C. Die zahlreichen Abkürzungen sind aufgelöst, die Scheidezeichen wie die großen Buchstaben nach eigenem Ermessen, v und u überall nach der Aussprache gesetzt und bei allen wichtigeren Abweichungen der Mss. unter einander, besonders in deutschen Worten und bei allen Namen, die Varianten angeführt. Schwierigkeit machte bei der Uebertragung in unsere Schrift nur der Umstand, daß die Mss. c und t nicht oder kaum unterscheiden; um nicht willkürlich zu verfahren, wurde daher in Zweifelsfällen allemal c gesetzt.

---

[1] Er ist vielmehr älter oder schöpft wenigstens aus älteren Quellen, wie u. a. ein Vergleich der §§ 254 und 145 lehrt. Unter dem Titel „Liber de juribus Vicedomini" ist er von Früheren schon mehrfach citirt.

In nomine Domini. Amen.

Nos Hermann de Bybera,[1] decanus ecclesie sancte Marie Erfordensis, provisor allodii ecclesie Moguntine ibidem, collegimus et conportavimus sub anno domini M⁰.CCC⁰.XXXII⁰. ex antiquis libris et registris ac ex diligenti indagacione et inquisicione eorum, qui noticiam subscriptorum habuerunt, necnon hactenus pacifice observata consuetudine omnes pensiones, redditus, obvenciones et proventus et iura ipsius Moguntine ecclesie per partes Thuringie, in quibuscunque consistebant; et primo in civitate Erfordensi et eius suburbiis, deinde in villis pertinentibus ad domini allodium et postea in aliis villis extraneis. Et si quid ineptum, diminute ac truncate[a]) posuimus, hoc nostrorum corrigat discretorum et suppleat successorum.

Notandum, quod Judei Erfordenses tenentur dare singulis annis ad allodium[2] in circumcisione Domini[3] unum talentum[4]

---

a) A: ac trunctate. B: ac trunebate. C: a truncate (letzteres Wort jedoch in der Mitte durch Radiren verundeutlicht). Cᵃ hat hinter dem allein alten Anfangsbuchstaben a auf radirtem Grund von neuerer Hand geschriebene Buchstaben, so daß jetzt dasteht: ac icaute. D: ac incaute (letzteres Wort als Randcorrectur eines in der Zeile dick durchstrichenen).

¹) Dies ist die ursprünglichere Namensform, wie sie anstatt der späteren zweisilbigen urkundlich auch sonst vorkommt, so bei Nennung unseres Autors selbst in der Bannlösungsurkunde von 1337 (M. A. VII, 17 u. 18), wo er wie oben Hermannus de Bybera heißt, und ebenso in dem hier nicht abgedruckten Schlußtheil von A, wo das Dorf Bibra unter den an Mainz zinsenden Orten Thüringens in der Form Bybera erwähnt steht. Die älteste Namensform wird Biber-aha (nach dem vorbeifließenden Biberbach) gewesen sein, dessen zweiter Bestandtheil sich wie gewöhnlich durch Erweichung des ursprünglich gutturalen h zu einem einzigen a contrahirte.

²) zum Hof d. h. in den so genannten Mainzer Hof, den erzbischöflichen Vorwerkshof (neben der jetzigen Gewehrfabrik), wohin alle Abgaben an das Erzstift eingeliefert wurden (vgl. den Schluß von § 12).

³) 1. Januar.

⁴) ein Pfund (talentum = libra).

piperis et vicedomino talentum, camerario I talentum, pincerne archiepiscopi I talentum.ᵃ)

In epyphania Domini.⁵

3   Officiatus, qui vocatur salczgreve,ᵇ) tenetur dare de mensuris, cum quibus mensuratur sal,⁶ sculteto ᶜ) in civitate Erfordensi quinquaginta solidos denariorum legalium et bonorum ⁷ et vicedomino triginta sol., et debet eos et bodellos ⁸ eorum in dicta epiphania aut dominica sequente invitare ad prandium et laute procurare.⁹

4   Et nota, quod facto prandio in domo dicti officiati quelibet casa iacens in foro, in quo venditur sal,¹⁰ que antiquitus

---

ᵃ) B hat die Worte von camerario an nicht.   ᵇ) B und C: salzgreve.
ᶜ) Besonders A hat die Form schultetus häufig, C dagegen ohne Ausnahme scultetus.

---

⁵) 6. Januar („großes" oder „zweites" Neujahr).
⁶) Das erzbischöfliche Salzgemäß war bedeutend kleiner als das städtische: nach jenem gingen 4, nach diesem 3 Scheffel auf das Viertel eines Malters (Grünes Buch des E. A. fol. 28), ja nach dem Clemens-Buch des E. A. (Tom. II, p. 37) waren 4 Erfurter Scheffel = 2 Mainzer Malter, demnach 1 Mainzer Malter nur ½ eines Erfurter Malters, 1 Mainzer Scheffel nur ⅙ eines Erfurter Scheffels. Hiermit stimmt eine Notiz vom 10. Aug. 1627 ziemlich überein, wonach 1 Erfurter Malter damals etwa 5 Mainzer Malter betragen habe (M. A. Erf. Acten Tit. IX, No. 9).
⁷) 80 Schillinge (oder Dutzende) Erfurter Pfennige = 4 Talente = 2 Mark (vgl. I, Anm. 67). Der Ausdruck bonorum et legalium denariorum ist der stehende Ausdruck für vollwerthige und am Ort Curs habende Münze, hier also für Pfennige der jedesmal jüngsten Prägung der erzbischöflichen Münzer in Erfurt.
⁸) Vgl. I, Anm. 105.
⁹) Er soll sie „herrlich pflegen", mit reichlichem Mahl regaliren. Unsre mittelalterlichen Weisthümer drücken gern das Reichliche solchen Imbisses aus, recht anschaulich z. B. jenes von Hausbergen (bei Grimm I, 717), wo der Meier den Frohnern zwei Fleischspeisen vorsetzen soll, „und soll das fleisch an zwei enden racken über den schüsselbordt vier finger breit." .
¹⁰) Der Salzmarkt (forum salis) war, wie aus den Freizinsregistern hervorgeht, der nordwestliche Theil des Grabens, von den zur Stiftskirche emporführenden Stufen (gradus) selbst an der Severihöhe hin bis zur Fingerlingsgassen-Ecke. Die 15 Salzbuden (vielleicht noch in Bartholomäus' Rentenverzeichniß — vgl. p. 23 der erwähnten Abschrift im E. A. — Salzwagen genannt), in denen der ständige Kleinhandel mit Salz getrieben wurde, hießen ortsüblich

appellabatur currus, dat III sol. denariorum legalium et bonorum; et sunt XV case sive currus. Et de istis XLV sol. datis de istis XV curribus scultetus recipit duas partes et vicedominus terciam partem.

Item prefatus officiatus dat sculteto par caligarum de gynt 5 seu gandano [11] et vicedomino unum par singulis annis in festo pasche.

---

die Salzköten (von kot = casa, domuncula), Salzhütten oder Salzkräme. Zum Artikel 5 des Hamelburger Vertrags von 1530, worin der Wiederbau der Salzkräme dem Rath aufgetragen wurde („jedoch nach der Quere desselben Marktes, wie die hievor nach der Länge darauf gestanden") bemerkt Engelmann am Rand seiner Abschrift: wo jetzt „die neuen Salzkräme" ständen, habe früher das Brothaus gestanden (Engelm.=Buch fol. 168). Diese neuen Kräme wurden nun wirklich der Quere gebaut, so daß sie unter dem Namen der „Salzhäuser" noch zu Anfang unseres Jahrhunderts eine Reihe kleiner hofloser Häuschen vor der Severihöhe bildeten, die ihren einen Giebel nach dieser, ihren anderen nach der entgegengesetzten, ebenso freien Seite kehrten. Die uralten 15 Salzwagen oder Salzhütten standen mithin, so lange das Brothaus existirte, wahrscheinlich auf dem offenen Theil des Salzmarkts, nahe an den Domstufen.

[11]) Dies scheinen „Beinhosen" d. h. Beinbekleidungen vom Knie bis zum Knöchel, eine Art Kamaschenstiefeln gewesen zu sein. Schmeller theilt im bairischen Wörterbuch die Glosse mit: „ledrein hoz oder stiefel caliga." Und wie in Erfurt Bizthum und Schultheiß außer den caligae do gynt noch Boßschuhe erhielten (s. §§ 110—113), so hatte nach dem Magdeburger Recht (Gaupp p. 228) der Meister der Schusterinnung dem Bischof jährlich sowohl „stivales" als „calcei parvi" zu geben. Du Cange erwähnt ausdrücklich caligae als Beinbekleidung von Bischöfen, die aber noch Sandalen nöthig machten, also Kamaschen waren. Noch jetzt existirt für solche Bekleidung des Beins abwärts des Knies die ursprünglich nur hierfür gebrauchte Benennung „Hose" an der oberen Isar (wo nach Schmeller die Bäuerinnen bei der Arbeit und im Winter zu solchen „Beinhösl", die bis an die Knöchel gehen, noch die Bruch unter dem Namen „Gesäßhosen" tragen) und am Niederrhein, wo man die Strümpfe Hosen nennen hört. Ja das Wort Hose scheint aus calceus entstanden, das für die romanischen Sprachen an Stelle von caliga der Ausgangspunkt wurde: ital. calza, franz. causse und später chausse, niederl. coussen, deutsch Hosen, was Engelmann um 1500 z. B. noch hosszen schrieb, wie Wasser wasszer (Michelsen, Mainzer Hof pp. 22 u. 26); umgekehrt scheint das deutsche Hose ins Italienische in der Form uosa und der Bedeutung Kamasche aufgenommen. — Vom Gynt= oder Gandan=Stoff läßt sich vermuthen, daß er nach der Stadt Gent (frz. Gand, lat. Ganda) benannt worden sei, und daß er irgend ein feinerer Stoff als gewöhnliches Leder war, weil Du Cange s. v. Gandenga eine Stelle aus dem Chron. Vosiense (cap. 73 de deformatione religionis) citirt, in der von „gandengae pro ocreis" geredet

6 Item notandum, quod dictus officiatus tenetur dare singulis diebus dominicis ad allodium XVIII schutellas ᵃ) ¹² et XVIII bicaria ᵇ) ¹³ de holtwerc.ᶜ) ¹⁴

7 Est eciam notandum, quod quilibet currus ducens semel sal in septimana in anno ᵈ) dat unum vas seu mensuram ¹⁵ salis; si autem ducit bis in septimana, dat duas mensuras, eciam si tantum per unam septimanam bis duceret. Et quelibet byga ᵉ) ¹⁶ dat dimidiam mensuram, si semel ducit, in anno; si autem bis in septimana, dat integram mensuram. Et hoc congregat dictus salczgreve, quando sibi placet.

8 Item quilibet currus seu casa iacens in foro, in quo venditur sal, dat in festo beati Jacobi unum modium salis. Et hos XV modios de XV curribus percipit scultetus solus; sed

---

ᵃ) C zieht auch hier das se dem sch vor.   ᵇ) B: picaria, das sonst auch bei A vorkommt.   ᶜ) B: holtwerg.   ᵈ) Bei A, B und C² fehlt in septimana, bei C fehlt in anno, jedoch steht das Wort septimana auf einer radirten Stelle, die vermuthlich früher das Wort anno zeigte.   ᵉ) C: biga.

wird; ocrea erläutert Du Cange aus der Charta Roberti II. als Weinschlauch aus Bocksleder, wie man ihn auf die Reise mitzunehmen pflegte, und eine bekannte sprichwörtliche Redeweise gebraucht ja noch heute den Stiefel für den Humpen, so daß unsere caligae de gynt geradezu in jenen Gandengen versteckt sein könnten, obwohl Gint einen Webstoff bedeutet („gewant von gynt" in der Geleitstafel am Schluß von „Copialbücher 2" des M. A.). Webstoffe von Gent werden in mittelalterlichen Dichtern einigemal erwähnt: ein brûtlachen von Gent (im Parzival) und brûnez scharlach von Gint (im Willehalm).

¹²) Holzschüffeln oder Holznäpfe.
¹³) Holzbecher. Die obige Form des Wortes giebt genau den Klang des altnordischen bikar (althochd. bechar) wieder, aber schon Varianten bringen für b das auch in den romanischen Formen desselben Worts dafür eintretende p, und endlich wechselt auch r mit l: ital. bicchiere und pecchero, altfranz. pichier, span. und port. pichel, unser Becher, Pokal, picheln. Noch 1511 stellt Engelmann p. 89 seiner Rechnung „Gläser" und „Byrbecher" neben einander.
¹⁴) Vgl. I, Anm. 43 und unten § 13.
¹⁵) Ein „Gemäß" Salz wäre nach § 9 ein halber Scheffel, wogegen die im Engelmannsbuch (fol. 182) enthaltene Zollordnung einen ganzen Scheffel für den Wagen, einen halben für den Karren als Jahresabgabe für möchentlich einmaliges Besuchen des Marktes ansetzt.
¹⁶) biga (bijuga) = Karren (s. I, Anm. 115). Im Bamberger Bischofsrecht ist carruca die Uebersetzung von Karren.

quantum de sale derivatur [17] seu cedit de mensuris curruum et bygarum [18] seu quocunque alio modo,[19] scultetus percipit duas partes et vicedominus terciam.

Et notandum, quod mensura facit dimidium modium. 9

Et notandum, quod dictum sal dant indifferenter tam cives 10 quam hospites.[20]

Jus ipsius officiati, qui vocatur salczgreve, est: quilibet 11 currus seu byga ducens sal tenetur mensurare sal, quod vult vendere, quocienscunque ducit et eciam ubicunque vendit intra civitatem seu extra intra oppidum Erfordense [21] cum mensuris archiepiscopi et ecclesie Moguntine. Et quilibet currus seu byga dat salczgreven III obolos [22] de mensuris, sive sint cives sive hospites; et de hiis denariis dat ipse salzgreve sculteto L sol. et vicedomino XXX sol. et duo paria caligarum supra posita.

Et quilibet currus dat II denarios pro theolonio et byga 12 unum denarium, qui sunt in terra Thuringia morantes;[23] si

---

[17]) Vgl. § 7.

[18]) Vgl. § 11.

[19]) etwa von Bußen für Vergehungen auf dem Salzmarkt, theils in Geld (f. § 18 u. 19), theils in Salzabgabe bestehend. So verhing Nicolaus Engelmann als Küchenmeister vielfach derartige Strafen, wenn sich Salzhocken-Weiber (die beim Abmessen des Salzes halfen und Erfurts echte dames de la halle gewesen zu sein scheinen) schimpften und schlugen; indessen wurden damals solche Bußen schon einfach in den Mainzer Hof geliefert (Engelmannsbuch fol. 126 f.)

[20]) Gäste (I, 21) d. h. Auswärtige, die in die Stadt kommen ("herkommende Männer").

[21]) außerhalb der Innenstadt (civitas), aber noch im Weichbild (oppidum) d. h. in den Vorstädten. Vgl. I, Anm. 37 und I, 45.

[22]) Scherfe, später Heller genannt, sind Halb-Pfenninge, die sich übrigens bei Erfurter Münzfunden immer weit seltener gezeigt haben als die Denare. Bei gewissen Zinsabgaben war eine Zahlung mit Scherfen ausdrücklich verboten (vgl. §§ 57, 59, 60), denn es wurden bisweilen die Hälften zerschnittener Pfenninge benutzt, was leicht zu betrügerischem Ausschnitt schmaler Silberstreifen aus der Mitte der Pfenning-Bracteaten (I, Anm. 69) führen konnte.

[23]) "Bleiben" für "wohnen", wie noch jetzt z. B. in Tirol (vgl. § 68 "morans in Rastorf" und ebenso § 145 u. 217). Unter dem Thüringer Salz wird wesentlich Frankenhäuser Salz zu verstehen sein. Es war rathsam die inländischen Salzverkäufer (durch nur halben Zoll) dem städtischen Markt zu befreunden, um stetes Angebot am Ort zu haben, denn die reichen

autem sunt in extraneis morantes, quod vocatur uzlendic, tunc currus dat IV den. et byga II den. Et ista theolonia cedunt ecclesiǫ Moguntine seu ad allodium presentantur.

13 ' Item notandum, quod theolonia, que dantar de holwerg,ᵃ) de quibus ipse salczgreve dat singulis septimanis XVIII schutellas et XVIII pickaria, ut prius positum est, cedunt ipsi salczgreven.

14 Et notandum, quod currus ducens schopas [24] dat II den. et byga I den. Simile est de curribus et bygis portantibus dolea,[25] stutze,[26] curvatos circulos ad dolea,[27] lagenas,[28] currus et quoscunque alios,[29] item restes flexos, qui vocantur gewundene weden,ᵇ) [30] item suber, quod vocatur bast,ᶜ) item

---

ᵃ) A: holwerd. ᵇ) B: gewunnen weden. C: gewundene wide.
ᶜ) B: past.

Salzlager, die seit einigen Jahren im Muschelkalkboden des Stadtgebiets entdeckt sind, ahnte noch Niemand, auch die benachbarten Salinen sind bekanntlich erst neuen Datums.

[24]) scopae = Reisigbündel oder (wie § 255 zeigt) vielmehr Reiserbesen; schopae ist davon die analoge Nebenform wie schultetus von scultetus, schutella von scutella.

[25]) Fässer (vgl. I, Anm. 52).

[26]) Kleine hölzerne Schöpfeimer mit einfachster Handhabe heißen noch jetzt in Erfurt Stotze, und „stutz" findet sich auch im Engelmannsbuch zwischen Legeln und Essigfässern erwähnt (Michelsen, Mainzer Hof p. 37).

[27]) Faßreife.

[28]) Vgl. I, Anm. 40.

[29]) Wagen auf Wagen oder gar Karren klingt freilich seltsam; es werden indessen wohl nur kleine Räderkasten verschiedener Art („quoscunque alios") gemeint sein, z. B. Rabebern (eigentlich = Bahren d. h. Tragen auf Rädern), wie noch jetzt in Erfurt der gemeine Mann Schubkarren nennt, besonders aber Pflüge (Rabebern und Pflüge nennt die Zollordnung des M. A. V, 2ᵃ ausdrücklich als Marktwaaren), denn currus durfte mit demselben Recht den deutschen Räderpflug bezeichnen wie carruca (charrue).

[30]) wit oder wide heißt ein Geflecht aus Ruthen (namentlich aus Weidenruthen), die noch heutzutage jeder Erfurter Knabe „Witten" nennt. Solche zusammengeflochtene Witten dienten ehedem so gewöhnlich an Stelle der Stricke, daß im Gothischen jedes Verbinden ein „Zusammenwiden" (ga-vidan), jede Auflösung dis-viss hieß. In Erfurt brauchte man viel Widen zum Befestigen der Rebe am Stock („Rebenwieden" p. 77 der Engelmanns-Rechnung des E. A.), aber auch zum Zusammenfügen der einzelnen Stücke größerer Holz-

matten, teken,*) ³¹ capisteria,³² schutellas, frondes ad perizomata,³³ kannas,³⁴ hausteria, quod vocatur schufen,³⁵ kuncs,³⁶

---

*) C: tecken.

---

geräthe benutzte man neben Nägeln Ruthengeflechte; so heißt es im Liederbuch der Clara Hätzlerin (p. 105 ed. Haltaus):
Ain yeglich pflûg
Mûsz haben genûg
Nagel vnd wid.
Die Form weden statt widen folgt aus einer auch in I hie und da sich zeigenden Dialekteigenthümlichkeit (vgl. z. B. daselbst er für ir in § 29, eme für ime in § 52 wie 54).

³¹) Matten und Decken, aus Baumbast oder Reisig geflochten. Die Form teken klingt sehr alterthümlich und weist auf die althochd. Stufe zurück.

³²) Mulden (denn Siebe, was es auch bedeuten könnte, werden nachher genannt; auch paßt Mulden gut zu dem nebenstehenden „Schüsseln").

³³) Eine der merkwürdigsten Marktwaaren, die uns einen Blick gestattet auf die zur Zeit der Abfassung dieses Registers (wohl lange vor Bibras Zeit) noch herrschende sehr ursprüngliche Bekleidungsweise der Landleute. Das perizoma war nämlich ein Lendenschurz; althochd. Glossen aus dem 8. oder 9. Jahrhundert (s. Diutisca I, 491) übersetzen perizomata mit umleibigurtida. Derartige Leibgürtel trugen in den ältesten Zeiten die Feldarbeiter in der Sommerhitze statt jeder anderen Bekleidung, weshalb man jene auch campestria nannte. Nun wird man freilich nicht das bloße frische Laub dazu vom Wald nach der Stadt gebracht haben, wohl aber ließ sich aus recht breitblättrigem und zweckmäßig präparirtem Laub, das man zu langen Gürteln zusammensteckte, ein Handelsartikel machen: wie von gewebtem Zeug oder von Leder konnte man davon zur Herstellung eines solchen Gurtes verkaufen.

³⁴) kanne, althochd. channa, ein hölzernes, innerlich etwa ausgepichtes Trinkgefäß, also auch im Namen echte Vorläufer der Jenaer (Weißbier-) Kännchen und Kannen.

³⁵) Die schuofe war ein Schöpfgefäß an einem längeren Stiel, dasselbe wie schapfo. „Mit Schepfen" wurde nach der Fischerordnung von 1468 (Engelmannsbuch f. 55) das Wasser aus den Fischgruben, die man fegen wollte, in die Gera geschüttet. „Schuffen barmete man lesche" kommen in der ältesten uns erhaltenen Erfurter Feuerordnung vor, die 1429 niedergeschrieben ist (M. A. XXIV, 4).

³⁶) Ein deutsches Wort muß hier, wie das k beweist, einen nahen Anschluß an ein lateinisches gebuldet haben, wie die offenbar lateinische Endung zeigt. Bei lagena ging man auf die rein lateinische Form ein, hier dagegen vermischte man allem Anschein nach beide Sprachen ähnlich wie bei dem vorhergegangenen kannas (aus kannen und cannas). Mit Sicherheit ist der Bedeutung des Wortes wohl kaum beizukommen; aber wie in lagena = Lägel

troge ad pistandum, ligna, que vocantur droholcz, item ligna, que vocantur haynholcz,³⁷ strenge et ᵃ) selbogen,³⁸ grabeschit,³⁹

ᵃ) B: unde.

---

könnte auch hier die Liquida des zu Grund liegenden deutschen Worts eine andere gewesen sein, ein l im letzteren einem n der Latinisirung entsprechen, und so käme man auf das Wort kule, das in Erfurt eine Keule oder einen keulenartigen Knüppel bedeutet haben muß (s. das Grüne Buch des E. A. fol. 41 v.), sonst auch in der Bedeutung „Kugel" vorkommt (Rothe, Dür. Chr. p. 73 f.). Vielleicht schwebte unserem Verfasser zur Wiedergabe seines (vermutheten) kule das lateinische cuneus vor. „Cuneis et bona spissa cervisia cum novis pecariis et novis scutellis" zinsten in der That gewisse Dienstthufen der Bintersleber Flur 1354 ans Erfurter Petersklofter (Liber cellerarii s. Petri. Pergament=Handschrift der Kgl. Bibliothek zu Berlin. Mss. Boruss. Fol. 78 ff.). Cuneus ist nach Du Cange ein eisernes oder hölzernes Instrument, um Holz zu spalten („unaqaeque villa habeat secures i. e. cuniadas" im Capitulare de villis bei Pertz, Leges I, 184) oder um schwere Steine, das Instrument darunterschiebend, vorwärts zu bringen. In letzterer Bedeutung werden in der bei Du Cange angezogenen Stelle cunei und palo neben einander gestellt, pala aber war ein spitzes Geräth, um z. B. Erde aufzuwerfen, wie das Wort noch jetzt als la pale im Französischen in ähnlichen Bedeutungen fortlebt. Demnach wird man sich unter „Kulen" unterwärts keilförmig zugeschärfte Pfähle zu denken haben, die im Obigen gerade so dicht neben Backtröge gestellt sind wie unten (§ 255 am Ende) auf den Trog „II pale" folgen. Es ließe sich auch an gewöhnliche Hopfen= und Rebenstangen denken, die auf dem Erfurter Holzmarkt jedenfalls eine große Nachfrage fanden und kurzweg Pfähle hießen („Pfele zu lesen und zu spitzen", „Pfele zu setzen" in der Engelm.=Rechn. p. 72 f.).

³⁷) „Drehholz" oder „Wellen" sind Holzwalzen, besonders für Mühlräder (Michelsen, Mainzer Hof p. 38), während Hainholz wohl Scheitholz bedeutet.

³⁸) Stränge aus Zweigen gewunden kommen im alten Passional (65, 65 ed. Hahn) vor; da schon ruthengeflochtene Taue erwähnt sind, so mögen Sehnen damit gemeint sein. Dazu stimmt das mit et angeschlossene selbogen = Seilbogen oder Armbrust. Armbrüfte werden als Marktwaare auch in der mehrfach citirten Zollordnung des M. A. erwähnt. Bei dem Wort sel an eine bloße niederdeutsche Nebenform für Seil zu denken (altf. sêl) scheint indessen aus doppeltem Grund doch nicht statthaft: 1) wird das erfurtische sel schwach declinirt und 2) werden „Seile" und „Selen" neben einander genannt, beide von Seilern gefertigt, aber offenbar nicht identisch („Sachebuch der Stadt Erfurt" fol. 7. W. A. Samml. No. 39).

³⁹) grabeschit von schit = abgespaltenes Stück Holz, Scheit (dessen Diminutiv in dem Namen „Schittchen" fortlebt, wie man in Erfurt das bekannte Weihnachtsgebäck nennt).

hastas et sperscheste,⁴⁰ howenhelbe,ᵃ)⁴¹ swertspene,ᵇ)⁴² ligna ad cribra,⁴³ bregen,⁴⁴ berrinnen,ᶜ)⁴⁵ cannilia, quo vocantur

---

ᵃ) C: howenhelme.   ᵇ) C: swertspene.   ᶜ) B: berrynnen.

---

⁴⁰) Eschene Speerschäfte aus Wigalois, Tristan ꝛc. bekannt; sie bekamen vorn eine Eisenspitze (isensper); die hier neben ihnen genannten „Lanzen" hatten dagegen wahrscheinlich auch im fertigen Zustand keine Eisenspitze, sondern höchstens eiserne Widerhaken und dergl. In dem ganzen Verzeichniß stehen nur Waaren, deren Rohstoff der Pflanzenwelt entnommen ist.

⁴¹) Graff (IV, 891) citirt dies Wort aus einem althochd. Glossenverzeichniß des 11. Jahrhunderts in der Form honhalb und mit der Uebersetzung manubrium (Handhabe, Griff, Stiel). Das Wort ist zusammengesetzt aus ahd. houwâ, howâ, mhd. houwe = Haue, Hacke und ahd. halap, halp, mhd. halp, angels. helf, engl. helve = Stiel. Hauenhälbe sind also Hackenstiele, an die wohl vorn ein Eisen angesetzt wurde (vgl. vorher: Speerschäfte). Statt Hauenhälbe sagte man auch kurzweg „Helme" = Hälme, Hälbe (Zollordnung des M. A.), und hierdurch rechtfertigt sich der schon von Benecke (im mhd. Wörterbuch) vermuthete Zusammenhang von halm (Aytstiel) und halp.

⁴²) Soll wohl swertspenge (so viel wie swertvezzel) heißen, also Schwerthalter, Schwertgurt. Spange und spenge kennt man sonst als Haltband von Schild und Helm.

⁴³) Holz zu Sieben, etwa dünne und schmale Holzstreifen, die gegittert in den Siebreif eingefügt wurden.

⁴⁴) Wahrscheinlich die g-Form für das aus Schmeller bekannte bairische Wort brein, wie egde (Acker-Egge) für eide oder egdehse für Eidechse. Nach Schmeller bedeutet brein sowohl den Brei aus Hirse- oder Haferkörnern (oder diese Körner selbst) als auch „die Breinstampf" d. h. den Stampfer zum Enthülsen der Körner. Ist Plantago major und media, wie man behauptet, nach der Formähnlichkeit mit dem Breinstampfer „Vogelbrein" genannt worden (ähnlich spaßt der Pflanzenname „Froschlöffel"), so gäbe das rundlich-ovale Wegerichblatt also ein Bild der rundlichen hölzernen Stampfplatte, die an einem hölzernen Stiel, freilich wohl in ihrem Mittelpunkt, befestigt war. In der Bedeutung „Gehirn" ist die g-Form übrigens längst bekannt: mhd. bregen, angels. braegen (woraus engl. brain), gegenwärtig Bregen oder Brägen (in Berlin und auch weiter in Niederdeutschland ganz gewöhnlich).

⁴⁵) Bier-Rinnen, wie sie bei der alten Brauerei (wenigstens der Erfurter) nicht fehlen durften, da das Ueberleiten der Würze aus dem Maischbottich in die Braupfanne, des Bieres aus dieser in das Kühlschiff nicht durch Röhrenfluß mit einfacher Oeffnung eines Hahnes geschah, sondern durch schräg übergehängte große Rinnen (langen, deckellosen Kasten ähnlich sehend) die mühsam eingeschöpfte Flüssigkeit aus dem einen Raum in den andern (von gleichem Niveau) übergeführt wurde. „86 Schuh Rynnen ins Bruhuß" kaufte nach p. 56 seiner Rechnungslegung 1511 Engelmann für den „Hof", ebenso wie 47 Schuh Dachrinnen (ib. p. 68), von welchen letzteren auffallender Weise in

kelge,⁴⁶ svyntroge,ᵃ)⁴⁷ praesepia lignea⁴⁸ facta de uno ligno, mensae, que sunt forate, quod dicitur gelochet,⁴⁹ mensas, que dicuntur schiben,ᵇ) loyſte ad mensuras bladi et aliorum leguminum,⁵⁰ cystas,⁵¹ cribra, bickaria,⁵² obenschuczele,ᶜ)⁵³ sellas

---

ᵃ) B und C: swintroge.   ᵇ) B und C: schyben.   ᶜ) B und C: ovenschuzzele.

---

unſerem Holzwerk-Verzeichniß nicht geredet wird. Die Form ber ſtatt bir wie in berwette, zen ſtatt Zinn, sender ſtatt Sinter, weden ſtatt widen (ſ. oben Anm. 30). Noch in Konrad Stolles thür.-erfurter Chronik (Ende des 15. Jahrhunderts) findet ſich dieſe Form ber.

⁴⁶) Cannilia (Sing. cannile) hängt jedenfalls (wie unſer Kanneel, das franz. cannelle) mit canna (Rohr) zuſammen und möchte mit dem mittellat. canella oder canela (= Luftröhre, Röhrenheber) in letzterer Bedeutung zuſammenfallen. Die kelge wären demnach hölzerne, oder aus Rohr (it. cannella) hergerichtete Stechheber, um Flüſſigkeiten aus dem Faß herauszuziehen.

⁴⁷) Schweinetröge.

⁴⁸) Holzkrippen.

⁴⁹) Dicke Holzſcheiben, die (zur Aufnahme einer Axe) in der Mitte durchbohrt waren, etwa für Wagen- und Mühlräder, wie 1511 Engelmann (ſ. p. 70 ſeiner Rechnung im E. A.) „Radholz" und Schuffeln zu den Mühlrädern „vom Waldmann" kauft. „Ein Mulſtein oder Sliffſtein, der durchlochert iſt, gibt einen Pfenning" ſagt das Bamberger Biſchofsrecht (p. 35 ed. Höfler).

⁵⁰) „Die Läufte" iſt noch heutzutage in Mühlhauſen der Name für jegliches, größere wie kleinere, Getreidegemäß. Da das Wort ſicher auf ahd. loufti, lauft zurückgeht, was ſowohl den Lauf als metonymiſch das ſich (durch Wachsthum) fortbewegende, fortlaufende an Gewächſen („Ausläufer") bedeutet, so kommt man auf die Vermuthung, daß man Getreide-Körner wie Anderes Geſämich in alter Zeit nach der Dauer des Durchlaufens durch ein trichterähnliches Gefäß (etwa mit Hülfe einer Sanduhr) gemeſſen habe, was bekanntlich bei großen Quantitäten viel genauere Reſultate ergibt als das Abmeſſen im Gemäß; „eine Läufel" heißt nach Vilmars kurheſſiſchem Idiotikon noch jetzt im Haungrund eine Rinne; auch der Umſtand, daß, wie geſagt, in Mühlhauſen Läufte der an keine Raumgröße ſich bindende allgemeine Ausdruck für Getreidegemäß iſt, unterſtützt dieſe Vermuthung.

⁵¹) Kiſten, Laden, oder, wie das Bamberger Biſchofsrecht (p. 35) cistae überſetzt: Schreine.

⁵²) S. Anm. 13.

⁵³) Ofenſchüſſeln, d. h. Schieber, mit denen die Bäcker das Brot in den Backofen ſchieben.

sive hulften.*) [54] Notandum, quod quilibet currus dat II denarios et quelibet byga dat I denarium et quilibet, qui portat, dat I obolum.

Item notandum, quod quilibet currus seu casa salis 15 potest emere residuas partes salis de curribus et bygis, que non possunt vendi, que vocantur huppen,[55] in septi-

---

*) C: hylften.

[54] Hulften hängt zusammen mit heln (hehlen, bedecken) wie loifte mit laufen und bezeichnet theils überhaupt einen Ueberzug („ein hulft von lichtem pfelle" auf Hagens Schild, Nib. 1702, 1; angels. hulve = Kruste, Schale), theils ein Futteral, das einen Gegenstand mehr oder weniger umschließt. So hieß das Halfter d. h. das Futteral für die Pistole am Reitsattel früher Hulfter, wie es noch jetzt im Dänischen Holfter oder Hylfter heißt. Außerdem haben wir das Wort in der Form Halfter bekanntlich noch für den Strick, den man den Pferden ums Maul legt, um sie im Stall anzubinden; Frisch fügt in seinem „teutsch-lateinischen Wörterbuch" (Berlin, 1740) ganz lehrreich hinzu, daß die Wundärzte eine Binde, dem Kranken um die Kinnbacken gelegt und über dem Kopf zugebunden, zu seiner Zeit ebenfalls Halfter nannten, leitet jedoch das Wort irrthümlich von „halb" her: „gleichwie man ein Halfter nur als einen halben Pferde-Zaum ansehen kann" (!). Frisch nennt uns ferner das holländische Wort „Huelfte", das nach ihm sowohl Halfter als eine Art Schuh bezeichnet. In letzterer Bedeutung erinnert das Wort wieder recht deutlich an die Grundbedeutung des Umhüllenden, noch mehr aber das engl. hull, das sowohl den Rumpf des Schiffs als überhaupt Schale, Hülse (holländ. hulst) bezeichnet. So geht ein früheres f in s über (beide wechseln noch jetzt im dän. und holländ. Halfter, Halster) und verschwindet endlich sammt dem t ganz. Schon im Mittelalter schwankt f mit s: Graff führt als Glossen aus Wiener Handschriften hulft und hulst mit den Uebersetzungen hulcitrum (d. h. culcita = Polster) und suprasella an. Letztere Uebersetzung steht also der unsrigen am nächsten: hulft oder hulst heißt Sattelüberzug, Sattelbede (wie in den Nib. Schildbezug), aber auch, wie unsre Stelle lehrt, der Sattel selbst, der ja ebensogut den Rücken des Pferdes hölzern überdeckte, wie er seinerseits gewöhnlich mit Leder überzogen („behülst") war.

[55] „Eine Huppe" heißt noch gegenwärtig in Erfurt der über den Rand eines Gefäßes sich erhebende Theil des Inhalts. Dieses bisher in den mhd. Wörterbüchern übergangene Wort war schon im 12. Jahrhundert in der Gotha-Georgenthaler Gegend bekannt, wo 1196 Günthersleber Colonen außer den Geldzinsen, „die sie dem Küchenmeister zum Imbiß gaben, auch noch die Huppen von 30 Pfenningen und die Erntepfenninge" erlassen wurden (Stumpf, Acta Moguntina p. 126). Das Wort wird mit huppen (hüpfen) zusammenhängen und mit franz. houpée zu vergleichen sein, das ebenso das Aufsteigen einer Wasserwelle bezeichnet wie unser huppe das Ueberragende selbst, den

mana,[56] sed sabbato bygam vel currum cum sale. Et quilibet currus seu casa debet habere quartale, dimidium quartale et parvam mensuram.[57]

16 Item quilibet hospes bygam habens cum sale potest vendere sal cum modiis et dimidiis sine*) denariatis,[58] quandocunque venit.

17 Item cives habentes currus in foro[59] debent vendere in bygis seu curribus quartis feriis, sabbatis et feriis sextis ante

---

*) Die Lesarten gestatteten auch siue (sive), was aber offenbar widersinnig wäre.

Ueberschuß. In letzterem Sinn ist es jedenfalls im Obigen gebraucht als Bezeichnung der nicht verkauften Salzüberreste, denn noch jetzt heißt z. B. in der Ultermark „hüppig meten" mit Aufhäufung messen. Allerdings heißt im Erfurtischen der rückständige Rest vielmehr „eine Ruppe", aber was als Ruppe im Salzwagen oder -Karren zurückblieb, war eben das Zuviel, das über den Bedarf Aufgehäufte, also „Huppe". Zur Vergleichung sei hier noch das triviale „hopps sein" aus dem Erfurter Dialekt erwähnt, was in Hessen (nach Vilmar l. c.) in der wohl richtigeren Form „hopp sein" nicht bloß scherzweise in der Bedeutung „weg, verloren, bankerott, todt sein" gebraucht wird; ferner „Höpper" (ständiger Name des Frosches an der Diemel) und das westhessische „Hüpper" für die steinernen Schnellkügelchen der Kinder, die „Märmeln", die in Erfurt „Stinnerten" heißen.

[56]) Die ganze Woche über dürfen die Inhaber der 15 Salzköten „die Huppen" kaufen, Sonnabends aber allein sich mit Karren- oder Wagenlasten von Salz versehen.

[57]) Die 15 Krämer dürfen jederzeit den Kleinverkauf treiben, also neben „Scheffeln und halben Scheffeln", die nach § 16 auch den Fremden gestattet sind, noch „kleines Gemäß" d. h. Pfenningmaß (mensura denariata) und Hellermaß (m. oblata in § 17, von obolus) führen. Wegen Viertheilung des (Malter-) Viertels beim Salzmaßsystem in 4 Scheffel durfte jeder der letzteren selbst ein Viertel (quartale) heißen. Vgl. Anm. 6.

[58]) Vgl. die vorige Anm. und bei Pertz SS. XII, 699: „denariata vini" (= ad valorem unius denarii).

[59]) „Bürger, die Wagen auf dem (Salz-) Markt haben" scheint zu bedeuten: Bürger, die regelmäßige Salzfuhren zu Markt bringen (§ 7). Am Morgen des Mittwochs, Freitags und Sonnabends, was die Salzmarkttage gewesen zu sein scheinen, haben sie, wie die 15 Krämer in den Salzköten, das Recht (debent = dürfen) des Kleinverkaufs, von dem später zu Gunsten jener Krämer nicht nur Fremde sondern auch andre Einheimische ausgeschlossen waren (Engelmannsbuch fol. 123). Selbst die Verstattung der regelmäßigen Salzzufuhr erscheint 1649 auf neun Männer beschränkt (M. A. Erf. Acten Abth. I, Tit. VI, No. 13).

meridiem quibuscunque mensuris, eciam denariatas et oblatas et eciam post meridiem sine parvis mensuris et sine denariatis et oblatis.

Et notandum, quod, quicunque secus vendit, dat officiato, qui vocatur salczgreve, unum sol. den. nomine pene.⁶⁰

Item habentes sal venale in capistris,⁶¹ quod vocatur mulden, non debent sedere ultra foveam, que vocatur clingen.⁶² Contrarium facientes dabunt salczgreven sol. nomine pene.

Notandum, quod vicedomino Erfordensi cedunt theolonea, que dantur de holwerg, tantum ad tres dies ante diem pasche, tres dies ante diem penthecostes et tres dies ante diem nativitatis Christi.

Et notandum, quod officiatus, qui vocatur salczgreve, potest personaliter sive propria auctoritate arrestare et occupare sal debitum ecclesie Moguntine et denarios de mensuris recusantes dare⁶³ tam in hospiciis⁶⁴ quam apud illos, qui emunt⁶⁵ sal, et indifferenter ubi viderit expedire.

---

⁶⁰) nomine poenae = als Buße oder Wette.

⁶¹) Capistrum, was eigentlich Halfter heißt, ist hier mißbräuchlich statt capisterium (Mulde) gesetzt, wie die Form in § 200 auch lautet. Indessen steht ja capistrum (καπίστριον) dem capisterium lautlich wie begrifflich nicht ferner als Hulster (Halfter) von Hulfte (Sattel), s. Anm. 54.

⁶²) Klinge soll ursprünglich einen rauschenden („klingenden") Gebirgsbach bedeuten, kommt aber überhaupt für Bach, Bett eines Baches, Thal, Hohlung und Grube vor (in gleichem Bedeutungswechsel wie das arabische wadi, in Spanien guadi). Nach dem Zeugniß des Carmen hist. occulti aut. hießen die schon im 13. Jahrhundert die Gassen Erfurts durchrieselnden Canäle „Klingen", wie noch zur Stunde so die sauberen Parallelgräben des gesegneten „Dreienbrunnens" südwestlich der Stadt genannt werden, in denen die für Erfurt charakteristische Brunnenkreßcultur gepflegt wird. „Klinge" als Name einer flachen Hohlung ist in Gotha, als Bezeichnung von Feuergassen in Eisenach noch üblich. Die Grube, die in obiger Stelle gemeint ist, könnte die in Severi-Freizinsbüchern (E. A.) erwähnte Cazgrube sein, die am Ausgang der Fingerlingsgasse beim Salzmarkt vor den Graben lag, und, nach der obigen Bestimmung zu schließen, ihm zur Grenze auf dieser Seite diente.

⁶³) Vgl. § 11.

⁶⁴) Herbergen (wo die „Gäste" logirten).

⁶⁵) Von Bestrafung der Käufer wegen Contravention gegen die Salzmarktordnung ist zwar im Vorigen keine Rede, man wird sich aber an sie im Fall des Nichthabhaftwerdens der Verkäufer gehalten haben.

In purificacionis beato Marie virginis vigilia.⁶⁶

22 In purificacionis ᵃ) beate Marie virginis vigilia domini de sancto Petro⁶⁷ dant sculteto in civitate Erfordensi II candelas seu cereos habentes unam libram cere,⁶⁸ item sculteto in Plurali⁶⁹ vel eodem sculteto, si preest ambobus officiis, II candelas habentes unam libram cere, advocato Erfordensi duos cereos habentes libram cere; item dant vicedomino Erfordensi duas candelas habentes unam libram cere.

23 Capitulum sancte Marie Erfordensis⁷⁰ dat sculteto in civitate Erfordensi candelam continentem libram cere, item sculteto in Plurali vel eodem sculteto, si preest ambobus officiis, candelam habentem libram cere, item advocato Erfordensi candelam habentem libram cere, item vicedomino Erfordensi candelam habentem libram cere.

24 Prepositus et conventus sanctimonialium monasterii in Ychtrishusen ᵇ)⁷¹ dant de parte⁷² nemoris, quod vocatur Eychenberg,⁷³ ante vigiliam purificacionis singulis annis qua-

---

ᵃ) Nach der Ueberschrift gebessert für purificacione. ᵇ) B: Ichtershusen. C: Ychtershusen.

---

⁶⁶) Das Fest Mariä Reinigung (2. Februar) hieß nach der Kerzenweihe, die sich aus den Kerzenceremonien der römischen Lupercalien herschrieb (Wallraff, altd. Wörterb. p. 54), die Lichtmesse; die Vigilie oder der Vortag des Festes war also der 1. Februar.

⁶⁷) Der Convent des berühmten Petersklosters (auf dem jetzigen Festungsberg).

⁶⁸) d. h. zusammen 1 Pfund schwer (vgl. Engelm.-R. p. 79).

⁶⁹) in Plurali ist die gewöhnliche Verderbung von in Brulari = im Brühl (s. I, Anm. 117).

⁷⁰) Kirche „Unsrer Lieben Frauen", jetzige Domkirche, bis gegen Ende des 12. Jahrhunderts die einzige Pfarrkirche, für immer die Hauptkirche der Stadt.

⁷¹) Das Ichtershäuser Nonnenkloster (ord. Cisterc.), unweit Arnstadt und 1½ Meilen s.-s.-w. von Erfurt, gehörte zum Archidiaconat der Erfurter Liebfrauen-Kirche.

⁷²) d. h. so weit der Forst vom Kloster allmählich durch Kauf erworben war (s. die Kaufurkunden bei Rein, Thur. sacra I, pp. 81 u. 99).

⁷³) Dies muß ein ausgedehnter (nach Obigem ca. 480 Acker haltender), vermuthlich viel zu Bienenzucht benutzter Eichenwald hinter dem Willeröder Forst (d. h. dem östlicheren Theil der alten Warwet) gewesen sein, wo noch jetzt,

tuor libras cere. Et nota, quod de dicta silva duodecimus ager pertinet ad castrum Tuntorf,ᵃ) ⁷⁴ sicut in descripcione reddituum dicti castri Tuntorf plenius continetur. Et nota, quod, preut taxatum est, ad castrum pertinent in toto de dicta silva circa XL agri.

In festo purificacionis beate Marie virginis congregator 25 in Taberstete ⁷⁵ dat XXX sol. den. de X mansis, de quolibet manso III sol.; congregator in Milkendorfᵇ) ⁷⁶ dat XXIV sol. de VIII mansis, de quolibet manso III sol.; congregator in Tutelstete dat IV talenta et VII½ sol. de XIV mansis, de quolibet manso VI sol. et III den.

In dicto festo solet dari census hereditarius de institis 26 sub domo corei inter clippeatores,⁷⁷ qui extendit se ad IV talenta et IV sol., videlicet de VII institis, quarum quelibet

---

ᵃ) B: Tungdorf. C: Tunctorf.   ᵇ) B und C: Melchendorf.

---

dem Riechheimer Berg benachbart, der Eichberg bei Nauendorf sich erhebt. An dem dem Erzstift gehörigen Eichenberg-Forst (1½ Meilen gen S.-O. von Erfurt) hatten die Grafen von Mühlberg, die Herrn von Melbingen, ja selbst der Landgraf von Thüringen im 13. Jahrhundert Lehnsantheile.

⁷⁴) Das noch erhaltene schöne Bergschloß Tonndorf beim gleichnamigen (jetzt weimarschen) Städtchen. Dieses Schloß war der Mittelpunkt einer ins Ilmgebiet gehörigen Grafschaft, in welcher damals das Gericht dem Erzbischof von Mainz zustand. Ueber die Umgrenzung dieser „comitia in Tungdorf" entnehmen wir dem hier nicht veröffentlichten Theil der Hdschr. A. (fol. 28) die interessante Notiz, daß sie einerseits (gen S.-O.) an der Ilm gegen Tannrobe soweit hinaufreichte, als Jemand „von dem Steg vor Tannrobe mit dem Hammer werfen konnte" (also ein Beitrag zu Grimms Rechtsalterth. p. 55 ff.), andrerseits (gen N.-W.) bis zu einem Kreuz zwischen Schellrobe und Erfurt, bei welchem Kreuz die Jurisdiction des Grafen von Gleichen anhob. Der Erzbischof hatte die Gerichte in Klettbach, Hesselborn (Wüstung zwischen Klettbach und Nauendorf), Gutendorf, Tonndorf und halb Hohenfelden.

⁷⁵) Vgl. I, Anm. 116.

⁷⁶) Die älteste Namensform „Mirkendorf" (noch in einer Urk. des E. A. von 1251 „Mirchendorf") führt auf die Deutung „Walddorf" (von mirk = Finsterniß, finsterer Ort, Waldesdunkel, wovon das mittellat. merica = Heide, im Sinn von Waldwildniß, wenigstens uncultivirtem Land, zusammenhängend mit altsächs. mirki, angels. mirce = finster). Das Dorf liegt noch heute dem Saum des ausgedehnten Willeröber Forstes nahe.

⁷⁷) Das Lederhaus unter den Schilderern (= Sattlern, Riemen- oder Lederschneidern, vgl. die §§ 30, 132, 174), die für Schild-, Sattelbezug und

solvit in dicto festo XII sol. Item de molendino in Byschois Guttern ⁾) ⁷⁸ dantur in dicto festo III fertones ⁷⁹ puri argenti.

27 Item in dicto festo vel post, prout placuerit sculteto, debet congregari maior berwechte.ᵇ) ⁸⁰ Et dantur V sol. minus uno denario novorum denar. de quolibet braxatorio.

28 Item in dicto termino solet congregari minor berwecte.⁸¹ Et dantur de qualibet carrata VI den.; sed si aliquis vult dare maiorem berwecte, non debet artari ad dandum minorem.

ᵃ) D: Bisscoffisguttern.   ᵇ) B und C (sonst auch öfters A): berwecte. A hat an einer andern Stelle die Form: berwette, C: byrwette.

---

allerlei Riemenwerk Leder genug brauchten, lag vor der Severihöhe, vermuthlich nicht weit vom Salzmarkt in der Richtung nach dem Vollloch zu. Vgl. die §§ 46 u. 60.

⁷⁸) Groß-Gottern zwischen Mühlhausen und Langensalza.

⁷⁹) ferto = ein Vierding (¹/₄ einer Mark).

⁸⁰) Die große Bierwette oder Berwette (an das engl. beer erinnernd, s. Anm. 45) war die Biersteuer oder Brauabgabe von 6 Erfurter Brauhäusern (braxatoria), wie sie Engelmann noch 1511 in p. 3 seiner Rechnung (die 6 Brauhäuser „zu der Kemenaten", „zum Lanim" u. s. w. dabei aufzählend) eintrug. Jedem der sechs „Brauherrn" pflegte von den 5 Schillingen, auf welche die Abgabe eigentlich lautete, 1 Pfenning zurückgegeben zu werden (vgl. Michelsen l. c. p. 32). Noch im Clemens-Buch des vorigen Jahrhunderts (E. A. No. 167) wird neben der kleinen die große Bierwette genannt, die jedoch damals nicht mehr dreimal des Jahres, wie ehedem, sondern auf einmal (also zu 15 Schill.) von jedem der 6 Brauhäuser in der Martini-Octave erhoben wurde (Tom. II, p. 17 jenes Buches). Rückwärts läßt sich die Abgabe bis in die Mitte des 13. Jahrhunderts verfolgen, wo sie bei Bartholomäus (p. 22 der Abschrift) dem Stadtschultheißen in der Höhe von 15 Schill. weniger 3 Pfenn. „a quolibet braxatore" zugewiesen ist mit dem Beisatz „pro illo iure quod dicitur Innunge" (wie sicher für Iunuirge zu lesen).

⁸¹) Diese „kleine Bierwette" wurde später nicht nach „Fudern" (carratae), sondern nach „Erfurter Bieren" erhoben: so erscheint die Abgabe im Vertrag des Administrators Albrecht mit der Stadt Erfurt von 1483 (fol. 2 v. der unter Tit. III, A, 15 im E. A. verwahrten Abschrift) und in der Engelmannsrechnung von 1511 (p. 7), woselbst uns die bereits damals übliche Benennung dieser Abgabe („Wassergeld" nach dem zum Brauen nöthigen Wasser) überliefert wird. Von jedem Erfurter Bier, deren jeder Biereige nach Art. 19 des Zuchtbriefs zwei brauen durfte, wurden 8 Lauen-Groschen Bierwette gegeben. Da diese Lauengroschen hier nicht, wie sonst in Engelmanns „Einnahmen", zu 4, sondern (wie in seiner „Ausgabe" stets) zu 3 Pfenningen (à ¹/₁₆ Schilling) zu rechnen, so beträgt diese Abgabe 1½ Schillinge, so daß, wenn die Höhe der Abgabe in den zwei Jahrhunderten unverändert geblieben ist, ein Fuder

De istis berwecten vicedominus percipit terciam partem. 29

Item in dicto festo textores dant de innunge*) pro con- 30
firmacione novi magistri eorum sculteto VII½ sol.ᵇ) Cissores
corei, qui vocantur die leder snytere,ᶜ) dant XXXIII denar.
Calcifices dant de innunge eorum XXVIII sol. et VI denar.
Pabulatores seu qui habent pabulum venale dant VII½ sol.⁸²
Vendentes pisa, pultes, lentes, milium et alia olera⁸³ dant

*) C: inunge. ᵇ) C und C² haben in diesem Abschnitt VIII statt VII½, was jedoch in C zweimal in VII½ corrigirt ist. ᶜ) B: sniter. C: snider.

66⅔ Eimer gefaßt hat, denn „ein Erfurter Bier" hatte 200 Eimer (Clemensbuch I, 343). — Daß manche Biereigen es vorzogen die große Bierwette der sechs „Brauherrn" zu zahlen, beweist, daß manche damals mindestens 30 Fuder das Jahr über brauten.

⁸²) Die Futterer waren zu dieser Abgabe verpflichtet für die Bevorrechtung, daß allein sie, vom Erzstift dazu autorisirt, in Erfurt „Haber mit Scheffeln, halben Scheffeln oder Metzen verkaufen" durften (Engelm.=Buch fol. 131 v. ff.).

⁸³) „Verkäufer von Erbsen, Brei, Linsen und anderen Gemüsen." Die Hirse (Panicum miliaceum L.) wurde demnach schon damals um Erfurt wie noch jetzt (z. B. bei den Gleichen und bei Nöda) im Großen gebaut, worauf auch der „Brein" zum Enthülsen der Hirsekörner als regelmäßige Marktwaare (vgl. Anm. 44) deutet. Besonders interessirt aber der Verkauf von pultes, da unter puls bereits bei den Alten ein dicker Brei aus Hirsen und Hülsenfrüchten, nach Plin. hist. nat. 18 besonders von Bufbohnen (Vicia Faba L.), verstanden wurde. Bufbohnenbrei (puls sabata, noch heute in Griechenland τὸ φάβατον) wurde im Alterthum sogar bei Opfern verwendet, ohne Bufbohnen aß man in Oberitalien keinen Hirsebrei, Bufbohnenmehl (lomentum) wurde zu allen möglichen Gerichten gebraucht, wie denn die jetzt in manchen Gegenden Deutschlands als „Saubohne" zum Viehfutter degradirte Faba noch immer im Süden, besonders in Südspanien, ein fast beständiges Nahrungsmittel, frisch wie eingemacht, liefert. Bei obigen pultes, worunter nach Du Cange jederlei durch Kochen bereitete Zukost verstanden werden kann, hauptsächlich an Vicia Faba zu denken, legt nicht sowohl die Stellung mitten zwischen anderen Hülsenfrüchten, als die große Sympathie der Erfurter für diese Bohne (der sie den Spitznamen Bufbohniter verdanken) und der vielleicht auf hohes Alter deutende, wie es scheint nur in Erfurt originelle Name „Bufbohne" nahe. Dieser Name, durch Assimilation wenigstens in der Schrift bisweilen zu Puffbohne entstellt, scheint nämlich auf das allgemein slavische bob (= Bohne) zurückzugehen, wie es im Polnischen, Böhmischen, Illyrischen sich wiederfindet, und also eine auf der durch Erfurt gehenden slavisch=deutschen Sprachgrenze entstandene hybride Form zu bieten. Indessen gebricht es zur Bestätigung solcher Vermuthungen völlig an Nachrichten über den Bufbohnen-

VII½ sol. Vendentes lineum pannum, antiqua vestimenta dant VI sol. Vicedominus percipit torciam partem de istis.

31   Notandum, quod post festum purificacionis predictum, quacunque feria secunda [84] scultete in Plurali vel scultete in civitate, si ambobus preest officiis, placuerit, debet haberi sive exerceri iudicium advocati in curva domo, [85] quod vocatur voytsding. (Eciam vocatur iudicium burggravii in Plurali.*) Cui indicio homines habentes seu possidentes (in quocunque loco residentes) [86] XIV mansos in Tutelstete, item VIII mansos in Milkendorf, item X mansos in Taberstete, item VII mansos cum dimidio in Bintersleyben [87] (quia unus mansus quondam illorum de Eychelborn, quem prenunc possident heredes Ulrici dicti Swap, non servit ut alii mansus arando et ducendo frumentum ad allodium, nec possidentes eum visitant iudicia

---

*) Bei B fehlen die hier in Klammer gesetzten Worte; bei A sind sie über die Zeile geschrieben, jedoch durch Randzerstörung erkennt man nur die zwei ersten Worte deutlich.

---

bau in Alt-Thüringen. — Mit lat. puls hängt zusammen ahd. pulz, mhd. bulz und bolz; sollte sich davon der Erfurter Straßenname bulza (Bülze, jetzt verderbt in Pilse) herschreiben?

[84]) So wurde z. B. im Jahr 1332 dieses erste der drei jährlichen „Vogtsdinge" (d. h. Vogtsgerichte) im Krummhaus erst am Montag nach der Octabe des Lichtmeßfestes, also in der zweiten Woche gehalten (f. unten § 54).

[85]) Das krum hús war der uralte erzbischöfliche Frohnhof auf der niedrigen, aber steil abfallenden Severihöhe, der im Gegensatz zu dem bloß landwirthschaftlichen „Mainzer Hof" im Brühl mit Ausnahme der an die Severikirche stoßenden Seite wohl rings ummauert war. Bald dies Ganze, bald nur das wesentliche Stück desselben, das Residenzgebäude des Erzbischofs, nannte man „Krummhaus", wahrscheinlich wegen dicker Rundthürme in der Ummauerung, wie auch das innere Brühler Thor mit dicken Rundthürmen an seinem Eingang „das krumme Thor" hieß. Die Dingpflichtigen kamen in jener Zeit natürlich unter freiem Himmel auf dem heutigen „Severihof" zu Gericht, wo stets wie noch bis in die jüngste Zeit eine Linde grünte. Vgl. unten § 220, wo ante curvam domum offenbar denselben Ort bezeichnet wie oben in curva domo.

[86]) F zeigt mehrfach z. B. Erfurter Bürger im Besitz solcher Frohnhufen als „Censualen" des Erzstifts.

[87]) Zu den schon in § 25 genannten drei „Slavendörfern" (vgl. § 39) kommen hier noch zwei Dörfer hinzu: Bintersleben (etwas über ½ Meile w. von Erfurt) und Ilversgehofen (gleich unterhalb der Stadt an der Gera).

advocati in curva domo); item habentes XI mansos cum dimidio in Eylbrechtisgehoven [et IX mansos in Hocheim]ᵃ) debent interesse dicto iudicio. Et quicunque vocatus seu citatus de predictis hominibus per budellum sculteti in Plurali, qui nunc appellatur budellus supra curiam sancti Severi, ex quo scultetus in civitate preest ambobus officiis scultetatus,⁸⁸ non interest, tenetur sculteto ad penam V sol. den. super graciam.⁸⁹

Et nota, quod in dicto iudicio solet indagari et queri de vendicionibus, alienacionibus et permutacionibus bonorum et aliorum iurium ecclesie Moguntine.

Et homines supradicti tenentur expedire scultetum sub obtentu gracie archiepiscopi et ecclesie Moguntine et sub iuramento de singulis predictis.⁹⁰ Et homines prefati tenentur respondere querulantibus et habent inter se querulari.

In carnis brivio⁹¹ vel ante ad quindenam, prout placuerit provisori, advocatus in Witterdeᵇ)⁹² aut vriboto ibidem debent presentare ad allodium LXIV pullos de XXXII mansis, qui sunt advocaciales et de quibus datur bata; et dantur de quolibet maneo II pulli. Item iidem dabunt XXX pullos de XV mansis in Rastorf,ᶜ) de quibus eciam solvitur bata.

Budellus in Plurali sive supra curiam sancti Severi dat de X mansis in Tabersteto X pullos, item de VIII mansis in

---

ᵃ) eingeschaltet nach Maßgabe von § 54.   ᵇ) C: Wyterde.   ᶜ) B: Rostorf.

⁸⁸) sowohl dem „in der Stadt" als dem „im Brühl".
⁸⁹) = uf genade (z. B. I, 25).
⁹⁰) Also der ganze „Umstand" der Dingpflichtigen hat „das Recht zu finden" (expedire scultetum de juribus), ein Schöffencollegium gibt es nicht bei diesem bäuerlichen Frohnhofsding (vgl. § 65).
⁹¹) Dinstag vor Aschermittwoch, an welchem Tag „die Enthaltung von Fleisch" (carnisprivium) d. h. das Fasten begann, also Fastnacht.
⁹²) Witterba ist ein Dorf n.-w. von Erfurt, fast 1½ Meile von der Stadt entfernt. Das nachmals zur Wüstung gewordene Rasdorf lag nahe dabei auf einer Anhöhe vor dem Witterbaer Gehölz, seine Flur wurde später zu der von Witterba geschlagen, aber man wußte sie noch lange als ursprüngliche Sonderflur zu erkennen, und gegen Ende des vorigen Jahrhunderts vollzog man unter Erzbischof Friedrich Joseph die Wiederherstellung des Dorfes, das man mit seinen damaligen 7 Häusern und ebensoviel Scheuern und Ställen dem Landesfürsten zu Ehren nun „Friedrichsdorf" nannte (Dominikus, Erfurt und das Erfurtische Gebiet III, 163 f.)

Milchendorf VIII pullos, item de XIV mansis in Tutelstete XIV pullos, item de Eylbrechtisgehoven V ᵃ) pullos nomine census de mansis ibidem; item IX scapulas [93] occasione census de predictis mansis.

36   Vriboto aut budellus in Hocheim [94] dat XVIII pullos de mansis ibidem.

37   Villani de Smyre ᵇ) [95] dant XII pullos pro eo, quod sunt exempti a dacione theolonei. Villani de Byntersleyben ᶜ) similiter dant XII pullos, quia sunt exempti a theoloneo. Item villani in Eylbrechtisgehoven X pullos occasione illius, quia sunt exempti a dacione theolonei. Sed hoc fuit tractatum per nos, quia antea non dederunt theoloneum, sed qua de causa nesciebatur; [96] unde archiepiscopus Moguntinus potest et debet mutare istum tractatum, quando ipsi placuerit, sicut per nos specialiter est condictum.

38   Summa: tres sexagene et III pulli.

39   Homines Slavi in Milkendorf, in Tutelstete et in Taberstete dant dominica letare [97] vicedomino X sol. denar. nomine betemunt ᵈ) [98] singulis annis.

ᵃ) So in A (aus E!) corrigirt statt VI, das alle übrigen Mff. haben.
ᵇ) C: Smire.   ᶜ) B: Bintersleibin. C: Byltersleyben.   ᵈ) B und C: betemut.

---

[93] scapulae = 1) das Schulterblatt (so noch in der Lex. Alam. bei Pertz LL. III, 66, jedoch singularisch), 2) verallgemeinert: Rücken. Bei mittelalterlichen Zinsen wird das Wort gewöhnlich von Schweinerücken gebraucht, so gewiß auch hier. Vgl. § 90.

[94] Dorf oberhalb der Stadt an der Gera. Nach § 168 sammelt der Unterförster diese Hühner ein.

[95] Schmira, ungefähr 1 Stunde von Erfurt gen S.-W.

[96] Die Zollbefreiung war (nach der Urkundenabschrift fol. 27 v. der Handschrift A) bereits 1157 vom Erzbischof Arnold den „homines familie nostre, qui episcopali mense nostro deserviunt" in Hocheim, Bintersleben und Ilversgehofen sowie den „Slavi nostri, qui sunt in Tutelstedo et in Merchendorf et in Taborsteden" gewährt worden.

[97] Mittfasten, vierter Sonntag in den Fasten, zweiter vor Palmsonntag.

[98] wörtlich: Bettschutz; ein uralter thüringischer, aber auch anderwärts bekannter Ausdruck für die Abgabe vom Ehebett bei der Verheirathung an den Schutz- oder Vogteiherrn (fehlt in Grimms Rechtsalterthümern p. 383 f.).

In quadragesima [99] quilibet civis seu alter, qui convenit 40
hospicium habens, pisa, pultes, milium et alia olera in foro
[habens] [a]) venalia dat pro martrecht III den.; et id pertinet
ad officium, quod bornamicht [b]) dicitur, et vocatur muskewerken, [c]) [100] et cedit domino.

Idem est de vendentibus pisces in foro; et datur de qua- 41
libet rota denarius, sive in curru sive in byga. Et nota, quod
istud datur de piscibus, qui iacent in der lake, et non datur
de piscibus siccis, angwillis nec de tunnis, nec eciam de bigis,
qui trahuntur per homines. Isti denarii de piscibus cedunt
sculteto.

Item cives aut convenientes hospites habentes pisces vena- 42
les et allecia dant pro martrecht in quadragesima III den.;
sed nichil datur de piscibus, qui capiuntur hic.

Item martrecht datur de hiis, qui emunt lanam et ulterius 43
vendunt. [101] Et isti denarii pertinent ad bornamicht. [d])

---

[a]) Fehlt in den Handschriften.   [b]) B: bornamecht. C: bornampt.
[c]) C: musgewerken.   [d]) Bei C stehen die beiden letzten Absätze vor dem drittletzten; bei B fehlen sie alle drei, wofür sich nur die Worte finden: Idem est de vendentibus pisces et allecia in foro.

Wie weit verbreitet und wie alt in Thüringen dieser Ehebettzins von 5 Schillingen war, geht hervor aus dem in Schannats Tradit. Fuld. p. 293 abgedruckten Verzeichniß thüringischer Hörigenzinse aus dem Anfang des 10. Jahrhunderts, wo es von den Hörigen gewisser Dörfer heißt: „solvant, antequam nubant, censum infra XXX annorum spatium, qui census vulgariter Bettemunt nuncupatur, et est numerus V solidorum vel optimam vestem ejus." Nach Kindlinger (Hörigkeit p. 116) zahlte man ursprünglich für die Erlaubniß heirathen zu dürfen ein Bockfell, wie es noch 1166 der Abt des Klosters Liesborn seinen Hörigen statt des Goldpfennigs de nuptiis zu geben gestattete (ib. p. 240). Nach der Bettemund-Abgabe hieß die Verlobung der Mädchen auch selbst Bettemund (ib. p. 115).

[99]) Der Sonntag Invocavit, als erster Sonntag in den Fasten, hieß ebenso wie diese selbst: Quadragesima (von den 46 Tagen, die zwischen Fastnacht und Ostern liegen, zählen die 6 Sonntage als Nicht-Fasttage nicht mit, so daß „40 Tage" resultiren). Im Obigen bezeichnet Quadragesima überhaupt die Fasten oder Mittefasten (vgl. § 44 mit III, 14, 19, 20).

[100]) Die Abgabe selbst hieß so, weil sie vom „Musgewerk" d. h. vom Handel mit allerlei Gemüse (f. III, 15) erlegt wurde.

[101]) „vor (fürder) verlaufen" = mit Gewinn (höher als man gekauft) verlaufen. Vgl. I, Anm. 62 u. 108.

44   Item in quadragesima quilibet, qui vendit allecia, sive sit civis sive hospes, dat LXVI allecia.¹⁰² Item quilibet, qui vendit oleum, sive eciam sit civis sive hospes, dat libram cum dimidia olei sive talentum cum dimidio. Item pabulatores dant III maldra avene. De predictis scultetus percipit II partes et vicedominus terciam, videlicet allecibus, oleo et avena.

45   In vigilia palmarum alleciatores communiter dant XXV ᵃ) sol. den.¹⁰³ pro esoce, quod vocatur cyn lachs, ᵇ) de quibus scultetus percipit duas partes et vicedominus terciam.

46   Item in dicta vigilia palmarum debet congregari liber census inter bancos calcificum seu staciones iuxta pomerium domini Moguntini aut gradus; ᶜ) ¹⁰⁴ et dantur de banco quolibet

---

ᵃ) B: XX.   ᵇ) B: cyn laychs. C: lachs phenninge.   ᶜ) D: ante gradus (ante aber aus aut corrigirt).

---

¹⁰²) Diese Abgabe der Heringer und Oelverkäufer wird noch aus dem vorigen Jahrhundert im Clemensbuch des E. A. erwähnt (II, p. 37), und zwar als in der ersten ober zweiten Fastenwoche fällig. Nach dem Engelmannsbuch (fol. 141) wurden die 66 Heringe durch die Gerichtsknechte („familiares judicii") von jedem Heringer am Mittwoch nach Invocavit eingesammelt, und zwar erhielt damals (um 1500) jeder der Gerichtsknechte wie der Freibote und der Vogt einmal, Schultheiß und Vizthum aber jeder zweimal 66 Heringe.

¹⁰³) Engelmann erhielt am Palmabend 1511 als Lachsgeld 5 Schock (p. 9 seiner Rechnung). Dies gibt in „Silberngeld" übertragen 75 Schillinge, also das Dreifache des alten Lachsgeldes.

¹⁰⁴) Diese Schuhbänke standen „unter den Schilderern hinter den Häusern unten an dem Garten am Krummen Hause" (Engelm.-R. p. 6). Der mehrfach erwähnte Obstgarten (pomerium) begann nahe an dem zur Höhe der Stiftskirche heraufführenden Stufenbau und zog sich vor dem Ausgang der Fingerlingsgasse n.-w. gegen das Volloch hin; er bildete, wie es scheint, ursprünglich einen förmlichen Zwingergarten in der sogenannten „Vorburg" zwischen Außen- und Innenmauer; damals jedoch, wo der Frohnhof mit seinen schon theilweise baufälligen Gebäuden auch nach dieser Seite hin nur einfache Mauer hatte, konnte ein Haus, das vor Alters „am Wege außerhalb der Mauer des Gartens unweit der Thorpforte stand" als im Garten stehend bezeichnet werden (s. § 68): der Garten lag also offen hinter den Häusern „am Severhof", an der Stelle, wo noch jetzt Anpflanzungen den Rand der Severihöhe schmücken. „Hinter den Häusern" soll bei Engelmann jedenfalls heißen „hinter den Löwerständen", die schon beim Schreiber Bartholomäus tuguria cerdonum inter sellatores genannt werden, und von denen Engelmann l. c. sagt: „sint itzt huser;" dies wie obiges iuxta läßt die

VI den. Sed sunt ibidem quidam banci ecclesie Moguntino, qui plus solvunt secundum quod invenitur in registris desuper confectis. Et notandum, quod iste census extendit se ad XXXVI sol. et IX den.

Item de uno banco datur venter agninus in vigilia pasche, 47 qui debet bene valere II sol.

Et nota, quod de isto censu cedunt vribotoni VI den. et 48 budello sutorum III den.

In die parascheve [105] debet poni famulus iuratus, qui 49 respiciat, ne quisquam, sive sit civis sive sit hospes, emat seu comparet a meridie diei parascheve usque ad meridiem vigilie penthecostes pelles agnorum cum antiquis denariis. Quicunque autem emit dictas pelles cum antiquis denariis et accusatus fuerit per dictum nuncium, tenetur ecclesie Moguntine ad penam trium talentorum et III obolorum super graciam, ut lucidius ponitur in statutis infra annexis.[106]

In vigilia pasche textores tenentur de innunge eorum 50 VI sol. pro obvencionibus;[107] vicedominus habet terciam partem.*) Sutores [108] dant obvenciones valentes IV sol. in vino

---

*) Der Satz fehlt bei B.

Bänke dicht am Krummhausgarten vermuthen, nicht allzu weit von den Leinwandgaben (f. I, Anm. 133) und noch näher dem alten Brothaus (f. oben Anm. 10). Wenigstens 1511 waren es 60 Bänke und 2½ Viertel einer Bank, jede Vollbank 3½ Erfurter Ellen lang; von jeder wurden bereits um 1250 die oben genannten 6 Pfenninge erhoben (f. Bartholomäus p. 23), und zwar damals von jeder ohne Ausnahme, nur daß von einer dieser Zins nicht wie von allen andern am Palmabend, sondern zu Martini fällig war. Sechzig Bänke ungefähr wird man nach der obigen Summe des Zinses auch für Bibras Zeit anzunehmen haben, die wohl in zwei Reihen längs dem Gartensaum an der Severhöhe (oder längs der vielleicht damals hier bereits angelegten Häuserzeile) standen.

[105]) Rüstetag (παρασκευή) oder „guter Freitag" (f. I, 15) = Charfreitag.

[106]) Diese sind in keiner der uns bekannten Hdschr. zu finden; die Zufügung derselben war vom Verfasser vielleicht auch nur beabsichtigt. Vgl. I, 15.

[107]) „Zu Oblei" lauten diese Worte regelmäßig in III. Es war dies ein Ausdruck wie oben in § 34 die „Vogts-Bete", um den Zwang der Abgabe durch den Namen derselben zu mildern. Nach Du Cange pflegte man unter obventiones nämlich Emolumente zu verstehen, die einem weniger rechtlich als durch Gunst zufielen.

[108]) = calcifices.

et ventre agnino; item dant vicedomino tantum. Pilleatores dant vicedomino IV sol. [pro obvencionibus]ᵃ) pro froywengebende,¹⁰⁹ et dant sculteto in civitate sol.

51 Item in dicta vigilia datur de domo et area, quae stat ante molendinum retro allodium, quam edificavit Theodericus Anger suis laboribus et expensis, venter agninus, qui debet valere II sol. denar.

52 Item in dicta vigilia de Wytenrode sutor dat de banco calcificum ante gradus, ut prescriptum est, ventrem agninum valentem II sol.¹¹⁰

53 Item in dicta vigilia pasche quilibet piscator, qui habet aquam domini archiepiscopi¹¹¹ et servit septimanatim cum piscibus ad allodium, dat in dicta vigilia pisces valentes III sol. den. [Et sic eciam in vigilia penthecostes et nativitatis Christi].ᵇ)

ᵃ) Nur B hat pro obvencionibus, und zwar mit Auslassung der bei A, C und D folgenden Worte. ᵇ) Nur in D sind diese Worte (wieder aus einer Randnote in C²) in den Text aufgenommen.

---

¹⁰⁹) Ein interessanter Zug für die Richtung des Handwerks der „Hüter" (nach denen noch jetzt in Erfurt die Hütergasse heißt) auch auf die Kopfbedeckung der Frauen, denen bekanntlich am Morgen des ersten Ehetags „gebunden wurde". Das Frauengebende deckte nicht nur den Scheitel, den sich schon die Jungfrau umschleiern konnte, sondern nonnenartig zugleich Stirn, Wangen und Kinn. — Für das Gebende seiner Gemahlin liefern nunmehr also (nach dem später üblichen Umsatz der Leistungen in Geld) die Hüter dem Bizthum ihre Pfenninge, wie auch nach § 235 die Frau des Bizthums einen förmlichen Gehalt von dem Amt ihres Gatten mitbezieht.

¹¹⁰) Vgl. § 47.

¹¹¹) E hat: „quilibet piscator habens piscarias allodii" d. h. die zum (Mainzer) Hof gehörigen Fischwasser. Dies scheinen nicht sowohl Fischteiche als Stellen der Gera gewesen zu sein, in denen die Fischerei besonders lohnte. Im Engelmannsbuch (fol. 122 v.) wird ein Fischwasser zu Hochheim, ein Fischwasser unter dem Namen „das Steinich" und „unter der Stadt" (also nach Ilversgehofen zu) „das große Fischwasser" nebst einem zweiten unbenannten erwähnt, von denen damals (um 1500) nur noch zum Theil Freitags oder Sonnabends die Fischer je ein Stübchen (¹/₁₆ Eimer) Gemangfische in den Hof liefern mußten und dazu „dienen, wie ihre Verschreibung innehält"; bis auf das Hochheimer und das „große" Fischwasser waren nämlich die übrigen gegen Jahreszinse „verlassen", und auch bei den zwei noch zum Hofdienst innebehaltenen war ein Gleiches vorgesehen.

Notandum, quod homines habentes seu possidentes prescriptos VIII mansos in Milkendorf, item XIV mansos in Tutelstete, item X mansos in Taberstete, item VII mansos cum dimidio in Bintersleyben, item X mansos cum dimidio in Eylbrechtisgehoven et IX mansos in Hocheim (quorum prepositus et monasterium sancti Cyriaci habent V mansos) tenentur servire sive arare [112] ecclesie Moguntine occasione dictorum bonorum [113] in agris domini ante civitatem [114] vel in Hocheim, si negligunt servire ante civitatem, de quolibet manso [115] unum agrum supra estatem, unum agrum supra bracham et unum supra hyemem; [116] et tenentur ducere duo plaustra frumenti de campis ad allodium. Et hoc stat per provisorem allodii,

---

[112] bearbeiten als Frohner, denn arare = mhd. eren bedeutet überhaupt Feldarbeit verrichten, nicht bloß adern; Erntefrohnden leisteten die Hochheimer Bauern auch noch im Sommer 1511, wo sie 26 (statt nach Obigem: 27) Acker Gerste schnitten, während die andern Frohnbauern statt selbst zu schneiden 24 Lauen-Groschen „Schnittgeld" für jeden Acker damals zahlten (Engelmanns-R. pp. 36, 40, 41).

[113] für den Besitz jener Hufen, die also Dienjthufen waren.

[114] Dies waren hauptsächlich drei Areale: 150 Acker zwischen dem Steigerwald und dem Südende der Stadt, 150 Acker hinter dem Petersberg („Mainzer Gebind") und 118 Acker „auf dem hohen Stabe" vor dem Andreasthor, also nördlich der Stadt. Die dem Erzstift gehörende Länderei in Hochheim, die vom Mainzer Hof bewirthschaftet wurde, schätzte man auf 190 Acker. Zählt man dazu die ebenfalls erzstiftischen, unmittelbar zum „Hof" gehörigen, 5 Acker bei den „drei Brunnen", so erhält man 613 Acker als Summe des vor der Stadt und in Hochheim dem Erzstift gehörigen Ackerlandes. Vgl. die §§ 230—234. Von Länderei, die nur in den Hof zinste, ist dabei abgesehen, wie z. B. von den 50 Acker Artlandes vor dem Johannisthor (dem sogenannten „Weinberg") in § 103 2c.

[115] d. h. von jeder Dienjthufe, die er inne hat.

[116] Die Flur ist nach der Dreifelderwirthschaft getheilt in „Aecker auf dem Sommerfeld, auf dem Winterfeld und auf der Brache". Da jeder Besitzer einer Frohnhufe nur von jedem dieser Flurdrittel des Herrnlandes je einen Acker zu besorgen hat, alle 59 Frohnhufener zusammen also 177, so erhellt, daß schon damals die Knechte im Hof die Hauptarbeit (auf mindestens 436 Aeckern) zu thun hatten. Dreitheilung der Fluren, selbst halber Hufen, nach den „3 Feldern" wird oft genug in Erfurter Urkunden, auch des 13. Jahrhunderts erwähnt, so 1299 mit den Worten „im Feld gen Erford — im andern Felde — im dritten Felde" oder Acker „im Osternflur — im mittelsten Felde — im Westernfelde" (Höfer, älteste Urk. deutscher Sprache p. 54 ff.).

quod ipse potest per budellum in Plurali, sive qui nunc vocatur budellus supra curiam sancti Severi, eis intimare sive precipere, quandocunque ipsi placuerit, sive in quadragesima sive extra, aut forestario allodii [117] ipsius nomine, quod arant et ducant bladum.[118] Negligentes autem aut recusantes tenentur ipsi provisori ad penam V sol. den. supra graciam, dummodo ipsis per nuncium ad hoc iuratum vel per provisorem deputatum [119] intimatum. Si autem aliqui sunt, qui non habent equos aut non possunt servire, tenentur dare de quolibet manso IV sol.,[120] de dimidio II sol., de quartali sol., et sic ascendendo et descendendo, preter mansi in Bynterleybin, quorum quilibet solvit V sol. pro servicio; et ita hactenus servatum. Et nota, quod hoc stat in arbitrio provisoris, si vult accipere denarios pro servicio. Et notandum, quod provisor tenetur eis, qui per integrum diem arant aut ducunt bladum, in meridie in expensis et pabulo [121] providere. Potest eciam provisor aut budellus aut alter ad hoc deputatus per provisorem pro serviciis et penis ecclesie Moguntine occasione serviciorum neglectorum derivandis, quocienscunque aliquis negligit servire, in bonis predictis negligentes et rebelles pignerare. Et ita diffinitum, sentencialiter inventum et pronunciatum fuit in iudicio advocati celebrato publice in curva domo feria secunda proxima post octavam purificacionis beate Marie anno Domini

---

[117] Der Unterförster hat nach § 168 neben der Ueberwachung der Wawet die Hochheimer zur rechtzeitigen Leistung der Aderfrohnden aufzufordern.

[118] Dies der gewöhnliche Ausdruck für Getreide überhaupt; das vorhergehende frumentum bedeutet eigentlich nur Korn d. h. das hauptsächlich zum Brotbacken benutzte Getreide (damals Weizen und Gemangkorn in Thüringen, vgl. unten die Anm. zu § 102).

[119] Attribut zu nuncium.

[120] Statt für den Besitz je einer Frohnhufe 3 Acker des Herrnlandes zu bearbeiten, konnte man sich mit 4 Schillingen loskaufen. Der Loskauf von der Schnitterfrohne eines Ackers betrug 1511 (vgl. Anm. 112) 24 Lauen-Groschen = 96 Pfenninge oder 6 alte Schillinge, während jene Ablaufssumme von jederlei Frohndienst nur 1½ Schilling für den Acker ergibt.

[121] Kost (für die Bauern) und Futter (für ihre Ackerpferde); mhd. spîse, churwälsch spisa, ital. spesa, mittellat. spensa, lat. expensa = Aufwand, Kost.

M. CCC. XXX. II., servientibus, possidentibus seu colentibus¹²² dictos mansos, ita sentencialiter pronunciantibus et pro rato tenentibus, sculteto Erfordensi predictam pronunciacionem confirmante et execucionem petente, quod vulgariter dicitur dy volge.

Notandum, quod pro serviciis et obvencionibus unius 55 mansi siti in Eylbrechtisgehoven, qui quondam fuit Alberti de Manstete,ᵃ) recepimus certam summam pecunie, preut apparet in antiquis registris, quam dant annis singulis possidentes sive colentes de manso predicto.

In festo beate Walpurgis (aut in festo rogacionum ad 56 berwetteᵇ)¹²³ textores tenentur dare de innunge eorum VII sol. et VI den. Sutores dant XXVIII sol. et VI den. Cissores corei, qui dicuntur dy leder snytere, XXXIII den. Pabulatores dant VII½ sol. Vendentes pisa, pultes et alia olera VII½ sol. Vendentes lineum pannum et antiqua vestimenta dant VI sol. De istis obvencionibus scultetus percipit duas partes et vicedominus terciam.

ᵃ) B: Mannistete.   ᵇ) Das Eingeklammerte steht nur in A.

---

¹²²) „Die Frohnbenpflichtigen, sei es daß sie die Dienfthufen nur befitzen ober eigenhändig fie bebauen;" in jenem Fall (ber auch § 31, vgl. Anm. 86, angedeutet war) leisten sie die Aderfrohnden vermuthlich eben so wenig selbst als sie die Dienfthufen selbst bebauen, erscheinen aber mit auf dem Frohnhof unter der Linde zum „Bogtsbing".

¹²³) E setzt die nachfolgenden Abgaben ohne Nennung des 1. Mai auf das Rogationen-Fest b. h. den Sonntag Rogate oder Vocem Jucunditatis (2. vor Pfingsten), der bei mittlerem Fall von Oftern (8. April) der 13. Mai und überhaupt (außer bei sehr frühen Oftern) irgend ein Maitag ist. Der Sonntag selbst führte (nach einer Notiz in Weidenbachs Calendarium aus einem gedruckten Kalender von 1494) den Namen „Creuzwochen", da er mitten in die Woche nach „Kreuzerfindung" fällt; die Dies Rogationum oder kurzweg Rogationes (Bittwoche, Betfahrtswoche) sind dagegen die 3 Schlußtage der mit dem Donnerstag der Kreuzerfindung anhebenden Woche d. h. die 3 Tage vor Himmelfahrt genannt worden, an denen noch jetzt in katholischen Gegenden Processionen (beteverte im Freibank) gehalten werden. Ein Vergleich mit § 72 lehrt, daß hier eigentlich wohl auch die Dies Rogationum (wo zum 2. Mal Bierwette erhoben wurde) gemeint sind.

57   Item in dicto termino solet congregrari liber census inter cameras pannicidarum,[124] qui se extendit ad XXIV talenta den. et V sol. den. legalium et bonorum sine obolis. De hiis cedunt vribotoni V sol. in dicto termino, qui debet cum notario allodii seu alio, qui ad hoc deputatur per provisorem allodii, congregare presatum censum tribus vicibus infra quindenam, vel ut ipsis magis perlongius tempus videbitur expedire. Et quicunque in tercio edicto seu cum tercia vice petitus non dat predictum censum, illi debet prefatus vriboto claudere cameram suam et clausa [125] negligens solvere censum tenetur domino archiepiscopo et ecclesie Moguntine ad penas XV sol. den. super graciam.

58   Et notandum, quod omnes camere inferiores et medie sub pellificibus dant in festo beate Walpurgis ad X sol. den. Item inferiores sub sartoribus similiter dant ad X sol. Camere autem, ubi stant sartores et pellifices dant ad V sol.[126]

---

[124]) Diese Tuchschlitzer-Gaben (vgl. I, Anm. 133) müssen eine förmliche Gasse von zweireihigen Kaufmannsbuden (camerae mercatorum in F) auf dem Wenigen Markt gebildet haben, etwa in nord-südlicher Richtung vom überwölbten Ost-Eingang (hostium b. h. ostium in § 58) der Krämerbrücke unweit der Münze an bis gegen die Bülze hin. Ein Theil dieser Kaufbudengasse hieß „unter den Schneidern", ein anderer „unter den Kürschnern", und wieder an anderer Stelle scheinen sowohl Kürschner als Schneider ihre Waare feil geboten zu haben (s. § 58). Die vollständigere Uebersicht in F, die auf eine ältere Zeit gehen möchte, wenigstens von dem in § 58 erwähnten Verkauf der 14 Stände noch nichts weiß, theilt rechte wie linke Seite in untere, mittlere und obere Kammern (wohl nach der Aufeinanderfolge auf dem nicht ganz ebenen, zur Kürschnergasse und auch zur Bülze sich etwas hebenden Boden): links sind es, von der Münze (also von Norden) anfangend, je 16 untere, mittlere und obere, rechts je 15 untere und mittlere und (auch 15?) obere Kammern; unter den mittleren rechts stehen die Schneider (sartores).

[125]) sc. camera.

[126]) Klarer gefaßt sind diese Gabengefälle in F: da zahlt jede der 16 unteren und mittleren links 1 Talent, jede der 16 oberen derselben Seite ½ Talent (= 10 Schillinge) zu Walpurgis wie zu Martini; auf der rechten Seite allein geben die 15 unteren 10, die 15 mittleren 5 Schillinge. Die an Friedrich Vizthum verkauften 14 Kammern könnten danach solche der zwei ersten Drittel der linken Seite (die wir dann als die „sub pellificibus" zu betrachten hätten) sein. Auffällig aber bleibt immer, daß der Martinizins, der bei den übrigen Kaufbänken und -Ständen dem Walpurgiszins genau gleich kommt (vgl. die §§ 59 u. 131, 60 u. 132), hier dem Walpurgiszins weit

Notandum, quod XIV camere, VII inferiores et VII medie sub pellificibus, incipiendo ab hostio versus sinistram manum, cum itur per pontem ad cameras et versus monetam, que solverunt XIV talenta den. annuatim, sunt vendite, quas archiepiscopus aut ecclesia Moguntina reemere possunt et debent apud Fridericum Vicedominum, civem Erfordensem, pro LXXVIII marcis argenti Erfordensibus, prout in litteris in fine istius libri annexis continetur.

Item post Walpurgis quacunque feria quarta aut sexta aut eciam alia die [si] placuerit, dummodo prius per vribotonem aut budellum sutorum ad unum aut duos dies in bancis seu stacionibus sutorum iuxta cameras pannicidarum [127] proclametur aut intimetur, debet congregari et accipi liber census de predictis stacionibus. Et datur de quolibet banco sol. den. legalium et bonorum sine obolis; et extendit se iste census ad LII sol. den. De hiis magister sutorum illius anni, qui congregacioni una cum notario allodii et vribotone interesse tenetur et pignoracioni sutorum pro dicto censu, recipit sol., vriboto VIII denar. et budellus IV denar. Et notandum, quod

---

nachſteht (ſ. § 130), wovon in F keine Andeutung. Einen Ausgleichungsverſuch ſ. zu § 256. — Auffällig iſt auch die Nichtangabe von Zahl und Abgabenhöhe der oberen Stände der rechten Seite ſelbſt in F; ſollten dies die 1256 der Stadt verkauften „Kürſchnerſtände der einen Seite" ſein? Vgl. die betr. Urkunde bei Faber (Freizinſen p. 77), wo aber ſtatt sez scilicet und ſtatt VI" videlicet zu leſen ſein wird.

[127] Der Dedelindſche Stadtplan (aus dem 17. Jahrhundert) zeigt auf dem Wenigen Markt neben dem Gewandhaus (wozu ſpäter die Gewandſchneidergaden oder doch ein Theil derſelben umgewandelt zu ſein ſcheint) das Lederhaus, auch als ein nordſüdlich lang gedehntes Rechteck. Es iſt zu vermuthen, daß die oben genannten „Schuſterbänke oder Schuſterſtände" dem Lederhaus naheſtanden, alſo den Weſtſtreifen des Marktes einnahmen. Hbſchr. E erwähnt nämlich aus dem Jahr 1332 eine Abgabe des Raths von 41 Schillingen „de domo, in qua venditur coren (coreum?) iuxta cameras pannicidarum citra pontem"; da man dieſes Haus ſicher als Lederhaus deuten darf (in einem Regiſter des D. A. 8678 von 1485 ſteht deutlich: „de domo corci apud cameras pannicidarum") ſo ſtanden auf dieſem Marktplatz die Schuſterbänke dem Lederhaus ähnlich nahe, wie der nächſte § es von dem andern Marktplatz (dem Graben) oder deſſen weiterer Fortſetzung unter die Schilderer hin wahrſcheinlich macht.

unusquisque, qui tribus vicibus sive terminis non dat censum, perdit bancum suum; sed, si placuerit provisori, potest petere censum cum pena.

60 Item post dictum festum, quocunque sabbato placuerit provisori, debet congregari liber census de bancis corei supra domum corei inter clipeatores;[128] et dantur de quolibet banco VI denarii legales et boni sine obolis, et extendit se iste census ad XVIII sol. Sed de istis cedunt vribotoni VI denarii, quia debet cum notario allodii colligere predictum censum et pignerare pro eo. Et est hactenus servatum, quod vriboto potest pignerare quemlibet pro censu illius banci, in quo vendit seu ponit coreum suum, sive bancus sit suus sive alterius. Et notandum, quod quilibet emens cameras inter pannicidas sive bancos calcificum aut corei tenetur sculteto dare de marca solidum sicut de aliis bonis liberis.

61 Item in dicto festo beate Walpurgis debet congregari census hereditarius in civitate Erfordensi et eius suburbiis, qui extendit se ad X talenta V solidos et XI denarios, inclusis XV solidis, qui dantur de domibus sitis in Plurali apud curiam quondam Alexandri de Smyre, qui debentur den felkenern archiepiscopi Moguntini.[129]

---

[128]) Diese 36 Lederbänke sind zwar keineswegs mit den Schuster-bänken zu verwechseln, von denen (nach § 46) schon am Palmabend die je 6 Pfenninge Freizins erhoben wurden, wie denn auch der Schreiber Bartholomäus genau unterscheidet zwischen tuguria calcificum ad pomerium und tuguria cerdonum inter sellatores; indessen beiderlei Bänke standen unter den Schilderern, also schon deswegen nicht fern von einander, die Gerberbänke, wie es scheint, nur nicht so dicht am Krumhaus-Garten. Der Ausdruck banci supra domum corei (auf dem Lederhaus, wie supra curiam Severi — auf dem Severhof) bedeutet jedenfalls dasselbe wie oben § 26 institae sub domo corei, nämlich „Bänke oder Stände" (vgl. § 46) unter einer größeren Ueberdachung, wohl auch auf gemeinsamer Diele. Engelmann sagt p. 6 seiner Rechnung von 1511 über die „Löwerbänke unter den Schilderern": „Es sint XVIII Bend off dem lederhuße geweßt, hait man von iglichem VI Silbern Pf. geben Sint izt hußer."

[129]) Aus dem specificirten Verzeichniß der betreffenden Häuserzinje in E geht hervor, daß das letzte qui sich vielmehr auf census hereditarius bezieht, statt debentur der Mff. es also debetur heißen müßte. Unser Autor hat sich

Et notandum, quod prefatus census hereditarius est minoratus, quia domina Bertradis, relicta Gotscalci*) Kerlingeri, et ceteri heredes predicti Kerlingeri vendiderunt nobis medietatem molendini ante Wawit^b) pro XXXIII talentis den. Erford., quam medietatem nos oportuit emere, ne dictum molendinum in toto desolaretur, nam non poterant in edificiis et aliis necessariis conservare. Aliam autem medietatem dictus Horat cum uxore sua resignavit. De quo molendino integro dabantur IV talenta den. Walpurgis et IV talenta Martini et VI maldra frumenti Michahelis; quod molendinum in toto pronunc pertinet ad allodium.[130]

*) C: Gotschalci. ^b) C: Waweit.

aber an dieser Stelle überhaupt einer Confusion schuldig gemacht, denn nach E liegt die Sache so: die ganze Summe der von Häuserarealen entrichteten Erbzinsen gebührt den Faltnern des Erzbischofs („cedit den Velkenere[n] domini Moguntini"), und in diese Summe von 10 tal. 5 sol. 11 den. sind die 15 sol. von ihrer eigenen Behausung („de curia der Velkenere in Plurali") mit eingeschlossen. Curia scheint das Wohnhaus normaler Größe zu bezeichnen, wie es zu einer städtischen „area" gehört, domus scheint dagegen kleinere Häuser zu bedeuten, die (gewöhnlich in der Dreizahl) den eigentlich zu einer einzigen curia bestimmten Raum einnehmen. So sehr häufig in den Freizinsregistern, z. B. dem des Severizinses aus dem Jahr 1332 (E. A.): „curia videlicet tres domus", „de tribus domibus, que nunc vocantur curia illius de Amera" etc. Die „curia der Velkenere in Plurali" ist aber sicherlich identisch mit obigen „domus sitae in Plurali."

[130]) Die Wawelsmühle lag oberhalb der Stadt an der Gera unweit Hochheim, am Saum der damals hier bis an das rechte Flußufer sich ausdehnenden „Wawet", des heutigen Steigerwaldes. Nach fol. 46 des Grünen Buches (im E. A.) war 1318 der Platz der damals bestruirten Mühle von Erzbischof Peter den Erfurter Bürgern Gotschalk Kerlinger und Dietrich von Wandersleben als Erblehen überlassen worden mit der Verpflichtung für 50 Pfund Erfurter Pfennige und 16 Eichenbalken (zu 30 und 40' Länge), die ihnen der Erzbischof dazu gab, an derselben Stelle die Mühle, und zwar mit 4 Rädern, wiederzubauen. Für die Nutzung der Mühle und der Fischerei (½ Joch weit ober- und unterhalb des Mühlwehres) zahlen sie den obengenannten Zins an Geld und Getreide („boni frumenti... non tamen ordei vel avene", also Weizen oder Gemangkorn, vgl. unten Anm. 175). Der neue Bau litt aber neuen Schaden, vielleicht durch Hochwasser; das Erzstift verlieh das zurückgefallene Mühlengut nachmals an seinen Erfurter Schultheißen Johann vom See, der es, wohl für darauf verwendete Restaurations-

63   Item in dicto termino debet dari hereditarius census de villa Hocheim, qui extendit se ad XLII sol.¹³¹ Item census hereditarius in Byntersleyben,ᵃ) qui extendit se ad II talenta et VII½ ᵇ) den.; et isti denarii de Byltersleybenᶜ) et de Eylbrechtisgehovinᵈ) ¹³² debent esse novi. Item census hereditarius in Tiventalᵉ) debet dari in dicto termino, qui extendit se ad XVI sol.ᶠ) den.¹³³ Item census hereditarius in Taberstete, videlicet de X mansis IV talenta; et dantur de quolibet manso VIII sol., quos congregat congregator per provisorem ad hoc deputatus. Item census hereditarius in Tutelstete, videlicet IV talenta et VII½ sol. de XIV mansis, de quolibet manso VI sol. et III den., quos eciam colligit congregator ad hoc deputatus per provisorem. Item census hereditarius in Milchendorff,ᵍ) videlicet III talenta et IV sol. de VIII mansis,

---

ᵃ) B: Bintersleibin.   ᵇ) Cᵃ und D: VIII.   ᶜ) B und C: Bintersleibin.   ᵈ) C: Eylbrechtisgehoven.   ᵉ) B und C: Tyfental.   ᶠ) sol. fehlt bei B.   ᵍ) B: Milchindorf. C: Melchindorf.

---

losten, durch Verfügung des Erzbischofs Gerlach von 1359 sammt Gärten und Weidicht von einem „feudum" in ein „fry" gewandelt bekam, so daß er fernerhin nur einen Schilling Freizins dafür zu Martini auf des Bischofs Tisch zu S. Severi zu bezahlen hatte. (S. die Copie der Verfügung auf der vorletzten Seite des Severi-Freizinsregisters von 1359 im E. A.)

¹³¹) Dieser Hochheimer Erbzins wurde (nach der Specification in E) sowohl von Äckerhufen als auch von Hopfengärten und Wohnhäusern gezahlt; der Propst des Cyriacsklosters zahlte z. B. von den 5 Hufen erzstiftischer Länderei, die sein Nonnenkloster in der Hochheimer Flur besaß (s. § 54), je 5 Schillinge.

¹³²) Vorher ist entweder die Angabe des Ilversgehöfer Erbzinses aus Versehen ausgelassen, oder es liegt eine Verwechslung zwischen Ilversgehofen und Hochheim vor; E macht Letzteres wahrscheinlich.

¹³³) Von der Tiefthaler Flur (etwa 1 Meile n.-w. der Stadt) waren an diesem Termin nur ³/₄ Hufen Landes in 2 Item dem Erzstift erbzinspflichtig, und zwar zahlte der Inhaber der einen Halbhufe 12 sol. „pro vincis colendis", der Inhaber der andern Viertelhufe 4 sol. „pro cultura vinearum" (E) — eine deutliche Spur also von früheren Weinbergsfrohnden (in den Tiefthaler Weinbergen des Erzstifts) für den Landbesitz, den man sich jetzt durch Erbzinspfenninge verdiente. Vgl. die §§ 84—86.

de quolibet manso VIII sol., quos eciam congregat collector^a) ad hoc per provisorem deputatus. Item de molendino in Bischovisguttern^b) dantur in dicto termino III fertones [134] puri argenti.^c)

Notandum, quod provisor allodii, notarius suus, vriboto, bodellus super curiam sancti Severi aut alter quicunque, quem predictus provisor ad hoc deputaverit, potest a negligentibus solvere dictos census hereditarios et alios quoscunque census hereditarios^d) quibuscunque terminis, sive Jacobi, Michahelis, Martini, in purificacione seu aliis terminis petere et exigere cum buza sive pena. Et est servatum hucusque, quod petens sive exigens dictos census nomine ecclesie Moguntine debet vocatis vicinis duobus petere et exigere in bonis censum sub pena V sol. den. super graciam et iterum post quindenam petere sub pena V sol. et tercio iterum petere sub pena V sol., ita quod dicte tres pene extendunt se ad XV sol. den. super graciam; et si tunc non datur census, provisor allodii aut qui deputatus fuerit per provisorem ad hoc potest pignerare pro censu et penis predictis, vel potest facere stare sine pigneracione per annum et diem; tunc archiepiscopus aut ecclesia Moguntina aut provisor allodii eorum nomine potest et debet se intromittere de bonis huiusmodi, quia sunt ad predictos archiepiscopum et ecclesiam Moguntinam devoluta. [135]

Et ita inveniebatur et diffiniebatur sentencialiter in iudicio advocati celebrato publice in curva domo feria secunda pro-

---

^a) C: congregator seu collector.   ^b) B und C: Bischovisgutern.
^c) argenti fehlt in C.   ^d) Diese letzten Worte von et alios an fehlen in C.

[134] ³/₄ einer abgewogenen Mark reinen Silbers, nicht einer ausgemünzten Silberlegirung.

[135] Ohne Pfändung zu verhängen (und im Fall fruchtlosen Pfändungsversuchs) kann bei Nichtentrichtung von Zins und Aufgebotsbuße der Küchenmeister des Mainzer Hofs oder sein bevollmächtigter Sendling das Gut nach dem dritten Aufgebot in gerichtlichen Beschlag nehmen („frohnen"), und nachdem es „Jahr und Tag in der Frohne gestanden", ist es „dem Erzbischof und seinem Stifte ledig" (s. das analoge Verfahren bei der Frohnung der Freizinsgüter in I, 6; vgl. auch über die Vollmacht des Küchenmeisters sowohl den Zins mit der Buße einzutreiben als auch ohne dies den Verlust des Freiguts einzuleiten § 59).

xima post octavam purificacionis sancte Marie anno Domini M.CCC.XXXII., censualibus sive pensionariis in dicto iudicio presentibus dictum ius sive sentenciam invenientibus, promulgantibus et pro rato tenentibus et sculteto Erfordensi petento execucionem, quod vocatur dye volge.

66 Item in dicto festo beate Walpurgis datur census hereditarius in Witterde,ᵃ) qui quondam erat Heinrici de Bintersleyben,ᵇ) civis Erfordensis; et datur iste census de XV mansis, uno quartali et una curia; et dantur de quolibet manso III sol. novorum denariorum; et extendit se dictus census ad XLVII sol. et VIII den.¹³⁶

67 Item dicto termino datur census hereditarius de villa Rastorf, qui eciam quondam fuit Heinrici de Byltersleibenᶜ) predicti, qui extendit se ad XVIII sol. novorum den., qui dantur de VI mansis; et dantur de manso III sol. ut supra.

68 Item in dicto festo beate Walpurgis datur census hereditarius de villis Witterde et Rastorf, qui quondam fuit Heinrici Vicedomini iunioris militis, qui extendit se ad XXXVI sol. et XI½ den.; et datur iste census de XII mansis et una curia. Et notandum, quod fratres ordinis heremitarum sancti Augustini domus in Erfordia¹³⁷ emerunt predictum censum ad¹³⁸ Heinricum Vicedominum prefatum de consensu et voluntate expressa fratrum suorum, qui resignaverunt nobis ad manus domini et ecclesie Moguntine, prout in litteris desuper datis continetur. Et fratres predicti commutaverunt dictum censum et tantum de censu, qui datur Katherine¹³⁹ de dictis bonis, quod extendatᵈ) se ad III talenta cum X sol., pro censu, quem antea dederunt ecclesie Moguntine de areis suis,

---

ᵃ) C: Wyterde.   ᵇ) B und C: Bintersleiben.   ᶜ) B: Biltersleiben. C: Bintersleiben.   ᵈ) C: extendunt.

---

¹³⁶) Demnach käme auf die curia ein Erbzins von 1 sol. 9 den.

¹³⁷) Die Eremiten-Brüder oder Augustiner-Mönche gründeten ihr „Erfurter Haus" erst gegen Ende des 13. Jahrhunderts, nachdem sie vom Rath der Stadt am 1. August 1276 die Urkunde über ihre Aufnahme nach Erfurt erhalten hatten (Abschrift der Urk. im E. A.). Der berühmteste Eremiten-Bruder des Hauses in Erfurt wurde Martin Luther.

¹³⁸) wie das unten folgende apud: von (s. I, Anm. 58).

¹³⁹) 25. November. Vgl. § 135.

videlicet Walpurgis XXX sol. et Martini II talenta. Residue autem partis, que superest de dicto censu, consules Erfordenses emerunt talentum denariorum in recompensam unius domus, que stat in orto, qui pertinet ad curvam domum, que ante longa tempora stetit in via extra murum dicti orti versus portam cum itur de curia sancti Severi; item in recompensam unius nemoris, quod situm est in demo Korntale*) prope Tuntorf,[b]) ducentos agros vel circa continentis,[c]) quod emerunt ad[d]) dominum de Kircheim,[e]) quod prius descendebat ab ecclesia Moguntina in feudo. Item ecclesia Moguntina prius habebat X sol. den. nomine census hereditarii in dictis bonis, quos Heinricus Vicedominus supra dictus solvebat, prout in registris antiquis apparet. Et notandum, quod adhuc supersunt VIII sol. den., quos Cunradus Rynneman[f]) morans in Rastorf dat singulis annis predictis fratribus Augustinensibus de uno manso et una curia, non tanquam censum hereditarium, sed tanquam gatergelt;[140] sed dat ecclesie Moguntine sol. pro censu hereditario de dicto manso et de dicta[g]) curia; quos VIII sol. ecclesia Moguntina aut provisor allodii eius nomine possunt reemere, quando ipsis placuerit, pro IV talentis den. et XVI$\frac{1}{2}$ solidis den., nam supra dicti fratres Augustinenses emerunt quodlibet talentum den. pro V marcis puri argenti apud Vicedominum predictum.[141] Et sciendum, quod isti census,

---

*) D hat als Randglosse: der Eychenberg.   b) B und C: Tunctorf.
c) Die letzten Worte von ducentos an fehlen bei A und B; C hat sinnlos continentes.   d) C: apud.   e) C: Kircheym.   f) C: Reynneman.   g) dicta fehlt bei A und B.

---

140) Gattergeld war eine Zinsabgabe, die der Bauer das Vorrecht hatte dem nicht über die Schwelle kommenden Sammler durch die äußere (Gitter-) Thüre seines Hauses zu reichen. Vgl. Grimm, Rechtsalterthümer p. 389.

141) Diese Schlußangaben des § interessiren aus doppeltem Grund: 1) wenn eine Jahresrente von 1 Schilling für 12,0625 Schillinge gekauft wurde, so konnte sich damals ein zu Erbzinskauf verwendetes Capital mit etwas über 8,29 % verzinsen; und 2) wenn nach diesem Procentsatz die Augustiner 20 Schillinge Erbzins also mit 241¼ Schillingen Capital gekauft hatten, und 241¼ Schillinge genau 5 Mark Reinsilber betrugen, so kamen damals bereits auf eine Mark Reinsilber 48¼ Schillinge. — Im Uebrigen bietet dieser § manche Schwierigkeit für das Verständniß. Besonders bleibt das Verhältniß

qui dantur Walpurgis et Martini de Witterde et de Rastorf, qui quondam fuerunt Heinrici Vicedomini et Heinrici de Bintersleiben, debent esse novi donarii non venditi.

69   Et notandum, quod pensionarii habuerunt pro consuetudine hucusque, quod semper dant istos census post Walpurgis*) ad quindenam et in die beate Katherine. Et unusquisque tenetur dare istis terminis ante occasum solis. Et quicunque negligit, tenetur post occasum solis eiusdem diei ad penam V sol. den. nomine pene super graciam; et sequenti die, vel quacunque die alia, si census et predicti V sol. dandi nomine pene non solvuntur, nuncius provisoris, quem ad hoc deputaverit, potest illos petere et exigere in bonis sub penis et modis, quibus petuntur alii census hereditarii, ut prescriptum est.[142]

---

*) Bei B bricht hier der Satz ab, so daß nach einer Lücke gleich der folgende Absatz (Notandum etc.) beginnt.

---

der 8 Schillinge Gattergeld Rynnemanns zu den 10 Schillingen Bizthumschen Erbzinses früherer Zeit unklar. Deutlicher vergegenwärtigt uns Bibra den vor ihm selbst vollzogenen Zinstausch der Augustiner: ihren bisher schuldigen Arealzins von 3 tal. 10 sol. haben sie vertauscht mit dem Witterda-Rasdorfer Erbzins, d. h. sie haben den früher der Bizthumschen Familie gehörenden Walpurgis- und einen Theil des Katharinenzinses in einer Höhe von 3 tal. 10 sol. gekauft (für 17½ löthige Mark oder 42 tal. 4 sol. 4 den. 1 ob.), und zwar zu dem Zweck, daß in Zukunft diese Erbzinsen in den Mainzer Hof gezahlt werden, sie dafür ihrer bisherigen Arealzinsen ledig sind. Die „residua pars" muß also der Rest des Katharinenzinses sein, so weit ihn die Augustiner nicht gekauft hatten. Da von diesem Rest der Rath 1 Pfund kaufte, so mußte damals der Katharinenzins sich mindestens auf 2 tal. 13 sol. 1 ob. belaufen. Dafür scheint sowohl das Haus am Severberg wie der Wald im Kornthal (vielleicht ein Theil des Eichenbergforstes, f. Anm. 73) in volles Eigenthum des Raths übergegangen zu sein; denn gekauft war wenigstens dieser Wald schon vom Herrn von Kirchheim, die „Entschädigung" wird also darauf zielen, daß er nun nicht mehr „vom Erzstift lehnsabhängig" war. — Daß mit dem früher Bizthumschen Zins der Hufen und des Hauses diese selbst dem Erzstift wieder zu vollem Eigen (zurück-) gekauft waren, versteht sich bei der oben erwähnten Resignation der Bizthume von selbst: es schaltete mit diesen Gütern nun wieder wie mit anderen Lehngütern, verlieh z. B. das Wohnhaus und 7 von jenen 12 Hufen Artland in Witterda dem Severstift als Freigut (Urk. vom 23. Jan. 1355 im E. A.).

[142]) S. § 64.

Notandum eciam, quod census hereditarii, qui dantur de 70
Witterde et de Rastorf, qui quondam fuerunt Heinrici Vicedomini
et Heinrici de Bintersleiben, composuimus et in unum
redegimus tam in festo beate Walpurgis quam Martini,[143] ut
censuales et pensionarii eo minus angariarentur et successores
nostri eo commodius eosdem census valeant congregare.

Item notandum, quod textores Erfordenses dant annis 71
singulis circa Walpurgis unum mensale habens in longitudine
sex ulnas et unum manutergium valens II sol. den. Erfordensium
de innunge eorum ad allodium.[144]

In rogacionibus [145] solet sederi iudicium advocati in curva 72
domo ut in festo purificacionis. Item maior et minor berwetto*)
solent congregari ut in festo purificacionis.[146]

In festo penthecostes textores dant obvenciones valentes 73
VI sol.; vicedominus habet terciam partem pro obvencionibus.
Calcifices dant IV sol. et vicedomino tantum. [Item dant
sculteto in civitate sol. Item]b) pilleatores dant vicedomino
IV sol. pro frowenbende,c) [147] sculteto duo pillea et vicedomino

---

*) C: byrwette.   b) Die eingeflammerten Worte fehlen bei A und B und sind wohl in Vergleich mit § 50 und § 136 besser zu tilgen.   c) B: quod frawenbende. C: pro frawengebende.

---

[143]) Soll wohl vielmehr heißen „zu Katharinen" (f. § 135), denn die zu Martini fälligen (f. die §§ 93—96) waren andere.

[144]) Nach Engelmanns Rechnung von 1511 (p. 104) waren dies die Ziechener, die das Tisch- und Handtuch („Brottuch" und „Handzwel") zu liefern hatten, während sonst bei Bibra unter textores gewöhnlich die Wollenweber zu verstehen sind. Die Ziechenweber bildeten ein ursprünglich wohl ganz auf das Trostgericht am Löwerthor beschränktes Gewerk mit vielerlei Besonderheiten. Das Ziechenzeug, das sie webten, war eine besonders zu Bett- und Kissenbezügen verwendete Leinwand (f. § 202); im Bamberger Bischofsrecht (ed. Höfler p. 33) werden sogar „Säcke" und „Ziechen" als gleichbedeutend gebraucht. Nach fol. 132 v. f. des Engelmannsbuches war 1496 das Gewerk der Ziechener auf drei Meister herabgekommen; seit 1498 hörte die obige Abgabe daher auf.

[145]) S. Anm. 123.

[146]) Vgl. die §§ 27, 28, 31.

[147]) S. Anm. 109.

duo pillea.¹⁴⁸ Item dant sculteto in civitate sol.ᵃ) [Piscatores dant servicia sua ut prius in vigilia pasche.]ᵇ)

74 In festo beati Jacobi textores dant XXX sol. de innunge eorum, item sculteto V sol. pro confirmacione novi magistri eorum. Calcifices dant XXX sol. den. de innunge eorum. Magister clipeatorum dat VII½ sol. De istisᶜ) vicedominus percipit terciam partem preter de V sol., quos percipit scultetus de confirmacione novi magistri textorum.

75 Post diem beati Jacobi fabri Erfordenses dant ad allodium specialiter XXXVI librasᵈ) cupri boni fabricatas ad unum, duo aut tria caldaria, prout placuerit provisori.¹⁴⁹ Faber allodii dat de mensuris seu sportis, cum quibus carbones venales mensurantur, talentum et ollam eream valentem talentum. Et nota, quod carbones venditi in civitate aut oppido Erfordensi non debent mensurari nisi cum mensuris aut sportis dicti fabri. Et nota, quod dictus faber debet sufferrare vicedomino unum equum, in quo equitat, et dat ei IV sol. pro II calcaribus aut calcaria valentia IV sol.¹⁵⁰

ᵃ) Dieser Satz fehlt bei C.   ᵇ) Letzteren Satz hat nur D, und zwar aus C², wo er eine Randnote von jüngerer Hand ist; vgl. § 53.   ᶜ) B: de isto.   ᵈ) C: talenta.

¹⁴⁸) Nach E geben die Hütter dem Schultheißen zwei Hüte, dem Vizthum einen; dies entspricht auch dem regelmäßigen Theilungsverhältniß der Abgaben zwischen beiden (2:1) viel besser.

¹⁴⁹) Nach p. 103 der Engelm.-Rechn. konnte der Küchenmeister (provisor allodii) statt kupferner Kessel auch Töpfe oder Tiegel „von Erz" verlangen, diese mußten dann aber „weiß gesotten" (verzinnt) sein.

¹⁵⁰) Diese Abgabe des Geldpfundes, des ebenso viel kostenden Topfes von Erz und der 4 Schillinge für ein Paar Sporen existirte noch 1511, wo sie Matthes Erp für die Kohlenstutze zahlte, die allein er für das Abmessen der Kohlen darreichte (vgl. Engelm.-Rechn. p. 6). Die sportae deuten auf korbartig geflochtene Kohlengemäße, später jedoch wurde nicht in Körben, sondern in „Kohlstutzen" vermessen (Engelm.-Buch fol. 131), wobei das Gemäß indessen immer noch durch ein Eisen in Höhe und Weite justificirt zu werden pflegte (D. A. 9859). Seit den Concordata Bertholdi von 1497 stets im Besitz eines Bürgers, der davon den Zins in den Mainzer Hof zahlte, war zuletzt das „Kohlmaß" ein frei vererbliches Eigenthum geworden: der Inhaber verpachtete die „Kohlstutze" gegen einen Jahreszins und war davon nur einen gewissen Erbzins in den Hof schuldig. Als 1582 Anna Ziegler den Kohl-

Item in dicto termino debet congregari census hereditarius 76 in civitate et eius suburbiis, qui extendit se ad IV talenta et XVI sol den.

In festo beati Michahelis archangeli textores dant de 77 innunge eorum VII½ sol. Sutores dant de innunge eorum XXVIII sol. et VI den. Pabulatores dant VII½ sol.; vendentes pisa, pultes et alia olera dant VII½ sol.; vendentes lineum pannum et antiqua vestimenta dant VI sol. den.; item die ledersnytere*) dant XXXIII den. De istis omnibus vicedominus percipit terciam partem.

In septimana communi [151] maior et minor berwechte[b]) [152] 78 solent congregari modo quo supra.

Item in septimana communi vel post, dum placuerit pro- 79 visori, debet haberi iudicium advocati in curva domo ut in purificacione et festo rogacionum.

Notandum, quod census, qui sequuntur, debent dari in 80 festis beatorum Michahelis et Martini. Et hucusque est serva-

---

*) B: ledersniter. C: ledersnider.   b) B: berwette. C: byrwette.

---

stutzenzins der Barfüßer Schule legirte, betrug er 7 Gulden und waren davon 2 Gulden und 2 Groschen Erbzins zu zahlen (Clemensbuch des E. A. II, 124).

[151] Die „Gemeintwoche" scheint in verschiedenen Gegenden verschieden angesetzt worden zu sein; bald fällt sie in den Anfang October, bald in den Anfang November, immer jedoch in die Herbstzeit zwischen Michaelis und Martini. Am Niederrhein soll (nach Wallraff) die Woche nach Allerheiligen Gemeinwoche benannt worden sein; im Obigen möchte jedoch bei der ziemlich ausnahmslos chronologischen Aufzählung der Zinsabgaben aus dem Grund die Woche nach Michaelis darunter zu verstehen sein, weil unmittelbar vorher die Michaelis-Abgaben, dann die unbestimmt nach Michaelis fälligen, wohl nur abusiv bis Martini verzögerten, und erst nach der Erwähnung des Severi-Festes (22. October) die eigentlichen Martini-Zinsen folgen. Auch stimmt es im Allgemeinen eher zu Anfang October als zu Anfang November, wenn Konrad Stolle in seiner Erfurter Chronik winerne (Weinlese, auch bei Engelmann win ehren wie korn ehren von eren = ernten) und gemeynt woche als gleichzeitig nennt, obwohl sich die Weinernte öfters sehr verzögerte. Endlich aber wäre es, wenn die Gemeinwoche in Erfurt nicht die Woche nach Michaelis bezeichnet hätte, unstatthaft die Abgaben, die in § 77 als Michaelisabgaben bezeichnet sind, ebenso gut zur Bierwette, also in der Gemeinwoche fällig zu nennen (f. III, 14—17).

[152] Vgl. die §§ 27, 28, 72.

tum ex consuetudine, quod ante Martini non exiguntur a negligentibus cum pena.

81. Primo census hereditarius in civitate Erfordensi et eius suburbiis, qui extendit se ad XXVI talenta VIII sol. IX den. et obulum, item III aucas, libram cere et centenarium sepi, item CXXXI pullos.[153]

82. Item census hereditarius in Hocheim, qui datur de IX mansis,[154] de quibus antiquitus ducebatur vinum;[155] et extendit se iste census ad III talenta et XVII sol.;[156] et dantur de quolibet manso X sol. nomine census hereditarii et II sol. pro vectura vini preter unus mansus, qui solvit IX sol. pro censu et II sol. pro vectura vini. Item in eadem villa de feudis, de quibus quondam colebantur vineta in Hocheim, que adhuc appellantur dy len,[157] et de quibus comparabantur instrumenta vinearum et reparabantur; et sunt X feuda, de quibus dantur V tal. denariorum.

83. Item eisdem terminis datur census de eadem villa hereditarius, qui extendit se ad XLIX sol. et VI den., item ad XXIX pullos.

---

[153] Diese Gruppe der Michaelis-Erbzinsen aus der Stadt und ihrer nächsten Umgebung bietet in den detaillirten Ausführungen in E natürlich eine noch reichhaltigere Uebersicht erzstiftlicher Besitzungen an Haus und Hof, Wald und Teich, Garten und Acker als die in § 76 (auch nur in Summa) verzeichneten Jacobi-Erbzinsen. Der Erbzins wurde, wie schon aus Obigem hervorgeht, nur theilweise in Geld, anderntheils in Gänsen und Hühnern, Wachs und Schmer gezahlt („de centenario sepi" ist im Bamberger Bischofsrecht deutsch wiedergegeben mit „vom Centner Schmer", vgl. p. 33 der Höflerschen Ausgabe, und in schlesischen Urk. entsprechen einander „lapis sepi" und „ein Stein Unschlitt", vgl. Tzschoppe und Stenzel Urk.-Samml. p. 591 u. p. 599). Der eine halbe Centner Schmer wurde von Aeckern des Namens Luppenrod, der andre halbe Centner von einem Fischteich vor der Wawel (vermuthlich also in dem damals so wasser- und fischreichen Dreienbrunnen) gegeben.

[154] Auffallend viel mit Hopfen bebaut (E). Vgl. Anm. 125.

[155] Nach der Engelm.-R. p. 40 f. waren ehedem auch die Witterbaer und Melchendorfer Bauern zur Weinfuhre (letztere jährlich einmal nach dem Eichsfeld) pflichtig.

[156] und dazu Hühnerzinse, jedoch hier stets mit Geldzins verbunden (E).

[157] Diese „Lehen" (feuda) scheinen gleichgroße Areale gebildet zu haben; in E wird nach ihnen wie nach einem Flächenmaß gerechnet: manche Besitzer haben halbe, andere mehrere „Lehen".

Item in dictis terminis datur census hereditarius de feudis 84
in Tivental;ᵃ) et extendit se iste census ad XLVIII sol. de
duobus mansis, de quolibet manso XXIV sol. Et notandum,
quod nos propter maiorem utilitatem ecclesie Moguntine com-
mutavimus labores colencium feuda in pensiones certas: videlicet
quod quilibet mansus dat XXIV sol. pro labore, quia vineta
male et negligenter ibidem colebantur.

Item ibidem in Tivental est dimidius mansus et una curia,[158] 85
que dant ecclesie Moguntine XVIII den.; pro reliquo colit
vineta domine Alboldi. Et propter quam causam et quale ius
predicta domina habuerit in bonis ecclesie Moguntine in villa
Tyvental, inferius patebit.[159]

Notandum eciam, quod in eadem villa Tivental est una 86
curia sita sub vineis domini et ecclesie Moguntine, que ad
hoc est infeodata ab antiquo, quod vinitores, vindemiatores[160]
et famuli allodii Erfordensis tempore vindemiarum debent in
dicta curia et domibus curie eiusdem benivole hospitari sub
expensis ecclesie Moguntine.

Item in dictis terminis datur census hereditarius de villa 87
Byntersleyben,ᵇ) qui extendit se ad duo talenta et VII½ den.ᶜ)
novorum denariorum[161] ut in festo beate Walpurgis. Item
alter census hereditarius ibidem, qui extendit se ad IV sol.
et VI den. et IV pullos.

Item eisdem terminis dantur VIII sol. den. de uno manso 88
in Notelleyben.ᵈ)[162]

ᵃ) C: Tifental (ebenso bei den drei folgenden Wiederholungen dieses
Namens). ᵇ) B: Bintersleibin. C: Bintersleyben. ᶜ) Cᵃ und D:
VIII den. ᵈ) C: Notteleibin.

---

[158] nach E: ⅓ Hufe und 3 Gehöfte (curie).

[159] Auch einer jener Verweise, die entweder auf den Verlust des Schluß-
theiles oder auf Nichtvollendung des Buches deuten.

[160] Von den beiden Synonymen für „Winzer" mag das eine die ftän-
bigen Weinbergsarbeiter, das andere nur die für die Weinlese Gedungenen
bezeichnen. Nachmals wenigstens wurden für die Weinlese besonders Kinder
(„Lesfinder") gedungen.

[161] Dieser erste Theil des Erbzinses, der an Höhe dem zu Walpurgis
gezahlten gleichkommt (f. § 63), wurde von 8½ Hufen entrichtet (E).

[162] Rottleben über 1½ M. w. von Erfurt.

89 Item census in Walsleyben,ᵃ) ¹⁶³ qui extendit se ad V sol. et III den. et ad IV pullos de dimidio manso.¹⁶⁴

90 Item census hereditarius de villa Eylbrechtisgehovin,ᵇ) qui extendit se ad IV talenta ¹⁶⁵ novorum den. de XI mansis cum dimidio, item IX scapulas porcinas bonas et V pullos.

91 Item census hereditarius in Mulborg,ᶜ) qui extendit se ad II sol.

92 Item census hereditarius in Bechstete,¹⁶⁶ qui extendit se ad XVI sol. de II mansis et curiis attinentibus.

93 Item census in Wytterde,ᵈ) qui datur de novalibus, quod rodelant vocatur, qui extendit se ad..¹⁶⁷

94 Item census hereditarius de indagine ¹⁶⁸ ibidem. Et notandum est, quod hereditas, que indago vocatur, continet VI½ agros, de qua dantur XXIV sol. et VI den. et XIII pulli.

95 Item census hereditarius ibidem, qui extendit se ad XLIX sol. et VI den.,¹⁶⁹ item ad XIII pullos et unam aucam.

ᵃ) C: Wallesleibin. ᵇ) C: Eylbrechtisgehoven. ᶜ) C: Molborg.
ᵈ) B: Witterde. C: Wyterde.

¹⁶³) Walschleben, ungefähr 1½ M. n.-n.-w. von Erfurt.
¹⁶⁴) Die Summe beträgt vielmehr 7 Schillinge und 4 Hühner (E).
¹⁶⁵) IV tal. II sol. nach E.
¹⁶⁶) wahrscheinlich Bechstedt-Wagd (1 M. s. von Erfurt).
¹⁶⁷) Die Specificirung dieser Rodeland-Erbzinse (in E) enthüllt uns ein Bild der schon damals ziemlich weit getriebenen Parcellirung der thüringischen Dorfländerei, wenigstens in diesem neu gerodeten Theil der Witterbaer Flur: 35 Besitzer theilen sich in 83½ Acker des Rodelandes, so daß auf jeden im Durchschnitt 2,39 Acker kommt. In der That schwankt der Besitz fast durchgehends zwischen ½, 1, 2 oder 3 Acker. Der fast ausnahmslose Satz für den Erbzins jedes dieser Aecker beträgt je 1 Schilling und 2 Hühner, nur das Stiftscapitel s. Marie in Erfurt gibt von 3 Aeckern statt jedes Geldzinses zwei Hühner und eine Gans. Die oben ausgelassene Summe beträgt (wenn man die einmal ausgelassene Zahl der Zinshühner nach jenem allgemeinen Ansatz ergänzt): 81 Schillinge, 6 Pfenninge, 162 Hühner und 1 Gans von allen 83½ Aeckern. Dieses Rodeland war vielleicht das vom Witterbaer Gehölz (nach E) urbar gemachte Stück.
¹⁶⁸) „de bonis, que hayn vocantur" (E).
¹⁶⁹) E hat als Summe: 2 tal. 11 sol., jedoch ergibt genauere Addition 2 Pfenninge weniger. Interessant ist hierbei eine Zinsabgabe von 6 den. „de fovea versus Rastorf", da hiermit wahrscheinlich der (etwa zu Wieswachs benutzte) Grund des „Klingergrabens" gemeint ist, dessen Wasser von Friedrichsdorf (dem ehemaligen Rasdorf, s. Anm. 92) hinter der Schwellen-

Item census hereditarius in Rastorf, qui extendit se ad 96
XXXI sol. et VI den., item ad XIII pullos et XC ova.

Item census hereditarius in Totelstete,[170] qui extendit se 97
ad III talenta, IV sol. et IV den., item ad XVIII pullos.
Et datur iste census de VI mansis et de III quartalibus.

Item de eadem villa datur eldergelt*)[171] census heredi- 98
tarius, qui vocatur eldergelt; qui extendit se ad XXXV sol.
et VI den., item ad XXXVIII pullos.

Item ecclesia Moguntina habet sub monasterio Orval[172] 99
molendinum, quod solvit in dictis terminis X sol. den., item
duas aucas et quatuor pullos.

Notandum, quod census hereditarius in Totelstete, qui 100
vocatur oldergelt, potest augmentari, quia quedam bona pertinencia ad dictum censum sunt desolata.[173]

In festo beati Severi[174] vel citra datur infra scripta annona 101
ad allodium.

---

*) Dieses offenbar überflüssige Wort steht in allen Mff.

burg dicht vor Elxleben in den Nebenarm der Gera rinnt. Dies wäre also eine zweite Ueberfetzung von Klinge durch fovea (f. Anm. 62).

[170]) Döttelftedt (ungefähr 1½ M. w.-n.-w. von Erfurt) am rechten Ufer des mitunter fehr reißenden Weißbachs, der einen längeren Parallelzug zum nördlicheren Klingergraben bildet und in Kühnhaufen in die Gera fließt. Nicht zu verwechfeln mit Tutelstete (Ditelftedt).

[171]) „Elbern" nannte man nach Haltaus (Gloffar p. 310) unbebaute, wüft liegende Ländereien, in der Wetterau nach Maurer (Fronhöfe II, 98) herrenlofe Felder. Ob die Döttelftedter Elbern etwa zur Schaftrift benutzte unbauwürdige Grundftücke damals noch waren, oder ob fie urbar (zu „Artland") gemacht, alfo werthvoller geworden waren, läßt die Nichtangabe der Größe der Länderei, von der diefes Elbergeld erhoben wurde, nicht errathen.

[172]) Das Klofter Orfal lag auf einer Anhöhe unterhalb Döttelftedt; F erwähnt noch einen „dominus sacerdos in Orval", und noch gegenwärtig bewahrt der „Orfaler Grund" den Namen des alten Klofters. Nach der Chronik des Nicolaus von Siegen war die Kirche „s. Georii in Urfailt retro Aillich" d. h. hinter Alach, alfo gewiß unfere Kirche „im Orfal" (nicht, wie Wegele vermuthet, „in Urbich") 1479 fchon faft verlaffen, wurde aber damals durch den Convent des Erfurter Petersklofters reftaurirt (ed. Wegele p. 464). — „In Orvalle" lagen (nach F) auch die Ländereien, von denen das Elbergeld gezahlt wurde.

[173]) Fortgefetzte Cultivirung der „wüften Länderei" durfte eine fpätere Erhöhung des Erbzinfes in Ausficht ftellen.

[174]) 22. October.

102 De molendino extra muros in Plurali prope molendinum illorum de Elrich dantur nomine census hereditarii III maldra frumenti boni[175] et VIII pulli.

103 Item de L agris agriculture ante valvam sancti Johannis, qui vocantur vinea, dantur maldrum cum dimidio frumenti et maldrum cum dimidio ordei.

104 Item de uno manso, qui iacet ante civitatem in una pecia[176] circa molendinum ecclesie Moguntine ante Wawit*) dantur maldrum cum dimidio frumenti et maldrum cum dimidio ordei.

---

*) C: Waweit.

---

[175] Aehnlich wie von der weiter an der Gera hinauf gelegenen Wawelsmühle (s. Anm. 130). Frumentum ist die Uebersetzung des deutschen Wortes Korn, und dieses bedeutet im mittelalterlichen Thüringen einen mit Roggen untermischten Weizen („Gemangkorn"), bisweilen wohl auch bloßen Weizen (wie das franz. froment). Der für Roggen überhaupt weniger taugliche Boden Thüringens (s. Langethal, Gesch. d. teutschen Landwirthschaft I, 25) wurde also in früheren Jahrhunderten zur Erzielung von Brotkorn wesentlich mit Weizen bestellt, so daß man noch bis ins 17. Jahrhundert besonders diesen unter „Korn" verstand, nie (wie heute) den Roggen; das Monra-Weisthum von 1457 (Grimm III, 622) und Konrad Stolles thür.-erfurtische Chronik (p. 184 f.) nennen korn neben rocken, ganz wie Engelmann regelmäßig nach dem „Korn" den Roggen aufführt, das Wort Weizen aber gar nicht verwendet, obgleich er doch wohl neben Gemangkorn auch unvermischten Weizen bauen ließ (s. seine Rechnung p. 95 ff. und Michelsens Mainzer Hof p. 36 f.). Das in Thüringen noch jetzt viel gebaute Gemangkorn wird auch „schönes Korn", bonum mixtum frumentum, oder bloß bonum frumentum genannt (letztere Bezeichnung synonym mit dem bloßen frumentum, wie ein Vergleich von § 62 mit der in Anm. 130 mitgetheilten Urkundenstelle beweist); auch pflegte man wohl beide Getreidearten, Weizen und Roggen, wenn man sie ohne Beziehung auf ihr häufiges Zusammenaussäen bloß zusammen mit einem Wort bezeichnen wollte, „Korn" zu nennen, wie in Erzbischof Gerlachs Schlägeschatzverschreibung von 1352 (M. A. VII, 24), wo als die gewöhnlichen Getreidearten des Erfurter Marktes genannt sind: „Korn, Gerste, Hawer, Tinkele." In der vollständigsten Aufzählung der Erfurter Getreidearten des 14. Jahrhunderts (in der Verlaufsurkunde des Schlägeschatzes von 1354, M. A. VII, 25) heißt aber Korn wieder ganz unzweifelhaft (ohne weiteren Beisatz) Gemangkorn: die Worte daselbst „korne, weyso, rocken, gersten, havern, tinkele" besitzen wir glücklicher Weise auch in der lat. Uebersetzung dieser Urkunde (M. A. Erfurter Copialbücher No. 1, fol. 84 v. ff.), wo sie lauten: „de frumento, tritico et siligine, ordeo, avena, spelta."

[176] Grundstück (pièce).

Item de V mansis sitis in campis ville Martpoche,¹⁷⁷ que 105
iacet proxima civitati, dantur IX maldra cum dimidio frumenti
et IX maldra cum dimidio ordei.

Item*) in Hocheim est quartale mansi, quod vocatur 106
becherlen,ᵇ)¹⁷⁸ quod solvit maldrum frumenti.

Item in Bintersleyben°) qui solvunt maldrum frumenti et 107
maldrum ordei duobus annis; sed tercius annus vacat, quia
dicta bona tantum iacent in duobus campis.¹⁷⁹

Notandum, quod ista bona sunt locata hereditarie, ita 108
quod ecclesia Moguntina non potest mutare.

In Totelstete sunt V mansi cum dimidio, qui solvunt sin- 109
gulis annis VI maldra et III½ quartalia frumenti et VI maldra
cum III½ quartalibus avene, quilibet mansus V quartalia frumenti et V quartalia avene; sed hoc ecclesia Moguntina potest
mutare, quando ipsi placet.

In festo beati Martini monachi montis sancti Petri in 110
Erfordia dant sculteto in civitate II sotulares, quod vocatur
bozschuch,ᵈ)¹⁸⁰ item sculteto in Plurali vel sculteto in civitate,

---

*) Dieser und der folgende Absatz beginnen in A und B ohne das Wort item. ᵇ) oder betherlen, wie man bei C zu lesen meint; D: becherlin (betherlin?). °) B: Bintersleiben. C: Bynterslcibin. ᵈ) C: botschu.

---

¹⁷⁷) Die Marbacher Flur berührt das Erfurter Weichbild im N.-W., das Dorf liegt nicht ganz ½ Meile vom Andreas-Thor entfernt.

¹⁷⁸) Die Lesart mit c ist jedenfalls die richtige: diese Viertelhufe der Hochheimer Flur wird aus ähnlichem Grund „Becherlehen" genannt worden sein, wie die § 230 erwähnte Brathufe vor dem Steigerwald, deren jedesmaliger Besitzer vor Alters die Pflicht hatte den Bratspieß in die Küche des Erzbischofs zu liefern. Mit Bechern (jedenfalls Holzbechern) zinsten auch gewisse Diensthufen der Bintersleber Flur (s. Anm. 36). Die Hochheimer Grundstücke, die schlechthin die „Lehen" hießen, zinsten zu Bibras Zeiten auch nicht mehr mit Weinbergsgeräthen, sondern mit Geld (s. § 82).

¹⁷⁹) Die regelmäßige Ackervertheilung der Hufe ist die in „3 Felder" oder, wie es die Urkunden gewöhnlich nennen, weil sich die 3 von selbst versteht, in die „singuli campi". Vgl. Anm. 116.

¹⁸⁰) bozschůch oder botschůch (§ 174) ist eine Art grober Schuhe, deren Name zunächst auf klotzige, klumpige Holzschuhe hinweist, wie denn z. B. in Mülheim a. d. Ruhr die Leute noch jetzt ihre klappernden Holzschuhe „Klumpen" nennen. Im Mittelhochd. hieß nämlich bōz Schlag oder Stoß (ahd. pōzan, mhd. bōzen = stoßen; in Baiern noch mundartlich für dreschen,

si proest ambobus officiis, II solulares, item advocato Erfordensi II solulares.

---

f. Schmeller III, 305), aber auch ein Holzklumpen, ein Kloß (wie nach Vilmar noch jetzt im Hessischen), eine Kegelkugel, mit der man umstößt (bosseln = kegeln). Schon frühe stellte sich vor dem s-Laut oder an Stelle desselben ein t ein: die Boßkugel hieß auch Botskugel, wie niederl. butse (Beule) und das hie und da bei uns zu hörende „Butse" für die härtlichen und leicht schwärzlichen Stellen der Kartoffel, aus denen die Keime vorbrechen wollen, sowie für den verschrumpften Blüthenüberrest auf der Spitze von Aepfeln und Birnen und für die Schnuppe am Talglicht; ja auch unser „Butte", angels. butte, englisch bud (Knospe, knospen) gehört offenbar hierher. Wie unser Wort auch in den romanischen Sprachen analoge Laut- und seltsame Bedeutungswandlungen durchgemacht hat, beweisen it. bozza, frz. bosse (Beule) und bosseler (buckeln, getriebene Arbeit machen), it. botta (Stoß und Kröte), altfrz. botte und auch boz (Kröte), it. bozza und bozzo (unförmlich behauener Stein), it., span., port. bota und frz. botte, boute (Faß, Schlauch, Stiefel), endlich frz. botto (Bündel), bouton (das Heraustreibende, die Knospe) und bout (Ziel des Schusses oder Wurfes). Wohl allein den zwei letztgenannten Worten liegt der ursprüngliche Begriff des Stoßens oder Werfens unmittelbar zu Grund, alle übrigen gehen abgeleiteter Maßen überhaupt auf das Klobige, Unförmliche der Erscheinung, wie denn der Franzose noch heute den Klumpfuß pied bot nennt; auch die Bezeichnung der Kröte als boz, botto, botta möchte ich lieber auf die Plumpheit des Körperbaues als (mit Diez) direct auf das mhd. bözen („aufgetriebenes Thier") beziehen. Recht deutlich zeigt den ausschließlichen Bezug des Wortes auf das Plumpe und Schwere der Name der größten Wage in der Erfurter „Wage" oder Kaufwaaren-Niederlage: „große oder Boße-Wage", auf der die Waaren über 10 Ctr. gewogen werden mußten (M. A. Erf. Copialbücher No. 8. fol. 221 v.). — So wird also auch unser bozschuch nichts anderes als plump geformte, dauerhafte Schuhe bedeuten; sie waren (wenigstens später) nicht hölzern, sondern, wie in der „Gerichts-Ordenunge" (fol. 12 v. des Exemplars im E. A. Tit. III, A, 15) genau ausgeführt ist bei Erwähnung der von den Erfurter Schustern dem Schultheißen zu liefernden „Bothschuhe" (vgl. § 111), gaben die Hüter (Hutmacher) dazu den Filz und die Schuster zogen das Leder darüber. Also waren die Bott- oder Boßschuhe dicke lederbezogene Filzsocken. In Scherz' Glossar wird denn auch Bottschuh als bäurischer Schuh aus rohem Leder erklärt; und daß der Bottschuh noch langehin eine im Volk sehr bekannte Art von Schuh war, der wohl auch mit Stroh ausgefuttert wurde, lehrt Geiler von Keisersberg im 3. Theil seiner Postille (fol. 61): „ein spill im sack und das meytlin im huz vnd strow in bottschůhen mögen sich nit verbergen."

Im Grimm'schen Wörterbuch ist für die naturgemäße Erklärung unseres Wortes die Zusammengehörigkeit von butt = stumpf, grob, dumm (een butten keerl = ein grober Gesell) und Boß („Halbstiefel") verkannt und deshalb letzteres etwas gezwungen in directe Begriffsverbindung zu mhd.

Item sutores dant sculteto in civitate II sotulares. 111
Item predicti monachi dant vicedomino II sotulares.ᵃ) 112
Item sutores dant eidem II sotulares. 113
Item in festo beati Martini datur census in Witterde,ᵇ) 114
qui vocatur bate;¹⁸¹ qui extendit se ad XXXII tal. V sol. et
IV den. Et datur isto census de XXXII mansis, I¹/₂ quartalibus et una satula¹⁸² in singulis campis;¹⁸³ et datur de
quolibet manso talentum den. Erfordensium, preter de dimidio
manso uno dantur VII sol.

Item bata in Rastorf, qui extendit se ad XI tal. et X sol. 115
de XV mansis cum dimidio; et datur de manso XV sol.
preter unus dimidius mansus, qui solvit V sol.

Item ibidem in Rastorf est dimidius mansus, qui ab anti- 116
quo est deputatus vribotoni in Witterde,ᵇ) qui percipit batam
de ipso; et est advocacialis sicut alii, sed dominus Moguntinus
aut provisor eius potest ad se resumere dicti dimidii batam.

ᵃ) Dieses Item fehlt in B.   ᵇ) C: Wyterde.

---

bözen gebracht („weil solche weite Schuhe angestoßen, angeschoben wurden"); jene Zusammengehörigkeit ist aber gar nicht zu bezweifeln, wie am besten hervorgeht aus dem hessischen bösze (großes Bündel Flachs), das nach Vilmar in dem niederdeutschen Theil von Hessen überall böte heißt. Benecke-Müller lehrt im mhd. Wörterbuch (I, 230) mit Unrecht die Herleitung von botta aus boz um, indem er unser Wort zu einem ursprünglich romanischen macht, dann knodebözе (Spottname für einen kleinen dicken Kerl) und bözе davon getrennt behandelt, obwohl er zugibt, daß letzteres „an das franz. botte erinnert". — Zu vergleichen ist auch von dem-sehr ähnlichen Stamm broz die Reihe: ahd. proz, mhd. broz, nhd. Broß, davon span. brota, franz. brout (Sproß), brossen und brosseln, provençalisch brotar (sprossen), Brose (roher, bäurischer Mensch), vielleicht auch Bröschen (im thür. Dialekt als ironischer Ausdruck, etwa = Kerlchen) und holländ. broosjen (Halbstiefeln).

¹⁸¹) Diese und die folgende Rasdorfer Abgabe erinnert deutlich an die in der Fastenzeit fälligen Beten von den 32 Witterbaer und 15 Rasdorfer (Vogtei-) Hufen (§ 34); § 116 macht es unzweifelhaft, daß auch hier dieselben Hufen beider Dorffluren gemeint sind; das Plus von 1¹/₂ Viertelhufen nebst einer Sottel bei der Geld-Bete in Witterda sowie das der Halbhufe bei der Rasdorfer Bete bleibt freilich unerklärt, da die Hühner-Bete eben nur von 32 + 15 Hufen entrichtet wurde.

¹⁸²) Ueber die Sottel als bloße Breitenbestimmung eines Ackerstreifens s. die 4. der hier angehängten Abhandlungen.

¹⁸³) S. Anm. 179.

117 Item notandum, quod mansi, qui dicuntur rosschuve ᵃ) ¹⁸⁴ siti in Rastorf, qui pronunc solvunt ecclesie Moguntine censum hereditarium,¹⁸⁵ debent contribuere ad propinandum archiepiscopis ecclesie Moguntine aut provisori allodii eorum nomine et ad emendam pacem cum villanis ville Rastorf tempore discordiarum et in similibus,¹⁸⁶ prout diffinitum fuit per nos et Heinricum vicedominum Erfordensem ac alios plures noticiam premissorum habentes. Et notandum, quod dicti mansi dicuntur rosschuve, quia archiepiscopis Moguntinis, dum fuerunt in partibus Thuringie, ministrabatur fenum ¹⁸⁷ ad privatas seu ad cloacas de mansis predictis.

118 Item congregator in Tutelstete dat Martini IV talenta et VII ½ sol. de XIV mansis ut in purificacione et Walpurgis,¹⁸⁸ de quolibet manso videlicet VI sol. et III den.

119 Item de molendino in Byschovisguttern ᵇ) dantur in dicto termino III fertones puri argenti,ᶜ) ¹⁸⁹ item de silva Heyliten,ᵈ) que iacet prope Kamerforst,ᵉ) ¹⁹⁰ cum est locata, dantur III tal. denariorum.

ᵃ) C und D: rosschunre.   ᵇ) B: Bischouisguttern.   ᶜ) argenti in A und B ausgelassen.   ᵈ) D: Heilicen (?).   ᵉ) A: Kamerforf. B und C: Kamerstorf.

---

¹⁸⁴) Der Name „Roßhufen" ähnlich gebildet wie „Becherlehen" und und „Brathufe" (f. Anm. 178).

¹⁸⁵) Nach F befand sich auch in der Döttelstedter Flur beim Orfal-Kloster eine Roßhufe, die 5 Schillinge und 4 Hühner zinste.

¹⁸⁶) Die Inhaber der Roßhufen müssen für die Bewirthung des Erzbischofs oder seines Gutsverwalters („Küchenmeisters" im Mainzer Hof) sorgen, wenn dieser im Namen seines Herrn kommt, um die Streitigkeiten mit den Rasdorfer Bauern zu schlichten oder zu ähnlichen Amtsverrichtungen. Ueber pax und discordiae in gerichtlichem Sinn vgl. I, Anm. 4 und 5.

¹⁸⁷) Heu doch wohl zunächst für die Rosse des Erzbischofs und seines Gefolges; oder sollte fenum hier (wie sonst fimus) Streu bedeuten, was die Verwendung zu den „geheimen Orten oder Abtritten" (franz. privé) nahe legt? Auch in letzterem Fall wäre aber zuvörderst an die Verwendung des Strohs zur Stallstreu zu denken, da sonst der Name Roßhufen nicht zu seinem Recht käme.

¹⁸⁸) Vgl. die §§ 25 und 63.

¹⁸⁹) Wie zu Walpurgis (f. § 63).

¹⁹⁰) Dorf Kammerforst am Kammerbach auf dem Nordostabhang des waldigen Bergrückens, der unter dem Namen des Hainich die Wasserscheide

Notandum eciam, quod dominica ante Martini aut post, prout placet provisori, liberi hospites, qui sunt in numero circa LX morantes in villis Holtzhusen, Bechstete, Egenstete, Nusezen, Urbech et Hovelden [191] vocati et citati per bodellum in curia sancti Severi debent dare censum eorum. Et nota, quod quilibet liber hospes dat III pullos bonos et XXX ova recencia; et provisor procurabit eos de mane in prandio in dicta dominica.

Notandum, quod predicti liberi hospites sunt exempti a theoloneo in civitate Erfordensi et eius oppido, quidquid et quociens emunt et vendunt in Erfordia. Item nullus, sive sit civis sive hospes, [192] potest aut debet eos arrestare aut occupare in civitate aut extra; sed cum trahuntur ad presenciam sculteti vel iudicum secularium, [193] tunc debent promittere sub pena perdicionis libertatum suarum, quod velint stare iuri infra quindenam querulantibus coram sculteto. Item predicti liberi hospites sunt exempti a visitacione synodum[a]) archidiaconorum.[194] Eandem graciam habent liberi hospites dantes censum liberum ad castrum Tuntorf.[b])

---

a) A: synadum. B und C: synodi.   b) B und C: Tungdorf.

---

zwischen der Werra und den obersten Nebenbächen der Unstrut bildet. In diesem südöstlichen Ausläufer des Eichsfeld-Plateaus lag eine ganze Gruppe erzstiftischer Besitzungen (von Fallen und Mila an der Werra über Langela und Dorla bis nach der Gottern'schen Unstrutgegend), die trotz der ziemlich fernen Westlage unter den Provisor des Mainzer Hofs in Erfurt gestellt war.

101) Lauter Dörfer s.-ö. von Erfurt am Saum des Eichenberg-Willerobaer Forstreviers, wohl ungefähr den Gränzstreifen der Tonndorfer Grafschaft nach dieser Seite bezeichnend (s. Anm. 74), wie denn nach § 121 auch die aufs Tonndorfer Schloß zinsenden Freigäste obigen Sechzig gleichgestellt waren. Nuseze ist natürlich nicht das später zur Wüstung gewordene Neuseß n. von Erfurt am Rothen Berg, sondern Niedernissa bei Windischholzhausen (vgl. Dominikus l. c. III, 275).

102) Gast (s. Anm. 20).

103) „oder vor die weltlichen Richter überhaupt" (Schultheiß, Vizthum, Vogt).

104) Das Erzstift theilte Thüringen, soweit es ihm kirchlich unterthan war, in Archidiaconatssprengel (s. die Eintheilung von 1506 im 2. Heft von Stephans Stofflieferungen für d. d. Gesch.). Die Synoden, die in jedem dieser Sprengel gehalten wurden, dienten (nach solchen Vorladungen zu schließen) jedenfalls auch den Zwecken des geistlichen Gerichts.

122 Item congregator in Tutelstete dat Martini de XIV mansis IV tal. et VII½ sol. ut in purificacione et Walpurgis, de quolibet manso videlicet VI sol. et III den.

123 . Item notandum, quod in crastino beati Martini,[195] si dominica non fuerit, scultetus in Plurali vel scultetus in civitate, si preest ambobus officiis, cum notario allodii, vribotone et bodello in Plurali, sive qui nunc vocatur budellus supra curiam sancti Severi, debent sedere ante meridiem in ecclesia sancti Severi in publico, mensam ante se habentes, aut notarius cum altero eorum; et hoc idem debet scultetus in civitate, assumptis sibi quos vult, facere in ecclesia mercatorum, vel quicumque alii, quos provisor allodii aut predictus scultetus ad hoc deputaverit. Et debent recipere liberum censum secundum registra allodii usque in octavam diem sessionis aut postquam sedere incipiunt post meridiem. Et nota, quod in dominicis diebus non debent sedere. Et post meridiem octave diei sessionis sculteti aut alii colligentes censum liberum in dictis ecclesiis debent testimonium civium circumsedencium aut aliorum quorumcunque sive duorum sive trium assumere in qualibet dictarum ecclesiarum et sentencialiter querere: si ultra meridiem sederint; et si inventum per dictos testes, quod ultra meridiem sederint, fuerit, debent surgere. Et tunc quilibet negliens quotquot censusliberos[196] dare neglexit, in tot talenta den. Erfordensium notario allodii super graciam existit pene nomine obligatus. Si autem dictus negliens ante edictum satisfaciat notario, census neglecti per eum debent recipi ab eo sine penis amplioribus. Si autem dictus negliens diucius expectat, tunc vriboto die eadem vel sequentibus debet petere in bonis, de quibus neglectus est census, censum neglectum cum pena, et hoc tribus edictis immediate sequentibus; et quot edicta fecerit de dictis tribus edictis, in tot talenta tenetur scultetis supra graciam, excluso primo talento notarii vel preter talentum debitum notario. Et factis tribus edictis per vribotonem, vriboto debet occupare predicta bona, de quibus

---

[195] also vom Morgen des 11. Novembers ab.

[196] so viele Freizinsen d. h. so viele Abgaben verschiedener Freizinsgüter oder Items der betr. Zinsregister.

neglectus est census, occupacione seu arrestacione, que vrone appellatur. Et si in prefata vrone stant per annum et diem, tunc bona vacant archiepiscopo Moguntino. Medio eciam tempore, quod vriboto non petit censum neglectum cum pena sive non facit edicta neglieuti, negliens non incidit penam aliquam, nisi primam unius talenti, quod debetur notario. Quotquot autem edicta facit vriboto, tot V sol. habet in dictis bonis preter penas prius positas.[197]

Summa istorum consuum in ecclesiis sancti Severi et mercatorum: quadraginta quinque tal., VII sol. et IX den.[198] 124

Item notandum, quod feria sexta post Martini ante diluculum datur liber census de stacionibus sive bancis carnificum;[199] et dantur de quolibet banco X den. novorum denariorum. Et notandum, quod longi banci citra pontem mercatorum[200] ab introitu bancorum, dum itur ad bancos de moneta ascendendo, citra vicum, qui vocatur Judenhut, in quo venduntur carnes ranceo,[201] ex utraque parte dant liberum censum; 125

---

[197]) Vgl. zu diesem ganzen Abschnitt I, 6.
[198]) Die in der Severikirche zahlbaren Freizinsen
betrugen 1332 nach dem Register im E. A.: 33 tal. 5 sol. 1½ den.
Die in der Kaufmannskirche zahlbaren desselben Jahres nach dem Register im M. A.: 12 „ 2 „ 7½ „
Summa also genau: 45 tal. 7 sol. 9 den.
[199]) Dicke und breite Holzklötze auf ganz kurzen Füßen standen noch zu Anfang dieses Jahrhunderts unter dem Namen „Fleischbänke" vor den Graben. Mit banci oder stationes carnificum ist das folgende macellae synonym.
[200]) Die „langen Bänke" standen also östlich von der Krämerbrücke in zwei Reihen. „Fleischbänke in der Futtergasse" erwähnt auch das „Sachebuch" des W. A. (Samml. No. 39) p. 52; es sind jedenfalls die hier gemeinten, denn man rechnete ehedem die Futtergasse bis an die Krämerbänke.
[201]) Finnichtes Fleisch, Fleisch von Thieren, die mit Leinkuchen gemästet waren, und allerlei „böses Fleisch" mußte nach Erfurter Polizeiordnung „unter dem Juden-Hut" verkauft werden (vgl. den Zuchtbrief von 1351 in den Neuen Mittheil. VII, p. 101 ff., wo jedoch Judenhuess nach dem Engelm.-Buch in Juden hut zu bessern ist). Obige Stelle zeigt, daß nach dem Juden-Hut, unter dem dieser Verkauf allein stattfinden durfte, auch der Ort des Verkaufs den Namen erhielt; man wird sich den „Judenhut" dicht vor dem Aufweg nach der etwas gewölbten Krämerbrücke von der Münze des Wenigen Markts d. h. von Osten her zu denken haben. — Auch in Frankfurt a. M. war „ranziges und faules Fleisch" ein Verkaufsartikel (etwa für Hunde- und Bären-

item omnes banci inter antiquas macellas.²⁰² Et notandum, quod iste census debet dari ante diluculum. Et quicunque non dat, antequam numisma seu caracter denariorum cognosci potest mediante luce diei,²⁰³ ille tenetur dare nomine pene de quolibet banco unam assaturam porcinam per totum dorsum boni²⁰⁴ et magni porci cum censu. Quicunque autem non dat infra annum et diem, postquam vriboto facit sibi edictum sive petit consum cum pena, illius banci, de quibus neglectus est census, vacat ecclesie Moguntine, et scultetus debet se intromittere de eis.

Summa bancorum intra ²⁰⁵ longos bancos.

Summa bancorum intra antiquas macellas.

Summa istius census.²⁰⁶

De quo datur budello carnificum sol., qui intimat, quod tali die debet dari census, et tenetur interesse, cum census datur.

126 Notandum eciam, quod consules Erfordenses dant de IV bancis carnificum edificatis supra Geram apud Crutstege,²⁰⁷ quos habent Judei, XL den.

---

fütterung?); man hatte dort zwei Fleischbänke für den Verkauf von hujusmodi carnes suspecte (vgl. die §§ 14 u. 15 des Frankfurter Stadtrechts von 1287 in Thomas' Oberhof).

²⁰²) Die „alten Fleischbänke" standen unter den Schilderern zwischen dem Vollloch und dem Rubenmarkt.

²⁰³) Noch 1580 wurde dieser Freizins Freitag nach Martini früh um 5 Uhr entrichtet (Freizinsregister b. J. im E. A.).

²⁰⁴) einen Schweinebraten (und zwar Rippenstück) über den ganzen Rücken weg (scapulae in § 35 u. § 90).

²⁰⁵) Dies wie das folgende intra ist das deutsche „unter". Die eine Oertlichkeit hieß also nach den dort stehenden Fleischbänken selbst „unter den langen", die andere „unter den alten Fleischbänken."

²⁰⁶) Am Schluß des Verzeichnisses der Severi-Freizinsen des Jahres 1360 (E. A.) ist diese Summe auf 3 tal. 8 sol. und 5 den. angegeben, was nach obigem Ansatz (von 10 den. auf jede Bank) 82¹/₁₀ freizinspflichtige Fleischbänke gäbe. Nach p. 2 der Engelm.-Rechn. von 1511 dagegen „sollen derselben Bänke 90 und drei Viertel eines Bankes sein", also die Summe dieses Zinses: 3 tal. 15 sol. 7¹/₂ den. Bruchtheile von Fleischbänken erscheinen nicht selten im Besitz von Erfurter Bürgern (in den Verrechten).

²⁰⁷) Die Krautstege (jetzt: Kreuzsand) hinter der Krautgasse an der Gera. Schon das älteste uns erhaltene Severi-Freizinsregister (von 1293; E. A.) erwähnt obige Abgabe mit den Worten: „Consules Erfordenses de area et

Item dant de bancis carnificum edificatis apud longum pontem in descensu versus predicatores [208] V sol.

Notandum eciam, quod omnes ementes bancos carnificum tenentur dare sculteto de marca sol. denariorum sicut de aliis bonis liberis.

Item Judei Erfordenses dant singulis annis in festo beati Martini centum marcas puri argenti pro confirmacione iurium et indultuum ipsorum, sed hoc potest archiepiscopus mutare, dum vult, ita quod artabit eos, si potest, ad maiorem summam.

Item post Martini solet dari liber census intra cameras pannicidarum, qui extendit se ad XIII tal., sed vribotoni cedunt V sol. denariorum.[209]

Item liber census datur de bancis sutorum, qui extendit se ad LII sol.,[210] sed magistro calcificum sive sutorum datur sol., vribotoni VIII den. et budello sutorum IV den., qui congregacioni dicti census tenentur interesse.

Item liber census, qui datur de bancis corei intra clipeatores seu sellatores, qui extendit se ad XVIII sol.,[211] sed vribotoni dantur VI den. ut Walpurgis.

Circa adventum Domini,[212] cum placuerit provisori, debet congregari sleyschatz per civitatem. Et nota, quod famulus domini, qui vocatur slogeschetzer,*) debet tribus edictis citare emptores bladi, quod veniant ad allodium et solvant.[213] Et

---

*) C: sleyschetzer.

---

macellis apud st. Benedictum 4 sol." Also wird der Rath für jede der 4 Fleischbänke den gewöhnlichen Freizins der 10 den. und außerdem für den Platz (area), wo sie standen, 8 den. gezahlt haben.

[208]) Beim „Ronnensack", einem Durchgang von der Langen Brücke „nach den Predigern" (der Predigerkirche).

[209]) Vgl. die §§ 57 und 256.

[210]) Vgl. § 59.

[211]) Vgl. § 60.

[212]) Adventus Domini ist der 4. Sonntag vor Weihnachten; also wurde der Schlägeschatz um Anfang December eingesammelt.

[213]) Da der Schlägeschatz 2½% der (hier im Getreidehandel) verausgabten alten Münze betrug, so erklärt sich diese Form der Schlägeschatz-Erhebung nur dadurch, daß auf dem Getreidemarkt über den Umsatz jedes einzelnen Getreidehändlers genau Buch geführt wurde.

notandum, quod quilibet emens triticum, siliginem,²¹⁴ ordeum, avenam, speltam*)²¹⁵ aut humulum, qui crevit intra terminos aut metas Thuringie, sive emat in civitate sive extra intra oppidum Erfordense, debet emere cum novis denariis non venditis. Si autem emit cum antiquis denariis, debet dare domino archiepiscopo et ecclesie Moguntine de quolibet talento VI den. nomine sleyschatz. Si autem hospes vendit bladum suum pro argento,²¹⁶ tunc dictus hospes tenetur dare sleyschatz et non civis.

134   Notandum eciam, quod nullus hominum, sive spiritualis sive secularis, sive episcopus, princeps, nobilis, miles aut vulgaris, est exemptus a solucione sleyschatz.

135   In die beato Katerine²¹⁷ debet dari census hereditarius de Witterde^b) et Rastorf, qui quondam fuit Heinrici Vicedomini et Heinrici de Bintersleyben;^c) et dantur novi denarii sub modis et penis ut in festo beate Walpurgis. Summa istius census.²¹⁸

136   In vigilia nativitatis Christi²¹⁹ textores dant VI sol. pro obvencionibus; vicedominus habet terciam partem. Sutores dant ad allodium obvenciones valentes IV sol.; item dant vicedomino tantum. Pilleatores dant in vigilia nativitatis Christi vicedomino IV sol. pro obvencionibus pro frowengebende,^d) item sculteto in civitate sol.²²⁰

---

*) C: spelzam.   ^b) C: Wyterde.   ^c) B: Bintersleibin.
^d) C: frawengebende.

---

²¹⁴) Siligo nannten die Römer eine Weizenart. Spätere gebrauchen dies Wort für Roggen (secale, seigle); hier hat es auch diese Bedeutung (s. Anm. 175 am Ende).

²¹⁵) Höchst wahrscheinlich Triticum monococcum L., den man noch jetzt in Thüringen Dinkel, außerhalb Thüringens Blicken, Spelt oder Spelz nennt. Dieses „Einkorn" wird noch gegenwärtig auf hochgelegenen mageren Aeckern in Thüringen (z. B. auf der Horst bei Mühlberg gebaut und findet sich als Dinkel (tinkele) neben den anderen Getreidearten in den Anm. 175 angeführten Schlägeschatz-Urkunden auch mit erwähnt.

²¹⁶) statt um anderes Getreide oder um Bier (I, 18).
²¹⁷) 25. November.
²¹⁸) Vgl. die §§ 66—70 und Anm. 141.
²¹⁹) Am heiligen Abend.
²²⁰) Vgl. § 50.

Notandum, quod IX dies ante pascha et IX dies post, 137
item IX dies ante Johannis Baptiste et IX dies ante nativitatem Christi et IX dies post forum debet esse ante gradus.

Item quamdiu archiepiscopus Moguntinus est Erfordie, 138
forum debet esse ante gradus.ᵃ)

Item notandum, quod nullus debet colligere fimum ante 139
gradus intra clipeatores, super curiam sancti Severi usque ad
antiquas macellas; nec facere ibidem fimum (puta sternere aut
ponere ibi stramina), nisi archiepiscopus aut ille, cui licencia
datur premissa faciendi.

Notandum, quod de quolibet Judeo mortuo extraneo, de 140
quocunque loco ducitur seu portatur Erfordiam ad sepeliendum
in cymiterio Judeorum, debent dari nomine theolonei ex antiquo
iure XXX den.

Item notandum, quod quilibet sive civis sive hospes vendens 141
in civitate aut oppido Erfordensi [221] esocem, quodᵇ) vocatur eyn lachs, frusticulariter [222] seu cidendo eum dabit pro
marckrechtᶜ) [223] ad allodium domini archiepiscopi dorsum et
mediam partem capitis semel in anno, et datis predictis iterum
per dictum annum libere quodquod vult vendit et solute.[224]
Et ista colligit theolonarius, qui currit an deme bornamichte.ᵈ)

Item quicunqe vendens ad ducillum vinum [225] qualecunque, 142
sive terrestre [226] sive aliud, in civitate aut oppido Erfordensi
tenetur dare ad allodium domini archiepiscopi semel in anno

ᵃ) Dieses Item hat nur C an dieser Stelle, A und B erst weit unten.
ᵇ) D: que.   ᶜ) B: martrecht. C: martreht.   ᵈ) B: bornamechte.
C: bornampte.

---

[221]) in der Altstadt oder den Vorstädten (s. I, Anm. 37).

[222]) in Stücken (von einem Diminutiv frusticulum gebildet wie frustillatim von frustillum).

[223]) S. I, Anm. 120.

[224]) „ledig und los" (vgl. III, 21), nämlich frei von dem sonst den Fischverkäufern (nach § 42) obliegenden Marktrecht an Geld.

[225]) „Jeder, der einen Weinzapfen hält." Ducillus (Zapfen zum „Abziehen" des Weines aus dem Faß) führte zum französ. douille (Dille, Röhre).

[226]) S. I, Anm. 48.

mediam stopam²²⁷ illius vini, quod tunc vendit, cum petitur ab eo a budellis ecclesie Moguntino. Et hanc dimidiam stopam possunt budelli petere, dum ipsis videbitur expedire.

143 Item notandum, quod quilibet habens molendinum in civitate aut oppido ²²⁸ Erfordensi et volens ponere trabem, que vocatur eyn vachboum*)²²⁹ ad molendinum suum, tenetur illam ponere cum scitu et licencia sculteti in Plurali, si est extra civitatem vel intra [in molendinis] apud Kirslacam,²³⁰ vel sculteti in

---

*) C: vachboyam.

---

²²⁷) Stopa (häufiger: staupa) ist das latinisirte stouf (Humpen), was in Erfurt, wenigstens in der Diminutivform Stobichen oder Stübchen (= 1/16 Eimer), stets den niederdeutschen p-Laut, wenn auch zur Media erweicht, bewahrt hat (niederb. stoop, angels. steáp, engl. stoop).

²²⁸) S. Anm. 221.

²²⁹) Der Fachbaum ist der quer durch das Wasser gelegte Balken, der bis zu einer für jede Mühle genau vorgeschriebenen Höhe das Mühlwasser aufstauen hilft. Die Legung eines neuen Fachbaums geschah bei der vortrefflichen Wasserpolizei, die seit Alters Erfurt auszeichnete, aber auch für das verwickelte Fluß- und Canalsystem der Stadt unentbehrlich war, immer mit besonderen Solennitäten, nie ohne obrigkeitliche Beaufsichtigung. Nach einer Notiz im Clemensbuch des E. A. (I, 464 f.) wurde noch im vorigen Jahrhundert jeder Fachbaum, nachdem er von den geschwornen Wassermeistern richtig befunden, mit Vortragung des Schwerts vom Gericht im Namen des Erzbischofs bestätigt.

²³⁰) Die Kirschlache zweigt oberhalb Erfurts von der Gera ab und ist schon in sehr früher Zeit zu gewerblichen Zwecken in die Stadt geleitet worden, gewiß lange vor 1250, um welche Zeit sie der Schreiber Bartholomäus schon als gewöhnliches Orientirungsmittel in der Stadt benutzt. Ehe man ihr den seltsamen Lauf (im Schmalbett über die Wilde Gera weg und dann immer ihr parallel bis zu deren Wiedervereinigung mit der Breiten Gera am Kronenburger Wehr) anwies, mochte sie ein in dem weiten Sumpfland oberhalb der Stadt nutzlos hinschleichendes Rinnsal sein. Hiernach wird auch ihr Name, dessen älteste Form in einer Urk. von 1133 Crislacha lautet, gedeutet werden dürfen als „kriechende Lache", von ahd. crêsan, mhd. crêsen oder krêsen (= kriechen wie ein Wurm oder eine Schlange), wie der auf dem Wassergrund langsam hinschwimmende Gründling auch Kreßling oder Kresse genannt wird. Wie man in Erfurt aus Brunnenkresse „Braunkersch" gemacht hat, so ging Krislache frühzeitig in Kirslache, Kerslache, auf jüngerer Sprachstufe in Kirschlache und Kerschlache über; durch Anähnlichung entstand sogar „Hirschlache", wie aus Dreienbrunnen (tres fontes) das vollends sinnlose Treuen-

civitate, si est intra [in aliis molendinis, vel eiusdem sculteti in civitate,] si preest ambobus officiis. Et habita licencia ab eo, dum trabs ponitur, debet [molendinarius] scultetum, vicedominum, budellos et alios, qui ad hoc requiruntur, invitare et laute ad prandium eos procurare, et debet sculteto dare V sol. et budellis I sol., antequam aqua transeat lucrativa, que vocatur werbhaft*ᵃ⁾ wazzer; ²³¹ ac dicti V sol. debentur tantum sculteto.ᵇ⁾

Item notandum, quod tempore purgacionis aque, que vocatur Kirslaca,ᶜ⁾ sedentes in littore dicte aque debent petere scultetum pro purgacione eiusdem. Habita licencia, tenentur sculteto dare sol. denariorum bonorum et legalium et budellis unum sol. Et tunc quilibet sedens in littore dicte aque debet purgare ante curiam seu domum suam a dominica, qua datur licencia purgandi, usque ad feriam sextam subsequentem. Et in dicta feria sequente scultetus cum vicedomino et bodellis debent respicere totum meatum aque.²³² Et si inveniunt, quod aliquis non purgaverit seu purgare neglexerit, tenetur sculteto V sol. nomine pene; et si non dat, debet negligentem pignerare pro eis. Et viso ac examinato predicto meatu aque, vicini sive morantes in littore aque tenentur scultetum, vicedominum et budellos ad prandium invitare et laute eos procurare. Et vicedominus percipit terciam partem pene in premissis.

Item notandum, quod Fridericus de Varila, qui moratur 145 apud sanctum Michahelem, habet dimidium mansum situm in

---

ᵃ⁾ A: werbaf. ᵇ⁾ Dieser Absatz ist aus A geschöpft, bis auf die eingeklammerten aus B stammenden Worte. Die Mff. stimmen hier mehrfach nicht überein. B hat z. B. auch „posita dicta trabe" statt „dum trabs ponitur". ᶜ⁾ B: Kirslache. C: Kyrslaca.

---

brunnen. „Hirschlache" wenigstens wird allem Anschein nach in Erfurt allgemeingültig werden, da diese Form für „vornehmer" gehalten wird.

²³¹) womit der Müller seinen Erwerb (lucrum) erzielen d. h. sein Gewerbe treiben kann.

²³²) Auch nach der Gerichtsordnung von 1483 prüft das gesammte Mainzer Gericht die Kirschlachenfege, wobei die „Anweiser" (s. § 222) die Kirschlache mit einem Maßstab auf ihre Normalbreite untersuchen. Noch im vorigen Jahrhundert wurde diese Besichtigung vom ganzen Gerichtspersonal mit Vortragung des Gerichtsschwertes vollzogen (Clemensbuch I, 467).

Linderbech,ᵃ) de quo tenetur singulis annisᵇ) dare unam sedem episcopalem;ᶜ) et magister fori dat corcum ad dictam sedem. Et notandum, quod clipeatores prius habuerunt dictum dimidium mansum et dederunt dictam sedem,²³³ prout continetur in dictis registris.

[Nota: alii libri continent istum dictum dimidium mansum iacentem in Buscleiben].ᵈ) ²³⁴

146 Item notandum, quod clipeatores communiter, postquam archiepiscopus Moguntinus confirmatus fuerit, tenentur dare dicto archiepiscopo unam bonam sellam, prout expedit archiepiscopo ad equum ambulantem.

147 Item notandum, quod, cum archiepiscopus Moguntinus intrat civitatem, primo omnes amoti sive proscripti possunt cum eo intrare sine offensa et sine licencia consulum et iudicum secularium.

148 Item notandum, quod in primo ingressu civitatis Erfordensis ab archiepiscopo Moguntino consules Erfordenses tenentur ei propinare centum libras sive talenta novorum den. Erfordensium.

149 Item Judei Erfordenses tenentur ei propinare XX talenta novorum den. Erfordensium.

150 Item notandum, quod in presencia archiepiscopi Moguntini Judei Erfordenses tenentur dare pergamenum ad notariam suam in habundancia.

151 Item proprium hospicium notariorum archiepiscopi est curia Heinrici de Kirspelcybenᵉ) apud valvam sancti Severi, cum itur ab ecclesia sancti Severi predicta ad montem sancti Petri²³⁵ ad sinistram manum proxime intrinsecus apud valvam.

ᵃ) C: Linderbeche. ᵇ) D hat (nach einer späteren Aenderung in C²) statt der zwei letzten Worte: episcopo confirmato. ᶜ) D fügt hinzu: cum gestelle ad sedem. ᵈ) Diese Bemerkung hat nur D im Text, und zwar aus einer späteren Beischrift in C². ᵉ) B: Kirspelcibin. C: Kyrspelcyben.

---

²³³) Die Schilderer, ursprünglich wohl mit Sattlern eins, belederten Schilde, Sättel, Sessel. Da im folgenden § von einem Sattel (sella) als von ihnen zu liefern die Rede ist, so wird sedes hier wohl Sessel bedeuten.

²³⁴) Die Fluren von Linderbach und dem etwas südlicheren Büßleben (ö. der Stadt) stoßen an einander.

²³⁵) an der Nordwestseite des Severhofes.

Item coquina archiepiscopi Moguntini est apud portam 152
sancti Severi, ubi nunc est domus Heinrici*) Flucken, cum
itur de curia sancti Severi ad clipeatores [236] versus sinistram
manum proxime apud portam, vel prout placet quocunque alia.

Omnes alie curie super curiam sancti Severi [237] tenentur 153
colligere ex antiqua consuetudine familiam ipsius in presencia sui.

Item notandum, quod carnifices [238] Erfordenses tenentur 154
dare in presencia archiepiscopi Moguntini servitoribus suis, qui
dicuntur dy velkenere,^{b}) carnes herodiis suis, qui dicuntur
valken, et aliis avibus suis de quodam prato sito circa Honstad^c)
et Eilbrechtisgehovin, quod vocatur Coppilweide,^{d}) quod quidam archiepiscopus Moguntinus legavit carnificibus pro com-
munitate eorum,[239] ut ipsi e converso darent illas carnes.[240]
Et notandum, quod dicti servitores intrant macellas, quascunque voluerint, et petunt carnes, quascunque voluerint,^{e})
a quocunque voluerint carnifice; et ille carnifex non debet
recusare, si carnifices non deputant unum carnificem, qui
ministret eis, sicut huc usque facere consueverunt. Sed hoc
stat in opcione dictorum servitorum, si volunt recipere apud
unum vel apud plures. Et nota, quod carnifices communiter
debent solvere illas carnes.

[Notandum, quod in adventu archiepiscopi Moguntini auri-
fabri Erfordenses tenentur fabricare L marcas argenti ipsius

---

^{a}) C: Hermanni. ^{b}) B: dy felkenere. C: die felkenere.
^{c}) C: Honstat. ^{d}) B: Coppilwende. ^{e}) Die Worte et bis voluerint
fehlen in C, aber nicht in C^a.

---

[236]) an der Nordostseite des Severhofes, also nahe bei dem eigentlichen
alten Residenzhaus selbst, dem „Krummhaus" i. e. S., zwischen welchem und
den Domstufen der sogenannte Tarras lag (Urk. vom 1. Febr. 1385 im E. A.)

[237]) Diese Häuser (von der Thorpforte nach den Schilderern zu um
den Severhof herum bis zur Severkirche) waren seit 1318, wo sie schon ganz
baufällig, theilweise sogar eingestürzt waren, dem Severstift vom Erzbischof
Peter vererbpachtet (Urk. vom 16. März 1318 im E. A.).

[238]) = Fleischhacker (gebildet wie Lederschneider, Tuchschneider,
deutend auf das jedem Einzelverkauf nothwendig vorangehende Geschäft des
Abtrennens von einem größeren Ganzen).

[239]) ihrer „Innung", welches Wort Bibra sonst nie latinifirt.

[240]) Auf den Shetlandsinseln waren Falkenhühner zur Fütterung der
Falken des Herrn zu liefern (E. M. Arndts Nebenstunden p. 301).

episcopi ad scutellas vel alia vasa propter hoc, quod habent auctoritatem purgandi argentum quilibet sub signo suo].ᵃ) ²⁴¹

155 Infra scripta iura habet ecclesia Moguntina et archiepiscopus in iurisdicione ante valvam Lowertor,²⁴² quo quondam fuit dicti Trost et suorum progenitorum. Omnis et quilibet textor ²⁴³ et quilibet mechanicus indifferenter primo veniens ad dictam iurisdicionem antequam exerceat artificium aut opus suum, tenetur domino dare VI den.ᵇ)

156 Item omnis artifex, cuiuscunque artis mechanice existit, tenetur dare de quolibet instrumentorum suorum specialiter in die beate Walpurgis VI den. et in die beati Michahelis VI den.

157 Item de qualibet domo dantur duo den. in die beati Jacobi,²⁴⁴ qui dicuntur sneter phenningeᶜ) sive denarii messorum.²⁴⁵

158 Item quicunque habet ibi cervisiam venale, debet dare berwetteᵈ) sicut in civitate.²⁴⁶

159 Item morantes in dicto iudicio non tenentur dare ungelt.ᵉ) ²⁴⁷

160 Item dominus habet iudicare in dicto iudicio omnes causas preter causas sanguinis.

ᵃ) Nur Randbemerkung in C³, theilweise übereinstimmend mit einer andern zu § 58, aus der das Wort auctoritatem für das eigentlich hier stehende Wort posse entnommen ist. ᵇ) C³ und D: V den. ᶜ) C: phennege. ᵈ) C: byrwette. ᵉ) C: ungeld.

---

²⁴¹) S. I, Anm. 74.

²⁴²) Das Thor unter den Löwern (inter cerdones) d. h. Loh- oder Rothgerbern. Löwer oder Löber heißt der mit Lohe d. h. mit Lohrinde, Lohlaub, kurz mit Loh- (d. h. Eichengerbsäure-) haltigen Stoffen Gerbende. In der Erfurter Lower-Ordnung von 1502 ist lowen geradezu als Synonym von gerben gebraucht, in der von 1512 (beide im E. A.) erscheint das Wort Lohe auch noch als Neutrum. Das später in Erfurt (wie anderwärts) zu Löber erhärtete Lower deutet auf ein dem ahd. lô vorangegangenes lôw.

²⁴³) Die Ziechenweber (s. Anm. 144) scheinen ursprünglich die Hauptbewohnerschaft dieses „Trostgerichts" ausgemacht zu haben.

²⁴⁴) 25. Juli.

²⁴⁵) Aehnlich wie die Schnitterfrohnden der erzstiftischen Küchendörfer später mit Geld abgekauft werden konnten (s. Anm. 112).

²⁴⁶) Natürlich die kleinere Bierwette (s. die §§ 28, 72, 78).

²⁴⁷) Das einzige Mal, daß diese in Erfurt vom Wein erhobene indirecte städtische Steuer von Bibra erwähnt wird.

Item morantes in dicto iudicio, cuiuscunque artis mechanice 161
existunt, non debent obedire innungatoribus sive den innungen
in civitate.²⁴⁸

. Item quicunque in dicto iudicio legitime duxerit unam*) 162
in uxorem, tenetur dare domino V sol. denariorum super
graciam; et id appellatur bettemunt.²⁴⁹

Item notandum, quod nos Hermannus decanus, provisor 163
allodii supra dictus, concordavimus anno domini M⁰. CCC⁰. XXX⁰.
in die beati Kiliani ²⁵⁰ cum textoribus, qui dicuntur dy schegennere,ᵇ) morantibus in predicta iurisdicione ante Lowertor,ᶜ)
presentibus Ludewico dicto Keyser et Heinrico de Gispersleyben,ᵈ) consulibus Erfordensibus, qui ex parte Wernheri de
Meldingen, Bertoldi de Guttern, Heinrici de Bechstete et
Gotscalci de Lubellin,ᵉ) magistrorum consulum, et aliorum
consulum Erfordensium ad hoc missi fuerant,²⁵¹ in hunc modum:

ᵃ) in Cᵃ durchstrichen und darübergeschrieben: viduś. ᵇ) C: ciche-
nere. ᶜ) B: lowerthor. ᵈ) B: Cuspersleibin. C: Gyspersleiben.
ᵉ) B: Labelin. C: Lubelin.

---

²⁴⁸) Innungatores soll Innungsgenossen ausdrücken (f. § 163). Die
Ziechener (oder „Schechener") bildeten mit dem Handwerk der Schlechtweber
(= Leinweber i. e. S.?) zusammen die Zunft oder Innung der Leinweber, die
alle Jahre zu derselben Zeit und an demselben Ort („in atrio") wie die
3 Handwerke der Wollenweber (Zöwerer, Breit- und Einmasch(?)-Weber)
sich den Obermeister wählten. Danach bildeten also die Weber eine Doppel-
Innung, indem der eine Obermeister stets von einem der Leinweber-, der
andere stets von einem der Wollenweberhandwerke („partes"), die darin mit
einander abwechselten, durch je 2 Abgeordnete gewählt wurde (M. A. Tit. XXXV,
Urk.-Abschr. von 1315). Später (1456) nahmen die beiden Handwerke der
Ziechener und Leinweber (i. e. S.) die Schaluner in ihre Zunft auf, die aus
Wolle und Leinen ihr „Schalunwerk" webten (ib. No. 12). Wie sehr aber
trotz dieser natürlichen Beziehungen zu den städtischen Handwerks-Verwandten
die Mainzer Amtleute in Erfurt auf Absonderung der Ziechener Gewicht legten,
bewies der bis zur Excommunicirung durchs geistliche Gericht getriebene Streit
von 1496 wegen Hingabe von „Eisen, Elle und Brief" seitens der damals auf
3 reducirten Ziechener an die Schaluner (Engelm.-Buch fol. 132 v. f.)

²⁴⁹) Die uralte thüringische Fünfschillings-Abgabe als Ehezins, wie sie
schon aus dem Anfang des 10. Jahrhunderts bekannt ist (f. Anm. 96).

²⁵⁰) 8. Juli.

²⁵¹) Der Rath hatte längst das gesammte Innungs-Polizeiwesen unter
sich. Bemerkenswerth ist in dem Folgenden die Bezeichnung des Ziechener-

quod predicti textores singulis annis in die beati Kiliani de scitu et voluntate provisoris aut iudicis, qui auctoritate ecclesie Moguntine in dicto iudicio presidet, debent eligere quatuor personas de textoribus in iudicio predicto morantibus regentes per annum dictum artificium, quod schegenwerg*) vocatur. Hii quatuor electi debent iurare corporaliter ad sancta sanctorum coram dicto iudicio in presencia sculteti Erfordensis et iudicis, qui in dicto iudicio presidet, facere iusticiam divitibus et pauperibus in officio suo, et facto dicto iuramento, prefati quatuor rectores possunt et debent cum iudice, qui in dicto iudicio presidet, vel cum nuncio iurato per provisorem vel per dictum iudicem dicti iudicii ad hoc deputatum, sine quibus aut eorum altero nichil penitus facere debent aut possunt (et attemptata per eos sine eis non valent) querere et examinare opus seu texturam falsam, viciatam et ineptam; et ubicunque falsam seu viciatam texturam invenerint, ibi debent recipere penas secundum ordinacionem et ius innunge predicte; et huiusmodi pene pro media parte cedunt ecclesie Moguntine et alia media pars innungatoribus morantibus in iudicio prefato. Est eciam expresse adiectum, quod nullus alius magister debet iudicare super premissa preter predicti quatuor rectores et iudex dicti iudicii vel nuncius iuratus ad hoc deputatus. Et si aliquis excedens seu delinquens in textura sua recusaret dare penas statutas super huiusmodi excessu, ille debet pignerari, et pignora sua debent portari ad allodium et servari tam diu, quousque dictus excedens dat penas debitas et persolvat.

164   Notandum, quod ecclesia Moguntina antiquitus habuit in Thuringia quinque allodia preter Erfordiam, que tunc curie nominabantur, prout in antiquis registris inveni, que fuerunt: Witterde,^b) Bischovisguttern,^c) Dorlon, Valken et Mila.[252]

---

^a) C: cychen werg.   ^b) C: Wyterde.   ^c) C: Byschovisguttern.

Gewerks als „Innung", wie auch umgekehrt für Innung der Ausdruck Handwerk gebraucht wird, obwohl es auch in Erfurt gewöhnlicher war, eine Gesammtheit verwandter Gewerke erst eine Innung zu nennen.

[252]) Die vier letzteren sind Gutshöfe am Hainich zwischen Werra und Unstrut (s. Anm. 190).

Et quid iuris et quantas pensiones ipsa Moguntina ecclesia in eisdem habuerit et adhuc habeat, licet supra de quibusdam divisim positum, sic tamen infra summarie ponitur et magis expedite.

Notandum, quod ad officium doleatoris allodii pertinent 165 XVIII agri agriculture siti versus Martpeche ante civitatem, de quibus debet expedire et preparare omnes lagenas, dolea et vasa et alia necessaria in braxatorio,[253] in torculari[a])[254] et indifferenter omnia vasa necessaria in allodio, ad que facienda provisor allodii debet ipsi dare ligna, circulos, salices[255] et alia necessaria. Et notandum, quod, quandocunque laborat in allodio, tunc debet comedere cum servis suis, qui cum eo laborant, expensas[256] ecclesie Moguntine in allodio.

Ad officium magistri torcularis allodii pertinent unus ager 166 vineti et ortus seu pomerium siti in Owa[257] cuius officium est: quod debet respicere torcular tempore vindemiarum et aliis temporibus sine precio alio, iuvare tempore messium, componere[b]) frumentum allodii, decoquere caules, que dicuntur compositum,[258] et alios labores, dum necessitas ingruerit. Et notandum, quod, dum laborat, eciam comedit expensas in allodio.

Ad officium forestarii[c]) XI agri pertinent; cuius officium 167 est: quod custodit silvas domini archiepiscopi ante Erfordiam in Witterde,[d]) Orval sive Totelstete[259] et aliis locis, ubi

---

a) C: intorculari.   b) C: et ponere.   c) B: forastarii.
d) C: Wyterde.

[253] Brauhaus.
[254] Kelterhaus (Michelsen, Mainzer Hof p. 35).
[255] zum Umwinden der Faßreif-Enden z. B. (vgl. aber auch Anm. 30).
[256] die den Arbeitern im Mainzer Hof gereichte Kost oder Speise, vgl. Anm. 119.
[257] Die Aue ist die Ebene unterhalb der Stadt links der Gera bis über Ilversgehofen hinaus.
[258] Kumst (mhd. kumpost); caules bedeutet hier also Kohlstrünke oder Kohlköpfe.
[259] Beim Orfal-Kloster dicht bei Döttelstedt (s. Anm. 172). Im Jahr 1529 befaßte dieses „Holz ime Orfal" nach einer vom Küchenmeister Balentin Schuster angestellten Vermessung 70 Acker (s. den vor fol. 119 im Engelm.-Buch eingehefteten Zettel).

ecclesia Moguntina habet nemora sive silvas.²⁶⁰ Et comedit expensas allodii, respicit agriculturam et vineta et similes labores. Et nota, quod de dictis agris III agri iacent prope viam Bintersleibin,ᵃ) IV super Borntal,²⁶¹ prope Martpeche IV agri vel IV ½ agri.

168 Subforestarius habet ad officium suum XIII agros sitos in Hocheim; qui custodit nemus Wawet,ᵇ) ²⁶² mensurat agros messos tempore messis et comedit diebus dominicis et magnis festivitatibus in allodio. Item idem debet intimare hominibus habentibus IX mansos in Hocheim, ut serviant debitis temporibus, et colligere pullos de Hocheim in carnis brivio.²⁶³

169 Notandum, quod scultetus in Brulo, dum officia fuerunt separata, habebat iudicare super septem villas, videlicet: Brulo, qui tunc dicebatur villa per se,²⁶⁴ Hocheim, Bintersleibin, Eilbrechtisgehoven, Taberstete, Tutelstete, Melchendorf;ᶜ) et presedit ᵈ) iudiciis in curia sancti Severi; et iudicium illud dicebatur iudicium borggravii,ᵉ) et vicedominus habet idem ius, quod habet apud scultetum in civitate.

ᵃ) C: Bintersleiben.   ᵇ) C: Waweit.   ᶜ) C: Melchindorf.
ᵈ) B: presidet.   ᵉ) burcgravii.

---

²⁶⁰) Jedoch ausgenommen die Wawet (f. § 168).

²⁶¹) f. = w. der Stadt; der hier angehängte Stadtplan zeigt den Namen des Thales an der historisch ihm gebührenden Stelle.

²⁶²) Der schöne Eichenforst südlich der Stadt auf wellig gehobenem Muschelkalkboden zählte auf seinen 2000 Acker-Arealen, die sein Umfang noch um etwas überragte, nach einer amtlichen Durchschnittsberechnung vom 12. März 1636 selbst damals noch 104000 Stämme, zum Theil gewiß von riesenhafter Größe (M. A. Erf. Kriegsacten IX, 19). Sein Name geht auf den Gott Wage (ahd. waga, mhd. wage = Bewegung, vielleicht also die ewige Regung seines grünen Heiligthumes selbst bedeutend); auch nachdem Bonifacius den Wage-Cultus zerstört hatte, fühlte man den Gott noch im Hain weilen und wandeln, und dieser behielt in die Jahrhunderte seinen Namen Wagweide (= Wages Wohnung), bis neuerer Zeit der prosaische Name „Steiger" aufkam, den früher nur der nordöstliche Theil, der Tannenwald des „alten Steigers", geführt hatte. — Die Angabe bei Stumpf (Acta Moguntina p. 179), die Wawithe sei „eine Baumanpflanzung beim Kloster Ichtershausen" gewesen, beruht auf einer irrigen Folgerung aus der daselbst p. 127 f. mitgetheilten Urkunde.

²⁶³) Er hatte wohl seine Wohnung auch in Hochheim.

²⁶⁴) S. 1, Anm. 117.

Item dictus scultetus habuit conferre omnia bona, de 170 quibus datur liber census in ecclesia sancti Severi, et percipit sol. de marca sicut scultetus in civitate,²⁶⁵ de quibus vicedominus percipit terciam partem.

Item habuit cereos de monasterio sancti Petri et de 171 ecclesia beate Marie et sotulares, quod bosschuch ᵃ) vocatur, ut prius scriptum est.²⁶⁶

Item habet iudicare super molendina extra civitatem, et 172 vicedominus habet terciam partem de hiis, que dictus scultetus percipit, sicut in civitate.

Item habet tribus vicibus in anno tria iudicia advocati in 173 curva domo, que prius scripta sunt.ᵇ) ²⁶⁷

Scultetus in civitate presidet omnibus iudiciis in civitate 174 preter in curia sancti Severi (quod pertinet ad scultetum in Plurali) cum advocato et vicedomino; et percipit de omnibus provenientibus de baculo IV den., ubi et quando advocatus percipit III den. et vicedominus II den. Et habet conferre bona libera, que dant censum liberum in ecclesia mercatorum, et recipit de marca, videlicet duobus talentis, que computantur pro marca, solidum denariorum, de quo vicedominus percipit terciam partem; item de innunge, scilicet textorum, calcificum, clippeatorum, pabulatorum, pilleatorum, motkewerken,ᶜ) ²⁶⁸ byrwette magna et parva,²⁶⁹ officio comitis salis,ᵈ) ²⁷⁰ allecia, oleum et avenamᵉ) (de pabulatoribus),²⁷¹ schuzeleᶠ) et bica-

---

ᵃ) C: botschûhe.   ᵇ) B hat von hier an bis zu den unten folgenden Worten „Advocatus Erfordensis" (§ 176) eine Lücke. Der § 175 folgt jedoch später nach, an einer Stelle, wo ihn auch C und D wiederholt. ᶜ) C und D: musgewerken.   ᵈ) C: sol', bei der späteren Wiederholung der Stelle aber zu sal' corrigirt, was Cᵃ und D auch an dieſer Stelle haben.   ᵉ) ſtatt avena der Mſſ.   ᶠ) C: scutelle.

²⁶⁵) S. I, 4.
²⁶⁶) S. §§ 22, 23, 110.
²⁶⁷) S. §§ 31, 72, 79.
²⁶⁸) S. §§ 30, 56, 77.
²⁶⁹) S. §§ 27, 28, 72, 78.
²⁷⁰) S. §§ 3, 4, 5, 8, 11.
²⁷¹) S. § 44.

ria,²⁷² duo paria sotularium, que vocantur botschůch,²⁷³ item cereos,²⁷⁴ sicut antea positum est; item*) habet instituere duos bodellos ad iudicium et eciam destituere; et, quantum dant sculteto et vicedomino, prius positum est.²⁷⁵

175   Notandum, quod unus istorum duorum bodellorum, quos scultetus habet instituere et destituere, habet facere edicta ex ista parte Gere, videlicet in ponte mercatorum,²⁷⁶ ubi incipit parochia sancti Benedicti, et ascendendo per latam stratam²⁷⁷ ad dexteram manum et per annulatores,²⁷⁸ per clipeatores ad manum dextram et per totum uf deme Lappenberge, descendendo per forum raparum²⁷⁹ ad manum dextram et in omnibus

---

*) C hat bei der späteren Wiederholung des Folgenden: scultetus in ciuitate Erfordensi habet etc. An der Fortdauer des Subjects scultetus kann also kein Zweifel sein.

---

²⁷²) Etwa von den Holzschüsseln und Holzbechern, die der Salzgräfe nach § 6 allsonntäglich in den Hof zu liefern hatte?

²⁷³) S. § 110.

²⁷⁴) S. §§ 22 u. 23.

²⁷⁵) Dies wird auf die vielmals im Einzelnen, wenn auch nirgends im Allgemeinen ausgesprochene Bestimmung gehen, daß der Schultheiß von den verschiedenen Gefällen ²/₃, der Vizthum ¹/₃ erhielt (s. III, 23).

²⁷⁶) Krämerbrücke. Ueber diese und andere Localangaben bei Abgrenzung der Ladungsbezirke vergleiche man den hier beigegebenen Stadtplan.

²⁷⁷) Die Breite Straße oder kurzweg die Straße bezeichnet stets die Marktstraße, genau wie in Mainz, wo die Marktstraße oder „Straße" auch vom ehemaligen Hauptmarkt (dem Dietmarkt) aus die Stadt quer durchschnitt (Schaab, Gesch. d. Stadt Mainz I, 389).

²⁷⁸) Die Fingerlingsgasse (fingerlin oder auch fingerlinc = Fingerring).

²⁷⁹) Der „Ruben-Markt" ist mit seinem uralten Namen, der bis zu seinem Verschwinden in unserem Jahrhundert den Umlaut verschmäht hat, möglicher Weise ein uraltes, ja für Deutschland dann wohl das älteste Denkmal der Rübsencultur, die ohne Zweifel dem Gewerk der Oeler (oleatores) die ölreichen Samen lieferte. Ruben und Rubsamen (verkürzt: Rübsen) werden von Engelmann vielfach erwähnt („Ruben" oder „Rubesamen" jäten und schneiden in seiner Rechnung p. 61 f.), und durch die Veröffentlichung von Engelmanns interessanten „Küchenmeisters-Befehlen" in Michelsens Mainzer Hof (wo jedoch p. 22 u. 36 rabsamen und rübsamen verdruckt ist für rubsamen) war schon Langethal (Gesch. d. teutschen Landwirthschaft III, 128) auf Erfurt als einen der ältesten Sitze der Rübsencultur aufmerksam geworden, glaubte jedoch das Alter der Erfurter Rübsenbaues noch nicht über das 16. Jahrhundert hinausrücken zu dürfen, während wir es auf Grund der sehr

partibus intermediis usque ad Geram, preterquam in iudicio dicti Roseman, nunc Rudolfi de Northusen albi;[280] et recipit de tribus edictis I denarium.[281] Item habet ad quamlibet byrwette unum brües,*)[282] de quo habet IV sol. et XI den.; preter hoc dantur sibi ad quamlibet maiorem byrwetto XI den. de bursa.[283] Item in quadragesima de allociatoribus LXVI

---

*) C bei der späteren Wiederholung: bruesse.

---

alten Oelinbuſtrie Erfurts und vielleicht auch dieſes Marktnamens ſogar bis in die früheren Jahrhunderte des Mittelalters zurückerſtrecken dürfen. Allerdings könnte ſprachlich Rubenmarkt auch Rübenmarkt bedeuten; aber die Latiniſirung forum raparum, wofür das zu beachtende rapularum auch vorkommt, ſpricht nicht mehr für dieſe als für jene Erklärung; eher könnte das der Umſtand thun, daß der Name Rubenmarkt uralt zu ſein ſcheint als Name eines der älteſten Theile Erfurts, und daß in ſo früher Zeit eher Rüben als Rübſen zu Markt kamen, mehr Naturalwirthſchaft als Gewerbe herrſchte (vgl. „Käſemarkt", „Fiſchmarkt").

[280]) Es wird gewöhnlich das Mühlhäuſer-Gericht genannt (nach der Adelsfamilie von Molhuſen, die es lange Zeit beſaß).

[281]) Von der dreimaligen Vorladung vor Gericht innerhalb ſeines Ladungsbezirkes. Die alte „Gerichtes-Ordenunge" von 1483 ſagt auf fol. 12: Item den gerichtisknechten den viern geburth an iren enden, do sio zu gebiethen haben, vom ersten vom andern und vom geboth zu huse und zu hoffe von iglichim (person) II den. Dies wäre alſo das Doppelte des Obigen. — Die dreimalige Vorladung war z. B. auch vor dem thüringiſchen Landgericht in Mittelhauſen ſtehender Rechtsbrauch: als der Erfurter Rath vor dieſem Gericht gegen Friedrich von Beichlingen und deſſen Bürgen 1339 wegen einer Schuldforderung von 600 Mark Silbers klagte, mußte er erſt die „tria edicta" ergehen laſſen, ehe das Landgericht das Schuldig über den Beichlinger ausſprach (M. A. XXVII, 4).

[282]) Bruocs, bruosse (ſ. § 194) oder brüesse deutet ſich vielleicht als brü-esse, zunächſt alſo als Brau-Heerd, in den der Braubottich eingeſenkt iſt, dann als Brauhaus („Curia, que vocatur Brüessze" im Severi-Freizinsregiſter des E. A. von 1350 fol. 8 v. „Dyo bru esse addir bruwe huss" bei Konrad Stolle p. 160). Da nun 4 sol. 11 den. genau der Betrag der großen Bierwette war (§ 27), ſo wird dem Büttel „ein brüess" überlaſſen ſo viel heißen als ihm die Einnahme von einem derjenigen Biereigen überlaſſen, die (nach § 28) die große ſtatt der kleinen Bierwette zu zahlen vorzogen. „Ein Brueß" konnte leicht Bezeichnung der großen Bierwette werden, da dieſe urſprünglich nur von den 6 großen Braueſſen gezahlt wurde (ſ. Anm. 80).

[283]) Den drei andern Bütteln der Innenſtadt war dieſelbe Vergütung (consolatio) beſtimmt (vgl. die §§ 227—229).

allecia.²⁸⁴ Item dum denarii de curribus seu casis salis dividuntur in epiphania, habet II den.²⁸⁵

176 Advocatus Erfordensis habet iudicare causas sanguinis. [Item notandum, quod advocatus eciam consueverit equitare per civitatem.... et consules ministrabant suum equum..].ᵃ)

177 Item sedet cum sculteto in iudiciis et percipit de omnibus, que cadunt de baculo, III den., ubi scultetus percipit IV den. et vicedominus II.

178 Item dictus advocatus habet instituere et destituere, dum sibi placuerit, lictorem sive suspensorem.

179 Item idem advocatus debet facere seu fieri²⁸⁶ patibulum, domum suspensoris, kakonem schuppham,²⁸⁷ sed consules ex consuetudine solent facere cyppum ᵇ)²⁸⁸ sub domo lictoris sive suspensoris.

180 Item ad officium advocati pertinent sotulares et cerei, sicut antea scriptum est.²⁸⁹

ᵃ) Eine nur in Cᵃ stehende, leider größtentheils verwischte, Randbemerkung jüngerer Hand. ᵇ) In C darüber geschrieben von anderer Hand: stock.

²⁸⁴) S. Anm. 100.

²⁸⁵) Nach dem vom Salzgräfen zu Epiphanias oder am darauf folgenden Sonntag veranstalteten Schmauß (§ 4).

²⁸⁶) machen lassen.

²⁸⁷) Galgen, Henkershaus und Pranger standen übel genug gerade der Hauptkirche der Stadt, der Liebfrauenkirche, gegenüber auf dem Marktplatz „vor den Graben". Das Henkershaus (hank hûs genannt) heißt im Carm. hist. occ. ant. (v. 1800): nigra caminata juxta schuppam situata (Lesart nach dem Ms. der Berliner Bibliothek berichtigt); der Name des Erfurter Prangers war bis ins 17. Jahrhundert Gak oder Gad (ältere mitteldeutsche Form: kak), kako schupfa wird also Gak-Schuppen zu übersetzen sein (von mhd. schupfe = Schuppen, offenes wandloses Gebäude, Wetterdach). Ein bloßer Pfahl war nämlich dieser Erfurter Pranger nicht, wie schon die in Chroniken vorkommende Redeweise „Jemanden auf den Gak setzen" beweist; Samuel Fritz zeichnet ihn in seiner Bilderchronik (p. 184) als einen Pfahl mit einem gegitterten Aufsatz, der einem Käfig ähnlich sieht.

²⁸⁸) Cyppus oder cippus ist Uebersetzung für „Stock" im Sinn eines niedrigen Kerkers mit dem bekannten hölzernen Klemmapparat für die Beine eines auf den Boden gelegten Delinquenten. Dieser Stock befand sich dicht an (sub) dem Henkershaus als ein niedriger Holzanbau, in dem später die Kohlenträger ihre Schaufeln und Stoße aufbewahrten. Samuel Fritz l. c. p. 184.

²⁸⁹) S. §§ 22, 23, 110.

Item ad dictum officium advocati pertinent circa XXV sol. 181
den., aliquando magis aliquando minus, qui dantur de domibus
in Plurali extra muros et cciam intra, item de quibusdam domibus in monte sancti Petri, de quibusdam in platea leonum,²⁹⁰
de quibusdam ante valvas sancti Johannis et sancti Mauricii,
que infra specificentur;²⁹¹ et dantur de qualibet domo III den.

Item ad officium advocati pertinet, quod advocatus debet 182
habere tria iudicia advocati, que vocantur voytsding, tribus
vicibus in anno; ad que iudicia omnes incole Erfordenses et
cciam omnes alii in oppido Erfordie, super quos advocatus
habet iurisdicionem, sub pena [tenentur venire].ᵃ)

Item advocatus habet instituere unum preconem.²⁹²   183

Item homines pertinentes ab antiquo ad advocaciam sunt 184
exempti a dacione theolonei.

Notandum cciam, quod provisor allodii²⁹³ habet confirmare 185
magistrum fabrorum circa diem beati Jacobi.²⁹⁴ Et dat sibi
auctoritatem judicandi in argento²⁹⁵ ad unam marcam et infra
descendendo et non ad maiorem summam, item in denariis ad
summam quinque solidorum et infra et non ad maiorem summam; et hanc potestatem dat sibi cum uno baculo, quem porrigit sibi ad manum suam. Et predictus magister iurat corporaliter ad sancta Dei,²⁹⁶ quod dictam potestatem seu auctoritatem iudicandi non velit transgredi, et quod facere velit
iusticiam pauperibus sicut divitibus.²⁹⁷ Et dicto magistro con-

---

ᵃ) Fehlt in den Mff.

²⁹⁰) Lauengaffe, nach dem Lauenthor (I, Anm. 118) führend.

²⁹¹) ist entweder unterlassen oder uns verloren gegangen.

²⁹²) jedenfalls der unten (§ 227) besprochene bodellus; vgl. I, Anm. 105.

²⁹³) Dieser Gutsverwalter (unser Hermann von Bibra also selbst) führte (wenigstens nachmals) den Titel Küchenmeister.

²⁹⁴) 25. Juli.

²⁹⁵) bei Strafen in ungemünztem, nur abgewogenem Silber (I, 22).

²⁹⁶) „Zu den Heiligen schwören" lautet die gewöhnliche Formel; sancta sind irgend welche Heiligen-Reliquien, die in einer Holzkapsel („Reffe") verwahrt zu werden pflegten. Offenbar ist obiges sancta Dei synonym mit sancta sanctorum in § 163, folglich bedeutet „zu den Heiligen" vielmehr „auf die Heilthümer" und darf eigentlich nicht auf die Personen der Heiligen im grammatischen Sinn bezogen werden.

²⁹⁷) Stehender Ausdruck für unbestechliche Gerechtigkeit.

firmato, prefatus magister et predicta innunge fabrorum habet respectum ad provisorem, et sub eo et non sub sculteto nec sub vicedomino; nec vicedominus aliquid iuris habet in dictis denariis.

186   Ad officium vribotonis pertinent infra scripta, videlicet: ager lignorum in deme Waweit singulis annis in autumpno, item ager pabuli sive avene in messe, item X sol. inter cameras pannicidarum,[298] item denarii inter staciones calcificum et corei, sicut prius positum est.[299]

187   Item dictus vriboto facit tria edicta ad judicium pro IV den.[300]

188   Item dictus vriboto debet omnia bona in civitate et extra ubique in oppido preter in iudicio dicti Trost ante valvam cerdonum occupare et deoccupare, quod vocatur vrone et entvrone, et datur^a) sol. de qualibet vrone budellis, in quorum edictis bona occupantur, et sol. de entvrone.[301]

189   Item vriboto debet examinare vulnera judicii ex parte. Et notandum, quod vulnus profundum unius articuli, ubi caro conspissa est, dicitur vulnus; si autem est in capite vel alias, ubi caro deficit, tunc vulnus debet esse longum duorum articulorum in indice;^b) alias dicitur blutfrunſt.[302]

---

^a) C: dantur.   ^b) D: mich (nuch?) i iudice.

---

[298] 5 sol. zu Walpurgis (§ 57) und 5 sol. nach Martini (§ 130).

[299] 6 den. vom Freizins unter den Schusterbänken vor den Graben am Palmabend (§ 46), 8 den. vom Einsammeln des Freizinses von den Schusterbänken bei den Gewandgaden nach Walpurgis (§ 59) und desgl. nach Martini (§ 131), endlich 6 den. vom Einsammeln des Freizinses von den Lohgerberständen unter den Schilderern nach Walpurgis (§ 60) wie nach Martini (§ 132).

[300] Ebensoviel noch 1483 (vgl. dagegen Anm. 281).

[301] S. I, Anm. 23. Die Frohne vollziehen heißt in der Gerichtsordnung von 1483 „kummern", die Entfrohne vollziehen „den Kummer offenen".

[302] S. I, Anm. 13. Messung der Verwundungen nach Fingergliedern findet sich auch im Anhang zum friesischen Gesetz. Der obige Unterschied wird dem des Sachsenspiegels (I, 68) zwischen „Fleischwunde" und „Blutwunde" entsprechen.

Item vriboto debet interesse cum sculteto, vicedomino et 190
notario in tytulacionibus bonorum liberorum, que venduntur;³⁰³
de quo datur sibi sol. et bodello sol.

Item notandum, quod de examinacionibus vulnerum cives 191
Erfordenses dant vribotoni de consuetudine unum cursinum,
quod vocatur ein cursen,³⁰⁴ vel pecuniam pro eo.ᵃ)

Item qnicunque recipitur in civem, dat vribotoni IV den. 192

Item habet ad quamlibet byrwette XIV den.,ᵇ) videlicet 193
maiorem.³⁰⁵

Item habet eciam ad quamlibet maiorem byrwetten unum 194
bruosse,³⁰⁶ de quo habet annuatim XIV sol. et IX den.

Item in quadragesima duas sexagenas allecium et XII 195
allecia.³⁰⁷

Item dictus vriboto facit unum edictum, quod dicitur nach 196
der warte³⁰⁸ pro IV den.

Ad officium pontis, quod vocatur brucken ammecht per- 197
tinent infra scripta, prout expertus sum ab antiquioribus, qui
noticiam talium habuerunt.

Omnes cives Erfordenses habentes institas³⁰⁹ sive in ponte 198
sive extra pontem,³¹⁰ in quibus mercimonia, quod kromerie
dicitur, videlicet ceram, species³¹¹ et similia [vendunt], dant
Jacobi III den. de qualibet instita pro martrecht.

ᵃ) Die Mff. haben ca.   ᵇ) D: IV den.

³⁰³) Titulus bezog man im Alterthum schon speciell auf Verkaufs- und Vermiethungsanzeigen von Häusern, die man an diese selbst anzuschreiben pflegte. Im Mittelalter hieß titulus jede Art von öffentlicher Beurkundung (titularo = titulo i. e. scripto, charta donare bei Du Cange). Hier ist titulatio die Beurkundung eines Freigutsverkaufes, worunter wohl nur das einfache Anschreiben des neuen Besitzers an das betreffende Item verstanden wird, wie solche Annotationen in den uns erhaltenen Freizinsregistern häufig vorkommen.

³⁰⁴) mhd. kursen (kürsen, kürschen) = Pelzrock.

³⁰⁵) also gerade wie der Burggrafen-Büttel (§ 226).

³⁰⁶) S. Anm. 282.

³⁰⁷) Nachmals erhielt er nur 66 (s. Anm. 100).

³⁰⁸) warte erklärt Haltaus als expectantia feudi.

³⁰⁹) Kräme.

³¹⁰) Eben nach der Krämerbrücke war dieser „Brückenzöllner" benannt.

³¹¹) Specereien: Gewürze und Apothekerwaaren, daneben Perlen und andere Kleinode.

199 Item idem dant, qui faciunt acus (qui dicuntur naldener),³¹² pectines, cultellos, cantros³¹³ parvos, claviculos,³¹⁴ dresler,³¹⁵ collopides,³¹⁶ vendentes pullos, poma, pira et ceteros huiusmodi fructus, caules et huiusmodi herbas,*)³¹⁷ coloratores,³¹⁸

*) C: erbas.

³¹²) So hießen die Erfurter Nadel-Verfertiger nach der durch Versetzung aus nâdele entstandenen Form nâlde (Nadel).

³¹³) Cantarus (richtiger cantharus) bedeutete bei den Alten gerade ein großes, weitbauchiges Trinkgefäß; hier sehen wir dasselbe Wort für kleine, vermuthlich in Metall ausgearbeitete Becher gebraucht, vorausgesetzt daß parvos nicht zu claviculos zu ziehen ist. Wie cantharus ursprünglich nach der Aehnlichkeit des Gefäßes mit einem Käfer benannt ist, so mochten diese Becher auch allerlei Kopf- u. ä. Formen nachbilden; dergleichen kunstvolle silberne Trinkbecher fanden sich in Erfurt (nach Ausweis der Verrechtsbücher) bis ins 17. Jahrhundert fast regelmäßig im Familienschatz selbst wenig Bemittelter, und der Rath hatte vollends einen reichen Vorrath goldener oder vergoldeter Becher und „Köpfe" in seiner Schatzkammer, von denen das Stadtarchiv noch jetzt „die schöne Türkin" aufzuweisen hat, einen fußlosen Credenzbecher mit einem antiken Frauenkopf als Halter. — Cantara als Namen von Weinbechern aus Silber erwähnt Du Cange, und im Obigen stehen diese „Becher" zwischen sicher metallenen Messerchen und Spangen. Die „Becherer" bewohnten einen besonderen Häusercomplex, der als vicus Bechererc bereits in einer Urkunde des E. A. von 1226 genannt wird.

³¹⁴) wohl nicht Schlüsselchen, sondern Spangen zum Zusammenhalten des Mantels, besonders bei Frauen.

³¹⁵) Drechsler (ahd. drâhsil, mhd. draehsel von draejen, draen = drehen, drechseln); indessen ist das Fehlen des Artikels und die Stellung des Wortes mitten unter Fabricaten so auffällig, daß man ein Wort wie dresleric (Drechslerei, Drechslerwaare, vgl. kremeric = Krämerei in § 198 wie § 202) statt dresler als ursprüngliche Lesart vermuthen darf.

³¹⁶) verdorben aus calopedes, worunter nach einem Citat bei Du Cange hölzerne oder lederne, jedoch mit Holzsohlen versehene, Schuhe zu verstehen sind; zu ergänzen wäre vor diesem Wort facientes oder vendentes, falls die in der vorigen Anm. angedeutete Conjectur irrig sein sollte.

³¹⁷) „Kohl (s. Anm. 258) und ähnliche Krautwaare."

³¹⁸) Hiermit werden Weiter gemeint sein, deren Handwerk auf der für Erfurt charakteristisch bedeutsamen Cultur des Waids (mhd. weit), einer rapsähnlichen Pflanze (Isatis tinctoria L.) beruhte. Weiten hieß blau färben und weitin blau; Waid war eine so bekannte Farbe im Mittelalter, und damit zunächst blau gefärbte Stoffe konnten so verschiedene Farben durch fernere Behandlung erhalten, daß sunder weit soviel wie ungefärbt, ungeschminkt auch im bildlichen Sinn bedeutete („wer treit sunder weit aller tugende ganzes kleit?" bei Schmeller IV, 23). Schon frühzeitig kommt in Erfurt die Lokal-

cingulatores,[319] wizgerwere;[320] item vendentes sal in capisteriis et in trogis et indifferenter[321] cum picariis sal; item cascos et ova, mensalia et manutergia.

Et notandum, quod cives dant de instita III den., sed, qui non sunt cives, dant septimanatim unum den., vel alias tractant cum theolonario.

Item notandum, quod de dicto officio theolonarius, cui locatur,[322] dat qualibet septimana V sol. den.; item in quolibet quatuor temporum[323] VI talenta; item pro libamine[324] quolibet

---

bezeichnung inter Weiteros vor (bereits bei Bartholomäus, also um 1250), und die „Weitergasse" (vom Waid-Anger, der jetzigen Hauptstraße Erfurts, abzweigend) hat die mittelhochdeutsche Wortform bis zur Stunde treu bewahrt; sie wird, schon im Mercatorum-Freizinsregister des M. A. von 1310 weytergazze genannt, mit jener Oertlichkeit „inter Weiteros" identisch sein.

[319]) Gürtler (von cingulum = Gürtel). Gürtel mit reichem Silberbeschlag waren in Alt-Erfurt ein selbst bei Aermeren nicht leicht fehlender Schmuckartikel. Daß diese Gürtel sowohl Frauen- als Männerschmuck abgaben im Mittelalter, folgt u. a. aus Boccaccios Decamerone (giornata III, novella III), wo sonst eine Pointe vermißt würde.

[320]) Nach den Weißgerbern ist noch jetzt eine Straße in Erfurt benannt, obgleich jetzt die Weißgerberei daselbst beinahe eingegangen ist; sie machten das Leder nicht durch Lohe rothgar wie die Löwer (s. Anm. 242), sondern durch Behandeln mit Alaun und Kochsalz weißgar.

[321]) Kein Unterschied soll in der Höhe der Abgabe stattfinden, gleichviel ob das Salz in Mulden (capisteriis), Trögen oder Bechern (tiefen Näpfen) feil geboten wird.

[322]) Die Uebertragung des Amts ist wesentlich eine Verpachtung, da der Beamte die Gefälle für sich einzieht und dafür seinerseits nur die hier folgenden Geld-, Silber-, Hühner- und Mohnleistungen als Pachtzins zu tragen hat.

[323]) Die Quatemberfasten, nach Entrichtung der Herrenzinsen und der Weihung der Priester an diesen Terminen auch Frohn- oder Weihfasten genannt, fallen auf die Mittwoche nach Invocavit (also acht Tage nach Aschermittwoch), nach Pfingsten, nach Kreuzerhöhung (14. Sept.) und nach Luciä (13. Dec.). Nach der in Erfurt üblichen Zählung galten die Weihfasten nach Crucis Exalt. als die ersten, die nach Luciä als die zweiten und die nach Invocavit (auch Cinerum genannt) als die dritten. Ein vierter Termin wird als Abgabetag, auch als später die Bierwetten auf die Weihfasten gelegt wurden, nicht erwähnt. Somit sind wohl auch oben nur 18 Talente (an den drei Frohnfasten) gemeint, was um so wahrscheinlicher wird, als bei einer Annahme von 4 Frohnfasten obige 24 Talente und 2 Mark Reinsilber in § 255 zu 26 Talenten addirt erschienen, was ja sogar für die ausgemünzte Mark um die Hälfte zu wenig wäre.

[324]) = zu losunge (Loslassung, Kaufgeld, Pacht).

anno duas marcas argenti puri; item in carnis brivio ³²⁵ XXX pullos; item in quadragesima ³²⁶ modium papaveris.

202 Ad istud officium pertinet theoloneus ᵃ) de omnibus mercimoniis, que dicuntur kremerie, de plumbo, quod dicitur tabelblie,³²⁷ de stanno, quod dicitur gerant zen,³²⁸ de caseis, pullis, ovis, de coopertoriis, qui dicuntur zehegen,³²⁹ ad lectos et cussinos, item de mensalibus et manuteriis,³³⁰ que venduntur in ponte et inter zehegennere ᵇ) causa lucri et ubicunque dicuntur.³³¹

ᵃ) Die Mff. haben theolonos.   ᵇ) Die Mff. sind an dieser Stelle nicht zuverlässig, da die Schreiber die Stelle selbst nicht verstanden zu haben scheinen. Die sinnlosen Worte in pace sind bei C mit schwärzerer Tinte zu in ponte corrigirt. Statt zehegennere liest man ganz deutlich bei C: zehengenu'e, bei D: czehegenu'e, wobei das Abkürzungszeichen entweder er oder re bedeutet.

---

³²⁵) Fastnacht (s. Anm. 89).

³²⁶) Die Fasten überhaupt oder der 1. Fastensonntag (s. Anm. 97).

³²⁷) Blei in Tafelform, wie man von Tafelglas (= Scheibenglas) redet.

³²⁸) zen für zin wie weden für widen (s. Anm. 30) und gleich nachher Zehegen für Ziechen, Zehegener für Ziechener. „Gerannt Zinn" war vermuthlich damals der Name für das durch Ausschmelzen gereinigte und zwar erzgebirgische Zinn (gerant Partic. von gerennen = gerinnen machen, ausschmelzen). Das sächsische Verfahren des „Pauschens" d. h. des Reinigens des Zinns durch Aufschütten auf die glühenden Kohlen des schmalen, schrägen „Pauschheerdes", wobei die schwerer flüssigen, zinnärmeren Legirungen in den Kohlen zurückbleiben, kann nach dem Alter des erzgebirgischen Zinnbergbaus (vgl. Karsten, Metallurgie I, 526) bis ins 12. Jahrhundert zurückreichen.

³²⁹) S. Anm. 144.

³³⁰) Diese Tisch- und Handtücher (manuteria wie oben öfters neglientes) waren, wie aus § 71 ersichtlich, auch aus „Ziechenwerk" gefertigt.

³³¹) Allein auf der Krämerbrücke durften wohl ursprünglich „Krämer-Waaren" mit dem kleinen Gewicht und der Handwage (besonders Specereien) sowie „Schnittwaaren mit der Elle ausgemessen" verkauft werden. Die Ziechner scheinen jedoch freiere Wahl des Verkaufsplatzes ihrer Waare, sei es auf der Krämerbrücke, sei es im Trostgericht („unter den Ziechenern" vgl. Anm. 243) oder anderwärts, gehabt zu haben; dicuntur geht vermuthlich auf die erforderliche Anzeige des Ladenaufschlagens beim Zöllner. Das „causa lucri" macht es wahrscheinlich, daß Ziechenwerk, wenn es nur gegen andere Waare vertauscht, nicht um Geldgewinn verkauft wurde, zollfrei oder in ein anderes Amt gehörig war. Vgl. § 205 über den Tauschhandel mit Leinwand und I, 18.

Ad officium antiquarum vestium pertinent infra scripta: martrecht de clippeatoribus, de gladiatoribus,³³² de illis, qui stant under den lingademen³³³ et vendunt linea vestimenta preparata, de vendicionibus antiquorum vestimentorum, de pellificibus, qui dicuntur die alden cursennere,³³⁴ item de illis, qui vendunt et emunt licium in foro, quod vocatur garn, de caldariatoribus,*) qui reficiunt antiqua caldaria, item ut dicitur westergewant;³³⁵ quilibet civis dat III den. de instita, et alii dant ut in martrecht pontis.

Item notandum, quod theolonarius, cui dictum officium locatur, dat qualibet septimana V sol. den.; item in quolibet quatuor temporum III talenta denariorum; item dat quolibet anno duas marcas puri argenti nomine libaminis; item XXX pullos in carnis brivio; item modium papaveris.³³⁶

Infra scripta theolonea pertinent ad dictum officium, videlicet: de caldaribus, gladiis, de lineo panno in Thuringia facto, quod venditur in civitate, preterquam ab ecclesia sancti Benedicti usque ad parochiam omnium sanctorum descendendo per latam stratam, quod pertinet ad theoloneum linei panni, et eciam quod mutatur pro laneo panno inter cameras pannicidarum,³³⁷ quod pertinet ad theoloneum corei; item de licio, quod vocatur garn; item de carten,³³⁸ undecunque veniunt, dum-

---

*) Die Mff. haben: caldaricteoribus, wovon bei D der letzte Theil durchstrichen und unleserlich corrigirt ist.

³³²) Die Schwertfeger bewohnten, wie die meisten der alten Gewerke, einen Häusercomplex für sich („inter gladiatores" im Freizinsregister von 1293. E. A.), und zwar „vor den Graben".

³³³) Die Lin-Gaden standen am Rathhaus, wo erst vor wenigen Jahren die letzten Holzbuden (Gaden) abgerissen wurden.

³³⁴) S. Anm. 304.

³³⁵) „Eine Wester" hieß im Mittelalter ein Taufkleid; unser westergewant wird also mit dem sonst vorkommenden westerhemede gleichbedeutend sein.

³³⁶) Vgl. § 201.

³³⁷) unter den Gewandschnitt-Gaden auf dem Wenigen Markt (s. Anm. 124).

³³⁸) Karden oder Weberdisteln (ahd. kartâ, mhd. karte), deren Sammelblüthen vermöge ihrer langen, an der Spitze scharfhakigen Spreublättchen zum Aufkratzen („kardätschen") des Tuches dienten. Bekanntlich wird diese aus Südeuropa stammende Kratzdistel (Dipsacus fullonum Mill.) noch jetzt

modo venduntur Erfordie, sed si ducuntur extra terram, tunc pertinent ad gastammecht; item de campanis, que fiunt Erfordie, habet de quacunque ansa, quod dicitur ore, I den. preter de maiore ansa, que nichil dat, et eciam quocunque campane iste ducantur, sed glocspise [339] pertinet ad gastammecht.

206   Item ad officium pontis pertinet theoloneum*) de lectis, cussinis, pennis, de harlachen,[b]) [340] que sunt de terra;[341] item de mensalibus et manutergiis, que venduntur in parvo foro, in cimiteriis Schotorum,[342] ante gradus et in via,[343] quibus homo vult uti in domo sua.

207   Ad officium corei pertinet martrecht von den ledersnidern.[344] Theolonarius, cui dictum officium locatur, dat qualibet septi-

*) In den Mſſ. ſteht davor das Wort ad. b) D: harlachin.

zum „Rauchen" des Tuches gebaut, und zwar auch in Norddeutſchland, Mittelthüringen nicht ausgeſchloſſen; ihren Anbau um Erfurt ſchon im 13. oder 14. Jahrhundert aus obiger Stelle zu folgern, wie Langethal in ſeiner Geſchichte der deutſchen Landwirthſchaft gethan, iſt unter der nicht fern liegenden Bedingung erlaubt, daß das undecunque veniunt heißen ſoll: aus Thüringen oder von außerhalb kommend (was ja bei anderer Marktwaare in Erfurt ſo oft einen Unterſchied ausmachte, vgl. oben „de lineo panno in Thuringia facto", die Beſtimmung über den „Landhopfen" in I, 16 u. ſ. w.).

[339]) Glockenſpeiſe iſt die zum Glockenguß verwendete Legirung aus Zinn und Kupfer.

[340]) Die Nibelungenhelden ſchlafen unter declachen von Hermelin und Zobel; obige harlachen, neben Bettdecken, Bettkiſſen und Federn geſtellt, werden ebenfalls Bettlaken (mhd. lachen = Decke) bezeichnen, und zwar aus „Haargarn" gearbeitete, wie ſolches bei der Aufnahme-Urkunde der Schaleuner in die Zunft der Ziechener und Leinweber (ſ. Anm. 248) erwähnt wird. Wer „Schalunwerk" fertigte, durfte nach einer daſelbſt beigefügten Beſtimmung nicht daneben noch Haarbecken machen, wohl aber durfte ſich ein Schaleuner ausſchließlich auf Haarbeckenfabrication legen.

[341]) inländiſch, thüringiſch (ſ. I, 16).

[342]) Das Schottenkloſter lag dem Wenigen Markt nahe; obige Beſtimmung über die Zugehörigkeit der Abgabe vom Tiſch- und Handtücherverlauf ins Brüdenamt iſt wie der ganze Paragraph nur ein Nachtrag zu § 202.

[343]) — an der Straße? vgl. Anm. 277.

[344]) Cissores corei oder Lederſchneider iſt ſonſt mit „Schilderer" oder „Sattler" anſcheinend gleichbedeutend (vgl. die §§ 30, 132, 174), hier jedoch, wie § 203 beweiſt, nicht. Man wird dieſe Ungleichmäßigkeit der Benennung daraus zu erklären haben, daß Schilderer und Leder- oder Riemenſchneider Handwerke derſelben Innung waren, der häufiger jene, ſeltner dieſe den Geſammtnamen gaben.

mana V sol., item quolibet quatuor temporum³⁴⁵ unum talentum pro losungo, item marcam puri argenti singulis ahnis nomine libaminis, item in quadragesima modium canapi.³⁴⁶

Iste theolonarius percipit theolonea de fructibus³⁴⁷ seu 208 particulis pannorum, que ciduntur inter cameras pannicidarum, apud beckinas seu moniales seu alias ad tunicas, tochas seu alia vestimenta,³⁴⁸ preter dirdendei,³⁴⁹ berwer³⁵⁰ et alii panni,

---

³⁴⁵) S. Anm. 323.

³⁴⁶) Hanf, ahd. hanaf, in welcher Form das Wort noch jetzt in Tirol lebt; gemeint sind natürlich die ölreichen Hanfsamen wie in den §§ 201 und 204 Mohnsamen.

³⁴⁷) Sollte wohl frustibus heißen, als falsche Declinationsform von frustum, das auch antike Schriftsteller gerade von Tuchstücken gebrauchen.

³⁴⁸) Die Beginen scheinen demnach öffentlichen Marktverkauf mit ihren Wolltüchern gehalten zu haben. Durch eine Urkunde von 1282 waren sie von dem kanonischen Verbot, daß Personen geistlichen Standes keinen Handel treiben sollten, entbunden worden zu Gunsten ihres Kaufs und Verkaufs von „Wolle, Tüchern und andern Handelsartikeln" (M. A. VII, 3). Die in Erfurt, wenigstens um 1283, sehr zahlreichen Beginen (vgl. Carm. sat. v. 1605 ff.) trugen wie ihre Mainzer Schwestern (Schaab I, 370) lange Tuniken mit weiten Aermeln und Kapuzen, und hießen hier wie anderwärts nach der Farbe derselben die „grauen Schwestern", werden aber, da sie sich von Wollweberei großentheils ernährten, meist nur die Wolle gekauft, die Tücher zu den Gewändern sich selbst gesponnen und gewebt haben. Tunicae und togae bezeichnet also überhaupt Gewänder, für deren Stoff z. Th. die Beginen sorgten.

³⁴⁹) Ein aus Wolle und Leinen gewebtes Tuch, dessen Name in Ulm noch vor kurzem älteren Webern und Kaufleuten bekannt war (Haßler, Buchdruckergeschichte Ulms p. 46), ja noch heute daselbst, zu Durendei umgestaltet, als Schimpfname für einen schwerfälligen, unbeholfenen Menschen fortlebt. Fügen wir dazu die Stelle aus dem Liederbuch der Clara Hätzlerin, wo in „der mynn regel" (p. 241 der Haltaus'schen Ausgabe) über den Wankelmuth der Liebe geklagt wird, die jetzt nicht mehr „in Herzens Grund so gänzlich festgewurzelt" sei, sondern

„Wann sich gelück versturtzet,
So ist der lieb der ruck entzway,
Als gar ist nun dyrdenday
Die mynn, der man gerüchet" —

so ist der Dirdendei-Stoff als ein zwar schwerer, aber nicht dauerhafter Halbwollenstoff charakterisirt.

³⁵⁰) Berwer oder Berwert kommt als Mantelstoff zweimal in Grimms Weisthümern vor (I, 28 u. 369). Da beim Ausschütten von Hafer auf Berwerlaken leicht Spelzen an dem Zeug hängen blieben, so scheint es ein zottig wollener Stoff gewesen zu sein.

qui pertinent ad kremerie, que pertinent ad theoloneum pontis;³⁵¹ item [de] linco panno, qui mutatur inter cameras pannicidarum pro panno laneo, ut prius positum est;³⁵² item de novis wampmusiis,³⁵³ quos faciunt sartores inter cameras et qui venduntur inter cameras; item de omni coreo sive preparato sive irsuto, quod est intra terram (sed, si ducitur aut portatur extra terram, tunc pertinet ad gastammicht);³⁵⁴ item de limleder;³⁵⁵ item de vilze;³⁵⁶ item de crinibus, qui venduntur inter cerdones;³⁵⁷ item de lederkalk,³⁵⁸ cum quo preparatur coreum, quod venditur ame lobanke³⁵⁹ cum modiis;

---

³⁵¹) Vgl. die §§ 202 u. 206.

³⁵²) Vgl. § 205.

³⁵³) Die Buchstabenformen (5 gerade Striche zwischen p und s) erlaubten auch andere Lesungen, wie wampinusiis, mampniusiis u. s. w. Das Wort stammt zwar von dem altdeutschen wamba (gothisch vamba) = Leib, ist aber im Mittellat. und den romanischen Sprachen sehr mannigfaltig variirt worden; die mittellat. Form wambosium würde unserer Lesung am meisten entsprechen. Wämmse oder Leibröcke wurden also „in den Gaden" (d. h. den Gewandschnittgaben des Wenigen Marktes) sowohl gefertigt als verkauft. Mit Werg oder Tuchlappen ausgepolsterte Wämmse trug man auch unter dem Ringelpanzer des „Eisenhembes" (f. die Colmarsche Chronik II, 57 bei Kopp, Bilder und Schriften der Vorzeit I, 67).

³⁵⁴) Wie bei den Karden in § 205.

³⁵⁵) Jedenfalls Lederabfälle zur Leimbereitung, wie man solche nebst alten Handschuhen, Hasen- oder Kaninchenfellen noch jetzt dazu verwendet. Von den Erfurter Gürtlern wird z. B. der Verkauf von Lederabfällen erwähnt.

³⁵⁶) Haar- oder Wollenfilz.

³⁵⁷) „Unter den Löwern" war der natürliche Platz für den Verkauf von allerlei Thierhaaren, da nach dem Entbluten das Enthaaren der Häute das erste Geschäft des Gerbers ist.

³⁵⁸) Kalk zum „tälchen" der Felle im „Aescher" d. h. der Grube, in welcher der Kalk mit Wasser zur Kalkmilch angerührt wird, um dann die Felle zur Lockerung der Haarwurzeln in dieser Netzflüssigkeit zu behandeln.

³⁵⁹) Wegen des ausschließlich hier stattfindenden Lohverkaufs war der vordere Theil des Löwer-Viertels (vom Anger aus gerechnet) der Lohbank genannt und hat seinen Namen im alterthümlichen Masculinum, das noch im Mhd. dem Wort Bank zukam, behauptet.

item de cynere;³⁶⁰ item de loloub³⁶¹ et de sinder³⁶² ad coreum.

Item notandum, quod currus pergentes ad annualia seu nundinas sive portantes de Molhusen aut aliis opidis in terra coreum vel pannos factos in Thuringia dant theoloneum isti theolonario.

Theolonarius, cui locatur theoloneum linei panni, debet recipere*) theolonea de lineo panno, quod venditur inter cameras linei panni,³⁶³ et de lineo panno, quod venditur in strata ab ecclesia sancti Benedicti usque ad ecclesiam omnium sanctorum, ut prius scriptum est.

Et notandum, quod theolonarius dat de dicto theoloneo II tal. Jacobi et par calligarum de gynt³⁶⁴ in fosto pasche.

---

*) Die Mſſ. haben die Worte: Ad theoloneum linei panni pertinet ad theolonarius (in C radirt und geändert in: theolonarium) cui locatur debet recipere etc.

---

³⁶⁰) Aſche wird zur ſtärkeren Aetzung dem Kalk im „Aeſcher" beigeſetzt worden ſein; der Aeſcher in der Seifenſiederei hatte ja auch ſeinen Namen von dem Kalk- und Aſchengemenge, aus dem man die Aetzlauge gewann.

³⁶¹) Alſo verwendete man auch in Erfurt ſchon damals Eichenlaub (das nahe Waldungen in Maſſe boten) zum Lohen der enthaarten Häute, wie man wieder neuerdings auf den, wenn auch nicht ſtarken, ſo doch allgemeinen Gerbſäuregehalt der Eichenblätter hingewieſen hat. — Für das mittelalterliche Zürich geht ebenfalls der Gebrauch von Eichenlaub neben Lohrinde aus ſeinem alten „Richtebrief" hervor (Helvetiſche Bibliothek, 2. Stück p. 60).

³⁶²) Ahd. sintar, angelſ. und mhd. sinder bezeichnet Kruſtengebilde verſchiedener Art und wird beſonders von Eiſen und Kalk gebraucht; hier kann es wohl nichts anderes als Alaun bezeichnen, deſſen Vorkommen in kryſtalliniſchen Kruſten ſehr wohl den Namen Sinder bildete und in der Weißgerberei in noch ſtärkerem Quantum als Kochſalz Verwendung fand; dieſe Vermuthung wird auch dadurch ſehr unterſtützt, daß die Färber viel „Sender" brauchten (M. A. Erf. Copialbücher No. 8. p. 228 u. 230 v.) — ohne Zweifel Alaun zur Beize.

³⁶³) Dieſe Beſtimmung vertrüge ſich nicht mit der in § 203, wenn man nicht annehmen müßte, daß hier einmal geſchieden wäre zwiſchen dem Verkauf linnener Gewänder und bloßen Leinzeuges.

³⁶⁴) S. Anm. 11.

212   Item theoloneum equorum.³⁶⁵ Notandum, quod equi extra terram³⁶⁶ (qui dicuntur uzlendig) pertinent ad gastammicht. De equo emens, si non est civis, dat IV den.; et vendens, si similiter non est civis, eciam dat IV den. De equo autem, qui est de terra (videlicet inlendig), qui venditur pro antiquis denariis pro uno talento et infra, dantur IV den. pro sleyschatz: videlicet ab emente II den. et vendente II den.; et ille sleyschatz pertinet ad sleischatz in foro raparum; et emens dat IV den. et vendens IV den. pro theoloneo, si non sunt cives, quia cives non dant theoloneum. Item notandum, quod, si hospes seu advena vendit advene equum aut mutat equum pro equo, tunc quilibet dat IV den. Item si civis habet societatem cum advena et vendunt equos, tunc civis non dat theoloneum, sed advena dat IV den. pro sua parte; eciam si vendit advene, tunc emens similiter dat IV den. Est eciam notandum, quod, si advena extra terram vendit equum advene in terra, tunc IV den., quos dat advena extra terram, cedunt ad gastammicht, et alii IV den., quos dat advena in terra, pertinent*) ad theoloneum equorum.

213   De isto theoloneo dantur annuatim IV tal.

214   Notandum, quod infra scripti dederunt martrecht ad officium, quod dicitur holwerg:³⁶⁷ vendentes vitra, ollas terreas, picaria, scutellas, item die sulczenere, die smersnider, selsener, senyffer,³⁶⁸ vendentes capisteria, troge, picem, funes ᵇ) redarum,³⁶⁹ schopas et omnia alia, que pertinent ad holwerg. Et

---

*) Die Mff. haben pertinet.   ᵇ) Conjectur statt fimes.

³⁶⁵) Wahrscheinlich ist dies ein Objectsaccusativ, abhängig noch von recipere in 210, also 211 als Parenthese anzusehen.

³⁶⁶) S. I, 16.

³⁶⁷) S. I, Anm. 43.

³⁶⁸) Sülzener, Schmeerschneider (d. h. Schmeerverläufer, wie Gewandschneider = Schnittwaarenhändler), Sälsener (von salzen) und Senfer scheinen ihr Marktrecht deshalb mit ins Hohlwerkamt gezahlt zu haben, weil sie ihre Waare (meist wohl stark gewürzte, gehackte Fleischwaare) in Näpfen feil boten. Sulzfaß hieß geradezu Napf, Schüssel; Sülze, noch jetzt ein bekannter Name für eine feine, fett- und gallertreiche Wurstart, bezeichnet im Jtal. (solcio) Gallerte, Eingemachtes von Fleisch überhaupt.

³⁶⁹) Reda ist nach Du Cange eine Peitsche oder Geißel; das Wort bezeichnete vielleicht ursprünglich den Peitschenstrick, wie die beiden Bedeutungen

notandum, quod civis dat III den. in nativitate Christi; alii tractant et placitant secundum favorem*) theolonarii.

Vendentes falces dant Jacobi martrecht ad officium, quod 215 vocatur gastammecht, cives III den. ut supra.

Officium budelli burcgravii supra curiam sancti Severi.

Nota, quod ad dictum officium pertinet quartale mansi, 216 videlicet VII$\frac{1}{2}$ agri, in pago^b) ville Tutelstete et ager cum dimidio in campis ville Melchendorf, item II sol. den.^{370} annue pensionis de orto in Melchindorf, item VI den. annue pensionis de pistrino in Eilbrechtisgehoven quondam domini de Mildenstein.

Item notandum, quod dictus budellus habet facere edicta 217 ubique extra muros in opido^{371} preter in iudicio dicti Trost, et dantur de tribus edictis extra muros II den. Item habet facere edicta in Binterslciben possidentibus bona ecclesie Moguntine, et dantur ei de quolibet edicto IV den., hoc est de tribus edictis, que facere debet, I sol.^{372} Item de quibuslibet edictis in villis Eilbrechtisgehoven, Tutelstete, Taberstete et Melchindorf, in quibus debet facere edicta, habet duos den., hoc sunt VI den. de tribus edictis, que facere debet.

---

*) Die Mff. haben fautorem. ^{b}) C: pago.

Strick und Stock beim Wort reddalle von Du Cange noch neben einander erwähnt werden, und redina noch jetzt im Ital. der Zügel heißt. Etwa aus Bast geflochtene „Peitschenstride" schließen sich an Mulden und Tröge sowie an das folgende schopne (= scopae, Reiserbesen), wie restes flexi in § 14 zeigt, als „Hohlwert" an. Pech wird wieder wegen seines Verlaufs in Lägeln (I, Anm. 40) zum Hohlwertzoll zugezogen sein; die „Waldleute" brachten sicherlich nicht nur leere Lägelfäßchen aus dem Holz der Fichte und Kiefer, sondern auch mit dem aus dem Harz beider Bäume gewonnenen Pech gefüllte zu Markt, wo man beiderlei demselben Zollerheber zuwies.

370) „Zwei Schillinge (d. h. Dutzende) von Pfenningen," eine von Bibra öfter gebrauchte, weitläufigere Ausdrucksweise für „zwei Schillinge", die aber überall berechtigt wäre, da der Schilling bloße Rennmünze war.

371) Weichbild (s. I, Anm. 37).

372) In der Gerichts-Ordnung von 1483 ist auch für den Burggrafenbüttel, oder wie er dort heißt den Obergerichtsknecht, die Einnahme von den 3 Ladungen verdoppelt: in den Vorstädten erhält er 4, zwischen Kirschlache und Mauer (s. § 221) 2 Pfenninge.

Item notandum, quod, si aliquis morans in villis Slavorum (videlicet Tutelstete, Taberstete et Melchindorf) debet facere iuramentum decisorium, quod illud potest facere, si vult, ante ecclesiam suam presente dicto budello aut eius nuncio, si budellus est legitime prepeditus;³⁷³ cui budello dat conquerens II den., ut intersit; et sine presencia [eius]ᵃ) non debet fieri iuramentum. Et notandum: si iuramentum remittitur, tunc dantur sculteto in Plurali VI [den.]ᵇ) vel sculteto in civitate, si preest ambobus officiis.

218 Item notandum, quod, si aliquis de dictis villis Slavorum convictus fuerit ab aliquo, sive cive sive advena, quod dicitur vorwunden,³⁷⁴ tunc scultetus debet actori infra quindenam³⁷⁵ ordinare pignora vel debet ipsum reum actori corporaliter cum manu presentare.

219 Item, si aliqua bona venduntur in villis Binterslcibin, Eilbrechtisgehoven, Tutelstete, Taberstete et Melchendorf, pertinencia ad officium sculteti in Plurali, tunc dictus budellus debet interesse collacioni, et emens dat ei I sol., et eciam tenetur ei dare, ut cum corporaliter ducat in possessionem bonorum emptorum et gewarendet³⁷⁶ cum secundum consuetudinem villarum earundem.

ᵃ) cius fehlt in den Mff. und Cˢ (ursprünglich auch C) haben vorher plicia, was in C geändert ist zu pncia.   ᵇ) Fehlt in den Mff.

---

³⁷³) „durch Ehaft verhindert."
³⁷⁴) S. I, Anm. 4.
³⁷⁵) Die Grundlage für die Gerichtsfristen sind im Erfurter Gebiet stets (wie im ripuarischen Recht) die 14 Nächte.
³⁷⁶) Die geware (warandia, garantie) d. h. die Zusicherung des rechtlichen Besitzes und des Beistandes zur Vertheidigung desselben gegen jeden Anspruch Anderer leistete der Verkäufer entweder in perpetuum oder ad annum et diem, wie z. B. in einer Urkunde bei Avemann (Hist. Burggr. Kirchberg. Urkunden-Anhang p. 116) ein Verkäufer verspricht, seinem Käufer und dessen Erben des verkauften Gutes „Were zu seyn, des zu wehren als in dem Lande zu Doringen Recht und Gewohnheit ist, das ist nehmlich ein Jahr und ein Tag vnd sechs Wochen;" warandia nannte man außerdem in Erfurt auch die Versicherung durch Hypothek (s. z. B. das Freizinsregister des E. A. von 1321). Im Obigen wird aber gewarandare, vom Gerichtsbüttel gebraucht, „in die Gewere setzen" (d. h. in das vollgültige Eigenthum

Item habet facere edicta liberis hospitibus [377] solventibus 220 censum liberum ad allodium, et dantur ei de quolibet edicto IV den., hoc est sol. de tribus edictis, que debet facere. Et, si quis liber hospes negligit tria edicta budelli, perdit libertatem suam. Si quis vero liber hospes recognoscit [378] aliquam pecuniam vel debitum aliud coram sculteto, debet solvere infra quindenam, alioquin perdit libertatem suam; si autem negat, tunc debet facere iuramentum infra quindenam ante curvam domum,[379] alioquin convincitur de re petita, et cum hoc perdit libertatem suam [380] et debet arrestari et occupari sicut alter advena.

Item budellus prefatus habet facere edicta intra muros in 221 omnibus partibus trans Kirslacam, sive molendinis sive aliis

---

einführen) heißen. Man sieht, daß zur Erzielung solcher Gewere die „körperliche Einweisung in den Besitz" erfordert wurde. Wohl fand nach Erfurter Rechtsbrauch die Uebertragung des Eigenthums vom Verkäufer an den Käufer gewöhnlich symbolisch durch Handschlag vor dem Richter („conjuncta manu, sicut moris est, ipsas domus magistro Ortwino coram nobis [sculteto et vicedomino] liberas assignavit" in einer Urk. vom 13. Dec. 1258 im E. A.), auch bisweilen durch die nach Grimm (Rechtsalt. p. 150) nieder- wie obersächsische „Gut-Tast" statt, wie denn unser Hermann von Bibra selbst ein vom Erzstift in andere Hand zu vergebendes Haus von dem bisherigen Besitzer „per tactum cujusdam capputii" empfing (Urk. vom 16. Nov. 1325 im E. A.); aber von einer anderen mehr körperlichen Einweisung in den Besitz findet sich eine interessante Spur in der Gerichtsordnung von 1483, wo (fol. 11) der Kläger das eingeklagte Gut dadurch vom Richter empfängt, daß ihm auf dem Feld ein „Kloß und Stock und Boden" (also wohl eine Erdscholle, ein Strauch- oder Baumast und ein Rasenstück) oder „ein Reben im Weingarten" überantwortet wird. — Es scheint nach Obigem, als wenn in den genannten Dörfern, unter denen sich die drei „Slavendörfer" (s. § 217) befinden, noch besondere Rechtsbräuche bei solchen Uebertragungen fortgelebt hätten. In Bechstedt, auch einem von Slaven früher bewohnten Dorf am Saum desselben Waldes wie Melchendorf, gab es wenigstens 1136 noch „legitima jura Slavorum", nach denen daselbst Mord, Diebstahl und andere Verbrechen gebüßt wurden (Schannat, Vind. lit. II, 1).

377) S. § 120.
378) Es ist das bekennen (anerkennen) des Sachsenspiegels.
379) S. Anm. 85.
380) Er wird dann für „überwunden" d. h. für schuldig erklärt (s. § 218) und verliert seine Freigastvorrechte (s. § 121).

bonis, preter in indicio dicti Trost; item in der Vlysgasze prope Kramphentor ³⁸¹ citra Kirslacam; item intra muros ubique in Plurali; item ascendendo montem sancti Petri versus sinistram manum; item in platea leonum; item descendendo de monte sancti Petri versus sinistram per clippeatores et antiquas macellas per forum raparum ad sinistram usque ad valvam sancti Andree; item cum itur de clippeatoribus per antiquas macellas versus dextram in macellis et omnibus domibus coniunctis, que stant inter illas duas vias, quarum una tendit per antiquas macellas et alia inter vendentes feces.³⁸² Intra civitatem facit tria edicta pro uno den. Item in omnibus molendiniis infra civitatem in opido versus Eilbrechtisgehoven, item in omnibus supra civitatem usque Wawetzmullen,³⁸³ in quo non habet facere edicta.

222   Item notandum specialiter, quod, quando rectores aquarum, qui dicuntur die wazzer meister, et informatores eorum, qui dicuntur die anewiser,³⁸⁴ indigent molendinariis omnibus, qui

---

³⁸¹) Das innere „Krämserthor" oder „Krämpferthor", wie die Wortform wohl richtiger in heutiger Schrift wiederzugeben ist, die im ältesten Freizinsregister (von 1293) Cramphentor (in dem des E. A. von 1321: valva cramponum), sonst auch „Krampen-Burgethor" lautet (z. B. in einer Urk. des M. A. Erf. Urk. b, XII, 1 vom Jahr 1196: Crampenburgedor). Da nach einer gütigen Mittheilung des Herrn Archivraths Beyer schon früh die Latinisirung des Namens durch valva spasmi vorkommt, so wird derselbe von dem ahd. cramf (gekrümmt) herzuleiten sein und mit dem wenigstens ins 12. Jahrhundert zurückreichenden Bestehen eines Siechenhauses vor diesem Thor zusammenhängen, also Thor bei den krampfen Leuten bezeichnen; das r trat erst neuerdings und unrechtmäßig für das n ein.

³⁸²) Eine isolirte Häusergruppe zwischen der auf die alten Fleischbänke stoßenden Viehgasse und dem jenseits der alten Fleischbänke in gleicher Richtung weiterziehenden Hefengäßchen.

³⁸³) S. Anm. 130.

³⁸⁴) Die vier Wassermeister, die in alterthümlicher Feierlichkeit alljährlich in der Frühe des Sonnabends nach Walpurgis von den Mühlherrn und Müllern der Stadt gewählt wurden, brauchten nicht selbst das Handwerk zu betreiben, nahmen sich aber zwei sachverständige Müller von der Breiten Gera als „Anweiser". Vgl. die alte Erfurter Wasserordnung im 2. Heft von Michelsens Rechtsdenkmalen aus Thüringen (1853).

sunt in opido, sive intra muros sive extra,*) ³⁸⁵ pro aliquo
negocio ad officium eorum pertinente terminando, tunc prefatus
budellus debet eos citare per edictum vel eciam famulus suus
et nullus alter. Tunc prefati rectores dant ei de huiusmodi
edictis I sol. Si autem indigent de XIII molendinariis, qui
incipiunt a molendino hospitalensi, quod est situm in Owa,
ascendendo per civitatem usque ad molendinum quondam dicti
Kesemarg,³⁸⁶ tunc iterum dant sibi de edictis I sol. Si autem
indigent de VI molendinariis, qui incipiunt a molendino civium
Erfordensium, quod situm est iuxta longum pontem, ascendendo per idem litus usque ad molendinum sancti Cyriaci,³⁸⁷

---

*) C und C² wiederholen diese letzten zwei Worte aus Versehen; bei D
waren dieselben Worte wiederholt, sind aber später gestrichen worden.

³⁸⁵) Schon damals müssen es über 20 Mühlen gewesen sein: 13 am
Breitstrom, 6 am Bergstrom und eine (unbestimmte) Anzahl am Wallstrom
und der Kirschlache. Zur letzteren Gruppe gehörten wenigstens später (nach der
alten Wasserordnung) 7: Karthäuser-, Neuwerks-, Wallmühle und die 4 Kirsch-
lachenmühlen; auch diese bestanden mindestens theilweise schon zu Bibras Zeit:
die später sogenannte Karthäuser-Mühle wird schon in der der Wasserordnung eingefügten Bestimmung von 1291 als Mühle Rudolfs von Nordhausen des Jüngeren zugleich mit der Neuwerksmühle erwähnt und § 143
redete bereits von Mühlen an der Kirschlache.

³⁸⁶) Dies sind die Müller an dem Breitstrom und an der Schmalen
Gera unterhalb der Stadt bis über Ilversgehofen hinaus, wo die „Spital-
mühle in der Aue" (s. Anm. 257) oder, wie in der Wasserordnung steht, „die
niedere Waidmühle jenseit Ilversgehofen" die Reihe der 13 schloß. Die Mühle
Kesemargs muß als oberste am Breitstrom die sogenannte Rabenmühle gewesen sein.

³⁸⁷) Die „Bergmüller" von der Cyriaksmühle oberhalb der Stadt bis zur
Sackpfeifenmühle dicht vor der Einmündung des Bergstroms in den Breitstrom.
Letztere Mühle hieß auch „die halbe Mühle", „Bürgermühle" oder „der Bürger
Mühlgut", denn bereits im 13. Jahrhundert waren beide Halbmühlen an der
Langen Brücke vom Rath angekauft und pflegten damals um einen in Getreide
und Geld zu zahlenden Pachtzins an Rathsmitglieder verlehnt zu werden. Im Jahr
1294 verkaufte der Rath die eine (früher von Albert v. Rabenswalt und zwei
Brüdern von Revernburg lehnsrührige) Halbmühle an Walther Kerlinger, der
die andere schon längere Zeit als Lehen des Raths inne hatte, wobei man aber
der Stadt „in aqueductu iuxta molendinum omne ius, commodum et
consuetudinem, quam usque ad hec tempora habuit inantea" vorbehielt
(M. A. XLIV, 9). Dies letztere bezieht sich auf das Recht des Raths, den
Schlüssel zur Oeffnung und Schließung des die Mühle treibenden Wasserlaufs

tunc ille, qui est necessarius de molendinariis,³⁸⁸ personaliter tractat cum budello.

223   Item tempore purgacionis aquarum, quocienscunque purgatur in anno,³⁸⁹ tunc molendinarius vel molendinarii,³⁹⁰ qui purgant, non debent molere seu molendinum suum ordinare ad

---

zu verwahren, um an Festtagen oder wenn sonst die „Kerlingersche" Mühle fein Wasser bedurfte, besonders aber bei Feuersbrunst das Wasser in die städtische Canalisirung (die „Klingen") reichlicher einzulassen (ib. No. 14); ja nach der Bemerkung auf fol. 55 des Engelm.-Buches, daß man nämlich die Mühle „eine halbe Mühle" nenne, weil man ihr nicht zwei Räder wie den anderen Mühlen, sondern nur „ein Gerinne zu der Arbeit erlaube", scheint der Rath nachmals die eine Hälfte dieser „gespaltenen Mühle" d. h. die eine Halbmühle beseitigt zu haben, denn, wie es an der citirten Stelle weiter heißt, „das andere Wasser (das man sonst für ein zweites Gerinne der Mühle zu gute kommen ließ) soll ungehindert allweg in die Stadt gehen, als das die Bürger etwan um ihr Geld gekauft haben nach Laut des Stadtbuchs."

³⁸⁸) „Da der „necessarius molendinarius" diese die Bergmüller betreffende Labung dem Büttel zu vergüten hat, wird man unter diesem Ausdruck den „benöthigten Müller" zu verstehen haben, der einen Frage- oder Klagepunkt aufwirft, zu dessen Erledigung das Wasseramt die Müller am Bergstrom hören muß.

³⁸⁹) Die „große Fege" d. h. die Fege des (sehr seichten) Breitstroms geschah alljährlich vom Mittwoch nach Mariä Heimsuchung (2. Juli) an in Absätzen von Mühle zu Mühle, so daß jeder Müller ein Stück oberhalb und ein größeres unterhalb seiner Mühle („Ober"- und „Unterfege") zu säubern hatte. Diese große Fege war im Mittelalter wie noch gegenwärtig mit Ausnahme des letzten (untersten) Theiles des Breitstroms eine feuchte Fege d. h. ein Aufschaufeln des Flußschlammes mit den sogenannten Roßkrücken (von Pferden gezogenen zweirädrigen Schaufelbrettern, die mit der Deichsel zusammen einer Krücke ähneln), so daß der nicht völlig abgelassene Fluß den Schlamm abwärts, also endlich zur Stadt herausführte. Die Bergmüller sowie die Müller in der Karthäuser-, Neuwerks- und Walkmühle fegten (nach der Wasserordnung) nur alle drei Jahre, und zwar die ersteren stets in der Woche vor dem Beginn der großen Fege; diese alle drei Jahre nur wiederkehrende Fege war aber eine trockene d. h. der Schlamm wurde „mit Rabebern" (Schubkarren) herausgefördert. Endlich die Müller an der Schmalen Gera hatten jährlich in der Gemeintwoche oder in der darauf folgenden, also (s. Anm. 151) in der ersten Hälfte des October zu fegen.

³⁹⁰) Bei den „gespaltenen Mühlen" d. h. den auf derselben Höhe des Flusses einander gegenüber stehenden Mühlen (s. gleich nachher: eque posita) roßkrückten die Müller gleichzeitig, und zwar, wie es scheint, jeder eine Längshälfte des ihnen zusammen zukommenden Flußbettstückes.

hoc, quod dicitur vorsetze,³⁹¹ nisi ³⁹² dictus budellus vocet dictos wassermeyster et anewiser, ut examinent, si purgatum sit debito modo, et dictus molendinarius purgans dat budello de huiusmodi edicto I sol. Si autem duo molendina sunt eque posita sicut apud longas themas ³⁹³ et purgant simul, illi molendinarii duo tantum dant sibi I sol.

Item si aliquis occupat bona in suis edictis, quod dicitur 224 vrone,³⁹⁴ sive intra civitatem sive extra, ille dat dicto budello I sol. et vribotoni I sol. Item datur sibi I sol. et vribotoni I sol., quum bona deoccupantur, quod dicitur entfronet; item I sol. datur dicto budello et vribotoni I sol. de omnibus bonis venditis, que solvunt censum liberum in ecclesia sancti Severi.

Item, quicunque fit civis Erfordensis in suis edictis, dat 225 dicto budello IV den.

Item habet ad quamlibet birwette maiorem XIV den. de 226 dicta birwette.ᵃ⁾

Item advocatus Erfordensis habet instituere bodellum, qui 227 facit edicta a domo, que vocatur zu der gabeln,³⁹⁵ apud curiam

---

ᵃ⁾ Hier folgt in den Mff. die Wiederholung der Angaben über den Labungsbezirk und die Gefälle des einen Stadtschultheiß-Büttels (f. § 175).

³⁹¹) Vorsetzen (hier allem Anschein nach mit der Infinitivendung des Erfurter Dialekts auf e wie setze oder secze in III, 5) heißt, auf Mühlen bezogen, eine dicke Bohle auf den Fachbaum einsetzen, so daß das Wasser nicht in das Gerinnig einströmen kann, also kurz: den Rädern das Triebwasser abschlagen. An den „heiligen Tagen" versetzte man (die Mühlen) und leitete das Wasser in den Stadtgraben, um nach beendigter Feier wieder den Stadtgraben „vorzusetzen". Das Verbum vorsetzen oder versetzen (ahd. farsezzan, mhd. versetzen in der Bedeutung „hindernd besetzen") wurde also transitiv gebraucht; steht es ohne Object, so hat man wohl stets „Mühle" als Object zu suppliren. Im Obigen ist zu vorsetze aus non debent (dürfen nicht) natürlich das positive debent (müssen) hinzuzunehmen.

³⁹²) „bis daß".

³⁹³) Regelmäßig wiederkehrende Form für das seltner vorkommende „apud longas semitas" = bei den langen Stegen (der jetzigen Schlößerbrücke). Dicht oberhalb dieser Brücke standen zwei Mühlen, die also „gespaltene" oder „halbe" genannt wurden: die an der linken Uferseite kommt in den Freizinsregistern als „halbe Mühle bei den langen Stegen", die zur Rechten als „Waltmühle ehedem des Grafen von Gleichen" vor.

³⁹⁴) S. oben § 188.

³⁹⁵) an der Nordecke des Severhofs.

sancti Severi versus clippeatores descendendo per vingerler gazzo ad manum dextram et descendendo per latam stratam ad manum dextram usque ad molhof³⁹⁶ apud pontem mercatorum, et eciam in deme molhove facit edicta, item inter Judeos circa hospitale³⁹⁷ sicuti*) ante gradus³⁹⁸ in illa parte; ex ista parte Gere*) usque ad illa loca, ubi incipiunt edicta bodelli burgravii vel bodolli in monte sancti Severi. Et hic bodellus habet eandem consolacionem in edictis et berwette et in aliis, quam habet prior bodellus sculteti.³⁹⁹

228   Alter bodellus sculteti habet facere edicta incipiendo a domo dicti de Mekela in arena⁴⁰⁰ per Bultzam usque ad domum de Gutendorf apud sanctum Laurencium et per directum platee ad domum Rudolfi de Wiszense et sic deinceps per plateam, que vocatur die Meygenberger gasze⁴⁰¹

ª) Die Mss. haben sic ubi.   ᵇ) Die Mss. haben Gera.

---

³⁹⁶) Der Mühlhof rechts vom Eingang zur Krämerbrücke, hinter dem Rathhaus.

³⁹⁷) Das alte Martins- oder Neue Hospital, der Pflege Armer und Kranker gewidmet, lag dem Rathhaus gegenüber („curia burgensium adversus hospitale" schon im Freizinsregister des E. A. von 1293) und zwar in der Marktstraße („in lata platea" M. A. Erf. Url. b, XXV, 2), womit, da nach Obigem die Juden um dasselbe her wohnten, nur das Ostende der Marktstraße vor dem Mühlhof verstanden sein kann. Das später von Juden bewohnte Haus zum großen Paradies und seine nächste Umgebung hinter dem Rathhaus muß demnach die älteste Stätte dieses Hospitals gewesen sein. Noch vor dem Ende des 13. Jahrhunderts aber erscheint es an die „langen Stege" vorgerückt; das Areal desselben reichte dabei vom Fischmarkt bis an den Raths-Marstall an der Gera (E. A. Url. vom Apr. 1298 und Freizinsregister von 1327).

³⁹⁸) Unter diesen gradus muß ein stufiger Herabweg nach dem linken Ufer der Gera nahe bei der Krämerbrücke verstanden sein (vgl. „institae super Geram circa gradus cum itur ad simum" im Freizinsregister des E. A. von 1332; Häuser „auf der Misten" sind noch aus den Verrechtsbüchern des 17. Jahrhunderts in der Umgebung der Gera abwärts der Krämerbrücke nachzuweisen).

³⁹⁹) S. § 175.

⁴⁰⁰) Das Haus des von Mekela am (Junker-)Sand wird öfters in den Freizinsregistern, wie sich von selbst versteht an der Gera, erwähnt, hat sich aber leider ebenso wenig wie das Gutendorffsche bei der Lorenzkirche und das Rudolfs von Weißensee genauer in seiner Lage bestimmen lassen.

⁴⁰¹) Dieser Name hat mit der Zeit durch Erweichung des g und Verkürzung die Form „Meimber"- „Meimergasse" und durch Anähnlichung die

versus ecclesiam mercatorum usque ad pontem Kirslace prope Kramphentor et sic per totam plateam sancti Johannis, pabulatorum,*) plateam pecorum usque ad domum Eckardi de Bychelingen et in omnibus partibus illis usque ad pontem Kirslace prope valvam sancti Johannis, usque ad Lymansbrucken, in parvo foro, in ponte mercatorum usque ad metas parochie sancti Egidii et in omnibus partibus illis ultra Geram intermediis, videlicet inter Geram et Kirslacam. Et idem bodellus habet eandem consolacionem, quam habent priores.

Vicedominus Erfordensis habet instituere unum bodellum 229 de officio suo, cuius edicta incipiunt in molendino quondam de Glichen apud langen stegen[402] et in arena usque ad domum de Mekela per Bultzam, in platea pecorum, in domo Eckardi[b] de Bychelingen in atrio,[403] usque ad portam apud novum opus,[404] usque ad longum pontem et in partibus intermediis et in aliis locis prius non scriptis in edictis aliorum quatuor bodellorum. Cuius consolacio est sicut priorum bodellorum.

Infra scripta agricultura pertinet ad allodium.

Ante silvam Wawit[405] iacent circa centum et quinqua- 230 ginta agri bene mensurati. De istis agris sunt X^c) agri, qui

---

*) in C verschrieben zu prelatorum.   b) C hat hier das Wort zu Etleracher entstellt.   c) Das Mf. hatte ursprünglich XX, aber die zweite X ist radirt.

Form „Eimergasse" angenommen; wie die Weißen=Gasse bei St. Georgen (1332: Wizzengazze) nach einer domina Wizzen, die einst dort wohnte, benannt war, so wird wohl hier eine Straßenbenennung nach der in den Freizinsregistern des 14. Jahrhunderts auch oft vorkommenden Familie Megenberg vorliegen. Wahrscheinlich ist also auch der mit Erfurts Flora Bekanntschaft verrathende und nach Trithemius auf Erfurts gelehrter Schule gebildete Konrad von Megenberg (geboren um 1309), der Verfasser der berühmten ältesten Naturgeschichte in deutscher Sprache, ein geborener Erfurter. Vgl. „Das Buch der Natur von Konrad von Megenberg" ed. Pfeiffer.

402) S. Anm. 393.

403) Eine Stadtgegend in der Bartholomäi=Pfarrei, also am Anger oder doch unweit desselben („Curia in atrio in parochia s. Barthol." in dem Mercatorum=Freizinsregister des M. A. von 1313).

404) dem sogenannten Wasserthor.

405) S. Anm. 262. Es wird die Gegend sein, die sich von dem westlicheren Nordbrand des Steigerwaldes gegen das Südende der Stadt herabzieht

dicuntur brathuve,[406] qui non dant decimam; alii autem omnes dant decimam ecclesie sancte Marie in Erfordia. Et nota, quod iste mansus dicitur propterea brathuve, quia antiquitus dabant ferrum, quod spiz [vocatur], ad coquinam archiepiscopi de isto manso.

231 Item prope Hoppental[407] et apud tres fontes iacent circa V agri, qui eciam non dant decimam.

232 Item retro montem sancti Petri extra muros Erfordenses iacent sive sunt C et L agri bene mensurati.[408] Ex istis circa XXX non dant decimam; alii autem dant decimam ad dictam ecclesiam sancte Marie.

233 Item an demo Hönstade prope Erfordiam sunt circa C et XVIII agri,[409] qui omnes dant decimam ecclesie sancte Marie prefate.

234 Item in Hocheim circa C et XC agri decimam omnes dantes preter Spelberg[410] et II agri prope Hoveborn.

und das letztere von der wasserreichen Aue des Dreienbrunnens trennt. Auf der dem trefflichen Reichardtschen Werkchen „Historische Nachrichten von denen sogenannten Dreyen Brunnen" (Erfurt, 1745) angehängten Karte heißt diese Gegend noch „Churmainzer Gebind".

[406]) Wahrscheinlich die noch bei Reichardt (vgl. dessen Bemerkungen p. 102 l. c. mit seiner Karte) sogenannte „Hufe", die sich dicht am rechten Geraufer etwa vom Espicher („Espacher") Wehr bis nach dem „Oberrieth" d. h. nach Hochheim zu hinzog. Nach der von Engelmann 1497 angestellten Vermessung aller „in den Hof gebauter" d. h. in den Mainzer Hof ihren Ernte-Ertrag liefernder Aecker hielt diese Brathufe 51 Acker, die gesammte Länderei im „Wawet-Felde" 166¼. (Engelm.-Buch fol. 120). Man sollte nach der Normalgröße der Hufe zu 30 Acker (s. § 216) und nach Analogie mit der in § 232 mitgetheilten Ausnahme von der Zehntenleistung meinen, es sei auch hier XXX agri zu lesen.

[407]) Doch wohl der „Hopfengrund", der sich von der Dreienbrunnen-Flur (tres fontes) in den Steigerwald hineinzieht. Der Name wird sich von dem Hopfgarten „unten an der Wawet" herschreiben (vgl. Engelmann ibid.).

[408]) Dies ist die eigentlich sogenannte „Mainzer Gebind." Das Wort „Gebind" (ahd. piunta, mhd. biunde) bezeichnet eingehegtes Land, besonders das nicht zu Einzelbesitz aufgetheilte Herrenland. Schon 1298 nennt eine Urk. Grundstücke vor Erfurt „bi der gebint" (Höfer, älteste Urkunden ꝛc. p. 52).

[409]) Nach Engelmann (l. c. fol. 122) hielt „die groß Gebreit uff dem hohen Stade" bei Ilversgehofen 121 Acker.

[410]) Der Spielberg in der Hochheimer Flur hatte nach Engelmann (l. c. fol. 118) 4¾ Acker.

Anhang zum Bibra-Büchlein.

Hec sunt feuda, que vicedominus habet ab ecclesia Moguntina.

Ab episcopatu Moguntino habentur ista, que secuntur, 235 in feodo. Officium vicedominatus Erfordensis, quod solvit annuatim [XXX]VI*) talenta, de sale III fertones.[411] Domine uxori vicedomini de ipso officio de jure dimidia marca. Homines Slavi de Melchendorff, Tutelstete et Tabirstete dant X sol.[412] De moneta Erfordensi unam marcam de justicia et unam marcam de gracia.[413] [De officio forensi unam marcam de justicia et unam de gracia. De officio villicacionis in civitate[414] unam marcam.]*b*) De officio villicacionis in Brulo[415] unam marcam in festo purificacionis beate Marie. De officio forensi V tal.[406] cere. De monasterio s. Petri duos cereos; de monasterio s. Marie duos cereos.[417] De officio vicedominatus in Brulo duas marcas. De s. Petro duos botos.[418] De sportis carbonum duo calcaria vel IV sol.[419] De lanificibus

---

*) Bei M ist das Eingeklammerte durchstrichen.   *b*) Fehlt in W.

---

411) ¾ Mark d. h. 30 Schillinge vom Salzgrafen wegen der Gemäße (s. § 3).

412) S. § 39.

413) Er war neben dem Münzmeister mit der Ueberwachung der auf der Wechselbank im Beutel liegenden Münze betraut (I, 34); III, 7 stellt die Einnahme kurz und unterschiedslos auf 4 tal.

414) Stadtschultheißenamt.

415) Bei Bibra findet sich mit Ausnahme von § 169 stets statt in Brulo die Latinifirung in Plurali; über das Brühl s. I, Anm. 117.

416) talentum = libra. Vgl. III, 7.

417) S. die §§ 22, 23.

418) S. § 112, über boti (= bozschuch) vgl. Anm. 180.

419) S. Anm. 150.

XII sol.⁴²⁰ Piscatores domini episcopi piscabunt ei uno die in qualibet septimana.⁴²¹

236   Vicedominus ponit unum preconem de jure.⁴²² De Judeis habet annuatim 1 tal. piperis.⁴²³ Tercius denarius, quem scultetus civitatis in judicio habuerit, cedit vicedomino;⁴²⁴ item de officio villicacionis in Brulo habet ipsum jus. Ubicunque subvicedominus vicedomino absente habuerit dimidiam marcam,ᵃ) in ea nichil juris habet vicedominus; si autem affuerit vicedominus, in potestate sua erit subvicedomino suo quantum decreverit inpertiri. Quidquid autem supra dimidiam marcam multum vel parum lucratus fuerit subvicedominus, si presens vel absens est vicedominus, residua pars sibi cedit.

237   Quando dominus episcopus Moguntinus absens est, tunc pertinetᵇ) ad vicedominum conferre officium forense et monetam et officium villicacionis in Brulo et officium cellerarii, qui omnes tenentur stare judicio coram eo; et custodem lignorum⁴²⁵ debet ponere; et friboto habet respectum ad vicedominum et stabit judicioᶜ) coram eo.

238   Quando aliquid pro utilitate domini episcopi vel civitatis est tractandum, juris est vicedominum judicibus et burgensibus⁴²⁶ intimare,ᵈ) quiᵉ) omnes in curiam suam convenire debent, quamcunque decreverit ibidem tractare.

    ᵃ) Die Mff.: dimidia marca.   ᵇ) Die Mff.: pertinere.   ᶜ) Für judicium der Mff.   ᵈ) Nach v. Falckenstein (Historie von Erffurth I, 46 Anm.) statt des in civitate der Mff.   ᵉ) Die Mff.: quo.

⁴²⁰) Sollen lanifices die Wollenweber bedeuten, die Bibra textores nennt, so beläuft sich der Antheil des Bisthums an Innungs- und Oblei-Abgaben derselben nach den §§ 30, 50, 56, 73, 77, 136 auf 13½ Schillinge. Es wäre dabei auffallend, daß die übrigen Innungs- und Olbei-Abgaben, an denen der Bisthum ebenfalls theil hatte, hier völlig übergangen wären. Vielleicht bezeichnet also lanifices nur einen Theil der Wollenweber-Innung und ist dann obige Angabe von Bibra versäumt.

    ⁴²¹) S. § 53.
    ⁴²²) S. § 229.
    ⁴²³) S. § 2.
    ⁴²⁴) S. § 174.
    ⁴²⁵) Ohne Zweifel derselbe, der im § 167 forestarius und III, 8 holczhege genannt wird.
    ⁴²⁶) Unter judices sind die weltlichen Beamten des Erzstifts in Erfurt, unter burgenses die Rathsherrn zu verstehen (s. I, 51).

Officia, que dicuntur,⁴²⁷ debent esse sub vicedomino et sculteto civitatis.

Quandocunque*) de molendinis sub officio villicacionis in Brulo constitutis ᵇ)⁴²⁸ fuerit judicandum, sive infra muros sive extra, tenetur vicedominus cum sculteto judicare et terciam partem lucratus percipere.

In Witterde de jure I marcam et dimidiam, in Guttern V marcas, in Dorlin IV marcas, [in Valkene II marcas, in Mila I marcam].ᶜ)⁴²⁹

In Stoghusen⁴³⁰ habuit vicedominus I marcam et dimidiam, quas habebit in Cammerforste⁴³¹ propter ibidem factum concambium.

In Witterde, quando locantur officia in festo beati Jacobi, vicedomino dari ᵈ) debet ᵉ) una marca de jure et uxori sue unus ferto; in Guttern tantum; [in Dorlen tantum; in Valkene tantum]. ᶠ)

In Witterde dantur vicedomino ab hominibus ad amiciciam duo maldra avene pro eo, quod eximit eos omni anno, ne dent theolonium; de quodam manso ibidem V maldra avene de jure.

In Guttern dantur vicedomino ad amiciciam de allodio domini episcopi duo maldra avene, dum colitur ab alienis; cum autem dominus episcopus resumpsit in usus colendi, nichil ibidem habebit vicedominus.

In Dorlen hoc ipsum habet similiter; de officio in Dorlen et de Langelo dantur vicedomino de jure duo maldra humuli.

In predictis V curiis vel officiis habet vicedominus de jure in qualibet curia tria hospicia [temporibus graminum unum

---

*) M: quandoque. W: quamcunque.   ᵇ) M: constituis. W: constitutum.   ᶜ) Fehlt in W.   ᵈ) Die Mff.: dare.   ᵉ) M: deme. In W fehlt das Wort.   ᶠ) Fehlt in W.

---

⁴²⁷) zu ergänzen wird sein: die innungen. Vgl. III, 10.
⁴²⁸) Vgl. die §§ 143 und 172.
⁴²⁹) S. Anm. 190.
⁴³⁰) Stockhausen dicht bei Sondershausen. Ein erzstiftischer Ministerial Wibego von Stockhausen wird 1128 urkundlich erwähnt (Stumpf, Acta Moguntina, p. 15).
⁴³¹) S. Anm. 190.

hospicium et juxta pablum duo hospicia],*)⁴³² cum tractare voluerit negocia episcopi.

248 Hoc ipsum debet habere in allodio episcopi Erffordie in officio villicacionis in Brulo.

249 Et omnes V curias, videlicet Witterde, Guttern, Dorlen, Valkene et Mila debet locare vicedominus et heredes sui.

250 Hec omnia attinent vicedomino ad officium vicedominatus et heredibus suis.

251 Quinque picaria pens[ionis?], que de curia dantur vicedomino qualibet ebdomada ante gradus.⁴³³

252 Fabri Erffordenses fabricant domino episcopo annuatim XXXVI tal. cupri ad tria caldaria, ita quod quodlibet caldare XII libras habebit.⁴³⁴

253 De sporta carbonum datur domino episcopo I tal. et una crea olla valens talentum denariorum.⁴³⁵

254 Clippeatores dant singulis annis unam sedem domino Moguntino, et magister fori dabit coreum ad sedem.⁴³⁶

255 Nota: ista, que hic ponuntur, pertinent ad officium magistratus.⁴³⁷ De coreo et antiquis vestibus datur zeu

---

*) Fehlt in W.

⁴³²) Also ein „Maibing" und zwei „Herbftdinge", erfteres, wann das Gras fprießt, letztere „after halme und howe" (wann geerntet und geheut ift). Vgl. Grimm, Rechtsalterth. p. 822 ff. In einem Saalbuch des oldenburgifchen Marfchenlandes Wührden von 1428 heißt es: „Item fo mogen be Herrn twi in em Jahre richte holde in dem Lande, dat ene by grafe, dat andre by ftro." (Allmers, Marfchenbuch p. 192).

⁴³³) etwa von den Holznäpfen, die der Salzgräfe nach § 6 wöchentlich in den Hof zu geben hat als Zins vom Hohlwerkzoll?

⁴³⁴) S. § 75.

⁴³⁵) S. Anm. 150.

⁴³⁶) S. § 145.

⁴³⁷) Diefes „Oberamt" muß das Amt des fchon im 14. Jahrhundert die übrigen Beamten überragenden „Gutsverwalters" oder „Küchenmeifters" bedeuten, da die nachfolgenden Abgaben alle in den Mainzer Hof, alfo in die Hand des Küchenmeifters gewiefen waren.

losunge⁴³⁸ XXXIII tal. et in qualibet septimana X sol. et in anno XLVIII pulli; ⁴³⁹ item de lyneo panno II libre czû losunge, in qualibet septimana XVIII den. et in anno XII pulli; ⁴⁴⁰ item de ponte mercatorum XXVI libre czû losunge et in qualibet septimana V sol. et in anno XXIV pulli; ⁴⁴¹ item de foro equorum et de holwerke VIII libre ⁴⁴² czû losunge et in qualibet septimana XII scutelle et XII pycaria ⁴⁴³ et in quolibet anno II dyne, ⁴⁴⁴ II capisteria, II hausteria, II metrete, ⁴⁴⁵

---

⁴³⁸) In den früheren §§ mit pro libamine übersetzt (= zum Loskauf, als Pacht, denn die Amtsverleihung war eine Verpachtung).

⁴³⁹) Früher (§ 204 u. § 207) sind die Revenüen vom Altkleider- und Lederamt getrennt angegeben; summirt man dieselben nach den dortigen Angaben, so erhält man zwar den Wochenzins der 10 Schillinge, aber eine geringere Jahresabgabe an Geld, Silber und Hühnern, dazu indessen noch den Scheffel Mohn und den Scheffel Hanfsamen.

⁴⁴⁰) Hier stimmt die frühere Notiz (§ 211) hinsichtlich der Jahresabgabe an Geld, während daselbst von der Wochenabgabe und dem jährlichen Hühnerzins nichts gesagt wird, dafür aber noch ein Paar Sint-Ramaschen hinzukommt.

⁴⁴¹) Auch für das Brückenzollamt stimmt die frühere Angabe (§ 201) nicht mit der obigen, obgleich die dort erwähnten zwei Mark „reinen Silbers" Schwierigkeit in der Veranschlagung ihres Werthes nach gemünztem Geld machen. Erst für das Jahr 1352 wissen wir (aus der Urk. Erzbischof Gerlachs M. A. VII, 24), daß damals eine Mark löthigen Silbers 50 Schillinge (2½ Talente oder Münzpfunde) galt.

⁴⁴²) Früher (§ 213) war nur vom Roßmarktzoll die Jahresabgabe von 4 Talenten genannt; aus Obigem ist (wenn auch nicht mit voller Sicherheit) zu schließen, daß für den Hohlwerkzoll eine gleiche Abgabe an Geld außer der an Holzgeräthen und Hühnern zu entrichten war.

⁴⁴³) Nach den §§ 6 u. 13 waren es 18 Schüsseln und 18 Becher.

⁴⁴⁴) „Dyne ist ahd. tina f. Graff V, 429, welches in Diefenbachs gloss. lat.-germ. 548ᵃ s. v. tina neben kubel, zuber, butte in der Form tzynne und tine auftritt." (Briefliche Mittheilung des Herrn Prof. K. Regel in Gotha). Die folgenden „Mulden, Schöpfer" (s. Anm. 32 u. 35) lassen die Deutung Kübel oder Zuber um so zutreffender erscheinen. Die heutigen Norweger nennen „Tine" das länglich runde Holzgefäß mit dem zwischen die beiden endständigen Handgriffe eingepaßten Deckel (ähnlich den Buttergelten der zu Markt ziehenden Bäuerinnen in Thüringen), worin sie auf ihren weiten Karrenfahrten den Proviant bergen.

⁴⁴⁵) Die metreta war ein faßähnliches Hohlgefäß, auch Gemäß sowohl für Flüssigkeiten als für Getreide und Hülsenfrüchte.

II cratere,ᵃ)⁴⁴⁶ I drog, II palo,⁴⁴⁷ I cribrum, II scope et XII pulli.

256 Camere mercatorum solvunt annuatim XXVI marcas preter fertonem [et]ᵇ) dimidium.⁴⁴⁸ De hiis Ludewico de Blankenhaynᶜ) dantur XI marce pro feodo castrensi in Tundorff, item comitisse in Tungdorff III marce, item Gotschalko Kerlingeri et Gotschalko de Rorbeche, civibus Erffordensibus, VII marce; item fribotoni ferto I; residuum recipiet procurator allodii⁴⁴⁹ Erffordensis.

257 De allodio domini Moguntini in Erffordia annis singulis comiti Gunthero de Schwartzpurg dantur XXV marce, item Volrado de Cranchfelt pro pheudo suo castrensi in Tungtorff

---

ᵃ) Für cratene der Mff.   ᵇ) Fehlt in W.   ᶜ) Die Mff.: Blandenhayn.

---

⁴⁴⁶) Cratera = Korb (nach Du Cange); doch ist vielleicht crathere zu lesen und (nach den großen Holzgefäßen) als kleinere Gefäße zu deuten, wie crathera in den Annales Reinhardsbrunnenses (ed. Wegele p. 56) als Becher vorkommt.

⁴⁴⁷) Zwischen den Trog, das Sieb („ligna ad cribra" in § 14) und die Reiserbesen gestellt, wird palo sicher wie auch alle sonst genannten Gegenstände Holzgeräthe bezeichnen, und zwar mögen, wie oben (Anm. 36) gezeigt ist, einseitig zugespitzte Pfähle darunter zu verstehen sein.

⁴⁴⁸) Nach der Lesart M hätte sich also die jährliche Einnahme von den Kauf- oder sogenannten Gewandgaben (des Wenigen Marktes) auf 51¼ tal. (nach W 51⁵/₁₂ tal.) belaufen. Dem Freiboten fielen (f. § 57 u. § 130) 5 Schillinge sowohl von der Walpurgis- als von der Martinierhebung dieses Zinses (also im Ganzen ¼ Mark) zu. Wären nun, wie nicht unmöglich, die 5 Schillinge von der in § 57 angegebenen Anzahl von Talenten des Walpurgiszinses wie in § 130 abzuziehen statt zuzuzählen, ferner statt XXIV zu lesen XXVI, und wäre es erweisbar, daß Bibra beim Niederschreiben der Höhe des Martinizinses (in § 130) die in seiner Quelle stehende und Marke bedeutende Zahl zur Uebertragung in seine Rechnung nach Talenten von XIII auf XXVI zu verdoppeln vergessen hätte, so resultirten eigentlich auch bei Bibra 51½ tal., und es wäre die Divergenz der obigen Angabe mit den früheren als eine wesentlich aus Schreib- oder Flüchtigkeitsversehen entstandene erklärt. Daß Bibras Zahlenangaben in § 57 und § 130 nicht richtig sind, macht außer dieser Ungleichheit des Walpurgis- und Martinizinses das weit größere Näherrücken der obigen Zahl an die von Engelmann (p. 5 seiner Rechnung aus dem Jahr 1511) überlieferte Höhe des Gesammtzinses von 59 Talenten und 10 Schillingen wahrscheinlich.

⁴⁴⁹) Sonst stets provisor allodii genannt.

VIII marce,⁴⁵⁰ item Heinrico de Alrestete militi V marce, item Ludewico de Lapide militi pro feudo castrensi in Tungtorff VI marce, item Volrado de Cranchfelt juveni VI marce, item pincerne de Appolde X marce, item Theoderico Cappus II marcė, item Wilhelmo IV marce, item Heinrico de Meuwersburg II marce; familie in allodio domini episcopi et molendino⁴⁵¹ XX talenta dantur in precio, item fabro, qui sufferrat equos XVI et preparat instrumenta, que pertinent [ad agriculturam],ᵃ) dantur IV talenta.

ᵃ) Conjectur für die unverständlichen Worte: ad instrumenta ad area.

⁴⁵⁰) Für die „Burghut" oder den Dienst als „Burgmann" waren vom Erzstift für seine thüringischen Burgen mannigfache Revenüen an Geld oder Naturalien ausgesetzt; wie hier für Tonndorf (s. Anm. 74), so bestimmt der noch nicht publicirte Theil des Bibra-Büchleins z. B. für die 4 Burgmannen auf der Mühlburg (der jetzigen „Mühlberger Gleiche") theils Geld, aus dem Erfurter Allodium zu bezahlen, theils Acker- und Wiesenbenutzung; von den drei Burgmannen auf der Burg Bischofsgottern hatte der eine als Burglehen nichts als einen von ihm angelegten Fischteich beim Burggraben; aber diese Burglehen scheinen meist erblich gewesen zu sein.

⁴⁵¹) den Knechten und Mägden im Mainzer Hof und der dahinter liegenden (Mainzer) Mühle.

III. Das Weisthum über die Vizthum-Rechte.

Vorbemerkung.

Die Aufzeichnung des nachstehenden Weisthums, das mit dem Haupttheil des vorstehenden „Anhangs zum Bibra-Büchlein" d. h. mit dem so genannten Liber de juribus Vicedomini den Gegenstand gemein hat, scheint jünger als das letztere zu sein, fällt aber gewiß doch noch in die 1. Hälfte des 14. Jahrhunderts, da später die Rechte eines wahren Vicedominus keine praktische Bedeutung mehr hatten.

Die Herausgabe geschah nach denselben zwei Handschriften M und W, die oben (S. 36) erwähnt sind.

Dit ist daz vicztum amecht, daz der vicztum von Appolde unde sine erben von irme herrn dem erczbischoffe von Mencz zcu Erfforte gehabit haben unde noch habin zcu rechtem lene.

De vicario vicedomini.

1   Si¹ sullen eynen vicztum an daz gerichte seczen. Der sal on truwen geloben unde darnach off den heilgen sweren² irme herren deme bischoffe unde irme herren von Glichen unde deme vicztum [unde]*) der stadgemeyne ir recht zcu behaldene,

---

*) supplirt nach Maßgabe von § 9.

---

¹) „Sie" bedeutet hier und im Folgenden stets die Herrn von Apolda, deren Familie das Vizthumamt als erbliches Mannlehen besaß; sie sollen einen Vice-Vicedominus einsetzen („subvicedominus" in II, 236 genannt).

²) Sonst: „zu den Heiligen schwören" (s. Anm. 296). Das „auf" drückt aber die Haltung des Schwörenden noch deutlicher aus: er legt den zweiten und dritten Finger der rechten Hand auf die Heiligenkeffe (s. Kopp, Bilder und Schriften der Vorzeit I, Tafel zu p. 93).

und wer en daz breche daz her daz warne. Her sal ouch von irweyn*) sin teil nemen, waz an deme gerichte gewunnen wirt.³

De bodello.

Si sullen oynen botel seczen,⁴ der under en sie und der 2 en helffe bewaren unde merken, daz irme herron dem bischofe keyn unrecht gesche ader en selbist.

De Brulo.⁵

Daz selbe recht haben sie an deme schultheysen amecht 3 in dem brúel.⁶ Mit deme selben schultheysen sal der victúm richten in dem brúle, obir die mûllen in der stad unde vor ᵇ) der stad,⁷ waz da zcú richtene ist, unde sal das derteil ᶜ) da vone nemen.

Scultetus.

Swanne ir here der bischof von Mencze eynen schultheysen 4 haben sal zcú Erffurte, den sullen sie seczen. Der sal en sweren an ires heren stat des bischoves von Mencze zcú alle dem rechten, als daz von alder herkomen ist. Rechte als sie den schultheysen seczen in der stad, als sullen sie seczen den schultheisen in deme brúle.

De magistro fori.

Si sullen oúch secze den marcmeyster⁸ unde den mouczemeyster unde eynen fribotin.

Dise vorgenanten amecht die sullen vor en zcú rechte ste, 6 unde [sic] haben obir sie zu richtene an ires heren stat von Mencze, als ab her keynwerdig were.

Den schultheysen in der stad, wanne sie den seczen an 7 das gerichte, der sal gebin zcú irme rechte als mange marg als manig iar her daz amecht gewunen hat. Daz selbe sal

---

ᵃ) W: orer wegen.   ᵇ) M: wi.   ᶜ) W: das dritten teyl.

---

³) S. II, 236.
⁴) S. II, 229 u. 236.
⁵) S. I, Anm. 117.
⁶) Als wenn schon von dem anderen, nämlich dem Stadtschultheißenamt geredet wäre (vgl. § 4).
⁷) = in Innenstadt und Weichbild (s. I, Anm. 37).

der schultheyze in deme brule tûn. Is sal ouch tûn der münczemeyster unde der martmeister.⁸ Dese vier vorgenanten amecht der iclicher gebit dem vicztûm zcû rechte als mange marg als manig jar her daz amocht gewunnen hat. Obir daz sal on geben der monczemeyster icliches iares an sente Jacobis tage IV talente nûwer pheninge. Der martmeister gebit iedes jares fûnff phunt wachzes an unser frowen obind lichte messen.

Holczhege.*)⁹

8 Sie sullen ouch seczen eynen holczegen. Der sal en geben iedes iares ires heren holczis eynen acker.¹⁰

9 Wanne so die bûrger von Erfforte eynen rat gekorn haben, so sullen si komen zcû deme vicztum unde sullen om en trûwen globen unde darnoch offe den heilgen swern irme rechten hern von Menzee sin recht zcu haldene unde irme heren dem voyte von Glichen unde deme vicztûme unde der statgemeyne richen unde armen.

Von der innunge.

10 Die amecht, die da heisen innunge,¹¹ die sullen sie ᵇ) under deme vicztume unde under deme schultheysen uze der stad.¹²

Textores.

11 Die weber die geben zcû sente Jacofs tage XXX sol. unde zcû sente Michels tage VII½ sol., zcû sende Walpurge tage VII½ sol. unde XXX zcû wynachten; VI sol. zcu oveley zcû ostern unde zcû phingisten VI.¹³

---

*) M: Holczcyge.   ᵇ) W: seyn.

---

⁸) S. I, Anm. 120.
⁹) S. II, Anm. 425.
¹⁰) Der Holzhege soll ihnen einen Acker Holz schlagen, wie er (nach II, 186) auch dem Freiboten im Herbst einen solchen in der Wawet zu schlagen hat.
¹¹) Metonymisch hieß die zunächst vom gewählten Obermeister der Innung geführte Oberaufsicht über die Innung also selbst Innung; in diesem Sinn war „Innung" ein der obrigkeitlichen Bestätigung bedürftiges „Amt" (vgl. II, 30: „de innunge pro confirmacione novi magistri").
¹²) d. h. unter dem Stadt-Schultheißen.
¹³) Diese Abgaben stimmen der Reihe nach mit II, 74, 77, 56, 50, 73, nur die Weihnachtsabgabe ist in II, 136 (übereinstimmend mit der Oster- und

Sutores.

So geben die schůchwarten*)¹⁴ zců sente Jocofs tage 12 XXX sol., [zců sente Michels tage XXX sol.]ᵇ) preter XVIII den., zců unsir frowen tage lichtemesse XXX sol. minus XVIII den. unde zců sende Walpurge tage XXX sol. preter XVIII den., zců sente Mertins tage deme vicztůme zewene bothschů unde deme schůltheisen zewene, zců wynachten IV sol. zců oveley, zců ostern IV unde zců phingsten IV.¹⁵

Salczgreve.

Der salczgreve gebit von den salczmaszen XXX sol.¹⁶ 13 Eyn iclich salczwayn, der off deme marcte liet, der gebit IV sol. an deme zewelftentage.¹⁷ Unde eyn ussewendig wayn, der da salcz fůret, vert der eyns in demo iare, so gebit her eyn maz salczes, vert [her] abir zců zwen malen, so gehit her zwey maz. So gebit eyn iclich karre eyn halb mas. Dit samnet der salczgreve.¹⁸

Die futerer.

Dy futerer geben zců dren byrwetten¹⁹ zcu iclicher 14 VII½ sol. unde gebin zců mittevasten III malder hafern.²⁰

ᵃ) W: schucharten.   ᵇ) Fehlt in W, ist aber durchaus nothwendig; vgl. II, 77.

Pfingstabgabe) auf 6 Schillinge „pro obvencionibus" angesetzt. Ovelei oder obelei (eigentlich „gesegnetes Brot" beim heiligen Abendmahl, Speiseopfer, Brotzins an die Kirche bedeutend) ist also hier wie obventiones Ausdruck für Darbringung, Abgabe überhaupt.

¹⁴) Noch im Familiennamen Schuchart fortlebend; gewöhnlicher ist mhd. schůworhte (Schuhwirker) oder schuochsůter (woraus Schuster).

¹⁵) Stimmt genau mit II, 74, 77, 30, 56, 113, 111, 136, 50, 73.

¹⁶) S. II, 3.

¹⁷) S. II, 4, wo jedoch von jeder der 15 Salzköten nur 3 Schillinge bezahlt werden (der Vizthum erhält natürlich auch davon nur ⅓). Epiphanias heißt „der zwölfte Tag" als 12. nach Weihnachten.

¹⁸) S. II, 7.

¹⁹) Hier und in den 3 folgenden §§ sind die Bierwetten geradezu als Termine benutzt. Die erste Bierwette des Jahres fiel auch genau mit dem Abgabetermin der Innungen vom 1. Februar zusammen, die 2. (in der Bittwoche d. h. den drei Tagen vor Himmelfahrt fällig) rührte dagegen nur ungefähr an den Walpurgistermin, die 3. (in der Gemeinwoche d. h. der Woche nach Michaelis fällig) wieder um so dichter an den Michaelistermin; ja § 21 inbentificirt die Bierwettentage völlig mit Lichtmeß, Walpurgis und Michaelis.

²⁰) S. II, 30, 56, 77, 44.

Vendentes pisa.

15 So gebin die da haben erweys unde ander mûsgewerg veyle²¹ zcû iclicher byrwette VII½ sol.²²

De lyneo panno.

16 Die da haben lynen tûch unde alde cleydere feile, die gebin zcû iclicher birwette VI sol.²²

Die ledersnytere.

17 So geben die ledersnytere zcû iclicher birwette XXXIII den.²²

Sellatores.

18 Der schildermeister gebit zcu sende Jocofs tage V sol. unde XXX den.²³

Oleatores.

19 Die da haben oley feyle, der gebet iclicher in der vasten I½ talent oleys.²⁴

Allcciatores.

20 Dy da haben heringe veyle, der gebit iclicher LX ᵃ) heringe.²⁵ So gebin dye heringere gemeyne eynen lachzen an deme palm obynde ader da vor eyn unde zcwenzig sol.²⁶

Braxatores.

21 Eyn iclich byroñge,ᵇ)²⁷ der selbir brûwegefeze hat, der gebit zcû sente Michels tage V sol. preter I den. zcû brûwerke unde zcu unsir frowen tage lichte messe, also vil zcu sente

---

ᵃ) M: L.   ᵇ) W: birouge.

---

²¹) S. II, Anm. 100.
²²) S. II, 30, 56, 77.
²³) S. II, 74.
²⁴) S. II, 44.
²⁵) Nach II, 44 vielmehr 66.
²⁶) S. II, 45; die Höhe des Lachszinses schwankt nach den Lesarten also zwischen 20, 21 und 25 Schillingen.
²⁷) Biereige (Biereie) war der bis in unser Jahrhundert fortgeerbte Name für jeden Erfurter Brauer; er wird durch diesen Namen zunächst als ein solcher bezeichnet, der vor den Andern das „eigene Bier" voraushat, also kein frembes Bier zu kaufen braucht, natürlich wesentlich auch zum Verkauf braut. Ahd. würde das Wort pioreigo lauten (vgl. wineigo, hûseigo) von ahd. eigo, mhd. eige = Besitzer.

Walpurge tage. Die andern biroûgen, die selbir bruwegeseze nicht en haben, die geben dry phenge mynre denne fünfzeen schillinge des iares als die vorgenanten birougen, dy selbir brûgevese haben; da mete sin sie ledig unde loz unde en dorffen der VI phenge von deme fuder nicht geben.²⁸

De domibus venditis et [aliis]ᵃ) bonis.

Welch gut ader hoff des gestiftes von Mencze vri ist, is 22 sie vorerbit ader nicht vorerbeit,²⁹ vorkoûfet daz eyn man dem andern, daz sal der schultheise vorlien da der vicztum bie sie. Unde der da koûfet, umme also manche marg als he das gût ader den hof koufet, also manchen schilling sal her geben dem schúltheisen ader dem vicztûm ³⁰ geben zcû rechte.ᵇ)

Waz man desis vorgenanten lihens ader byrwette ader 23 innûnge genûset, daz wirt deme vicztûme daz derte teyl unde die andern zcwey teyl deme schultheisen.

De candelis.

So gebit man deme vicztûme alleyne von sente Petre 24 iedes jares zcwû kerczen von eyme phûnde wachzes an unsir frowen tage lichte messe ³¹ unde zcû sento Mertins tage zcwene boschû.³² Von unsir frowen berge gebit man eme iedes jares zcwu kerczen von eyme phûnde.³³

De carbonibus.

Von den kolonmazen, da man kolen mete miszet, gebit 25 man deme vicztum iodes jares vir schillinge.³⁴

ᵃ) Fehlt in M. ᵇ) M: riche.

---

²⁸) S. II, 27, 28, 72, 78. Die Besitzer eigener Braugefäße wären demnach in alter Zeit nur die zur großen Bierwette verpflichteten 6 Brauherrn gewesen, während Art. 19 des Zuchtbriefs von 1351 jedem Biereigen den Besitz von eigenen Braugefäßen (Bottich und Faß) zur Pflicht machte.

²⁹) d. h. es sei auf Erbzins verliehen vom früheren Inhaber oder nicht (vgl. I, 5 und 9).

³⁰) vielmehr dem Schultheißen und dem Bizthum, so daß jener 8 Pfenninge (²/₃), dieser 4 Pfenninge (¹/₃) erhielt, wie im nächsten § angedeutet und II, 170 und 174 genau ausgedrückt ist.

³¹) S. II, 22.
³²) S. II, 112.
³³) S. II, 23.
³⁴) S. II, Anm. 150.

Pilleator.

26 Der hûtermeister der gebit demo vicztûme iodes jares zcû ostern vir schillinge, zcu phingiston vire, zcu wynachten vire unde zcwene hûte.³⁵

De magistris textorum.

27 Der webermeyster der gebit demo vicztum iedez iares vir schillinge zcû sente Johannes tage baptisten.³⁶

De Slavis.

28 Dye wyndeschen lûte von Melchendorff, von Tutelstete,ᵃ) von Tabirstete dy geben deme vicztum iedes jares zcû mittevasten zcehen schillinge.³⁷

Judei.

29 So gebin eme die Jûden iedes iares eyn phûnt pheffers zcû nûweme iare.³⁸

Vynee.

30 Man gebit em uz unsis hern von Mencze wyngartin iedes iares sechs hengelᵇ) wynber.³⁹

Piscator.

31 Von eyner fischeweyde gebit man dem vicztume alle fritage sechs phenige wert vische.⁴⁰

ᵃ) Die Mff. haben versehentlich: Tu͞teleyben.   ᵇ) W: hengele.

³⁵) S. II, 50, 73, 136 (die zwei Hûte zu Pfingsten).

³⁶) Eine von Bibra nicht erwähnte Abgabe, ähnlich wie die 12 Schillinge „de lanificibus" in II, 235.

³⁷) S. II, 39.

³⁸) S. II, 2.

³⁹) Hengel bedeutet alles, woran etwas hängt, z. B. Henkel, Thürangel; daher sind hier wohl Rebenzweige mit Trauben behangen darunter verstanden (vgl. hengelboum = Balken zum Anhängen von Gegenständen, und „ein Reben im Weingarten" als Symbol bei der Besitzübertragung von Weinländerei in II, Anm. 376).

⁴⁰) Weiden hieß nicht nur weiben, sondern auch jagen; Fischweibe also: Fischfang, Fischerei. Solcher Fischereien oder piscariae („Fischwasser" bei Engelmann) gab es ober- wie unterhalb der Stadt mehrere im erzstiftischen Besitz (s. II, Anm. 111), es scheint aber nur von einer derselben obige Frohnfischabgabe an den Vizthum geleistet worden zu sein.

Abhandlungen.

I. Die Bischofsmacht auf ihrer Höhe.

Es hat eine Zeit gegeben, wo Erfurt eine bischöfliche Stadt genannt werden durfte, weil der Erzbischof von Mainz in der Stadt, zumal während des 12. und der ersten Hälfte des 13. Jahrhunderts, nicht nur, wie schon seit Alters, manche grundherrliche, sondern auch umfassendere Rechte geltend machte, wie sie nachmals den Begriff der Landeshoheit mit zusammensetzten, als seit dem 15. Jahrhundert derselbe sich in deutschen Landen schärfer auszubilden begann.

Die drei vorstehenden Weisthümer sind Beweis genug, wie bunt zusammengewürfelt die Rechte des Mainzer Erzstifts auch in der Blüthezeit der Bischofsmacht in Erfurt waren. Nicht aus dem abstracten Begriff der Landesherrlichkeit theoretisch gefolgert, sondern aus den örtlichen Verhältnissen in concreter Wirklichkeit erwachsen, bilden sie selbst in der vollständigsten Uebersicht, der Hermanns von Bibra, weder ein lückenloses noch ein übersichtliches Ganze, so daß hier zunächst der Versuch gemacht werden soll, diese Erfurter Bischofsrechte in mehr systematischer Weise zusammenzufassen, so viel als möglich das Fehlende aus anderen Quellen ergänzend, das allgemein Gehaltene detailirend, das für unseren Zweck zu ausführlich Gegebene kürzer zusammenfassend.

1. Residenz, Mauerbau, Burghut.

Am Domhof, hochragenden Kirchenbauten benachbart, gewöhnlich auf beherrschender Anhöhe pflegten sich unsere mittelalterlichen Stadtherrn geistlichen und weltlichen Standes ihre städtische Residenz zu gründen. Wie in Braunschweig Brunonen und Welfen ihr Schloß auf der Burghöhe an der Oder im Leben, das anstoßende Blasiusstift im Tod bewohnten, Kölner und Regensburger Bischof am Domhof bei den Stiftskirchen, jener am Saum fruchtreicher Obst= und Wein=

gärten, dieser am Donaustrand in der Umgebung der Pfaffenhäuser seine Wohnung sich wählte, so thronte auch in Erfurt der geistliche Stadtherr an jenem Hof, der sich an die beiden Stiftskirchen anschloß, von wo aus er einen schönen Ueberblick über die Stadt nach der einen, die Pfaffenwohnungen nach einer anderen, den rebenumgrünten Petersberg nach einer dritten Seite hatte.

Es war jene niedere, aber steile Vorhöhe des Petersberges, auf der Bonifacius einst seine Kirche gründet. Jetzt stand auf hohem Gewölbebau, von dem die großartige Freitreppe der „Graben" zum Marktplatz herabführte, an dem südlichen Vorsprung dieser Höhe der schon stattlichere Bau der Marien-Kirche, die man als stiftische Mutterkirche der ganzen Stadt wie die Augsburger nachmals den Dom nannte, in der auch Erzbischof Sifrid II. 1230 seine Ruhestätte fand;[1] und dicht daneben hatte sich, seitdem Erzbischof Otgar im Jahr 836 die Gebeine des heiligen Bekenners Severus, bald danach auch Reliquien von dessen Tochter Innocentia von Mainz ins „Hohe Kloster" am Dom übertragen, aus diesem Nonnenkloster ein zweites Stift, mit ebenfalls stolz aufstrebendem Gotteshaus gebildet. An diese Stiftskirche s. Severi lehnte sich unmittelbar der Bischofshof, der, mit Haus- und Mauerbauten umfangen, außer einem westlichen Herabgang zum Bergstrom nur zwei schmale Thorpforten nach den Schilderern und nach dem Petersberg offen ließ (II, 151 f. und Urk. vom 16. März 1318 im E. A.). Die ganze Anlage, besonders das eigentliche Residenzgebäude nach der Stadtseite hin nannte man das Krummhaus (II, Anm. 85). Der Blick vom Krummhaus schweifte über den, ursprünglich wohl die „Vorburg" zwischen Außen- und Innenmauer füllenden, sich bis unter den „Tarras" hinziehenden Obstgarten (II, Anm. 104), dann über jenes von uralten Gewerken genossenschaftlich bewohnte Stadtviertel regen Handwerkertreibens, das in unserem Jahrhundert durch die Kriegsfurie leer gefegt wurde, und so gemächlich weiter über das thurmreiche Erfurt; aber das Haus selbst litt schon damals durch sein Alter: bereits 1266 hat es Erzbischof Werner dem Marienstift als Domherrnhaus übergeben gegen einen Schilling jährlichen Freizinses,[2] 1343 ist es dem Stift gänzlich überlassen worden, da es den Ein

---

[1] Pertz SS. XVI, 27 und die Urk. des nachfolgenden Sifrid (III.) von 1238 im E. A.

[2] Urk. vom 1. Sept. 1266 im E. A.

sturz wie längst die anderen Häuser am Severhof drohte; nur noch das Recht, daß der Bischof wie vor Alters darin absteigen dürfe beim Besuch der thüringischen Tochterstadt, wurde aufrecht erhalten.¹

Denn allein wenn der Erzbischof, wie man in dem höhenumzogenen Thüringen sagte, „über die Berge", gewöhnlich vom Eichsfeld her, in „seine Stadt" kam, entfaltete sich um die altersgrauen Mauern des Krummhauses herum fürstlicher Glanz, und gewöhnlich geschah ein solcher „Einritt" nur von jedem Erzbischof einmal,² nämlich um nach erfolgter Bestätigung die Huldigung in Erfurt entgegenzunehmen.

In den Jahrhunderten der Selbstregierung der Stadt durch den Rath pflegte der Erzbischof vorher brieflich den Rath um die Erlaubniß seines Einritts in Erfurt und um eine Abordnung zu bitten, welche „Gelübde und Eide" von ihm empfangen solle.³ War, etwa in Heiligenstadt, mit einigen vom Rath über Einritt und städtische Privilegien das Vorläufige zur Zufriedenheit beider Theile verabredet, so holte man, in glänzender Rüstung stundenweit entgegenreitend, den Erzbischof mit seinem Gefolge, das sich bei Dietrichs Einritt 1440 auf 600 Pferde belief,⁴ feierlich ein. In dem ersten seiner „Küchendörfer", das er noch vor der Stadt erreichte, in Ilversgehofen, stieg der Erzbischof vom Pferd und begab sich in die Dorfkirche mit etlichen Rathsherrn. Hier beschwor er nach Sitte der Vorfahren an heiliger Stätte der Stadt Rechte, legte einen langen rothen Mantel an und bestieg, auch einen Hut von rothem Tuch, oben breiter als unten, auf dem Haupt, wieder sein Pferd. Durch das Johannisthor fand sodann unter Vortragung von Kreuz und Schwert⁵ der eigentliche Einritt

---

¹) Urk. vom 23. Apr. 1343 im E. A. Uebrigens muß das Krummhaus nachmals wieder baulich hergestellt worden sein, denn zur Zeit der Hussitenkriege weilte der Bischof von Hildesheim nebst Gefolge drei Wochen „auf Sente Severs Hofe im trummen Hause" (Rothes Dür. Chronik, ed. v. Liliencron p. 666).

²) Wenigstens in späteren Jahrhunderten; 1235 verweilte noch Sifrid III. die ganze Zeit von Martini bis Weihnachten in Erfurt, damit beschäftigt, den Ertrag des thüringischen Präbendenverkaufs eintreiben und nach dem Rhein transportiren zu lassen (Pertz SS. XVI, 31).

³) M. A. Erf. Copialbücher No. 7, p. 31 v.

⁴) Dies ist der am ausführlichsten beschriebene Einritt (s. Engelm.-Buch p. 160 v ff.).

⁵) Extract historischer Relation vom Herkommen vnd Verwandtnuß der Stadt Erffurt (Ms. aus Gerstenbergs Besitz in der ev. Minist.-Bibl. zu Erfurt). Urk. Beilagen 86.

statt, bei dem sich massenhaft die Ortsverwiesenen zur ersehnten freien Rückkehr in die Stadt nach altem, schwer zu hemmendem Brauch heranbrängten (II, 147); durch Johannisgasse und Anger, wo die geistlichen Orden mit den Heilthümern, auf den Höfen vor den Kirchen die geharnischten Viertelsmannschaften ihm aufwarteten, der Rath die ersten Geschenke (Wein, Bier, Brot, Hafer und Heu, auch Stiere mit Blumenkränzen um den Hörnern) ihm darbrachte, ging es „vor die Graben"; hier erst harrten seiner die Herrn der beiden Stifter, um ihn zum Te Deum in den Dom zu geleiten.

Die Huldigung[1] der fünf Räthe der Stadt d. h. die sämmtlicher 120 Rathspersonen fand in der Severikirche selbst statt, indem während der Abhaltung der Messe jedesmal so viel Rathsherrn gleichzeitig den Treuschwur ablegten, als sie Finger auf die in die Kirche gebrachten, auch bei den gerichtlichen Vereidigungen gebrauchten „Heiligen" (III, Anm. 2) legen konnten. Inzwischen hatte sich die Gemeinde zum Huldigungseid auf dem Severhof versammelt, und, nachdem der Erzbischof in die Pforte der Severkirche „unter der Rosen"[2] getreten, der Vollzug der Huldigung seitens der Räthe verkündet worden, mußte jeder von der Gemeinde unter freiem Himmel zur Eidesleistung „zween Finger ufrichten."

Die Häuser am Severhof waren seit Alters zur Aufnahme des mitgebrachten Gefolges verpflichtet, auch nachdem sie (1318) meist in Erbpacht ausgeliehen waren (II, 153), doch mußte später auch das Petersklofter seine Räume gastlich für den fürstlichen Herrn und seine Diener öffnen. In alter Zeit aber drängte sich alles um den Severhof: da war an der Nordwestpforte eine extemporirte Notarei (II, 151), der die Erfurter Judenschaft Pergament im Ueberfluß liefern mußte (II, 150), an der Nordostpforte war ein anderes Haus zur erzbischöflichen Küche hergerichtet (II, 152), Streu für Stallung und geheime Gemächer mußten die Besitzer gewisser Ländereien in der Rasdorfer Flur (der danach genannten „Roßhufen") liefern (II, 117), und der Markt mußte, so lange der Erzbischof hier Hof hielt, stets vor den Graben gehalten werden (II, 138). Neben dem Pflichtgeschenk der 20 Pfund Geldes, welches die Judenschaft (II, 149) und

---

[1] Extract hist. Ref. ib.
[2] Dies ist die schöne Steinrosette über der nach dem Severhof führenden Ausgangspforte der Kirche.

der 100 Pfund, welches der Rath (II, 148) in hohem Holzbecher dem Erzbischof darbringen mußte, hatte das Handwerk der Schilderer (Sattler) jedem neu erkorenen Erzbischof einen neuen Reitsattel zu liefern (II, 146), das der Fleischer aber für das einst ihnen gemachte Geschent der Koppelweide bei Ilversgehofen noch eine besondere Abgabe von Fleisch an die erzbischöflichen Falkner zur Fütterung der Falken oder anderen Vögel (z. B. Habichte und Sperber [1]), die der Herr als Stoßvögel auf der Jagd verwendete (II, 154). — Obwohl diese Lieferung des Fleisches zur Fütterung der Beizvögel den Fleischern nur während der Anwesenheit des Erzbischofs oblag, scheinen doch in älterer Zeit die Falkner einen ständigen Theil der erzstiftischen Dienstmannenschaft in Erfurt gebildet zu haben,[2] da man wohl nicht annehmen darf, daß der beträchtliche zu Walpurgis fällige Häuserzins (s. II, 61 u. Anm.) den Falknern in Mainz gezahlt worden sei, die Falkner ja auch ihren Hof im Brühl besaßen. Sie werden wohl aus dem wald- und falkenreichen Thüringen manche „Gesprinze" an ihren Herrn nach Mainz zur Jagdlust gesendet haben (wie seit 1363 die Lübecker ihren früheren Kaiserzins der 12 Falken jährlich dahin zu schicken hatten), und auch für die Jagdausbeutung der erzstiftischen Wälder und Fluren um Erfurt herum an Hasen, Rebhühnern, Wachteln u. s. w. bedurfte man beständig der „Vogeler"; ihre ansehnliche Bedenkung mit dem Walpurgiszins beweist, wie man in Erfurt nicht weniger als anderwärts ihr Handwerk, aus „Wildfängen" sichere Stößer zu machen, vielmehr als Kunst zu würdigen verstand.

Von den eigentlichen Hoheitsrechten des Mainzers in Erfurt hat Bibra — als zu seiner Zeit wohl nicht mehr praktisch — unerwähnt gelassen das I, 50 ausdrücklich dem Erzbischof zuerkannte Recht über Gassen und wegversperrende Baulichkeit zu richten, woran sich das 1289 nicht mehr unmittelbar in erzstiftischer Hand befindliche Recht des Mauerbaus anknüpfen läßt, das freilich nur aus der thatsächlichen Ausführung einer Steinummauerung Erfurts durch Erzbischof Konrad I. (zwischen 1162 und 1165),[3] sowie einer Restaurirung dieser vom

---

[1] Landau, Beiträge zur Gesch. der Jagd und der Falknerei in Deutschland p. 328.

[2] Um 1250 erwähnt der Schreiber Bartholomäus einen Falkner Konrad in Erfurt, dem aus erzstiftischer Kasse sein Pferd bezahlt wird (p. 11 der Abschrift im E. A.).

[3] Annales Reinhardsbrunnenses (ed. Wegele) p. 34.

Thüringer Landgrafen zerstörten Mauer durch Erzbischof Christian I. im Jahr 1268[1] zu vermuthen ist.

Derselbe Christian sorgte denn auch nach Wiederherstellung der Stadtmauer für die Stadtvertheidigung, indem er aus der Umgegend ritterliche Burgmannen herbeizog, zwei Brüdern von Witterda z. B. sammt einem Dritten zwei vom Marienstift eingetauschte Stücke Weinlandes innerhalb der Mauern 1170 anwies, damit sie sich hier Wohnungen bauen sollten, für die er sonst keinen Rath wußte. Solche Verlegenheit einigen wenigen Rittern Unterkunft zu verschaffen beweist zwar, daß diese nach dem Wortlaut der Urkunde auf den Schutz „der Stadt" gerichtete Maßregel eine ungewöhnliche, eine wohl nur in dem zeitweis kriegerischen Verhalten des Erzbischofs gegen den Landgrafen begründete war; indessen zur Vertheidigung seiner ihm als Grundherrn gehörenden Besitzungen in Erfurt hat sich der Erzbischof hier so sicher in früheren Jahrhunderten ritterliche Burgmannen gehalten wie auf seinen sämmtlichen Burgen weit und breit im thüringischen Land (II, Anm. 450). Die Freizinsregister nennen öfter Bollwerke oder feste Häuser („propugnacula") im Brühl, und man weiß, wie durch solche Einzelbefestigungen an ausgesetzten Punkten unsere mittelalterlichen Städte mitunter besser bedeckt waren als durch den einfachen Mauerring. So erscheint in einer im Jahr 1226 ausgestellten Urkunde (des E. A.) ein „Ritter Konrad aus dem Brühl" unter den Zeugen, und vom Jahr 1233 datirt die uns glücklich in alter Abschrift[2] erhaltene Bezeugung Hermanns von Bippach, wonach er als „Getreuer des Mainzer Stiftes" sich und seinen Erben die Stellung eines Burgmannen (castrensis) in Erfurt dadurch zu erwerben verspricht, daß er innerhalb der Stadtmauern ein Haus nebst einigen Gütern inner- oder außerhalb der Stadt für sein Geld erwerbe, Haus und Güter vom Erzstift als Lehen annehme und dafür sorge, daß, ehe zwei Jahre vergehen, einer seiner Söhne mit einer Frau aus der erzstiftischen Dienstmannenschaft sich vermähle. Heirathszwang herrschte also unter den erzstiftischen Ministerialen, jedoch wohl damals noch mit der 1185 begründeten, 1217 erneuerten Modification, daß auch ein Hineinheirathen in den Ministerialenverband des ebenfalls in Erfurt

---

[1] Pertz SS. XVI, 23. Vgl. dazu die Addit. ad Lamb. Schafnab. ad a. 1168.

[2] Im Grünen Buch des E. A. fol. 68 v.

angesessenen Grafen von Orlamünde gestattet war, wo dann die Kinder aus so gemischten Ehen abwechselnd dem Herrn der Mutter und dem Herrn des Vaters zugehören sollten.¹ Jener Wittelsbacher Konrad I. der Mauer-Erbauer, der dieses Abkommen zuerst traf mit dem Grafen Sifrid von Orlamünde, hatte denselben sogar zu seinem Burgwart (castellanus) in Erfurt gemacht, also doch wohl zum Anführer seiner Burgmannen, zur Leitung der „Burghut" ² daselbst, was, da von dem gewöhnlichen Treuschwur „iure castellanorum" dabei geredet wird, auf Vertheidigungs- und Besatzungsrecht des Erzbischofs wenigstens auf seinem eigenen Grund und Boden in Erfurt entschieden hinweist.

2. Gerichtshegung.

Das erste, was man im Weisthum von 1289 dem Erzbischof zuerkannte, war das, worauf sich nachmals der Anspruch des Erzstifts auf Landeshoheit immer am sichersten gründen ließ: die hohe und niedere Gerichtsbarkeit. Daß hierin der Kern der mainzischen Macht in Erfurt zu suchen sei, ist auch in der Stellung des erzbischöflichen Statthalters oder Vicedominus erkennbar: dieser ist vor allem Gerichtshalter im Namen seines Herrn in Erfurt.

Die Herrn von Apolda erscheinen, nach Urkundenausweis wenigstens seit der Zeit um 1100 im Besitz des Erfurter Vicedominats als eines männlichen Erblehen von Mainz; wie den Visconti in Pisa und Mailand wurde auch ihnen der gleichbedeutende Titel Vizthum zum Geschlechtsnamen, denn es ruhte ein fürstlicher Abglanz auf dieser Statthalterschaft für den höchsten aller geistlichen Fürsten in Deutschland (II, 235 ff. III). Wir kennen freilich diese Machtstellung der Vizthume von Apolda in Erfurt mehr in ihrem Sinken: noch ehe sie (1342)³ ihr Erblehen für 300 Mark dem Erzstift verkaufen, zeigt uns Hermann von Bibra den Mainzer Vorwerkshof statt der Wohnung des Vizthums (II, 238) als Mittelpunkt der erzstiftischen Verwaltung in der Stadt. Aber wenn auch nachmals der mainzische Vizthum nur ein Erfurter Bürger oder ein Auswärtiger war, der sein Amt für eine Summe Geldes auf Lebenszeit pachtete und außer den regelmäßigen Gefällen Kost, wohl auch Wohnung im Mainzer Hof

---

¹) Die betreffenden Urk. abschriftlich im E. A.
²) „Purc-huta" im Bamberger Bischofsrecht (ed. Höfler pp. 117, 133)
³) Engelm.-Buch fol. 184 v.

und Kleidung vom Verwalter desselben erhielt, so blieb dennoch der Vizthum stets die oberste Autorität bei dem im Namen des Erzstifts gehegten und darum sogenannten „Mainzer" Gericht.

Die fundamentale „Gerichtes Ordenunge", welche dem Amorbacher Vertrag von 1483 beigegeben ist,[1] nennt ihn wieder allen anderen Gerichtspersonen voran als denjenigen, dem „in allen merglichen großen Sachen" Rath zu geben gebührt, ohne daß er verbunden sei, „am Gerichte zu sitzen." Vacirt seine Stelle, so versieht bisweilen der gewöhnliche Gerichtsvorsitzer, der Schultheiß, das Vizthumamt mit, obwohl ursprünglich keineswegs dieser, sondern ein besonders dafür Bestellter, des Vizthums Vicar bei Gericht war (III, 1), umgekehrt sogar der Vizthum „als Verweser des Schultheißenamts" vorkommt.[2] Des Schultheißen Jahressold belief sich 1493 auf 30 Gulden oder 42 Schock;[3] die übrigen jährlich besoldeten Gerichtspersonen waren: der Vogt, der Freibote, der Gerichtschreiber und die 4 Schöffen;[4] dazu kamen endlich die noch immer in den alterthümlichen Grenzen, welche der hier angehängte Stadtplan zeigt, ladenden Büttel: der Burggrafen- oder Severhofsbüttel (II, 183, 216 ff.) als „Ober-Gerichtsknecht" und die vier anderen Büttel (II, 175, 227—229), nun unterschiedslos „Gerichtsknechte" genannt. Zusammen waren es also 14 Personen, und sie alle erhielten vom Küchenmeister im Mainzer Hof das Tuch zu ihrer Kleidung.

Wenn in Verkaufsurkunden des (Gerichts-)Vicedominats geradezu gesagt wird, der Vizthum solle „das Gericht besitzen", es als ihm völlig verkauft ansehen, so ist es um so bedeutungsreicher, daß er mit dem Acht- oder Criminalgericht nichts zu thun hat, sondern hierbei bis in späteste Zeiten, wenn auch mehr und mehr zur Form herabsinkend, der alte Satz galt: „das Blutbing hegt der Vogt" (II, 176).

Die Art und Weise, wie in Erfurt dieses Achtgericht gehalten wurde, ist uns erst seit 1483 genauer bekannt, indessen die dabei

---

[1] Michelsen, Rechtsdenkmale aus Thüringen p. 345 ff. Hieraus ist auch in dem Folgenden geschöpft, so weit nicht ausdrücklich andere Quellen citirt sind.

[2] Grünes Buch des E. A. fol. 11.

[3] Schultheiß-Rechnung von 1493 im D. A. (9851).

[4] Mit dieser geringen Schöffenzahl steht Erfurt nicht allein; in Braunschweig z. B. fanden das Recht 3—9 Schöffen (Dürre, Braunschweig im Mittelalter p. 264 ff.)

geübten Bräuche deuten auf hohes Alterthum. Noch immer galt in
ernstem Sinn der Satz: „daz gerüchte ist der clage begin;"
der 22. Artikel des Amorbacher Vertrags von 1483 befiehlt nach-
drücklich, dem Geschrei zuzueilen, um Blutthat oder Nothzucht zu
wehren. War Blut geflossen, so hatte zunächst der Gerichtsbüttel, in
dessen Bezirk es geschehen, dem Freiboten Meldung zu thun, der nun
die Wundung von Amts wegen auf der Stelle untersuchte (II, 189).
Lag ein Mord vor, so war es streng bewahrte Sitte, am Ort der
That unter freiem Himmel Gericht über die Mordacht zu hegen. Beim
Mord eines Fremden wurde dem Leichnam ein Kleidungsstück als
„Leibzeichen" abgenommen,[1] damit seine zur Stadt eilenden Verwandten auf diesen „blickenden Schein" den Antrag auf die Mordacht
noch nachträglich stellen könnten, während der todte Körper sogleich
nach Landessitte in ein Faß versenkt wurde, das zugespundet an der
Stätte, wo der Todte gelegen, stehen blieb bis „auf Zukunft der
Freunde".[2] War der Gemordete dagegen ein Einheimischer, so brauchte
der Körper nur einen Tag und eine Nacht liegen zu bleiben „auf
der Freunde Beklagen".[3] Stuhl und Bänke werden auf die Gasse
gestellt, genau auf die Stelle oder vor das Haus, wo der Mord
geschehen.[4] Auf dem Stuhl sitzt der Vogt mit dem Gerichtsstab, auf
der einen oder den zwei Bänken sitzen die 4 Schöffen und der Freibote, der öfter mit zu den Schöffen gezählt wird; anderwärts Frohn-
bote genannt, nach Sachsenspiegel III, 56 § 2 also unbewehrt, gilt
er auch sonst als Oberschöffe;[5] er wird es also sein, der hier als
Sprecher der Schöffen auftritt. Denn nach einem aus späterer Zeit
uns erhaltenen Formular[6] eröffnet eine solenne wortreiche Zwiesprache

---

[1] Dieser in der Carolina schon nicht mehr vorkommende, aber im
Mittelalter ziemlich verbreitete Brauch findet sich in Erfurt noch durchs ganze
16. und in das 17. Jahrhundert hinein, oft rücksichtslos genug geübt; so kam
es vor, daß dem erschlagenen Fremden vom Henker der Rock als Leibzeichen
ausgezogen und darauf der Leichnam mit blutigem Strumpf vor der Herberge
auf einen Stein gesetzt wurde, „erschrecklich den schwangeren Weibern und allen
anderen zu sehen". D. A. 9859 fol. 375.

[2] Grünes Buch des E. A. fol. 43 v.

[3] Art. 24 des Amorbacher Vertrags.

[4] Acta betr. das turm. peinliche Gericht zu Erfurt 1505—1524
(M. A. Erf. Acten Tit. VII, No. 4); auch für das Folgende benutzt.

[5] Zöpfl, Deutsche Rechtsgesch. p. 883.

[6] M. A. Erf. Acten Tit. VII, No. 6.

zwischen dem Vogt und „dem Schöffen" über die richtige Hegung dieses „hoch-, noth- und peinliche Halsgericht des heiligen Stuhles zu Mainz". Nachdem der Schöffe, da der Richter den Stab in der Hand halte und die Schöffen in der Bank zugegen seien, „vor Recht gefunden und ertheilt hat", das Gericht zu hegen, erhebt sich der Vogt von seinem Stuhl und spricht als Richter die Hegung zum ersten, zweiten und dritten Mal aus. Erst nachdem der Schöffe auch diese Hegungsformeln als die rechtmäßigen bekräftigt, tritt ein „Redner" vor, den Amtskläger d. h. den amtlich dem Kläger gegebenen Anwalt zu melden, für denselben „nach Urtheil und Recht zu fragen." Nach solcher Förmlichkeit erscheint der Amtskläger vor Gericht, tritt jedoch neun Schritte zurück von der Schöffenbank, zückt das Schwert und thut die drei „Zetergeschreie"; [1] darauf steckt er das Schwert in die Scheide und „bleckt" d.. h. enthüllt das Leibzeichen, das auch bei unverzögerter Gerichtshegung dem Leichnam entnommen zu werden pflegte.[2] Nun erst, bei dem „blickenden Schein", findet im Namen der Schwertmagen die Anklage „vor Gott und dem Richter" statt. War der Thäter entwichen, so wurde er, nachdem ihm „eins und zwier gerufen", geächtet, und wenn er sich dann der Acht entledigen wollte, stand ihm dazu nur die Frist von zweimal 14 Tagen frei (vgl. II, Anm. 375); war der Beklagte aber zur Stelle, so konnte er knieend seine Unschuld „zu Gott und den Heiligen" beschwören, indem er seine Eidesfinger auf das Leibzeichen und die Heiligenkesse legte, in welcher Weise auch der Kläger zu schwören pflegte. Es kommt vor, daß der Mörder sich selbst vertheidigt, die „sieben Zeugen" stellt (bei Anschuldigung nächtlicher Blutthat konnte man schon durch drei rechtschaffne Leute den Beweis seiner Unschuld erbringen[3]), aber auch, daß er einen Anwalt für sich reden läßt, endlich daß er, nachdem er vor Gericht vergeblich „nach einem Redner gerufen", sich schuldbewußt

---

[1] Ursprünglich Herbeiruf der Menge (= ziehet her, was erfurtisch auch zoht her geklungen haben wird); das Schwertzücken erinnert an den Gerichtskampf, bei welchem der Kämpfende ein bloßes Schwert in der Hand und eins oder zwei umgegürtet trug (Gaupp, Magdeb. Recht p. 317).

[2] So z. B. beim Gericht über den Mord der Katharina Niethe von 1511. Die dabei stehende Angabe, das Gericht sei im Frauenhaus gehalten, soll wohl nicht auf das Innere des Hauses bezogen werden; 1507 wird über die Ermordung der Prista von Halle beim Frauenhaus gerichtet.

[3] D. A. 9853 fol. 53.

mit dem letzten Wort begnügt: er laſſe geſchehen, was recht ſei. Vermag es der Beklagte, ſich von der Schuld zu reinigen, ſo gebietet der Vogt „ihm, ſeinem Leib und Gut" Frieden; nur ſelten „bergen die Schöffen ihr Urtheil bis morgen", um ſich über einen ſchwierigeren Fall zu berathen, gewöhnlich ſprechen ſie auf der Stelle ihr Schuldig oder Nichtſchuldig, und im erſteren Fall ruft der Vogt den Schuldigen und alle, die ihn hauſen und herbergen, „in die Acht ſeines Herrn von Mainz, ſeiner Stadt Erfurt und des Amtsklägers" und überantwortet letzterem „mit dem Stabe" die Acht, da dieſer im Namen der Magen oder des Erzbiſchofs den Mörder „zu ſeinem Leib, Leben, Haut und Haar" verklagt und um die Acht gebeten hatte. Der Freibote oder ein anderer Schreiber trug die ausgerufene Acht (1483) in das Acht- buch für 3 Schillinge, und für das Achtgericht ſelbſt erhielt damals der Freibote wie die 4 anderen Schöffen und der Gerichtsknecht, in deſſen Viertel es geſchah, je einen, der Vogt 6 Schillinge, während für weitere 5 Schillinge der Amtskläger beſtellt wurde; dieſe 17 Schil- linge ſcheint der die Klage erhebende Verwandte oder Freund des Ermordeten ſelbſt gezahlt zu haben, da die Beſtimmung beigefügt wird, ein Unmündiger habe nur 6 Schillinge für die Klage auf Mordacht (und zwar an den Schultheißen, der ſonſt hierbei ſo wenig wie der Vizthum erwähnt wird) zu erlegen. Die „peinliche Strafe" endlich vollzog der Scharfrichter vor der Stadt „auf dem Rabenſteine"; bei Mordthaten in erzſtiftiſchen Dörfern pflegte nachmals der Scharfrichter vor dem Dorf das Urtel zu vollſtrecken, wie er 1497 z. B. einen Vatermörder vor Witterba an einen in die Erde gerammten Pfahl band, um ihn mit glühenden Zangen zu zwicken, ihm Gemächte und Eingeweide auszuſchneiden, dann erſt ihn mit der Barte zu enthaupten und zu viertheilen.[1] Das Weisthum von 1333[2] ſagt dagegen auch über die vom Melchendörfer Gericht zur Todesſtrafe Verurtheilten: „ſie ſollen den Richtern des Mainzer Stiftes überliefert und auf der Erfurter Richtſtätte (in patibulo Erfordensi) getödtet werden." Bei anderen Verbrechen, die gleich dem Mord „an Haut und Haar" gingen, wie Nothnunft (Vergewaltigung an Frauen I, 1), Straßen- raub, Brandſtiftung, Verrath oder Veruntreuung an der Gemeinde verübt, wurde das Hochgericht „zu Gottes- und Burgfrieden" (I, 1, 2)

---

[1]) Konrad Stolles erf. Chronik p. 205.
[2]) Eingefügt der Hdſchr. A des Bibra-Büchleins.

stets an bestimmter Stelle, nämlich auf dem Fischmarkt gehalten, woselbst ein Gerichtshäuslein stand, das der Erzbischof „an des Raths Geldthurm," den noch bis vor kurzem vom alten Rathhaus stehen gebliebenen massiven Thurm mit mehr als 12' dicken Sandsteinmauern, hatte anbauen lassen.[1] Die Form dieses Gerichts, soweit sie uns aus dem berühmten Halsgericht über Heinrich Kellner (Freitag nach Johannis 1510 [2]) bekannt ist, war im wesentlichen dieselbe, nur daß gegen Kellner zwei Verordnete im Namen von Rath und Gemeinde die peinliche Klage anbrachten.

Ueber die Aburtheilung solcher Delicte, auf denen Pranger, Stäupen und Verweisung, aber nicht der Tod stand, wissen wir aus älterer Zeit nur dies, daß sie auf dem Marktplatz vor den Graben vorgenommen wurde, wo beim Pranger und Henkershaus bis 1467 ein Gerichtshaus stand, das dann auf Bitten des Domcapitels, um die Kirchenbesucher nicht zu stören, abgerissen und unter einen Schwibbogen der Dom-Cavate verlegt wurde.[3]

Um Backenschläge, Raufen und Scheltwort, wenn es nicht zu gewaltsamerem Angriff führte oder mit Bruch des Hausfriedens verbunden war, durfte weder im Gottes- noch im Burgfrieden geklagt werden (I, 2).

Die Wunden zu besehen war eine besondere Verpflichtung des Freiboten; er mußte durch die fünf Gerichtsknechte sorgfältig den Wundungen nachforschen lassen und Buch darüber führen, damit dem erzbischöflichen Gericht keine Wundenbuße entgehe. Diese Wundenbuße bestand in Auslieferung der Waffe, mit der gefrevelt war, an den Schultheißen und in Erlegung einer Geldbuße, die zu $1/4$ dem Vizthum zufiel. In der Schultheißen-Rechnung von 1493[4] kommen Bußen für „ächtige" und für „schlechte" Wunden vor; II, 189 unterscheidet von der Blutrunst die eigentliche (= ächtige?) Wunde als eine ein Fingerglied tiefe Fleischwunde oder (am Kopf und anderen nicht fleischigen Theilen) als eine zwei Fingerglieder lange Verwundung. Für die Prüfung der Wunden auf solche Unterschiede erhielt

---

[1] Ueber die alten Gerichtsstätten handelt am besten Wechmars Bericht (aus der Zeit des dreißigjährigen Krieges) unter dem Titel „Kurf. Mainzische Stadtgerichtsordnung zu Erfurt" (M. A. Erf. Acten, Tit. VII, No. 7).

[2] Mit in der Acten-Nummer 4 des Tit. VII im M. A.

[3] Gudenus, cod. dipl. IV, 397.

[4] D. A. 9851.

der Freibote „von den Bürgern" einen Pelzrock oder Geld zu einem solchen (II, 191), was wohl auf eine jährliche Vergütung aus der Stadtkasse deutet. Der Gerichtsbüttel, in dessen Bezirk die Verwundung sich zugetragen, hatte den Thäter selbst vor Gericht zu heischen und ihn in des Erzbischofs Namen zu verklagen; bei ächtiger Wundung scheint auch an der Acht=Gerichtsstatt unter dem Rathhausthurm geurtheilt worden zu sein, der Thäter mußte aber, ehe man ihn „zur Antwort kommen ließ", zuvor „Wehr oder Waffe ins Gericht legen".

Die Civilgerichtsbarkeit wurde für die Bürger der eigentlichen Stadt d. h. der Innen= oder Altstadt an jedem Wochentag auf offenem Markt ausgeübt, und zwar am Montag, Mittwoch und Freitag auf dem Wenigen Markt östlich von der Krämerbrücke dem Gewandhaus („den Kaufgaden" II, Anm. 124) gegenüber,[1] woselbst bereits in der ersten Hälfte des 14. Jahrhunderts die Gerichtsstätte (das „Tribunal") überdacht war,[2] und an den drei anderen Tagen vor den Graben an derselben Stelle, wo über jene nicht todeswürdigen Delicte gerichtet wurde. Diesem im Sommer früh um 7 Uhr, im Winter um 8 Uhr gehaltenen „Stadtgericht" ging aber am Dinstag, Donnerstag und Sonnabend das „Frühgericht" um eine Stunde voran, was für die im „Weichbild" d. h. in den Vorstädten Wohnenden auf dem Frohnhof bei St. Sever, der also auch in Erfurt zugleich Dinghof war, und zwar in einem an das Krummhaus (ähnlich wie in Köln[3]) angebauten, jedoch offenen Gerichtshäuslein abgehalten wurde. Die schon in Karls b. Gr. Capitulare von 809 angeordnete, von seinen Nachfolgern 817 und 873 von neuem gebotene[4] Ueberdachung der regelmäßigen Gerichtsstätten war, wie man sieht, in Erfurt befolgt, wo man nur noch das „Mülhäuser Gericht" (II, Anm. 280)[5] an unbedecktem Ort bei der alten Georgen=Kirche an zwei hohen zusammengeklammerten Mal-

---

[1] „bei der Egidiuskirche in der Futtergasse" heißt es in einer Urk. von 1445 (M. A. XLVII, 24).

[2] Ein „neues Haus" über dieser Gerichtsstätte „in der Futtergasse" (die man früher stets bis zur Krämerbrücke rechnete) wird p. 9 des Severi=Freizinsregisters von 1350 (E. A.) erwähnt.

[3] Ennen, Gesch. von Köln I, 581.

[4] Pertz LL. I, 809, 817, 521.

[5] Michelsen hat dieses Gericht irrthümlich in Beziehung zur Stadt Mühlhausen gebracht und seine Stätte „bey sanct Jorgen vor Molhausen thore" d. h. vor der Thüre derer von Mülhausen an ein „altes Mühlhäuser Thor" in Erfurt verlegt, das es nie gegeben hat (l. c. p. 343).

steinen und ähnlich das „Trost=Gericht" auf der Brücke am Löwer=
thor¹ — beide zu derselben Stunde mit dem Frühgericht — hegte.
Indessen das Trostgericht verschmolz allmählich mit dem Frühgericht,
und im 17. Jahrhundert verlegte man wenigstens bei Regen und Kälte
das Mülhäuser Gericht sowie im Winter das Frühgericht an den Ort
des Stadtgerichts. Und für das letztere selbst war man schon gegen
Ende des 15. Jahrhunderts mit den luftigen „offenen Orten" auf den
beiden Marktplätzen nicht zufrieden für die kalte Jahreszeit, zumal das
Schreiben bei Gericht aufkam, miethete daher in einem Bürgerhaus eine
heizbare Stube („Dörnze"), die man durch das erzstiftische Wappen
und eine Aufschrift am Haus als den Ort der winterlichen Stadtgerichts=
hegung bezeichnete (wie denn schon die Schultheißenrechnung von 1493
Ausgaben für Ofenreparatur in der Dörnze, für Heizung vom Herbst
bis in die Fasten aufzählt), und endlich benutzte man als Winterlocal
die Behausung des Schultheißen selbst, die dieser am Severhof in dem
vor Alters zur Aufnahme der erzbischöflichen Kanzlei bestimmten Ge=
bäude (II, 151) hatte, richtete demnach seit dem 15. Jahrhundert nur
noch des Sommers auf den zwei Märkten. — Mehr und mehr zog
man also die Schreiberstube dem zugigen Wetterbach vor, aber es
schwand leider mit der Oeffentlichkeit auch nur zu bald die Redlichkeit
des Verfahrens.

Der Vorsitz in diesen verschiedenen Civilgerichten war ein scharf
geschiedener: Frühgericht nebst Mülhausen= und Trost=Gericht hatte
der Vogt zu besorgen, und zwar ersteres bloß mit dem Freiboten,
zwei, mindestens einem Schöffen und dem Obergerichtsknecht, der vor
den Thoren zu laden hatte; im Stadtgericht hatte dagegen der Schult=
heiß den Vorsitz, bei ihm jedoch saßen Vizthum und Vogt (II, 174, 177),
die auch in alter Zeit das, was vom Gerichtsstab gefiel, mit ihm
theilten. Man wird sich die Hegung des Stadtgerichts also ähnlich
zu denken haben, wie die Bilderhandschrift des Sachsenspiegels die
deutsche Gerichtssitzung überhaupt abbildet:² Vizthum und Schultheiß
auf Stühlen sitzend, letzterer mit dem weißen Stab, und vor ihnen
auf lehnloser Bank die fünf Schöffen (den Freiboten mit eingerechnet)

---

¹) Nach Wechmars Bemerkung, der Platz dieses Gerichtes sei später mit
zur Fortification gezogen worden, müßte es die äußere Löwerbrücke gewesen
sein.

²) Bei Kopp I, Tafel zu p. 122.

mit Schultermänteln, aber abgelegten Kappen und Hüten; so lange das Verfahren ein mündliches war, wird der Vizthum als oberste Rechtsautorität nicht regelmäßig gefehlt haben (erst seit 1610 soll er sich beständig von den Gerichtssitzungen fern gehalten haben), der aber einen der Schöffen nach stattgehabter Ueberlegung aufrief sich zu erheben und „Urtheil einzutheilen" war der Schultheiß, dem es dabei verboten war „mit dem Gericht (d. h. den Schöffen) in Gespräch zu gehen oder selbst Urtheil einzutheilen", während der Vogt in diesem Stadtgericht nur dann eine Rolle spielte, wenn er in Verhinderungsfällen an Stelle des Schultheißen „den Stab in die Hand nahm." Indessen schon 1483 war das schriftliche Verfahren aufgekommen, die Schöffen „borgten"[1] bereits das Urtheil, bis die Acten durchgelesen und Klage gegen Antwort abgewogen war; beim großen Actenschrank in des Schultheißen Wohnung theilten sie nun erst ihr Urtheil ein und bekamen bei mindestens 3 Urtheilen 6 alte (d. h. Schneeberger) Groschen für Brot, Wein und Käse. Nach der Verzeichnung dieser Sechsgroschen-Gabe in der Schultheißenrechnung jedesmal am Sonnabend scheint sich dieses Urtelfinden an die jeden Sonnabend Nachmittag stattfindende Einzahlung der Gerichtsgefälle durch die 5 Gerichtsknechte und die Nachzählung des die Woche über eingegangenen Schreibgeldes angeschlossen zu haben: beides erfolgte beim Schultheißen im Beisein von Vogt, Freiboten und Schöffen, deren zwei zur Lade und zur darin stehenden Büchse des Schreibgeldes die Schlüssel führten. Die Rechnungsführung war Sache des Schultheißen; er hatte seinen eigenen Sold und den seiner untergebenen Beamten aus den Gerichtseinkünften zu entnehmen und von Wundenbuße, Helf- und Aufgebotgeld den „vierten Pfenning" an den Vizthum abzugeben, dessen Revenüen sich nunmehr im wesentlichen hierauf beschränkt zu haben scheinen, so daß er z. B. 1493 nur 38 Schock, 8 Groschen, 1 Pfenning, 1 Heller bezogen haben würde, wenn die Vizthumstelle nicht gerade erledigt gewesen wäre. Einen Ueberschuß der Einnahme über die Ausgabe wird man trotz massenhafter Gerichtssporteln und Bußen (wie Gewergeld, Eidgeld, Frevelgeld, Mißsprachebuße u. s. w.) dennoch selten für die erzstiftische Kasse erreicht haben,[2] da der Antheil der Gerichts-

---

[1] „Urtheil borgen" d. h. (vorläufig) schuldig bleiben kommt auch dem Sinn nach überein mit dem oben erwähnten Ausdruck „Urtheil bergen" (S. 153).

[2] Die Schultheißenrechnung von 1493 schließt zwar bei 231 Schock 34 Groschen 3 Pfenningen und 1 Heller Einnahme neben 195 Sch. 45 Gr.

mitglieder an alle dem ein zu bedeutender war, wie z. B. bei Gütereinklagungen von der ersten Gewere dem Erzbischof nur ein Theil, von der zweiten und dritten gar nichts, sondern alles dem Gericht zukam. Auch erforderte seit dem 16. Jahrhundert die Rechtspflege studirte Leute: 1511 waren zwei der Schöffen Baccalaureen[1] und seit den 20er Jahren des 17. Jahrhunderts war dem Gericht ein gelehrter Assessor beigegeben, der, wie es in seinem Bestallungsbrief hieß, „den Gerichten neben dem Vicedom und Schultheißen beiwohnen, aus den actis referiren, Urtheil und Bescheid mit concipiren" sollte.[2]

Zu Aufgebot- und Helfgeld kehren wir noch einmal zurück, um die bemerkenswerthe Thatsache zu constatiren, daß dieser Civilproceß am Stadtgericht, der doch im übrigen nur in der Stube des Schultheißen oder da, wo dieser auf Wenigem Markt und Graben den Stab hielt, sich abwickelte, wenigstens in gewissen Fällen seinen Anfang oder sein Ende auf dem Fischmarkt „unter dem Thurm" am Rathhaus fand, woselbst das Mainzer Gericht auch Citationen solcher, deren man nicht habhaft war, anzuschlagen pflegte. Das Aufgebotgeld bestand nämlich in Geldsummen oder anderen Besitzthümern (von Juwelen und korallenen Paternostern bis zu Badekitteln, Handzwelen oder einem Stück dürren Schweinefleisches), die eine Partei gegen die andere vor Beginn des Processes „**auf dem Fischmarkt unter dem Thurm**" vor Gericht deponirte[3] und die der siegende Theil sich nach Beendigung des Processes abholte; das Helfgeld erlegte man an der nämlichen Stelle, wenn auf dem Schreibepult am Thurm der „Vicit-Zettel" einem geschrieben wurde, d. h. die Bescheinigung, daß man eine eingeklagte Forderung nunmehr nach erbrachtem Beweis auf gerichtlichem Weg weiter verfolgen dürfe; besonders bei dem Wunsch, seinem nicht Zahlung leistenden Gläubiger Arrest auf sein Gut zu legen, es ihm

---

Ausgabe mit einem Ueberschuß von 35 Sch. 50 Gr. 1 H., zieht man indessen die oben genanten Antheile des Vizthums an den Gerichtsgefällen ab, die in diesem Jahr nur zufällig nicht in Abzug kamen, so entsteht ein Deficit von 2 Sch. 2 Gr. 1 Pf., welches dann aus der Casse des Küchenmeisters im Mainzer Hof hätte gedeckt werden müssen.

[1] Engelm.-Rechn. des E. A. p. 60.
[2] Acta betr. die Mängel der Gerichtsordnung im Gebiet von Erfurt. M. A. Erf. Acten, Tit. VII, No. 7.
[3] In der mehrfach citirten Rechnung von 1493 ist die Deponirung immer Freitags notirt; sollte nur an diesem Wochentag die Annahme durch den Schultheißen, also die Einleitung des Processes stattgefunden haben?

zu „kümmern" oder zu „fröhnen" (II, 224, 227 ff.) mußten ungefähr 8 1/3 % von dem vermeintlichen Werth des Gutes vom Kläger als „Helfegeld" behufs der Execution des Arrests gerichtlich eingezahlt werden, und es bestand eine besondere Controle der richtigen Einzahlung der Helfgelder darin, daß jeder Gerichtsknecht die in seinem Bezirk von ihm vorgenommenen Kümmerungen alltäglich buchte und sie Sonnabends dem Schultheißen in seine Sammelrolle dictirte.

Zu den Gerichten für die Bürger der Innenstadt und der Vorstädte gesellte sich noch das „Gastgericht" für solche Fremde, die nicht gut in einem Tag in die Stadt und wieder zu Haus kommen konnten. Schneller als in Köln, wo solch Gastgericht zwar auch mit abgekürztem Verfahren aber nur dreimal in der Woche gehalten wurde,[1] kam „der Gast" in Erfurt zu seinem Recht: er konnte sofort mit 6 Schillingen, die unter die Gerichtspersonen vertheilt wurden und von denen einer dem Gerichtsbüttel des Viertels gebührte, das Gericht bestellen, das entweder in einem Bürgerhaus oder an gewöhnlicher Gerichtsstätte (auf dem Wenigen Markt oder vor den Graben) gehegt wurde, und selbst in der schon so schreibselig gewordenen Zeit des 17. Jahrhunderts mußte der Richter binnen 24 Stunden das Urtheil fertig haben.

Recht treu bewahrte endlich die alte Hegungsweise des ländlichen Gerichts das Frohnhofsding im Krummhaus bei St. Sever, wohin „die 7 Dörfer" (darunter ursprünglich auch das allmählich zur Vorstadt gewordene Brühl) dingpflichtig waren (II, 169). Unter der Linde, wie es auch in Thüringen alte Dorfsitte war,[2] kamen die Dingpflichtigen auf dem Severhof zusammen, der Vizthum hatte mit dem Brühler Schultheißen die Einnahme vom Gerichtsstab in der uralten Weise zu theilen, daß er selbst ein Drittel (das Grafendrittel) erhielt (II, 169, 174), saß also wohl auch mit dem Schultheißen dem Gericht vor; indessen statt 2—5 Schöffen, nach Stadtsitte auf der Bank sitzend, sah man eine so große Anzahl Landleute im Schatten der Linde sich sammeln, daß der bis in neuere Jahrhunderte unvergessene Brauch, den Geladenen „zwei gesottene und ein gebratenes

---

[1] Ennen, l. c. II, 431

[2] So in Elxleben „Gericht unter der Dorflinde" im Jahr 1286 (Urk. des E. A.) und in Gispersleben Viti, wo noch im 16. Jahrhundert die Regel bekannt war, der Richter müsse sich bei der Gerichtshegung so setzen, „daß er an der Linde anlehnt." (W. A. „Sachsen mit Erfurt 1592—1602".)

Gericht" zu spenden,[1] 1483 an die 16 Schock Geldes kostete; denn Männer aus allen 7 Dörfern (an die Stelle des Brühls war nun Witterda eingetreten) mußten da sein, um „Urtheil einzutheilen." Auch galt 1483 dies Gericht nicht nur denen, die in den 7 Dörfern erz= stiftische Hufen besaßen — darauf beschränkte man die Dingpflichtigkeit nur in Ilversgehofen und Bintersleben — sondern in Hochheim und Witterda sowie in den drei „Slavendörfern" (Daberstedt, Ditelstedt und Melchendorf) galt es, wie es scheint, der ganzen Bauernschaft.

Der Sever- oder Krummhaushof war für die 7 Dörfer nur der Oberhof, die Urtheile sollten, wie es 1483 heißt, sofern sie gestraft würden, „an das krumme Haus auf Sanct Severs Hofe gestraft werden." Ein Urtheil strafen aber hieß: es tadeln, es nicht als rechtmäßig anerkennen; der Brühlschultheiß war also als Richter im Oberhof die Oberinstanz für die ihm untergeordneten Dorfgerichte.

Daß zu den dreimal jährlich an der nämlichen Stelle gehaltenen echten oder sogenannten Vogtsdingen (die indessen gleichfalls unter dem Vorsitz des Brühl=Schultheißen nach II, 173 stattfanden) nur die Inhaber der Frohnhufen in den 6 (früher also 7) Dörfern zu kommen verpflichtet waren, sagt II, 31 und 54 ausdrücklich. Es waren die drei „ungebotenen" Dinge, die hier vielmehr den ander= wärts auch wirklich vorkommenden Namen der gebotenen Dinge („Bot=Dinge") verdienten, da sie wegen nicht ganz fest bestimmter Zeit der Hegung gewiß in den Dorfschaften angesagt werden mußten. Im allgemeinen war jedoch ihr Zeitfall Jahr für Jahr seit unvor= denklicher Zeit derselbe: zu Lichtmeß das erste Vogtsding, dann ein Maiding und ehe es winterlich wurde ein Herbstding zu Anfang October (II, 31, 72, 79);[2] den gesetzlichen Wochentag der Versamm-

---

[1]) In dem S. 153 angeführten Rechtsbescheid über das Melchendorfer Gericht von 1333 wird ebenfalls als Gerichtsspeise Gekochtes und Gebratenes genannt („dant duo fercula decocta et unum assatum").

[2]) Auch durch die zuletzt genannte Dingzeit bestätigt sich unsere Verlegung der Gemeintwoche auf die Woche nach Michaelis statt auf Anfang November (II, Anm. 151), denn im November und December fand Grimm nie unge= botenes Gericht (Rechtsalt. p. 824). — In Augsburg fielen ganz ähnlich wie in Erfurt die drei jährlichen Vogtsdinge auf Lichtmesse, Walpurgis und Mi= chaelis oder vielmehr auf den diesen Festen folgenden Montag, Dinstag und Mittwoch. Vgl. Frensdorff in den Chroniken der deutschen Städte Bd. IV, p. XXIX.

lung zum Vogtsding kennen wir allein vom erſten der drei Dinge, es war der Montag (II, 31).

Gehandelt wurde im Vogtsding auf dem Frohnhof nur über Frohnden, Tauſch und Verkauf erzſtiftiſcher Güter und über die am Lehnsbeſitz der letzteren haftenden Leiſtungen (II, 32, 54, 65), es war demnach ein bloßes büding. Die Hubner fanden das Urtheil ſelbſt, der Schultheiß verkündete es und „forderte Folge" d. h. er verlieh dem Spruch bindende Kraft (II, 54, 65). Bereits 1332 verſah die Stelle des Brühler Schultheißen der ſtädtiſche, und im folgenden Jahrhundert ſcheinen die Vogtsdinge auf dem Severhof allmählich vergeſſen worden zu ſein; die Gerichtsordnung von 1483 gebietet zwar ſie zu halten „als von Alter herkommen iſt", aber wohl wenig ſpätere Randbemerkungen zu den betreffenden Stellen des Bibra-Büchleins bezeichnen ſie als eingegangen.

Dagegen hatte die Betheiligung des Mainzer Gerichts an der Waſſer- und Mühlenpolizei die allerlängſte Dauer; einige darauf bezügliche Förmlichkeiten und kleine Gefälle haben ſich ſogar bis zur Gegenwart erhalten, wo der zweite Bürgermeiſter als Dirigent der Waſſerpolizei gewiſſer Maßen die Stelle des ehemaligen Mainzer Schultheißen hierbei vertritt. In der alten Zeit[1] hatte der Schultheiß jedes Jahr die von den Mühlherrn und Müllern neugewählten vier Waſſermeiſter (II, Anm. 384) auf „die Tafeln"[2] auf dem Fiſchmarkt laden und im Namen des Erzbiſchofs und in Beiſein der übrigen Gerichtsperſonen zu Gott und den Heiligen ſchwören zu laſſen „die Waſſer und Waſſergänge zu Erfurt zu rechtfertigen, wie von Alters herkommen iſt", ſodann auch die vier bisherigen Waſſermeiſter ihres Eides zu entbinden und ſpäter auf Anſuchen des „Gebietsherrn" d. h. des oberſten Waſſermeiſters die von dieſem und ſeinen drei „Kompanen" zu „Anweiſern" erwählten zwei Müller von der Breiten Gera eidlich in Pflicht zu nehmen. Auch wenn ein neuer Fachbaum zu legen war, erſchien das Gericht — noch im vorigen Jahrhundert mit feierlicher Vortragung des Richtſchwerts — und daneben das „Waſſeramt" der Vier mit den zwei Anweiſern; der Schultheiß, deſſen Genehmigung zur Legung vorher eingeholt war, trat, nachdem Gebietsherr und

---

[1] Vgl. die Erfurter Waſſerordnung bei Michelſen (Rechtsdenkmale aus Thüringen p. 101 ff.).

[2] Hierunter ſind jedenfalls die Steinplatten bei dem Gerichts-Malſtein, dem heutigen Roland, verſtanden.

Kompane die Größe und Stärke des Fachbaums sowie „mit der Wage" seine richtige Höhe im Flußbett gemäß früher vorgenommener Absteckung untersucht hatten, selbst auf den Baum und fragte Wassermeister und Anweiser feierlich auf ihre Eide, ob der Baum richtig liege? Erst wenn dies bejaht worden, gab der Schultheiß von Amts wegen die Erlaubniß, „daß Wasser darüber gehe." Bevor jedoch die Wasserwoge über den neugelegten Fachbaum in die Mühlräder hineinschäumte, erhielten erst Schultheiß und Gerichtsbüttel ihre Schillingsabgabe und sie sammt Vizthum, Wasseramt und allen sonst dabei Betheiligten den solennen Schmaus von dem Müller, dem nun „werbhaft Wasser" rechtmäßig beschieden war (II, 143). Desgleichen war für die Kirschlachenfege (II, 144) des Schultheißen Genehmigung der Anfang und der Schmaus das werthgeschätzte Ende; an einem Freitag fand der letztere statt, nachdem Schultheiß nebst Vizthum und Bütteln die Fege der „Nachbarn an der Kirschlache" besehen und die unverkümmerte Breite des Gerinnes durch die Anweiser mit der Meßgerte hatten bestätigen lassen. Merkwürdiger Weise stand hingegen die für die Stadt doch weit wichtigere Gera = Fege der Müller am Fluß bloß unter der Controle des Wasseramts, nur daß dieses zur Besichtigung der absatzweise geschehenden trocknen und nassen Fege von dem oder (bei gespaltenen Mühlen) von den betreffenden Müllern durch den Severhofsbüttel geladen werden und letzterer dafür einen Schilling erhalten mußte (II, 223).

Alles bisher Betrachtete bezog sich auf das weltliche Gericht des Erzstifts in Erfurt. Gänzlich von diesem verschieden, auch durch die Dürftigkeit unserer Kenntnisse davon, ist nun das geistliche. Von jeher zog es sich geheimnißvoll hinter feste Mauern: das Haus an der Nordwestpforte des Severhofs, wo bei Anwesenheit des Erzbischofs dessen Kanzlei untergebracht wurde (II, 151), wo später der Schultheiß wohnte und zur Winterzeit Stadtgericht hielt, war der alte Sitz dieses geistlichen Gerichts; 1445 nennt eine Urkunde „die geistlichen Richter aus dem Kreuzgang",[1] 1462 eine andere „das geistliche Gericht im Kreuzgang zu Erfurt",[2] es hatte also vermuthlich die „geistlichen Stühle" zu seinen Sessionen im Kreuzgang s. Mariae aufgestellt, an welche Stätte ja auch die weltlichen Beamten des

---

[1] M. A, XLVII, 24.
[2] C. A. „Sachsen contra Mainz." Katalog Erfurt fol. 385—389. Hieraus ist auch im Folgenden geschöpft.

Mainzer Hofs die Deputirten des städtischen Raths zur Conferenz zu bitten pflegten. Die Richter werden Notare des geistlichen Tribunals genannt, ihr Verfahren wird seit Alters das schriftliche gewesen sein; den „Siegler" darf man wohl als den Vorsitzenden des geistlichen Gerichts betrachten, der die Beurkundungen, zumal die Excommunicirungsbriefe zu besiegeln hatte.[1]

In welcher Weise die erzstiftischen Archidiaconatsbezirke (II, Anm. 194) in ganz Thüringen dem geistlichen Obergericht oder „Generale" in Erfurt unterstellt waren, kann hier nicht näher untersucht werden. Aus seinen Competenzen läßt sich aber eine gewaltige Bedeutung dieses Gerichts auch für Erfurt folgern: es war nicht nur das Tribunal für Ketzerei und alles, was in irgend welcher Beziehung zur Kirche stand (vom Kirchenornat und den geistlichen Zinsen bis zu Raub und Mord, an Clerikern verübt), sondern auch für Ehesachen, Meineid, Urkundenfälschung, Zauberei, Aussätzigkeit und Wucher. Schon im 13. Jahrhundert versuchten die geistlichen Richter im Vollgefühl solcher Macht gegen die Unabhängigkeit des weltlichen Gerichts ihres eigenen Herrn Angriffe, indem sie das von diesem ausgesprochene freie Geleit mitunter brachen (I, 51); und gegen Hereinziehen vors weltliche Gericht gehöriger Dinge in die Sphäre des Generales mußte noch der Amorbacher Vertrag im 11. Artikel Verwahrung einlegen. Aber wenn Jemand vor dem weltlichen Gericht nicht zu seinem Recht kommen konnte, so durfte er sich gesetzmäßig an das geistliche mit der Klage wegen Rechtsverweigerung wenden, und ebenso stand es gesetzlich diesem Gericht zu, auf Ansage des Freiboten Wundenthäter, die der Forderung der Wundenbuße nicht Folge leisteten, „mit geistlichen Briefen zu bringen".[2]

Mit dem Fortschritt der Zeit scheint indessen auch in Erfurt das geistliche Gericht mehr und mehr auf kirchliche Angelegenheiten, Ehe- und Hexenprocesse beschränkt worden zu sein. Bereits 1505 steht Hans Periolt, ein Steinhauer, der den Pfarrer Jobst von Wyda erschlagen hatte, da er ihn im Ehebruch mit seiner Frau ertappt, vor dem weltlichen Gericht und wird von den Schöffen peinlicher Strafe freigesprochen.[3] Früher wäre dieser Proceß ohne Zweifel vor den

---

[1] Er erhielt 1511 zu seiner Kleidung eine Elle Tuchs mehr als selbst der Vizthum (Engelm.-Rechn. des E. A. p. 60).

[2] Gerichtsordnung von 1483 fol. 10.

[3] M. A. Erf. Acten Tit. VII, No. 4 fol. 1—13.

geistlichen Richtern geführt worden, wie z. B. die Urkunde vom 14. Mai 1361 im E. A. beweist, wo Hartmann von Holbach wegen Todtschlags eines Priesters zu einem Bußgang selbbreißigst mit zweipfündiger Kerze und Besen von der Predigerkirche zum Dom und zu einer Bußfahrt nach Rom verurtheilt wird „von den mainzischen Richtern, die executores statutorum heißen". Eben dieser Name legt nahe genug, was auch ohne dies nicht fraglich wäre, daß nämlich das geistliche Gericht wesentlich mit der Aufrechterhaltung der Treuga Dei, des Gottesfriedens in dem kirchlichen, von wiederholten Aussprüchen der Concilien statuirten Sinn betraut gewesen ist. Wie es bei Einführung des Gottesfriedens im normannischen England ausgesprochen wird, daß der Bischof Richter über Bruch des Gottesfriedens sei, dabei unterstützt vom Arm der königlichen Gewalt,[1] so war es auch bei uns. Ohne Unterschied der Wochentage standen alle geistlichen Personen unter dem Schutz des Gottesfriedens; Vergewaltigung an ihnen ahndete folglich das geistliche Gericht. Das Sandsteinkreuz auf der Steigerhöhe südlich von Erfurt, das an der Stätte der Ermordung des Priesters Heinrich von Siebeleben (1313) errichtet ist, wird auch dem Sühnegebot, das die geistlichen Richter gegen den Mörder, einen Grafen von Schwarzburg, aussprachen, sein Dasein verdanken.[2] Aber auch nicht geistliche Personen waren in gewissen Verhältnissen vom Gottesfrieden geschirmt; „Frieden", heißt es in dem für England bestimmten Statut, „soll haben wer zur Verehrung des Heiligen kommt bei Hin- und Zurückgang".[3] In Erfurt selbst war jene Kirchenversammlung von 932 unter König Heinrichs I. Vorsitz gehalten worden, auf der

---

[1] Kluckhohn, Gesch. des Gottesfriedens p. 92.

[2] Mittheilungen des Vereins für die Geschichte und Alterthumskunde von Erfurt, 2. Heft (1866) p. 183 ff. Was im 3. Heft derselben Mittheilungen (p. 187 ff.) v. Mülverstedt über die Errichtung von Steinkreuzen als überhaupt gar nicht seltenes gerichtlich angeordnetes Sühnemittel für Mordthat angeführt hat, bestätigt sich ganz speciell auch für Erfurt, nur scheint mir die Auffassung, als wenn ein solches Mordkreuz „ein Denkmal" für einen aus „dem besonders bevorrechteten Adel- oder Priesterstand" hätte sein sollen (ib. p. 188), unzulässig. So wurde nach p. 98 v. des „Sachebuchs" (Samml. des W. A. No. 39) zur Sühne der Ermordung Hans Königs (1431) den Thätern aufgegeben, ein 12' hohes Kreuz aus Seeberger Sandstein errichten, daneben 400 Seelenmessen halten zu lassen, eine „Achfahrt" zu thun u. s. w.

[3] Vgl. Kluckhohn l. c.

ganz analog für das deutsche Reich festgesetzt wurde, daß Keiner beim Gang in und aus der Kirche wie beim Weilen in derselben gewaltsam angegriffen werden dürfe, damit er nicht am Heil seiner Seele behindert werde.¹ Demnach darf hier zum Schluß als ein gut verbürgtes ältestes Beispiel der Wahrung des Erfurter Gottesfriedens durch den Erzbischof von Mainz wohl die Bestrafung des Grafen Meinhard von Mühlberg angeführt werden, der einen Erfurter Bürger Namens Logatus beim Gang in den Frühgottesdienst am Allerheiligentag des Jahres 1235 noch bei nächtlicher Weile überfallen und gefangen genommen hatte: der Erzbischof, der gerade 9 Tage später nach Erfurt kam, that ihn persönlich in den Kirchenbann und erwirkte auch beim Kaiser die Reichsacht gegen ihn.²

3. Münze und Zoll.

Eins der einträglichsten Rechte des Erzstifts in Erfurt war das Münzrecht; dazu auch indirect von großer Wichtigkeit, da der Erzbischof mit seiner Münze den Erfurter Markt beherrschte, es also in der Hand hatte, durch Sorgfalt und Redlichkeit der Prägung den Waarenumsatz diesem Markt des Thüringer Landes hauptsächlich zuzuführen, von dem er noch so mancherlei Gefälle außerdem erhob. Und so vollkommen hat das zum gemeinen Besten gereichende Streben nach stetig zuverlässiger Ausmünzung des „Silberngeldes" in Erfurt sein Ziel erreicht, daß selbst fern ab von der Stadt, hinab ins Unstrutgebiet wie hinauf nach dem Thüringer Wald, Fürsten und Herrn das Bischofsbild auf ihre Münze nahmen, damit sie um so mehr Zutrauen bei der überwiegenden Mehrzahl derjenigen fände, die nicht lesen konnten.³

Die Prägung dieser gern genommenen Pfenninge und Halbpfenninge oder Scherfe aus 15löthigem Silber in Bracteatenform geschah jährlich mindestens einmal und zwar zu Jacobi (I, 32); nach alter Weise, wie man sie auch in der befreundeten Stadt Nürnberg genau so noch übte,⁴ wurden 240 Pfenninge aus einem Pfund (= Talent) geschlagen und je 12 ein Schilling genannt; zwei Pfunde,

---

¹) Pertz, LL. II, 18.
²) Pertz, SS. XVI, 31.
³) Leitzmann, das Münzwesen Erfurts p. 12.
⁴) Hegel, Chroniken der fränkischen Städte I, 224 ff.

also 480 Pfenninge, machten eine Mark aus, jedoch wurden größere Summen auch noch in ungemünztem Reinsilber (marcae puri sc. argenti) durch Abwägen der Barren gezahlt, worauf die Unterscheidung von Silber- und Pfennigwährung sich bezieht (I, Anm. 60). Münze und Wechsel stand unter strengster Aufsicht des erzbischöflichen **Münzmeisters**. Er allein besaß „den Seigäre" (I, 29), die Frohnwage, wie man in Basel sagte,[1] und wachte über Richtigkeit von Wage und Gewicht in der Stadt (I, 25); nicht nur die Münzer („Hausgenossen") waren ihm eidlich verpflichtet (I, 33), sondern auch die Goldschmiede mußten ihm alljährlich schwören, nur mit der vorschriftsmäßigen Legirung zu arbeiten und „Genoste" d. h. durch Münzumschneidung betrügerisch gewonnenes Silber, das ihnen etwa zum Einschmelzen gebracht wurde, zur Anzeige zu bringen (I, 30, 26). Außer den Münzern durften nur die Goldschmiede und Staubwäscher Essen d. h. Heerde zum Silberschmelzen haben (I, 27), und jeder Goldschmied war verpflichtet, sich ein eigenes „Zeichen" vom Münzmeister zu „muthen", unter dem allein das Handwerk zu treiben ihm verstattet war (I, 28). Die Muthung einer solchen, wohl auf jedes seiner Fabricate aufzudrückenden, Marke, die ihm oblag, wenn er sich seine Esse gründen wollte, scheint die einzige ständige Abgabe des Goldschmieds an seine Obrigkeit verursacht zu haben, wofür dann aber auch die ganze Innung dem Erzbischof bei seiner Anwesenheit in Erfurt 50 Silbermark zu Schüsseln oder anderen Gefäßen zu verarbeiten bereit sein mußte (II, 154).

Seit 1262 bestand die Münzergilde der „Hausgenossen" aus 12 Sachverständigen und 4 Titular-Münzern (I, 31) mit dem Recht der Cooptation (das sich jedoch nie auf die Zuwahl von mehr als einem der Söhne jedes Genossen erstrecken sollte) und, wie aus der Verstattung der Vier zu vermuthen,[2] mit gutem Kopfantheil an dem Erträgniß des Münz- und Wechselgeschäfts. Münzhäuser gab es zwei: eins vor den Graben („moneta ante gradus" in E) und eins vor der Krämerbrücke auf dem Wenigen Markt (II, 125); möglich wäre es jedoch, daß die beiden „Münzen" nicht neben einander bestanden hätten, sondern die Wechselbank aus dem Münzhaus vor den

---

[1] Heusler, Verfassungsgesch. der Stadt Basel p. 59.
[2] Auch in Bamberg wurden 1275 unter den Hausgenossen echte Münzer und solche, „die weder in der Münze prägen noch an den Pfennigtischen wechseln", unterschieden. Vgl. Quellensammlung für fränk. Gesch. III, 19.

Graben in der zweiten Hälfte des 13. Jahrhunderts nach dem Wenigen Markt verlegt worden sei, ohne deshalb dem alten Münzhaus seinen Namen zu nehmen.¹

Auf dem einen oder auf beiden Märkten der Stadt also saßen Münzmeister und Hausgenossen „am Bank" mit Pfenningen jedesmal neuster Prägung und mit der Wage zum Wechselgeschäft bereit (I, 22, 36, 37, 39); nur hier durfte Silberhandel getrieben (I, 23), nur hier alte Münze gegen diejenige der letzten Prägung umgewechselt werden (I, 33). Sobald der Münzmeister von Uebertretung dieses Gebots durch die Hausgenossen oder seine geschworenen Knechte unterrichtet wurde, hatte er den unbefugten Wechsler sofort in seinen Hof zu entbieten; es stand in seinem Belieben, den Reinigungseid zu gestatten, der Geständige aber verfiel einer Wette von 3 Pfund und 3 Scherf (I, 33). Denn dieser Sechzigschillings- oder Königsbann (mit dem ständigen Zuschlag der 1½ Pfenninge) ist die allgemeine Geldstrafe, die der Münzmeister verhängt, auch über den Goldschmied, der nicht unter seinem Zeichen arbeitet (I, 28), über den Hausgenossen, der selbst oder durch Andere alte Pfenninge statt neuer auswechselt (I, 37, 39), und über den, der zum ersten Mal mit falscher Wage und Gewicht ertappt wird (I, 25). Der letztere Fall zeigt zugleich die Steigerung dieser Geldstrafe: das zweite Mal zum Abhacken der Hand, das dritte Mal zum Tod. Gegen den, bei dem man falsche Münze, wenn auch nur von einem Schilling-Werth, fand, gab es nur eine dieser beiden letztgenannten Strafen: dem Hausgenossen oder sonstigen Münzverständigen ging es an den Leib, jedem Anderen an die Hand (II, 24), so daß er, wie das Mühlhäuser Stadtrecht es nennt, für sein Leben nun „gefratet" war.² Und hatten die Münzer gefrevelt, beim „Ausjäten" des eingewechselten Silbers (I, 38) edles Metall unterschlagen, vielleicht das richtige Gewicht, aber durch Zuschlag von unedlem Metall, besonders von Kupfer, hergestellt, so waren sie keinen Augenblick sicher, daß nicht Vizthum und Münzmeister, etwa vom Rath gemahnt, unversehens

---

¹) Was es nämlich mit der „Wandelung des Münzhauses" durch Erzbischof Werner (1259—1284) für eine Bewandniß hat, bleibt uns verborgen, da wir nur wissen, daß sein Nachfolger Heinrich II. sie 1287 bestätigte (M. A. VI, 1; bei Höfer l. c. p. 35 f.).

²) Mhd. vraten heißt zwar verwunden (noch jetzt in Baiern mundartlich „fretten"), aber im obigen Sinn ist es doch sittlich zu verstehen. Ein „gefrateter Mann" ist ein an seiner Ehre geschändeter, ein auch vor Gericht Ehrloser (vgl. Stephan, Stofflieferungen, 1. Heft p. 33).

am Wechseltisch erschienen, in den Beutel griffen und schon mit 12 falschlöthigen Pfenningen ihnen das Todesurtheil auf denselben Tisch zählten, der ihnen schnöden Gewinn durch Gefährdung aller Bürger und Gäste hatte bringen sollen (I, 34, 35).

Wie reichlich die Einnahme vom Erfurter Prägeisen war, läßt sich aus den ansehnlichen Summen schließen, um welche die Erzbischöfe zur Deckung ihrer Schulden diese Revenüe an ihre Gläubiger überließen. Nachdem um die Mitte des 13. Jahrhunderts die Münze vom Jacobitermin auf zwei Jahre dem eigenen Münzmeister für Entgeltung eines Darlehens verschrieben worden,[1] war es nachher zu wiederholten Malen der Rath, der in längeren Zeiträumen die städtischen Münzgefälle des Erzstifts erhob, theils zur Entschädigung für Anleihen, die der Erzbischof bei der Stadt gemacht hatte — so 1291 für 1000 Mark Reinsilbers, die dem Erzbischof Gerhard zur Tilgung seiner beim päpstlichen Hof contrahirten Schulden gezahlt worden[2] —, theils in Form des Pachtcontracts, wie denn der Rath 1341 sogar auf Lebenszeit des Erzbischofs Heinrich III. für eine jährliche Pachtsumme von 500 Pfund Erfurter Pfenninge einen solchen Vertrag abschloß,[3] bis endlich 1354 in Folge großer Verschuldung des Erzstifts der Nassauer Gerlach mit Einwilligung seines Capitels um 3000 Mark löthigen Silbers das Münzregal in Erfurt wiederkäuflich (jedoch nie wiedergekauft) dem Rath überließ.[4]

Gerade aus dieser Zeit kennen wir genau das Verhältniß des Metallgewichts zum Nominalwerth der Erfurter Münze: ein Silberpfennig, der wie immer $1/480$ der ausgemünzten Mark galt, war damals nur $1/600$ einer löthigen Mark, so daß nicht 2, sondern $2^1/_2$ Pfund Pfenninge der letzteren gleichwerthig waren, „der Pfenninge 50 Schillinge" eine Mark wogen.[5] Und dieser Gewinn „vom Eisen" war seit Alters dadurch ein um so bedeutenderer, daß die „neuen Pfenninge" der jedesmal letzten Prägung für den Umsatz gewisser Waaren sowie für die Entrichtung der Freizinsen und gewisser dörflicher Erbzinsen (II, 63, 68, 87, 90, 135) Zwangscurs hatten. Als solche

---

[1] Bartholomäus' Renten-Nachweis des Erzstifts (p. 11 der Abschrift im E. A.).

[2] M. A. VII, 10ª.

[3] M. A. VII, 18ª.

[4] M. A. VII, 25.

[5] M. A. VII, 24. Oben (II, Anm. 135) berechneten wir für das Jahr 1332 den Münzwerth zu $48^1/_4$ Schilling auf die Mark Reinsilber.

Waaren werden genannt: Getreide, Hopfen, Brenn- und Zimmerholz, neue Wagen, Lammfelle, Pferde und Silber (I, 10—21).[1] Ursprünglich scheint der Kaufpreis für 40 neu geprägte Pfenninge 1 Pfenning betragen zu haben, denn ein Aufschlag von 6 Pfenningen vom Pfund ($2^1/_2$ %) mußte geleistet werden, wenn man Getreide oder Hopfen mit alten statt mit neuen Pfenningen kaufte (II, 133). Diese Art der indirecten Zahlung des für die Münze bestimmten Gefälles erschien nachmals weit bequemer: man kaufte nicht unbestimmte (leicht also auch unnütz hohe) Summen neuer Pfenninge, sondern zahlte in alten und gab den sogenannten S ch l ä g e s ch a tz, der nun bloß noch historisch auf seine Entstehung zurückwies, indem er sich nur durch die Einreihung unter die Münzgefälle und daher durch die Erhebungsweise von gewöhnlichen Marktzöllen unterschied. Während im Weisthum von 1289 noch mehrfach die doppelte Form dieser Abtragung als gleich gesetzlich erwähnt wird, schildert bereits das Bibra-Weisthum die Entrichtung des Schlägschatzes der Getreidekäufer als die einer regelmäßigen zur Adventszeit im Mainzer Hof fälligen Abgabe, die von einem erzstiftischen Boten, dem Schlägschätzer, dreimal vorher angesagt wird (II, 133). Gleich darauf wird zwar auch von Bibra der Kauf von Getreide und inländischem d. h. thüringischem Hopfen „mit neuen noch nicht verkauften Pfenningen" neben dem mit Schlägschatz verbundenen Kauf durch „alte Pfenninge" erwähnt; wir sehen indessen nicht nur in der später aufgezeichneten „Schlägschatzordnung" den Schlägschatz auf die Quanta von Getreide und Hopfen sowie die Wagen und Karren der Holzfuhren statt auf deren Preis veranschlagt, sondern beim Pferdehandel auch schon 1332 nicht 6, sondern 4 Pfenninge Schlägschatz für ein inländisches Pferd vom Werth eines Geldpfundes oder von geringerem Werth verzeichnet (II, 212), was die Alternative einer Zahlung mit neuen Pfenningen (wenigstens bei Annahme eines Kaufpreises von 6 Pfenningen für ein Pfund der letzteren) deshalb ausschließt, weil dann die Abgabe um mindestens die Hälfte gesteigert wäre. Zudem war dieser auf dem Pferdemarkt zu entrichtende

---

[1] I, 21 redet zwar nur von G ä st e n, die im Fall der Annahme von löthigem Silber nicht wie Verkäufer von Waare, sondern wie Käufer von Silber hinsichtlich des Schlägschatzes betrachtet werden sollen, die „Zoll- und Schlägschatzordnung" setzt aber wenigstens auf das Silber und Gold, „wie es die Goldschläger schlagen" ganz im Allgemeinen Schlägschatz an (fol. 22 des Grünen Buchs im E. A.).

Schlägschatz zur Hälfte dem Käufer und zur Hälfte dem Verkäufer auferlegt, während sonst regelmäßig der Käufer als der Zahlende dem ursprünglichen Charakter der Abgabe gemäß allein „schlägeschatzte"; nur drei Fälle werden 1289 angegeben, in denen der Verkäufer den Schlägschatz zu tragen hatte: wenn das Zimmerholz einzeln statt im ungetheilten Fuder verkauft wurde (denn schon damals war der Schlägschatz aufs Fuder, absehend von dessen Geldwerth, angesetzt), ferner bei dem eigenthümlichen Tauschhandel von Bier gegen Korn, wenn mehr Korn verkauft wurde als das dafür ins Faß gefüllte Bier an Werth austrug (I, 18), und wenn ein Fremder sich seine Waare mit ungemünztem Silber von einem Bürger bezahlen ließ, also ein ungern gesehener Silberexport drohte, an Stelle einer gern gesehenen Einnahme von Münze (I, 14, 18, 21). In voller Ursprünglichkeit scheint sich die Pflicht mit neuen Pfenningen zu kaufen nur beim Handel mit Lammfellen zwischen dem Mittag des Charfreitags und des Pfingst-Heiligabends (I, 15) auch ins 14. Jahrhundert hinein erhalten zu haben: am Guten- oder Charfreitag selbst wurde ein „geschworener Knecht" bestellt, der in jenen 50 Tagen den Lammfellhandel überwachen, und jeden dabei mit alter Münze Ertappten zur Büßung der großen Wette von 3 Pfunden und 3 Scherfen verklagen mußte (II, 49). Unterworfen waren dem Schlägschatz sowohl Pfaffen als Laien, Ritter wie „gemeine Leute", frei davon nur der Münzmeister und die Hausgenossen (I, 12), der Bürger beim Handel mit seinem Mitbürger (I, 20) und — im Sinn eines menschenfreundlichen Zutrauens — auch diejenigen Armen, die für ihr tägliches Brot und einen Trunk Hausbier Korn auf dem städtischen Markt kauften, das ihnen weder wuchs noch von Zinspflichtigen einkam (I, 10).

Vom eigentlichen Marktzoll, dem alle Waaren (ausgenommen jedoch, wie es scheint, fast alle, von denen man Schlägschatz entrichtete) unterworfen waren,[1] erfahren wir zunächst aus dem

---

[1]) Getreide z. B. wurde, so viel wir wissen, nur verschlägschatzt, thüringische Pferde dagegen wurden sowohl verzollt als verschlägschatzt (II, 212), und bald floß beides in dem Begriff des „Verrechtens" zusammen, da nachmals Zoll wie Schlägschatz von den Zöllnern erhoben wurde; sogar den geschäftskundigen Engelmann sehen wir 1496 in einem Rechtsstreit irrthümlich den Satz verfechten, Reise (die, wie II, 14 und I, 13 zeigt, zum Hohlwerkzoll gehörten) seien nicht Zoll-, sondern Schlägschatzwaare, Adliche seien beim Kauf von Reisen also nicht nach I, 42 abgabefrei, sondern nach I, 12 abgabepflichtig. C. A. Rat. Erf. fol. 390 ff.

13. Jahrhundert, daß er dem erzbischöflichen Marktmeister gehörte, bis auf 6 Tage vor Weihnachten wie vor Johannis, wo er von gewissen Krämereiwaaren („de paucis rebus minutis") dem Vizthum gehörte, und bis auf den Zoll von „gewissen Gefäßen" (wahrscheinlich vom „Hohlwerk" II, 13 f.), der bem Küchenmeister (cellarius) im Mainzer Hof zugewiesen war.[1] Dafür gab der Marktmeister dem Vizthum jährlich 2 Mark Geldes, eine „zu Recht" und eine „zu Gunst", auch 5 Pfund Wachs zur Lichtmeß=Vigilie (II, 235, III, 7).

Der Marktmeister nahm „seinen Zoll" von Kauf und Verkauf, und zwar (im Kleinverkauf) von 1 Schilling und darüber 1 Pfenning, von Waare unter 1 Schilling bis zu 6 Pfenningen herab 1 Scherf, während noch geringere Waare zollfrei war (I, 41, 47). Also betrug der Zoll bis zu $8\tfrac{1}{3}\%$ vom Werth der Waare. Kamen jedoch Ausländer d. h. Nichtthüringer mit Wagen= oder Karrenlast nach Erfurt, so hatten sie, wenn sie eine Zeit lang daselbst „Niederlage" mit ihren Waaren hielten, nur Ab= und Aufladegeld zu je 4 Pfenningen vom Wagen — vom Karren wie immer die Hälfte — zu erlegen; zollpflichtig waren dagegen alle unentladen die Stadt durch= oder umfahrenden Wagen und Karren (I, 48, 49). Die Verzollung ganzer Ladungen richtete sich indessen gewiß nicht nach dem schwankenden Geldwerth der geladenen Waare, sondern jedenfalls ganz allgemein nach der Kategorie, in welche die Waare gehörte, und danach, ob es Wagen= oder Karrenlast war; so zahlte man vom Hohlwerkwagen immer 2, vom Salzwagen 2 (bezüglich 4) Pfenninge (II, 14, 12).

Schon ehe die Wagenlast auf dem Markt vollständig verkauft war, mußte der Verkäufer den Zoll oder ein Pfand statt dessen geben (I, 41). Gleichzeitig erlegten die Käufer ihre Scherfe und Pfenninge, und zwar ursprünglich unter freiem Himmel mitten auf dem Marktplatz vor den Graden, wo neben einem Lindenbaum der uralte viereckige Zollstein in seiner flach beckenförmigen Scheitelfläche das Geld aufnahm, lange bevor über der Stelle ein hölzernes Zollhäuschen, später ein solches in Fachwerk erbaut wurde.[2] Ueber genaue Erfüllung jeglicher Zollpflicht wachten die Zöllner auf dem Markt wie an den Thoren der

---

[1] Bartholomäus' Rentennachweis (um 1250), p. 22 der Abschrift im E. A.

[2] Erphurdianus antiquitatum variloquus (bei Menken II, 538). Ueber das spätere Zollhaus handelt Samuel Fritz in seiner Bilderchronik p. 186 (Abbildung: p. 159).

Alt= oder Innenstadt. Wer die Thorbrücke überschritt mit irgend welchen in der Stadt gekauften oder ausgebesserten¹ Gegenständen oder mit ganz oder theilweise ausverkauftem Wagen, mußte den hier am Thor wachthaltenden Zöllnern das gelöste Zollzeichen vorweisen, wobei die Zöllner genau darauf zu achten hatten, daß nicht mehrere Personen „ihr Ding" auf einen Wagen zusammenlegten und doch nur Zeichen von so hohem Zollabtrag vorwiesen, als wenn Alles Einem gehörte (I, 46).² Da nur innerhalb des Weichbildes Zollbefraudanten verfolgt werden durften (I, 45), so kam es nicht eben selten vor, daß Wagen und Karren hurtig den Thorzöllnern vorbeifuhren, die Zöllner nachrannten, mit ihren Barten nach den Flüchtigen warfen und Mord und Todtschlag die Folge war.³ Gewöhnlich wurde den Defraudanten das Pferd gepfändet, so daß solche gepfändeten „Zollpferde" oft genug zum Verkauf kamen; oder es wurde die nicht verzollte Waare gepfändet, wenn diese zu gering war, auch wohl der Mantel. In alter Zeit brachte der Zöllner den Schuldigen sofort vor seinen Herrn d. h. vor den Marktmeister, denn die Schuld durfte nicht „übernächtig" werden, am andern Morgen war sie erloschen. War die Schuldlosigkeit nicht zu erweisen, so verurtheilte der Marktmeister den Verklagten zur Zoll= wette, die wie bei den Münzvergehungen die volle Königsbuße der 3 Pfund auch mit Zuschlag von noch 3 Scherfen war (I, 45). Bei nicht vorsätzlichem Enttragen oder Entführen des Zolles wurde indessen, wenigstens später, die Buße ermäßigt; „auf Gnade" pflegte man dem minder Schuldigen das Gepfändete auch unentgeltlich zurückzugeben.

Zollfrei waren seit undenklichen Zeiten die Bürger Erfurts sowie ihr Gesinde,⁴ ferner des Erzbischofs, des „Grafen" und des Vizthums Leute, sämmtliche Geistlichen und der Ritteradel, außer wenn Waare für andere oder zum höheren Wiederverkauf von ihnen gekauft

---

¹) D. A. 8678 (woraus auch im Folgenden geschöpft ist). Dabei wurde die Höhe des Zolls nach dem Preis der Ausbesserung bemessen. M. A. Erf. Acten, Tit. V, No. 2ᵃ.

²) Einen solchen Fall berührt aus dem Jahr 1550 C. A. Katalog Erfurt fol. 390 ff.

³) So um 8 Pfenninge, die zu wenig verrechtet waren, 1486. M. A. Erf. Acten, Tit. V, No. 1. Vgl. auch fol. 40 v. des Grünen Buchs im E. A.

⁴) Das Letztere, und dadurch mittelbar auch das Erstere, sagt I, 43., vgl. auch II, 212. Vom sogenannten Marktrecht d. h. der Abgabe vom Feil= bieten gewisser Waaren, die nicht im eigentlichen Sinn als Zoll betrachtet wurde, waren dagegen die Bürger nicht frei.

wurde (I, 42—44); durch erzbischöfliche Gnade war auch den etwa 60 „Freigast"=Bauern (II, 121) sowie gewissen umliegenden Dorfschaften der Marktzoll in Erfurt erlassen: den speciell so genannten Küchendörfern (Hochheim, Bintersleben und Ilversgehofen), den drei Slavendörfern (Ditelstedt, Melchendorf und Daberstedt), desgleichen Schmira (II, 37), Witterba (II, 244) und laut Urkunde von 1196 auch Ichtershausen.[1]

Eine besondere Stellung im alterfurtischen Zollwesen hatten breierlei Waaren: Hohlwerk, Salz und Pferde. Mit ihnen beginnen wir die Aufzählung von Marktgefällen, die schon im 13. Jahrhundert (wenigstens theilweise) nicht ins Marktmeister=, sondern ins Schultheißenamt (mit der gewöhnlichen Drittelabgabe an den Vizthum) oder einfach in den Mainzer Hof gehörten und von denen auch die Bürger nicht ganz befreit waren.[2]

Unsere Vermuthung, daß unter den Gefäßen, deren Zoll dem erzstiftischen Küchenmeister um 1250 überlassen war, all das hölzerne Geräth verstanden sei, welches man unter dem Namen „Hohlwerk" begriff (II, 14), wird dadurch um so wahrscheinlicher, daß auch zu Bibra's Zeit der Hohlwerkzoll vom gewöhnlichen Marktzoll abgetrennt war; er war damals dem Salzgräfen überlassen (II, 13), ein anderes Mal mit dem Pferdezoll vereinigt (II, 255). Zu dem vielgestaltigen „Hohlwerk" von Holz, Bast und Laub, das namentlich die „Waldleute" aus den südlichen Waldbergen gefahren oder getragen brachten, waren auch irbene und Glasgefäße zugelegt, ja selbst Schmeer= und Pechverkäufer sowie Händler mit feinen, stark gewürzten Fleischwaaren zahlten dem Hohlwerkzöllner ihr „Marktrecht", Bürger der Stadt zwar nur 3 Pfenninge jährlich zu Weihnachten, Fremde aber allwöchentlich 1 Pfenning, wenn der Zöllner nicht, wie er vielleicht regelmäßig that, Ermäßigung vergönnte (II, 214, vgl. 200). Dazu kamen die einträglichen Erhebungen von Kauf oder Verkauf der Marktwagen=Ladungen von Hohlwerk (II, 13), so daß die Jahrespacht dieses Zolles (wahrscheinlich 4 Pfund Geldes und 12 Hühner) nebst wöchentlichen Lieferungen von Holzgeräth in den Mainzer Hof — ein Zeichen, daß der Zoll selbst dann und wann in solchem Geräth ange-

---

[1]) Rein, Thuringia sacra I, 68.

[2]) Bartholomäus l. c. p. 22 f. Der Pferdezoll ist daselbst allerdings nicht erwähnt, steht aber II, 255 mitten unter den hier folgenden Gefällen.

nommen wurde, — wohl zu erschwingen war (II, 13, 255). Auch der Pachtzins an Geld und Hühnern wurde nach II, 255 in den „Hof" gezahlt; der Vizthum ging aber dabei doch nicht leer aus: jede Woche erhielt er seine 5 Holzbecher (II, 251) und an den drei Tagen vor Ostern, Pfingsten und Weihnachten gehörte ihm der ganze Hohlwerkzoll (II, 20).

Ueber den Salzmarkt war mit ausgedehnter Vollmacht (II, 21) der Salzgräfe gesetzt. Wenn er auch den Zoll der Salzwagen, der sich von thüringischem Salz wie der von einem Wagen mit Hohlwerk auf 2 Pfenninge, bei außerthüringischem auf das Doppelte belief, in den Mainzer Hof zu liefern, ebenso die Jahresabgabe an Salz von solchen, die ein- oder zweimal die Woche den Salzmarkt mit Wagen- oder Karrenlast besuchten, nur einzusammeln hatte (II, 12, 7), so fielen ihm doch nicht nur gewisse Contraventionsbußen auf dem Salzmarkt zu (II, 18 f.), sondern die 3 Scherfe, die von jedem Salzabmessen Bürger wie Fremde zahlen mußten, gehörten ihm (II, 11). Bei dem starken Salzverbrauch in Erfurt, wo abgesehen von Tisch- und Viehsalz noch von Gewerken wie dem der Weißgerber, Seifensieder, Fleischer und Sälzener ansehnliche Mengen von Salz verarbeitet wurden, mußten auch solche Scherflein ein Erkleckliches eintragen. Sieht man doch das Drängen von Wagen und Karren auf dem Salzmarkt daran, daß auf billigeren Verkauf die Belohnung früheren Abmessens gesetzt wurde.[1] Bei der hohen Wette von 3 Pfunden und 3 Scherfen durfte nur mit dem kleinen erzbischöflichen Gemäß, das der Salzgräfe inne hatte, Salz gemessen werden (II, 11). Die unter den 15 Salzkrämen oder Salzhütten den ständigen Kleinverkauf trieben — die sogenannten Salzhocken, die nachmals wenigstens immer „Salzfrauen" waren, — halfen bei dem Abmessen und durften die ganze Woche über die „Huppen" oder nicht verkauften Salzüberschüsse von Wagen und Karren auflaufen (II, 15). Dafür war jede Salzhütte dem Schultheißen zu Jacobi einen Scheffel Salz, zum großen Neujahr demselben 2 und dem Vizthum 1 Schilling zu geben schuldig (II, 8, 4). Dieser Geldabtrag, an dem auch die Büttel ihren Antheil hatten (II, 175, 227 ff.), geschah, wenn zu Epiphanias (dem „Zwölften Tag" III, 13) oder den Sonntag darauf der Salzgräfe dem Vizthum, dem Schultheißen, deren Bütteln und den ob ihrer Zank- und Schimpf-

---

[1] Engelmanns-Buch, fol. 123 v.

sucht übel berufenen Salzfrauen in seiner Wohnung den großen Schmaus zurichtete (II, 3, 4).[1] Der Salzgräfe selbst gab zu demselben Termin dem Schultheißen 50, dem Vizthum 30 Schillinge (II, 3) und jedem von beiden zu Ostern ein Paar Gint=Kamaschen (II, 5), im übrigen aber verdiente er sich sein Meßgeld durch die beständige Aufsicht über pünktliche Einhaltung der Salzzoll=Vorschriften, die ihm auf dem Marktplatz und in der ganzen Stadt oblag.

Auch der Pferdezöllner hatte nur eine Jahrespacht von 80 Schillingen oder 4 Pfunden Geldes zu leisten (II, 213) und erhob dafür beim Handel mit thüringischen Pferden je 4 Pfenninge sowohl von Käufer wie Verkäufer, beim Handel mit außerthüringischen Pferden dagegen nur die 4 Pfenninge von dem thüringischen Käufer, während der ebenso hohe Zoll des außerthüringischen Verkäufers ins „Gastamt" gehörte. Schlägschatz nebst Zoll wurde nur von inländischen Rossen entrichtet (von Käufer wie Verkäufer 2 Pfenninge); des Schlägschatzes waren dabei (außer beim Handel mit einem Mitbürger, I, 20) auch die Bürger nicht ledig, wohl aber des Zolles, wie sie auch in Gemäßheit ihrer allgemeinen Befreiung vom Marktzoll keinen Salzzoll erlegt zu haben scheinen (II, 212).

Andere Waaren hatte man aus uns unbekannten Gründen zusammengruppirt und für jede dieser Gruppen einem besonderen Zöllner das „Amt" der Zollerhebung von den Verkäufern überwiesen. So gehörten:

1. ins Brückenamt, das von der Krämerbrücke seinen Namen führte, alle Krämerei=Gegenstände, wie Specereien, Wachs und gewisse Webstoffe (z. B. Dirdendei, Berwer), ferner inländische Haarlaken, Ziechenwerk zu Bettbezug, Hand= oder Tischtüchern, Tafelblei, Gerannt-Zinn, Spangen und Becher, Messerchen und Nadeln, Holzschuhe, Kämme und Drechslerei, Waaren von Färbern, Gürtlern, Weißgerbern, aber auch Hühner, Eier, Käse, Aepfel, Birnen, Kohl und dergleichen, ja sogar das in Trögen, Mulden oder Bechern feil gebotene Salz (II, 198, 199, 202, 206, 208);

2. ins Altkleideramt nicht nur alte Kleidungsstücke, Pelzwaare der „alten Kürschner", geflickte Kessel, sondern auch neue linnene Kleidungsstücke, Tauffkleider, thüringische Leinwand (mit den zwei gleich

---

[1] Ueber die Zuziehung der Salzfrauen s. Michelsen, Mainzer Hof p. 33, wo aber zu lesen ist „saltzfrawen, die zu Erfurdt saltz feyl (nicht frye) haben."

folgenden Ausnahmen), Garn, nicht zum Export über Thüringens Grenzen bestimmte Karden, in Erfurt gegossene Glocken, Schwerter, Schilde und andere Waffen (II, 203, 205);

3. ins Leinwandamt die unter den „Lingaben" am Rathhaus und von der Benedicts- bis zur Allerheiligenkirche verkaufte Leinwand (II, 210);

4. ins Lederamt Riemerwaare, Felle und Leder (wenn es nicht zum Export über Thüringen hinaus bestimmt war), Filz, Haare, Lohe und andere zur Gerberei dienende Materialien, neue Wämmse, die die Schneider unter den Gewandschnittgaben fertigten und verkauften, ebenda oder anderwärts abfallende Zeugstücke und Leinwand, die unter denselben Gaben gegen wollene Tücher ausgetauscht wurde, auch Leder und inländische Tücher, die man von Mühlhausen oder anderen benachbarten Städten einführte, sowie die auf Messen und Jahrmärkte fahrenden Wagen (II, 208);

5. ins Gastamt der Zoll des Verkäufers eines außerthüringischen Pferdes, Felle, Leder und Karden, die zur Ausfuhr aus Thüringen bestimmt waren, Glockenspeise und Sicheln (II, 205, 208, 212, 215);

6. ins Bornamt Fische (mit Ausnahme der im Stadtgebiet gefangenen), Wolle und „Muswerk" d. h. Erbsen, Bolz, Hirse und andere Gemüse (II, 40—43).

Alle diese „Aemter" wurden einst gegen einen bestimmten Jahresabtrag von Silber, Geld, einigen Fastenhühnern, etwa einem Scheffel Mohn- oder Hanfsamen oder einem Paar Gint-Kamaschen und gegen ein Wochengeld von $1^1/_2$ oder 5 Schillingen verpachtet. Bis auf das Leinwandamt wurde die eigentliche „Losung" oder das Kaufgeld für ein solches Zollamt (zu 1, 3, 6 Pfund) an jeder der drei „Weihfasten" oder Quatember (in den Fasten, um die Mitte September und December) entrichtet. Rechnet man die Mark Reinsilber zu $2^1/_2$ Pfund Pfennige (s. oben S. 168), so brachte diese Zollverpachtung vom Brückenamt 36, vom Altkleideramt 27, vom Leinwandamt $5^9/_{10}$ und vom Lederamt $18^1/_2$ Pfund ein (II, 201, 204, 211, 207, 255). Nur vom Gast- und Bornamt wissen wir die Pachthöhe nicht; auch nach dem Brückenamt und was dahin für Waare zolle, mußte sich schon Hermann von Bibra bei älteren Leuten erkundigen (II, 197).

Gezollt wurde auf dem Fischmarkt von jedem Rad des Fischkarrens oder -Wagens nach alter Weise[1] ein Pfenning (II, 41), ebenso viel von jedem Ohr (oder Henkel) einer zum Verkauf gebrachten Glocke, nur daß das Hauptohr zollfrei war (II, 205); das „Marktrecht" aber, was die Zollpächter erhoben, war nur für Erfurter Bürger genau bestimmt: sie mußten jährlich (gewöhnlich zu Jacobi) 3 Pfenninge vom Laden zahlen; Fremde hatten dagegen, wenn sie regelmäßigen Verkauf in der Stadt hielten, jede Woche 1 Pfenning zu zahlen, wenn sie sich nicht auf andere Weise mit dem Zöllner verständigten (II, 200, 203, 205, 40).

Mit dem Fortschritt der Zeit wurde die Decentralisation auch im Zollwesen allmählich abgeschafft, indem man die sechs „Aemter" theilweise zusammenzog (II, 255), dann diese Zölle und Marktgelder gar nicht mehr zu Pacht austhat, sondern (wie den übrigen Marktzoll) durch gemeine Zollknechte einsammeln und in den Mainzer Hof einzahlen ließ, wo sich zuletzt alle Revenüen in der Kasse des Gutsverwalters oder „Küchenmeisters" sammelten. In dieser späteren Zeit wußte man dann nichts mehr davon, daß der Zoll von „Fischen in der Lake" eigentlich dem Schultheißen zustehe (II, 41), daß von den 66 Heringen, die jeder Heringer, von den 1 1/3 Pfunden Oeles oder Geldes, die jeder Oelverkäufer, von den 3 Maltern Hafer, die jeder Futterer, d. h. Futterverkäufer in den Fasten zu zahlen hatte, 2/3 dem Schultheißen, 1/3 dem Vizthum gehörten (II, 44); an den Fasten-Heringen hatten Vizthum und Schultheiß um 1500 nur den doppelten Antheil wie der Freibote, der Vogt und jeder der Gerichtsknechte, d. h. sie erhielten von den eingesammelten Heringen zweimal 66 Stück. Auch der Schmied im Mainzer Hof hatte dafür, daß allein er die Kohlenstoße zum Kohlenabmessen auf dem Markt (gewiß gegen kleine Sporteln) darreichen durfte, nun nicht mehr des Vizthums Reitpferd unentgeltlich zu behufen, dem Vizthum ein Paar Sporen zu 4 Schillingen, in den Hof ein Pfund Silbergeld und in gleichem Werth einen ehernen Topf zu liefern (II, 75), sondern er zahlte einfach seine 2 Pfund und 4 Schilling dem Küchenmeister ein. Endlich fiel von Einnahmen, die je nach der Production und Consumtion verschieden hoch ausfallen mußten, auch die „kleine Bierwette" oder das „Wasser-

---

[1]) So ganz allgemein die Veranschlagung des Marktzolles im Baseler Bischofsrecht §. 9.

geld", die Brausteuer der 6 Pfenninge von jedem Fuder Erfurter Bieres nicht mehr zu ²/₃ an den Schultheißen, zu ¹/₃ an den Vizthum (II, 28, 174; III, 21), sondern die Besitzer der 6 großen Brauhäuser brachten sie sammt den Brauzetteln aus den zahlreichen „Biereigenhöfen" ungetheilt dem Küchenmeister in den Hof.[1]

So war mindestens schon um 1485[2] die Vereinfachung der Zollerhebung wie der Zolleinnahme dahin gediehen, daß der Küchenmeister allen Zoll einnahm und seine Diener ihn erhoben; selbst der Salzgräfe war einer dieser Diener geworden, lieferte Zoll und Meßgeld in die Hofkasse und bekam nur von der jährlichen Dreischillingsabgabe der 15 Salzkräme „einen Salzkram frei gelassen", d. h. der Küchenmeister gab ihm 3 Schillinge von diesen Salzkötenzinsen. Ausführliche Verzeichnisse des Marktzolls von jedem Mittwoch und Sonnabend liegen uns gerade aus dieser Zeit vor: jeder Mittwoch bringt 5 Zollposten mit den Beifügungen „Gast. Born. Holz. Krämer. Pfortner", wozu des Sonnabends noch der Salzgräfe und drei einfache Vornamen mit den zugehörigen Zollposten kommen. Die letztgenannten Drei sind ohne Zweifel die „drei gehenden Zöllner", denen alltäglich (jedoch wohl nicht allein) die Thorwacht und die Pfändung der Zollcontravenienten oblag, die aber außerdem „ihre Aemter" hatten, „ihre Plätze, da ihnen Zoll zu nehmen gebührt". Mittwochs und Sonnabends um 5 Uhr Nachmittags holen sie den „Brückenzöllner"[3] aus seinem Zollhaus vor den Graben zur gemeinschaftlichen Rechnungslegung in den Hof ab. Dieser Brückenzöllner erscheint als Oberzöllner, der den gehenden Zöllnern Zollzeichen machen lehrt und sie über die Zollerhebung „von jeglicher Waare in ihren Aemtern" unterrichtet; er selbst muß „die Werktage täglich in dem Zollhaus auf der Brücke"[4] sitzen" und des in sein Amt gehörigen Zolles warten, Mittwochs und Sonnabends sogar auf dieser „Zollbrücke" im Zollhaus zu Mittag essen und um 5 Uhr sodann die Zollbüchse in den Mainzer Hof tragen, wo der „Pförtner" (der am Krummen Thor beim Mainzer Hof den Zoll zu überwachen hat) und (jedoch nur des Sonnabends)

---

[1] Engelmanns Rechnung des E. A. von 1511, p. 7.
[2] D. A. 8678.
[3] Nicht zu verwechseln mit dem oben erwähnten Verwalter des alten „Brückenamts".
[4] Es ging damals eine Klinge d. h. ein Gassencanal unter dem Zollhaus weg.

auch der Salzgräfe sich einfindet, um den einbekommenen Zoll dem Küchenmeister vorzuzählen.[1]

Am meisten streitig war damals das Ablaß- und Weihfastengeld: jenes sollte an dem großen Freimarkt zu Trinitatis jeder außer seiner Behausung feil bietende Bürger in einer Höhe von 3 Pfenningen (jeder Fremde in gleicher Höhe am ersten, zu 1 Pfennig alle folgenden Tage dieses Marktes), dieses aber jeder außer dem Haus Verkaufende ohne Unterschied in einer Höhe von 3 Pfenningen zu den drei Weihfasten erlegen. Unschwer erkennt man in letzterer Abgabe das ehedem gewöhnlich zu Jacobi fällig gewesene „Marktrecht" der drei Pfenninge (s. S. 177), gegen dessen Verdreifachung sich die Bürger natürlich stark wehrten; nur zu 6 Pfenningen Jacobi-Abgabe wollten sie sich erbieten, bei der Mehrforderung seitens des Küchenmeisters geschah es wohl öfter, daß dieser (wie Engelmann 1511) von Ablaß- wie Weihfastengeld keinen Heller einbekam.[2]

Die übrigen Einnahmen an Zoll und ähnlichem aus der musterhaft geführten Rechnung Nicolaus Engelmanns von 1511 mögen hier zum Schluß beweisen, wie selbst in ungünstigen (durch Krieg und innere Zwietracht heimgesuchten) Jahren diese Einkünfte nicht unbedeutend waren. Es kam ein:

an Marktzoll (noch immer ein Pfennig vom Schillingswerth) und
  Schlägschatz . . . . 1417 Schock 57 Groschen 2 Pfennig 1 Heller
an Zollbuße . . . . 46 „ 1 „ 1 „ 1 „
von den Salzkrämen . . 2 „ 48 „ — „ — „
von den Kohlenstößen . . 2 „ 56 „ — „ — „
von kleiner Bierwette (179 „Biere", davon 173 verrechtet à 8 Groschen Lauenmünze = 6 Groschen Strichgeld[3] und nach Abzug von 48 Groschen) . . . . 16 „ 30 „ — „ — „
                    1486 „ 13 „ 1 „ — „

oder (das Strichgeld nach Engelmanns Ansatz „12 Pfenninge oder 4 Groschen Strichgeld = 1 Schilling" in alte Münze umgesetzt): 1114 Pfund 13 Schilling 4 Pfennig.

---

[1] Michelsen, Mainzer Hof p. 33 ff.
[2] S. seine Rechnung p. 11 f.
[3] S. hierüber II, Anm. 81.

4. Ständige Einnahmen.

Ein unverkennbarer Gegensatz besteht zwischen der Handhabung der Mainzer Gerechtsame in Erfurt vor und nach 1300: vorher waltet das Princip der Verpachtung, nachher das der besoldeten Beamtung.

Die Leitung der für das öffentliche Leben in der Stadt wichtigsten Mainzer Gerechtsame war in der früheren Zeit, wie wir sahen, dem Vizthum von Apolda anvertraut; er verpachtete „die drei Aemter", nämlich das Schultheißen-, Münzmeister- und Marktmeisteramt, und erhielt dafür von den Pächtern so viele Mark Silber, als die Zahl der Jahre betrug, für die sie ihre Aemter von ihm in des Erzstifts Namen erhalten hatten, abgesehen von sonstigen Einnahmen, die der Vizthum von oder mit ihnen an Gerichtsgefällen, Zoll, Wachs und Jacobi-Pfunden hatte (III, 7). Die Herrn von Apolda hatten hierfür eine jährliche Zahlung von mindestens 6 Pfunden an den Erzbischof zu leisten (II, 235), der natürlich die Pachtsummen selbst für seine Kasse einzog, ja vom Marktmeister sollen noch außerdem des Jahres 2 Mark „für die Schuhe des Herrn Erzbischofs" gezahlt worden sein.[1]

Daneben aber bestand von jeher die Verwaltung des erzstiftischen Gutshofes in Erfurt, wo die mehr privatrechtlichen Befugnisse des abwesenden Herrn ihren Mittelpunct fanden. Urkunden des 12. Jahrhunderts zeigen uns ein vollständiges Hofpersonal, als wenn der Mainzer in Erfurt seine zweite Residenz habe: mit der Würde des Schenkenamts sind wie mit jener obersten des Vicedominats stets die von Apolda betraut, als Kämmerer kommen auch Mitglieder dieses Geschlechts, gewöhnlich des Zweiges „von Meldingen"[2] vor, ein Truchseß erscheint urkundlich noch 1196,[3] Marschalke weiden 1133 die Rosse des erzstiftischen Gutshofs[4] und scheinen in diesem Jahrhundert auch noch zur höheren Ministerialität gehört zu haben.[5]

---

[1] Copiale Erfurdense Vulcano abreptum. W. A. Samml. No. 76.

[2] Vgl. hierüber Funkhänel, in der Jenaer Zeitschrift für thüringische Geschichte IV, 480 ff.

[3] Urk.-Abschrift im E. A.

[4] Gudenus, Cod. dipl. I, p. 108.

[5] ib. p. 171, wo unter den Zeugen einer Beurkundung von 1145 zwischen Schenk und Vizthum von Erfurt zwei Marschalke genannt sind; in anderen von Erzbischöfen zu Erfurt ausgestellten Urkunden stehen zwar auch öfters marscalci unter den Zeugen, gehören aber wohl meist der Mainzischen Dienstmannenschaft des Erzbischofs an.

Schenk- und Kämmereramt erhält sich ins 13. Jahrhundert; die erzstiftische „Kammer" (cubicula) in Erfurt, aus der 1233 ritterliche Ministerialen Jahressold beziehen,[1] werden wir uns als das Bulgenb. h. Säckelamt Ludwigs Kämmerers von Meldingen[2] zu denken haben. Von einem Truchseß findet sich indessen nun keine Spur mehr, so wenig als von Marschallen, die „des Hofes und der Ehren pflegen". Wir werden nicht irren, wenn wir das Amt des Küchenmeisters als die Verwandlung oder Ausscheidung aus dem Hofamt des Truchseß auch an diesem Hof annehmen, wie es von den geistlichen Höfen zu Tegernsee und Paderborn z. B. bekannt ist.[3]

In die Hand des Küchenmeisters sehen wir nun seit dem 14. Jahrhundert die ganze ökonomische Verwaltung des bedeutenden „Hofes" im Brühl, das ganze Finanzwesen und bald die Summe der erzstiftischen Regierung in Erfurt gelegt. Noch aus den werthvollen Aufzeichnungen des „Schreibers Bartholomäus"[4] tritt uns aus der Zeit bald nach 1250 das Finanzwesen des Erzbischofs im Umkreis der Stadt Erfurt in ziemlich ungeordneten Zuständen entgegen: dem reichen Bürger Hartung Hotermann ist man 400 Mark schuldig, — man verpachtet ihm dafür auf 8 Jahre das Brühler Schultheißenamt; der Münzmeister erhält ebenfalls als Gläubiger des Erzstifts die Münze auf zwei Jahre verschrieben; einer größeren Anzahl anderer Bürger, unter denen sich auch die Fleischer der Stadt befinden, ist der Erzbischof 182$^{3}/_{4}$ Mark schuldig, und er setzt für diese Schuld den ganzen Steigerforst als Pfand, wenn er bis Martini nicht zahlen könne; inzwischen hat man für 50 Mark, die die Stadtgemeinde in den Fasten gegeben, Pferde in den Hof gekauft, dem Sattler Heinrich neue Sättel bezahlt und an alten Schulden ihm etwas abgetragen, Ausgaben für Hafer und Heu, für Tischtücher, Pergament und Botenlohn an den Papst nach Rom und ähnliches gedeckt; — wie lange aber konnte man so weiter wirthschaften? Doppelt ersprießlich und doppelt schwierig erscheint unter solchen Umständen das Werk der systematischen Ordnung aller der Rechtstitel, die in dem Chaos dieser schuldenbe-

---

[1]) Grünes Buch des E. A. fol. 68 v.

[2]) „Lvdowik. kemeror. von. Meldingun." lautet seine Siegelumschrift an einer Erfurter Urkunde von 1238 (jedenfalls eine der frühesten deutschen Siegelinschriften).

[3]) Maurer, Fronhöfe II, 284 f.

[4]) Im Coblenzer Archiv, im E. A. wortgetreue Abschrift.

lasteten Bewirthschaftung der Erfurter Domäne steckten; es galt einem Mann von Charakter und geschäftlicher Gewandtheit die wichtigste Seite der ganzen Verwaltung, die finanzielle, zu übertragen, mit der dann ganz von selbst die Oberleitung der erzstiftischen Gerechtsame und Interessen überhaupt sich verknüpfte. Ohne Zweifel hat unser Hermann von Bibra für diese Neuordnung und Neuorganisirung das Meiste gethan durch sein „Büchlein", das dieselben Verhältnisse, die noch funfzig Jahre früher theilweise in wirrem Durcheinander lagen, so formulirte, wie sie sich Jahrhunderte lang in nicht wesentlich veränderter Ordnung erhalten haben.

Die vielköpfige Verwaltung erreichte seitdem allmählich ihr Ende: statt der Amtspächter, die auf Wahrung der Mainzer Rechte gewiß weniger bedacht waren als auf möglichst lucrativen Ersatz ihres Pacht=zinses, führten zuverlässige, allein vom Hofverwalter erwählte Männer die Aemter; die Einkünfte versiegten nicht mehr in einer Vielzahl von Ableitungscanälen, sondern sammelten sich in ganzer Fülle in Scheuer und Küche, Schrein und Büchse des Küchenmeisters. Während die Umgebungsgebäude des Frohnhofs bei Sever baufällig wurden, nur ein kleines Haus daselbst für einen Büttel oder sonstigen Diener,[1] ein anderes etwa für den Schultheißen Wohnung war, blühte jenseits der Dom= und Severhöhe der Gutshof im Brühl immer stattlicher empor.

Früher selbst neben dem Holzhegen vom Vizthum eingesetzt (II, 256; III, 8), bestellte sich der Küchenmeister (cellarius,[2] später immer provisor allodii genannt) nun zunächst seine Leute für den Hof. Von den 1332 erwähnten Gehülsen des Küchenmeisters scheint außer dem Küchenschreiber (notarius allodii II, 64) nur der Holzhege oder Oberförster Wohnung und Kost im Mainzer Hof gehabt zu haben, da er außer der Hegung der erzstiftischen Wälder um Erfurt die ganze Landwirthschaft mit zu überwachen hatte (II, 167). Der Unterförster, mit der Hegung der Wagweide oder Wawet (des Steiger=waldes) speciell betraut, hatte zur Erntezeit auch die abgeernteten Aecker zu vermessen und aß alle Sonn= und Festtage mit im Hof (II, 168). Der Keltermeister, der nicht nur die Weinkelterei zu

---

[1] Grünes Buch des E. A. fol. 31.

[2] In dieser Latinisirung des Titels (wie gewöhnlich zu cellerarius ent=stellt) findet sich bereits 1157 Wernerus als Küchenmeister in Erfurt (Hdschr. A des Bibrabüchleins fol. 27 v.)

besorgen, sondern auch bei der Ernte zu helfen, Kumst einzumachen und andere Arbeiten je nach Bedürfniß zu verrichten hatte, bekam wie der Böttcher des Hofes, der all' die Holzgefäße für die gesammte Oekonomie von den ihm gelieferten Hölzern, Reifen und Weiden fertigen mußte, nur an den Tagen, wo er mit seinen Knechten für den Hof arbeitete, daselbst die Kost (II, 166, 165). Im Uebrigen hatten die eben Genannten für ihre Mühewaltung keinen weiteren Lohn als das Erträgniß von 11—18 Acker Landes oder einem Wein= und einem Obstgarten, die sie sich selbst bestellen mußten, ähnlich wie der Freibote (II, 186). Demnach ist es nicht wahrscheinlich, daß man noch wie früher sogar dem Gesinde in Hof und Mühle 20 Pfund, dem Schmied des Hofes 4 Pfund Geldes Löhnung gab (II, 257); der Schmied wird seine Arbeit an Ackergeräthschaften und das Behufen der 16 Pferde wohl wie die andern Knechte für Kost und Kleidung geleistet haben.

Die Pferde des Erzbischofs, sahen wir, weideten schon 1133 auf den feuchten Gerawiesen im Brühl und wurden von Marschallen gehütet;[1] im 13. Jahrhundert entspann sich über den Pferdestall im Mainzer Hof sogar erbitterter Streit zwischen dem Rath und dem Erzbischof Werner, die sich daher 1277 besonders über diesen Fall auszusöhnen hatten.[2] Auch die Wawet benutzte man wohl schon damals (besonders für Rindvieh) zur Weide, einen stattlichen Forst, den man noch im Jahr 1636 zu etwas über 2000 Acker und — freilich nach ungenügend fundamentirter Durchschnittsberechnung — auf den 2000 Acker zu 104000 Laubstämmen abschätzte;[3] andere erzstiftische Waldungen, deren Holz und Wild dem Hof gehörten, waren: das Witterbaer Eichen=Gehölz, der Orfal=Wald bei Döttelstedt (von 70 Acker Größe nach einer Vermessung von 1529[4]) und andere nicht namentlich uns überlieferte (II, 167). Noch weniger ist uns bekannt über den gewiß sehr beträchtlichen Umfang der erzstiftischen Weingärten um Erfurt; doch wissen wir, daß schon zu Bibras Zeit die Anhöhen bei Tiefthal und bei Hochheim längst solche trugen (II, 86, 82), und der Weinbau um Hochheim so umfassend betrieben wurde, daß gewisse Bauernhufen in der Hochheimer Flur mit Weinfuhren ehedem frohnbeten, andere

---

[1] Gudenus, Cod. dipl. I, 108.
[2] M. A. VII, 3.
[3] M. A. Erf. Kriegsacten Tit. IX, No. 19.
[4] Vgl. II, Anm. 259.

(10 sogenannte „Lehen") mit nichts als Geräthen zum Weinbau zinsten, ehe sie mit vollen 5 Pfund Geldes jährlicher Abgabe diesen Zins vertauschten (II, 82).

Um so genauer theilt uns Hermann von Bibra die Größe des 1332 dem Hof gehörigen Ackerlandes (II, 230—234) mit: es erstreckte sich von Hochheim, in dessen Feld 190 Acker davon lagen, zwischen Gera und Wawet hin, wo 150 Acker Landes eine eben so große „Gebind" ausmachten wie eine zweite (speciell „Mainzer Gebind" genannte) westlich vom Petersberg, und schloß den Fluß herab bei Ilversgehofen mit 118 Acker „am hohen Stabe" ab, betrug also im Ganzen 608 Acker. Die Besitzer von 59 Hufen in 6 umliegenden Dörfern[1] waren verpflichtet, für jede ihrer Hufen je 3 dieser Acker des Herrenlandes zu bearbeiten und bei der Ernte je zwei Wagen voll Getreide vom Feld in den Mainzer Hof zu fahren; beschäftigte sie das den ganzen Tag über, so erhielten sie des Mittags für sich die Kost und für ihre Pferde — denn die mußten sie selbst zu diesen Ackerfrohnden stellen — das Futter vom Küchenmeister (II, 54).

Die Hufe, wie hier nach Maßgabe von II, 216 immer geschehen soll, zu 30 Acker gerechnet, waren mithin nur etwas über 20 Hufen der Gera-Ebene ober- und unterhalb der Stadt in unmittelbarer Bewirthschaftung durch den Mainzer Hof; die Gebind im Südwesten wie die im Westen der Stadt bildete ein geschlossenes Artland von je 5 Hufen Größe, die letztere allein lag nicht in der fruchtbaren Thalaue des Flusses. Durch die „Gebindfrohnden" war Bestellung und Erntearbeit erleichtert; der ganze Ertrag sammelte sich in den Speichern des „Hofes", nur daß an das Domstift der Zehnte davon abzutragen war,[2] wie der Kirche in Dorla von den 12 Hufen, die

---

[1] Wegen der Dienste und Abgaben, die diese Bauern dem Küchenmeister oder, wie es 1157 hieß, „dem erzbischöflichen Tisch" z. B. an Hühnern zu leisten hatten, hießen die ganzen Dörfer später „Küchendörfer"; 1157 sind jedoch die „Slavi nostri" der 3 „Slavendörfer" (II, 39) nur neben die zu Frohnden verpflichteten Bauern der drei anderen Dörfer gestellt, welche genannt werden: „homines familie nostre, qui episcopali mense nostre deserviunt."

[2] Bis in das 17. Jahrhundert muß dieser Zehnte an das Domstift geleistet worden sein, denn letzteres führt unter den Restituenden nach dem 30jährigen Krieg die „zehnte Garbe vom Gebindland" mit an, „die das Stift über 500 Jahre in possessione gehabt" und erst der schwedische Amtmann, der mit der Mainzerhof-Verwaltung beauftragt worden, ihm entzogen habe. M. A. Erf. Act., Tit IX, No. 31.

dem Mainzer in der Flur von Bischofsgottern gehörten.[1] Von allem übrigen Eigenthum an Haus und Hof, Wald und Flur im Umkreis der Stadt (dem späteren Stadtgebiet) und in der Stadt selbst erhob das Erzstift nur Zins von den jeweiligen Besitzern. Dieses zinstragende Grundeigenthum des Erzbischofs um Erfurt hat man in seiner Größe oft überschätzt: es belief sich in der nächsten Umgebung der Stadt auf vereinzelte Stücke Garten- oder Ackerlandes, einige Mühlen und Fischteiche, in den Dorffluren, soweit uns Bibra einen Einblick verstattet, auf etwas über 160 Hufen, zum weitaus größten Theil in den Feldern der 6 Küchendörfer und den zusammenhängenden Fluren der Dörfer Witterba und Rasdorf gelegen. Irren aber würde man, wenn man sich das Erzstift Mainz im Grundbesitz der ganzen Flur irgend eines dieser Dörfer dächte. So betrug z. B. der umfangreichste Grundbesitz in den Küchendörfern, der in Ditelstedt, nicht mehr als 14 Hufen (II, 54), was ungefähr die Hälfte der Gesammtflur ausmachte;[2] noch sicherer können wir den Nachweis führen, daß die dem Erzstift gehörigen 8 Hufen in Melchendorf weder die Hälfte der Dorfflur noch den größten Antheil an derselben ausmachten: 9 Hufen der letzteren gehörten noch 1333 dem Severstift, 4 der Vizthumschen Familie in Erfurt.[3]

Unter den zu „Gebindfrohnden" pflichtigen Hubnern in den Küchendörfern hatten die „windischen Leute" in Daberstedt, Melchendorf und Ditelstedt, den „drei Slavendörfern", schon in so fern eine besondere Stellung, als sie noch jährlich zu Mittfasten dem Vizthum einen Ablaufzins für die uralte Bettemund d. h. die Ehebettabgabe an den Schutzherrn zahlen mußten (II, 39; III, 28); auch begann ein nicht näher bezeichneter Dreischillingszins von jeder Frohnhufe in Daberstedt und Melchendorf, ein mehr als doppelt so hoher von jeder in Ditelstedt das Neujahr der Mainzerhof-Verwaltung, das noch 1511 auf Lichtmesse fiel (II, 25). Zu Fastnacht forderte der Büttel des Brühl-Schultheißen von jeder Frohnhufe in allen drei Slaven-

---

[1]) Nach dem noch unveröffentlichten Theil der Hbschr. A.

[2]) Ich stütze mich hier auf die genauen Nachweise über die Größe der Erfurter Dorffluren im vorigen Jahrhundert, wie sie das Clemens-Buch des E. A. Tom. II, 45 ff. gibt.

[3]) Nach einer alten Urkundenabschrift, die eine der in der Hbschr. A des Bibrabüchleins leer gelassenen Pergamentflächen füllt.

dörfern ein Huhn ein (II, 35), was wohl besser als Vogtsbete wie in Witterda und Rasdorf (II, 34) denn als Hühnerzins für die Freiheit vom Marktzoll, wie ihn die anderen zollfreien Dörfer zahlten (II, 36 f.), aufzufassen ist. Alle drei Slavendörfer zahlten dann zu Walpurgis ihren Erbzins (II, 63), wobei sich wieder Ditelstedt von den zwei anderen Dörfern gesondert hielt: in den letzteren zahlte jede der Frohnhufen 5 Schillinge mehr als zu Lichtmesse, in Ditelstedt dagegen genau dasselbe, wie denn die Ditelstedter Hufen auch die einzigen waren, die außer zu Lichtmesse und Walpurgis noch einmal zu Martini dieselbe Anzahl von je 75 Pfenningen zu zinsen hatten, darin der Mühle zu Bischofsgottern ähnlich, die an denselben drei Terminen stets den gleichen Abtrag von drei Viertelingen (Viertelmarken) Reinsilber zu leisten hatte (II, 26, 63, 169).

Den bei weitem größten Antheil an Dorfsfluren in Erfurts Umgebung hatte das Erzstift in jener bergigen Gegend nordwestlich der Stadt, wo auf wasserarmem Kalkboden unweit zweier erzstiftischen Waldungen dicht bei einander Witterda und Rasdorf lagen. Das größere, Witterda, galt daher mit Recht als „der Hauptort unter den Küchendörfern".[1] Das aber war eine Benennung späterer Zeiten, denn ehedem gab es nur jene 6 Küchendörfer. Die ansehnliche Erwerbung von Grundbesitz in der Witterda-Rasdorfer Flur erscheint schon dadurch als eine der Mainzer Hof-Verwaltung erst später unmittelbar überwiesene, daß die dortigen Bauern nicht mit auf der Gebind zu frohnen und daher ursprünglich nicht mit zum Frohnhofsding im Krummen Haus zu erscheinen brauchten; auch wurde die Vogts-Bete in Witterda durch einen besonderen „Vogt oder Freiboten", der im Dorf selbst wohnte, für den Mainzer Hof eingesammelt (II, 34, 116). „Vogthaftig" (advocaciales) waren in Witterda etwas über $32\frac{1}{4}$, in Rasdorf 15 Hufen (II, 114 f.); von diesen Hufen forderte man zweimal den Vogteizins oder Bete (bata)[2] ein: zu Fastnacht je 2 Hühner von der Hufe und zu Martini je $\frac{3}{4}$ Pfund Geldes in Rasdorf, je ein volles Pfund in Witterda von jeder Hufe (II, 34, 114 f.). Noch höher war die Abgabe von den $83\frac{1}{2}$ Äckern

---

[1] Dominikus, Erfurt und das Erfurtische Gebiet II, 160.
[2] Auch beim Kloster Heusdorf (dicht bei Apolda) kommt der Name Voitbete als der volksthümliche vor. Vgl. Rein, Thuringia sacra II, 148.

des neuen Rodelands und vom sogenannten Hagen oder Hain (6½ Acker) bei Witterda: von jenem trug jeder Acker 1 Schilling und 2 Hühner, von diesem sogar ein jeder 1 Huhn und 3 Schillinge (II, 93 f.). Hierzu kam noch der um 1332 erkaufte Erbzins zu je 3 Schillingen von 33¼ mainzischen Lehnhufen in beiden Fluren (II, 66—68) und ein herbstlicher Erbzins von einer nicht näher angegebenen Anzahl von Hufen, deren einige die „Roßhufen" genannt wurden (II, 95, 96, 117).

Rechnet man allen für das Jahr 1332 sicher nachweisbaren Grundbesitz des Erzstifts in den beiden in Rede stehenden Dorffluren zusammen, so resultiren über 80 Hufen; sollte indessen der nicht genau zu bemessende Ueberschuß über dieses Areal[1] den gesammten Rest der auf ungefähr 150 Hufen taxirten Flur von Witterda und Rasdorf enthalten? Das ist schon darum nicht wahrscheinlich, weil um 1250 daselbst nur 39½ Hufen mainzisch waren,[2] im 14. Jahrhundert das Petersklofter Witterbaer Acker besaß,[3] und im 16. Jahrhundert jener gewaltthätige Sixtus Reinecker (ein Mitkämpfer des Kurfürsten Johann Friedrich in der Mühlberger Schlacht, der damals in den 40er Jahren, als Mainz Witterda ohne jeden wirksamen Schutz sich selbst überließ, die ganze Dorfschaft tyrannisirte, im Nothfall sich mit Pulver und Blei in seinem Gehöft zu vertheidigen wußte und sich ungescheut „halber Gerichtsherr in Witterda" titulirte) seinen Hof im Dorf nach dem officiellen Bericht des Amtmanns in Gotha an den Kurfürsten vom Haus Sachsen zu Lehen trug.[4] Dennoch war das Eigenthum des Erzstifts an Haus und Hof, Acker und Weinberg in beiden Dörfern so groß, daß sie schon im 14. Jahrhundert als wesentlich mainzische Dörfer galten und für die 300 Mark, um welche das Vizthumamt denen von Apolda abgekauft

---

[1]) Der II, 95 f. erwähnte Erbzins summirt sich (mit Rücksicht auf die in Anm. 160 gegebene Correctur) auf 82½ Schillinge, abgesehen von der unbedeutenden Gabe an Hühnern u. s. w. Jener Geldzins auf die geringste hier vorkommende Zinsabgabe (3 Schillinge von der Hufe) angesetzt, ergäbe demnach kaum über 27 Hufen.

[2]) Schreiber Bartholomäus, p. 26 der Abschrift im E. A.

[3]) Liber s. Petri (Ms. Berol.).

[4]) C. A. Katalog Erfurt, fol. 385 ff.

wurde, als Pfandobject eingesetzt werden konnten.¹ Wie auch selbst bei diesem Verkauf des Erfurter Vicedominats die Herren von Apolda noch das Schultheißenamt in Witterba behielten, so stand vor und nach dem Witterba immer in besonders naher Beziehung zu den mit dem Vicedominat von Mainz Betrauten. So waren es z. B. schon in alter Zeit die Vizthume, die alljährlich von neuem die Bauern von Witterba gegen einen Haferzins vom Erfurter Marktzoll frei sprachen (II, 244); und noch 1477 verlieh Erzbischof Dietrich dem Erfurter Bürger Günther Bock, der damals sein Vizthum in der Stadt war, Behausung, Acker und Weinberge in Witterba als Mannlehen, wie sie vorher Berthold Vizthum inne gehabt. Gerade bei der letzteren Verschreibung ² kommen manche gewiß sehr alte Frohnleistungen als noch bestehend zu Tage: nicht nur Haferzinse von 40 Höfen, Geldzins vom Waidmüller, Schenkkannen von jedem Spund eines ausgeschenkten Wein- oder Bierfasses, Abgaben des Dorfbäckers von den Broten, die er mit Backen verdient, von dem Geld, das er für Fladen- und Eierkuchenbacken sowie für jeden Schmorbraten erhält, sondern auch die uralte Bettemund, die hier also noch nicht wie in den „drei Slavendörfern" bereits seit Jahrhunderten mit einem Jahreszins dem Gerichtsherrn abgekauft war; wie im 10. Jahrhundert in thüringischen Dörfern das beste Gewand oder 5 Schillinge Geldes als Ehebettzins gefordert wurden,³ wurde noch damals in Witterba von jeder Heirath mit einer einheimischen Jungfrau die Bettemund der 5 Schillinge erlegt, während bei Hinführung einer von auswärts geholten Braut und bei der Wiederverheirathung einer Wittwe ⁴ nur 1 Schilling zu bezahlen war; ja noch im vorigen Jahrhundert gab es in Witterba einen Rest der Bettemund, indem jede Auswärtige, die sich ins Dorf verheirathete, bei ihrer Einholung „hinter dem

---

¹) Engelmanns Buch fol. 183 v. ff.   Bei Michelsen (Rechtsdenkmale) p. 329 ff.

²) Grünes Buch des E. A. fol. 19 v. ff.

³) Schannat, Trad. Fuld. p. 293.

⁴) Offenbar sollte mit der Ermäßigung der Bettemund bei Wittwen-Heirathen der, wie es scheint, schon damals auf den Erfurter Dörfern verbreiteten Abneigung der Wittwen gegen Wiederverheirathung mit entgegengewirkt werden. Gegen Ende des vorigen Jahrhunderts bestand nach Dominikus (l. c. II, 5) der 15. Theil der dasigen Dorfbewohner aus Wittwen.

zeitlichen Beamten zu Pferd sitzen und solchergestalt eingeritten werden" mußte, wenn sie nicht zur Strafe so viel Schillinge bezahlen wollte, „als über wie viel Zaunstecken sie eingegangen".[1]

Es war ein zeitgemäßer Grundsatz auch unseres Hermann von Bibra, die Leistungen für allen verlehnten Grundbesitz möglichst in Geldwerth oder ähnliche Zinsabgaben umzusetzen. Die Roßhufen in Rasdorf dienten zwar noch mit Beköstigung des Küchenmeisters, wenn er aus der Stadt hinauskam, um Händel zu schlichten oder zu anderen Geschäften; statt der Streulieferung für den in der Häufigkeit seiner Wiederkehr so unberechenbaren Fall der erzbischöflichen Anwesenheit in Erfurt leisteten sie dagegen nun festen Erbzins (II, 117). Auch die Gebindfrohnden erlaubte schon Bibra für 4 Schillinge abzukaufen unter Umständen (II, 54). Daß statt der früheren Weinfuhren und Lieferungen von Geräthen für den Weinbau die betreffenden Hochheimer Grundstücke in Geldzins angesetzt waren (II, 82), wurde schon erwähnt. Am deutlichsten motivirt Bibra die von ihm selbst vorgenommene Verwandlung von Weinbergsfrohnden, die ehedem von zwei Hufen in Tiefthal dem Erzstift geschuldet wurden, in einen Jahrzins zu 1 $\frac{1}{5}$ Pfund Geldes von jeder Hufe: es sei das, sagt er, zu größerem Vortheil des Stifts geschehen, denn die Frohnarbeit in den Weinbergen wäre unpünktlich und fahrlässig gewesen (II, 84). Vollends Geräth- zins mußte immer mehr unvortheilhaft erscheinen, je mehr der Geld- handel den Tauschhandel verdrängte und je billiger die Geräthe mit der Zeit wurden. Die „Brathufe" vor der Wawet bewahrte (ähnlich wie das Hochheimer „Becherlehn" II, 106) nur noch in ihrem Namen die Erinnerung an die Vorzeit, wo von ihr der Bratspieß in die Küche des Erzbischofs zu liefern war (II, 230), und die jährliche Lieferung eines Ledersessels für den Erzbischof von der Halbhufe in Linderbach hatte erst recht keinen Sinn mehr, seitdem diese Länderei aus der Hand der Sattlerinnung in den Besitz eines Erfurter Bürgers übergegangen war (II, 145).

Die Höhe, in welcher der gewöhnliche Erbzins von einer Hufe Landes erstattet wurde, war hier wie anderwärts sehr verschieden: von 3 Schillingen bis zu 1 Pfund und darüber. Dazu kamen (besonders zu Michaelis und Martini, wo nach der Ernte die Körner- fütterung billig war) Hühner und Eier, selten Gänse; von der Mühle

---

[1]) Clemens-Buch des E. A. Tom. I, Anhang.

derer von Elrich im Brühl erhob man Getreide und Hühner (II, 102), von einigen andern Grundstücken nur Getreide, und zwar stets „Korn" (frumentum, b. h. Weizen oder Gemangkorn), fast ausnahmslos aber daneben ein genau gleiches Quantum (1 bis gegen 2 Malter) Gerste oder (einmal) Hafer (II, 103—109). Wer den Erbzins am bestimmten Termin (beim Michaelistermin jedoch mit üblicher Nachsicht bis Martini II, 80) nicht zahlte, wurde vom Küchenmeister oder dessen Boten dreimal darum gemahnt mit je 14 Tagen Zwischenraum bis zur 2. und 3. Mahnung; und zwar geschah jede Mahnung unter Herbeirufung von zwei Nachbarn auf dem zinspflichtigen Gut selbst, jedesmal mit der Mahnbuße von 5 Schillingen; nach der 3. Mahnung konnte diese Buße sammt dem rückständigen Zins durch Pfändung genommen, oder gerichtliche Beschlagnahme („Fröhnung") verhängt werden, worauf das Gut, wenn es „Jahr und Tag" in Sequester gestanden, unweigerlich dem Erzbischof heimfiel. Diese Bestimmungen waren zwar nur von den auf dem Severhof bingpflichtigen Besitzern der 59 Frohnhufen in den 6 Dörfern 1332 in ein Weisthum gefaßt worden, galten aber überhaupt als Norm für jeglichen dem Erzstift erbzinsenden Besitzer irgend welcher Grundstücke in und bei Erfurt (II, 64 f.)

Rechnen wir die Hühnerabgabe für die Zollbefreiung von Schmira und den drei Küchendörfern im engeren Sinn (II, 36 f.) sowie die je 3 Hühner und je 30 frischen Eier, welche die etwa 60 sogenannten Freigäste aus den 6 Dörfern am Waldessaum im Südosten der Stadt den Sonntag vor Martini in den Mainzer Hof zu bringen hatten (II, 120), auch den Geldzins vom Heiliten-Wald am Hainich und den Wachszins vom Antheil des Ichtershäuser Klosters am Eichenbergforst (II, 119, 24) mit ein, so betrugen im Jahr 1332 sämmtliche in den Hof gezahlten ländlichen Zinsen:

1) an Geld: 121 Pfund 3 Schilling 2 Pfenning 1 Scherf;
2) an Getreide: $24 \frac{1}{24}$ Malter Korn, $13 \frac{1}{6}$ M. Gerste, $6 \frac{7}{8}$ M. Hafer;
3) 674 Hühner, 1890 Eier, 4 Gänse, 4 Pfund Wachs, 18 Schweinerücken und 1 Lammsbauch.

Dazu kamen an Erbzins (besonders Martini-Erbzins) in der Stadt:

41 Pfund 10 Schilling 8 Pfenning 1 Scherf

nebst 131 Hühnern, 4 Gänsen, 1 Pfund Wachs, 1 Centner Schmeer;

so daß sich mit Hinzufügung des Martini=Freizinses von 45 Pf. 7 Sch. 9 Pf. die jährliche Geldeinnahme von dergleichen ständigen Gefällen in dem genannten Jahr stellt auf:

    208 Pfund 1 Schilling 8 Pfenning.[1]

  Ein nicht ganz unbeträchtlicher Zuwachs hierzu ging auch noch hervor aus den 1—4 Bußpfunden für jede versäumte Freizinsentrichtung (II, 123) und aus den Schillingsgefällen bei Verkauf oder Verlehnung von Freigütern sowie bei hypothekarischer Verschreibung von Capitalien auf dieselben (I, 3, 4, 9; II, 174; III, 22); 1511 zeigen sich — bei einer Anzahl von 47 Uebertragungen von Freizinsgütern in diesem Jahr — diese Abgaben dahin normirt, daß für jedes Item eines „Freis" der bisherige Inhaber einen „Auflaßschilling" und der Empfänger 5 Schillinge „Lehenrecht" zahlt, was also, abgesehen von dem noch unvergessenen „Gnade thun", etwa 14 Pfund an altem Geld ausgemacht hätte.

  Endlich standen dem Erzstift auch vom Gewerbe der Stadt fest bestimmte jährliche Einnahmen zu. Die „große Bierwette" d. h. die 5 Schillinge, die von jedem der 6 großen Brauhäuser entrichtet wurden, war zwar keineswegs die bedeutendste darunter; da sie indessen mit der viel einträglicheren, in der Höhe jedoch sich nach der Zahl der Biereigenhöfe, bezüglich nach der Zahl der gebrauten Fuder richtenden „kleinen Bierwette" (S. 177) zusammen erhoben wurde, kannten die Bürger die 3 Termine der Bierwette überhaupt so gut, daß sie dieselben als wichtige Abschnitte im Gerichts= und Abgabenkalender überhaupt kurzweg die Bierwetten nannten (III, 14). Diese 3 Termine waren in älterer Zeit: Lichtmesse, Walpurgis (oder die Betfahrtswoche, d. h. die drei Tage vor Himmelfahrt) und Michaelis (II, 27 ff., 56, 72, 77 ff.), nachmals die „drei Frohn= oder Wichfasten" (II, Anm. 323). An jedem dieser Termine, die also das Jahr in drei ungleiche Theile theilten, fielen zusammen: Vogtsgericht auf dem Frohnhof bei St. Sever, Bierwette und die Abgabe der Weber, Lederschneider, Schuster, Futterer, Gemüseverkäufer („Gesämichhocken" bei Engelmann) und derer, die mit Leinwand und alten Kleidern handelten. Diese Abgabe „von der Innung" betrug an jedem der

---

[1]) Es werden hiermit Zusammenstellungen aus jener Hälfte des Bibrabüchleins gegeben, die (§ 22 — § 136) ein Calendarium der erzstiftischen Gefälle in Erfurt und seiner Umgebung enthält.

3 Termine 59 Schillinge und 9 Pfenninge, wovon auf die Schuster=
innung fast die Hälfte, auf die der Lederschneider (Sattler, Schilderer)
noch nicht 3 Schillinge kam, und wurde zu $^1/_3$ an den Vizthum und
zu $^2/_3$ an den Stadtschultheißen, später natürlich wie die folgenden
in den Hof gezahlt. Hierhin wurde dann auch die von den drei
Innungen der Weber, Schuster und Hüter (Hutmacher) erhobene
„Oblei" am Vortag der drei hohen Feste, Ostern, Pfingsten und
Weihnachten (II, 50, 73, 136), gewiesen, die geringer war und ehedem,
wie es scheint, hauptsächlich in Naturalabgaben und Productenzins
bestanden hatte; wenigstens die Schuhmacher zahlten noch zu Bibras
Zeit ihre Oblei an der Ostervigilie (zu 4 Schillingen) in Wein und
einem Lammsbauch, die Hüter gaben dem Vizthum ihre 4 Schillinge
Oblei „für das Frauengebende", das sie offenbar früher seiner Gemahlin
zum Festtag im Namen ihrer Innung gebracht, und zu Pfingsten hatten
sie noch immer ein Pflichtgeschenk von je 2 Hüten an Vizthum und Schult=
heiß, wie die Schuster ein solches zu Martini von je einem Paar Boß=
schuhe darzureichen (II, 111, 113). Außerdem mußte zu Jacobi, wenn
der neue Obermeister der Innung von Vizthum und Stadtschultheißen
(später vom Küchenmeister) bestätigt wurde, die Weber=, Schuster=
und Sattlerinnung in Geld, die Schmiedeinnung in 36 Pfund Kupfer,
zu ein, zwei oder drei Kesseln verarbeitet, zahlen (II, 74, f.). In
Geld umgesetzt war bereits im 14. Jahrhundert auch die Heringergabe
eines Lachses an der Palmsonntag=Vigilie (II, 45; III, 20). Enger
war jedoch nur das in die Weberinnung seiner Natur nach gehörende
und doch möglichst von ihr getrennt gehaltene Gewerk der Ziechner
an das Erzstift gefesselt (II, 155—163). Aus der Hand der Familie
Trost war der Gerichtssprengel vor dem Löwerthor, in welchem die
Ziechenweber ursprünglich allein gewohnt zu haben scheinen, in den
Besitz des Erzstiftes gelangt, das nun alle Gefälle von diesem Ziechen=
werk, oder, wie es im Volksmund lautete, vom Zechen= (Schechen=)
Werk sowie von sonstigen etwa noch im „Trostgericht" betriebenen
Handwerken erhob, ja sogar von jedem Haus daselbst ohne Ausnahme
2 Schnitterpfenninge zu Jacobi (offenbar als Ablauf alter Schnitter=
frohnden), von jeder Verheirathung die thüringische Bettemund der
5 Schillinge; besonders aber mußte jeder Gewerbtreibende sich vor
seiner Niederlassung im Trostgericht mit 6 Pfenningen einkaufen und
von jedem seiner Handwerksgeräthe sowohl zu Walpurgis als zu
Michaelis einen ständigen Zins von derselben Höhe leisten, das Gewerk

der Ziechner außerdem noch ein 6 Ellen langes Tischtuch und ein Handtuch im Werth von 2 Schillingen zum Walpurgis in den Hof geben (II, 71). Befreit waren dafür die Bewohner dieses vorstädtischen Trostgerichtes nur vom städtischen Ungeld.

Mehr noch trugen die Zinsen von den sogenannten Ständen oder Bänken ein, auf denen Fleisch, Leder oder Schuhe in der Stadt verkauft wurden, und von den Gewandschnittgaben des Wenigen Marktes. Mit Ausnahme von 7 Ständen unter dem Lederhaus beim Krummhausgarten, die Erbzins gaben (II, 26), waren all diese Zinsen „Freizinsen" und wurden von den Bänken unter dem Lederhaus zu $\frac{1}{2}$ Schilling, von den Schuhbänken bei den Gewandschnittgaben zu 1 Schilling, von letzteren selbst bis zu $\frac{1}{2}$ und 1 Pfund sowohl zu Walpurgis (oder doch im Mai) als zu Martini eingefordert (II, 57 ff., 130 ff., 256). Nur der Freizins von den Schuhbänken unter den Schilderern und der von den Fleischbänken war ein einmaliger, jener, zu $\frac{1}{2}$ Schilling von der Bank, am Tag vor Palmsonntag fällig (II, 46), dieser ein Martinizins zu je 10 Pfenningen, die jeder Bankinhaber am Freitag nach Martini vor Sonnenaufgang zu zahlen hatte; wer seine Silberpfennige zu reichen so lange verspätete, daß man schon ihr Gepräge im Schein der sich erhebenden Sonne erkennen konnte, mußte so viele Rippenbraten (über den ganzen Rücken eines wohlgemästeten Schweines hin) zur Strafe geben als er Bänke besaß, und wer „in Jahr und Tag" nicht zahlte, nachdem der Freibote ihn gemahnt, verlor seine Bank (II, 125 ff.).

Ziehen wir von diesen und allen noch übrigen fest bestimmten Abgaben an den Erzbischof oder seine Vertreter die Summe, so erhalten wir: 4 Pfund Pfeffer von den Juden zu Neujahr (II, 2), 8 halbpfündige Kerzen vom Petersklofter und 4 einpfündige vom Domstift zu Lichtmesse (II, 22 f.), außer den genannten Boßschuhen von der Schusterinnung noch 4 Paar vom Petersklofter (II, 110, 112), die Hüteroblei der 4 Hüte (II, 73), jene später in 4 Schillinge verwandelte (daher hier mit dem Geldzins verrechnete) Oblei der Schuster von Wein und einem Lammsbauch (II, 50), dazu noch einen Lammsbauch zu 2 Schillingen von einer der Schuhbänke unter den Schilderern (II, 47), die Kupferkessel zu 36 Pfund (II, 75), die wöchentlichen Dienstfische derer „die das Wasser des Erzbischofs haben" und ihre besondere Fischlieferung zu den drei hohen Festen (II, 53), endlich das Hand- und Tischtuch von den Ziechnern (II, 71). An Geld aber kam von den Gewerkschaftsgefällen, soweit sie ständig waren, jährlich ein (wenn wir die Gebühren für die Einsammler der Freizinsen abrechnen und hinsichtlich der Gewandgabenzinse II, 256 folgen): 88 Pfund und 3 Schilling.

Selbst wenn wir die 100 Mark Reinsilber, welche die Juden zu Martini zahlen mußten (II, 129), zu je 50 Schillingen (s. S. 168) in all diese ständigen Gefälle des Erzstifts zu Erfurt einrechnen, die dann bis auf 547 Pfund 4 Schilling 8 Pfenning an Geld steigen, erreichen wir mithin kaum mehr als die Hälfte der beträchtlichen Zollrevenüen, die wir oben selbst für ein sehr ungünstiges Jahr nachwiesen. Münze und Zoll waren sicher von den Mainzer Rechten in Erfurt die einträglichsten.

II. Graf und Bischof.

Unsere drei Weisthümer überliefern die Erfurter Bischofsrechte in starrer, ausschließender Form. Daß aber diese Bischofsrechte wie alles Irdische geworden sind, versteht sich von selbst; daß neben ihnen noch andere Rechte bestanden, könnte nur der bezweifeln, der sich die Verfassungsgeschichte einer Stadt im Cobez ihres Bischofsrechtes niedergelegt dächte. Eintreten des Bischofs in Rechte, die wie das der Gerichtshegung von jeher geübt worden, setzt an sich schon eine der bischöflichen vorangegangene Macht voraus. Und so gewiß die Frage nach dem allmählichen Werden der erzstiftischen Gewalt in Erfurt niemals eine alles erschöpfende Antwort erhalten wird wegen des Mangels ausreichender Quellen, so gewiß müssen wir an dieser Stelle eine Antwort auf diese Frage versuchen, wenn die nunmehr übersichtlich gemachten Rechte nicht einen bloßen Katalog darstellen, sondern wenigstens einiger Maßen erklärt d. h. abgeleitet werden sollen.

Daß Erfurt noch in der 2. Hälfte des 9. Jahrhunderts keine Bischofs= sondern eine Königsstadt, ein „locus regalis" war, ist ganz sicher beglaubigt.[1] Seitdem Bonifacius die von ihm selbst hier gestiftete Kirche unter das Erzbisthum Mainz gewiesen hatte, anstatt ein erst beschlossenes selbständiges Bisthum Erfurt erblühen zu lassen,[2] besaß natürlich das Erzstift einigen Grund und Boden in und bei der Stadt, indessen neben geistlichen noch keine irgend nachweisbare Spur von weltlichen Herrschaftsrechten.

Alte Ueberlieferung[3] schildert diese Königsstadt aus zwei Weich= bildern erwachsen. Auf der alles überragenden Höhe des jetzigen

---

[1] Jaffé, Monum. Mogunt. p. 516.
[2] Rettberg, Kirchengeschichte II, 871.
[3] Vgl. z. B. Rothes Dür. Chronik (ed. v. Liliencron) p. 121 f. Aber die Grundlinien dieser Erzählung sind bereits zu finden in Lamberts Annalen (Pertz, SS. III, 33).

Petersberges, den man vor Gründung des Klosters Merwigsberg nannte, lag das Königshaus, die sala,¹ an des Berges Ostabhang das Oertchen Schilderode,² eine echte Pfalzburg-Siedelung, die für mehr als ein Jahrtausend der Sitz des Kleingewerbes blieb, und wo am Hinweg zur Pfalzburg hinauf die Rüstzeug arbeitenden Schilderer, am Rubenmarkt wohl auch schon ritterliche Geschlechter³ saßen. Von der eigentlichen „Stadt" auf der Gera-Insel und deren linkem Ufer hatte jedoch schon frühzeitig das innig verwachsene Ganze den Namen Erpes-Furht (Erfsfuhrt, Erfurt) erhalten, ähnlich wie das aus fünf Weichbildern erwachsene Braunschweig von einem derselben seinen Gesammtnamen bekam.⁴ Das Brühl war wie Hochheim und Daberstedt kein drittes Weichbild, sondern nur ein Dorf nahe der Stadt im Südwesten (II, 169), ebenso im Süden die spätere Löwer-Vorstadt, deren Handwerker noch 1332 von den städtischen Innungen ausgeschlossen waren (II, 161); um 800 waren diese beiden Ansiedlungen wohl überhaupt noch nicht vorhanden.

Außerordentliche Erfurt betreffende Aufträge königlicher Vollmacht kommen aus dem Anfang des 9. Jahrhunderts wohl vor: Graf Werner befindet sich als Sendbote Karls d. Gr. im März 802 auf der Erfurter Pfalz und stellt daselbst eine Urkunde („in palatio publico") aus;⁵ drei Jahre später erhält Mabalgaubus, der gleichzeitig am oberen Main den Grenzhandel zu überwachen hatte, denselben Auftrag von Kaiser Karl auch für Erfurt.⁶ Aber von der ständigen Vertretung des Königs in seiner thüringischen Pfalzstadt können wir nur das sagen, was das allgemein Normative war und von Karl d. Gr. so genau im Capitulare de villis ausgesprochen wurde.⁷ Hiernach müssen wir uns den königlichen Beamten, wenn er auch Richter oder

---

¹) Der Frankfurter Königsplatz, am Main gelegen, heißt in Urkunden des 14. Jahrhunderts „des riches sal" (v. Fichard, Entstehung der Reichsstadt Frankfurt a. M. p. 54). Vgl. auch Landau, Salgut p. 107.
²) Der Familienname Sechschilderode findet sich in den Freizinsregistern, z. B. 1329 Hugo de Sechschilderode.
³) Nach dem Freizinsregister von 1293 (E. A.) hatten damals hier die Geschlechter von Varila, von Northusen, von Schwansee und Stift Häuser.
⁴) Dürre, Braunschweig im Mittelalter p. 671 ff.
⁵) Wend, Hess. Landesgesch. II, Urk. p. 18.
⁶) Pertz LL. I, 131.
⁷) ib. 181 ff.

Graf genannt wurde, zunächst als den Verwalter des unmittelbaren Fiscalgutes denken; er sorgt für gute Aussaat auf dem Königsland (der Gebind) und für richtigen Abtrag des Zehnten von dem Felderrtrag an die Kirche, ebenso für die Weingärten, die wohl schon damals die Merwigshöhe umgrünten, und für gute Kelterung des Weines; er läßt die Schweine zur Eichelmast in den Wald treiben, behütet jedoch auch den Wald, der seinem Herrn gehört, vor Holzfrevel, die anstoßende Länderei vor Ueberwachsung; er hegt das Wild im buschigen Brühl,[1] weist seinem Herrn oder dessen Sendboten die Häute der erlegten Wölfe (einer argen Plage Erfurts durchs ganze Mittelalter) vor und geht mit Hunden und Fangeisen im Mai befohlener Maßen auf die Jagd nach junger Wolfsbrut; dem König führt er über Einnahme und Ausgabe Register, leitet die Handarbeiten unfreier Knechte und Mägde, läßt des Tages und mit loderndem Feuer des Nachts Wacht auf der Pfalz halten, sitzt endlich aber auch zu Gericht über Freie und Unfreie in seinem Amtsbezirk. Ist für so unnahbar ferne Zeiten eine Vermuthung über die rechtliche Stellung verschiedener Einwohnerclassen zum königlichen Richter überhaupt zu äußern gestattet, so dürfte man vielleicht die so dicht an die Pfalzburg gedrängten Handwerke, die mit den Schilderern begannen und mit den Schwertfegern und Schmieden vor den später sogenannten „Graben" schlossen, in engerem hofrechtlichen Zusammenhang mit der Pfalz stehend denken — denn besonders wird dem Statthalter eingeschärft auf tüchtige Gewerkschaften, in erster Linie auf gute Eisenschmiedung, Gold- und Silberarbeit in seinem Gebiet zu halten —; im Uebrigen waren die Einwohner der Mehrzahl nach Ackerbauer.[2] Da, wie Karls d. Gr. Anordnung von 805 lehrt, Erfurt bereits zu dieser Zeit Handelsplatz war, so wird sicher der Marktzoll, vielleicht auch schon die Münzprägung hier zu den königlichen Einkünften gehört haben, folglich vom eingesetzten Grafen

---

[1]) ib. cap. 46: „Ut lucos nostros, quos vulgus brogilos vocat, bene custodire faciant." Das mittellat. brogilus bedeutet einen bewässerten, mannigfaltig bewachsenen Platz (it. brogliare, frz. brouiller = brobeln, sprossen; mhd. brogen = sich erheben); Graff übersetzt brogil (angels. broel) geradezu Wildpark, Hirschgarten, und Diez deutet das it. broglio und bruolo, das franz. bruil als umzäuntes Gebüsch, Baumgehege; „brülicht" ist nach Grimm noch im Nhd. im Sinn von laubig, grünend bekannt.

[2]) So wenigstens 742, wo Erfurt zum ersten Mal erwähnt wird als eine urbs paganorum rusticorum (Jaffé, Monum. Mogunt. p. 112).

mit verwaltet worden sein. Die große Königsbuße der 3 Pfund oder 60 Schillinge (mit einem Zuschlag von 3 Scherfen) stand noch im 13. Jahrhundert auf Zolldefraudation (I, 45), auf unbefugtem Geldwechsel (I, 33), auf der Benutzung falscher Wage oder falschen Gewichts (I, 35) und auf nicht vollöthiger Ausschmelzung der eblen Metalle seitens der Goldschmiede (I, 28).

Wie weit über das 9. Jahrhundert hinaus Erfurt ein „königlicher Ort" blieb, d. h. wie lange noch die Befugnisse eines Grafen als königlichen Statthalters unverändert fortdauerten, ist uns nicht bekannt. Denn das 10. Jahrhundert, in welches eine frühere, neuester Zeit sogar wieder beliebte Auffassung der Erfurter Verfassungsentwicklung die Umwandlung Erfurts in eine Bischofsstadt verlegt,[1] ist gerade seit der ersten Erwähnung der Stadt das einzige Jahrhundert, aus dem wir nicht das Mindeste über ihre Verfassungszustände aus zuverlässigen Quellen erfahren. Daß Otto I. in einigen anderen Städten seine Regalien den Bischöfen abgetreten, wird nie ein stichhaltiger Beweis dafür sein können, daß er dies auch in Erfurt gethan haben müsse.

Die Grafengewalt im 10. und 11. Jahrhundert ist der dunkelste Punkt der Erfurter Verfassungsgeschichte; und wir wollen uns durch den Namen „Burggraf", den man jüngst wieder mit beweisloser Bestimmtheit dem Grafen von Erfurt beigelegt hat, nicht zu Hypothesen verleiten lassen. Vor Veröffentlichung dieser Blätter ist der Titel Burggraf überhaupt noch nicht für Erfurt urkundlich nachgewiesen worden. Hermann von Bibra nennt allerdings mehrfach einen Büttel des Burggrafen in Erfurt (II, 216 ff.) — obgleich es zu seiner Zeit gar keine Grafengewalt in Erfurt mehr gab —, und die II, 221 genau mitgetheilten Grenzen seines Ladungsbezirks[2] regen die Combination sehr an. Möglich wäre es danach wohl, daß der Graf einst den

---

[1]) Hierüber muß ich verweisen auf meine Abhandlung im 12. Band der Neuen Mittheilungen des thür.-sächs. Vereins (pp. 53—106) und die ergänzende Recension in v. Sybels hist. Zeitschrift (XX, 199 ff.). Aus Chroniken-Märchen über verwandtschaftliche Beziehungen des Gründers der Merwigsburg mit den fränkischen Merowingern läßt sich eher ein historischer Kern herausschälen als aus den Erzählungen von Otto und seinem natürlichen Sohn, Erzbischof Wilhelm, dem er Erfurt sammt ganz Thüringen geschenkt habe; denn jene Märchen sind harmlos und naiv, diese dagegen völlig tendenziös.

[2]) Vgl. dazu den angehängten Stadtplan.

Titel Burggraf führte,[1] daß besonders das Brühl und die Stadtgegend dicht an der Burghöhe, nämlich von den Schilderern am Rubenmarkt hin bis zum Andreasthor, also das jener Ueberlieferung zufolge einst Schilderobe genannte Areal, in näherer Beziehung zu ihm stand, und daß außer der Burghöhe der ganze Streifen an der Innenseite der nicht durch natürliche Terrainverhältnisse geschützten östlichen Stadtmauer, ferner am Lauenthor als westlichem, am Krämpferthor als östlichem Stadteingang noch eine Innenstraße, sonst aber nur die noch nicht umwallten Vorstädte seiner Obhut speciell anvertraut waren. Auch steht eine solche Anschauung mit den nicht zu bezweifelnden militärischen Functionen des königlichen Richters in vollem Einklang, nur sind wir nicht im Stand, etwas Anderes über Heerbann- und Heersteuerverhältnisse des ältesten Erfurt zu sagen, als daß auch in dieser Königsstadt Kriegsdienst oder Entgeltung desselben dem König geleistet worden sein muß, und daß der Graf auch hierüber die Aufsicht geführt haben wird.

Unberechtigt wäre die Frage: welcher Familie die Erfurter Grafschaft zugestanden habe? Denn nicht einmal die Thatsache der Erblichkeit eines solchen Amtes wäre für die Zeit vor 1100 irgendwie zu erweisen. Erst seit dem 12. Jahrhundert lehren uns immer zahlreicher werdende Urkunden ein Grafengeschlecht kennen, das mit der Erfurter Vogtei erblich belehnt war. Noch 1289 redete man, wie I, 40 zeigt, schlechtweg in Erfurt von dem „Grafen"; „das Haus des Grafen" an der Ecke der Grafengasse, „die Mühle des Grafen" bei den Langen Stegen, der „Weingarten des Grafen Ernst" vor dem Andreasthor kommen im Freizinsregister von 1293 in selbstverständlicher Beziehung auf das Geschlecht der Stadtgrafen vor, obwohl doch noch andere Grafenhäuser, wie die von Orlamünde und von Kevernburg, in Erfurt Besitzungen hatten. Und daß dies Geschlecht der „Grafen" schlechthin das der Grafen von Gleichen war, bezweifelt Niemand; selbst unsre Bischofsrechte, die charakteristisch genug den Namen des Grafen nur zweimal nennen, bezeugen das (II, 229; III, 1).

Nie mit dem Ausdruck „Burggrafschaft", sondern stets als „Vogtei" bezeichnen die Grafen von Gleichen ihre bedeutsame Stellung

---

[1] Freilich heißt ja das buchstäblich weiter gar nichts als Stadtgraf. Wie lange das Wort Burg seine alte Bedeutung in Erfurt behielt, lehren die Freizinsregister des 14. Jahrhunderts, die öfters das Moritz- und Krämpferthor „Burgthor" statt Stadtthor nennen.

zur Stadt Erfurt. Aus dem Jahr 1277 stammt die wichtige Urkunde,[1] in welcher Graf Albert von Gleichen es ausspricht, daß seine Vorfahren „Herrn der Stadt Erfurt bis zu diesen Zeiten gewesen sind"; Landgraf Albert von Thüringen nennt den Grafen Albert von Gleichen in einem den Erfurtern ausgestellten Bündnißbrief von 1268 „ihren Vogt";[2] daß die Gleicher die Stadtvogtei „mit dem Recht, welches Vogtsding vom Volk genannt wird", seit Alters besaßen, sagt eine Urkunde von 1283.[3] Ein Graf Ernst erscheint schon 1123 als „Graf von Tonna" (der Stammburg des Geschlechts) und „Erfurter Vogt".[4]

Die Frage ist nicht zu umgehen, ob diese Vogtei ein nur späteres Stadium der alten Grafschaft (Burggrafschaft) gewesen, oder ob sie der letzteren zur Seite getreten sei? Der Blick auf den hier beigegebenen Plan der Ladungsbezirke könnte in Anbetracht des Nebeneinander von Vogts- und Burggrafenbüttel (II, 227 und 221) fast auf die mitunter wirklich von Anderen gehegte Meinung führen, daß einst auch ein Vogt und Burggraf (wie ja in anderen Städten nicht selten) neben einander bestanden hätten. Der Nachweis davon wäre aber unmöglich beizubringen; und so auffällig die von Bibra seinen „alten Registern" entnommene Aufzeichnung über den Vogt- und Burggrafenbüttel bleibt, so steht es doch ganz fest, daß nirgends neben dem Vogt ein Burggraf in Erfurt genannt wird, daß dagegen viele Spuren die genetische Verknüpfung der Vogtei des 12. und 13. Jahrhunderts mit der alten Grafschaft d. h. der Statthalterschaft für den König als Erfurter Stadtherrn sehr nahe legen.

Wir beginnen die Betrachtung am natürlichsten auf der Burghöhe. Das hier gegründete Peterskloster entstammt zwar erst der 2. Hälfte des 11. Jahrhunderts; Erhard hat die Wandlung des vordem daselbst bestandenen Canoniker-Stifts in das so berühmt gewordene Kloster zufolge des Beschlusses einer von Erzbischof Siegfried 1060 in Erfurt gehaltenen Synode dargethan und die Unechtheit der vorgeblichen

---

[1] M. A. XIII, 4.
[2] M. A. XIII, 1.
[3] M. A. X, 2.
[4] Gudenus, cod. dipl. I, 63.

Gründungsurkunde des Petersklosters von dem Merowinger Dagobert außer allen Zweifel gesetzt.¹ Aber diese bereits um 1137 bekannte² Legende von uraltem Bestehen der Kirche von St. Peter, ihrer Ausstattung mit reichem Königsgut und ihrem unmittelbaren Verhältniß zum König war sicher nicht ganz aus der Luft gegriffen. Denn das dem Kloster vorausgegangene Stift ist ja in seiner Existenz völlig beglaubigt, und Niemand weiß von seinem Anfang zu reden. Wie in Köln auf dem Malzbühel früher die fränkische Königspfalz, später das Marienstift stand,³ so war auch in Erfurt die alte Pfalzstätte nachmals der umfriedete Raum eines Stiftes, dann eines Klosters geworden. Fast möchte man glauben, es seien sogar Mauerreste der Königspfalz in dem Peterskloster eingebaut erhalten gewesen: wie die Sage es liebte, die Frankenkönige mit dem Gründer der Erfurter Pfalz in verwandtschaftliche Beziehung zu bringen, hat sie auch den Ursprung des Petersklosters in seltsamer Weise mit dem fränkischen Westen verwebt, und als die Späteren diesem Märchen Begründung zu schaffen suchten, wiesen sie auf eine uralte Sculptur am Kloster, die deutlich Lilienstengel vorstellte — wie sie meinten; „das fränkische Wappen".⁴ Sollte das nicht ein altes Königsabzeichen am Königshaus gewesen sein? Bekanntlich galt der Lilienstab oder „Gilgen" dem ganzen Mittelalter neben dem Scepter als Sinnbild königlicher Würde; ihn zeigen die Königsbilder zum Sachsenspiegel wie die Siegel deutscher Kaiser.⁵ Hier, wo es gilt Spuren zu sammeln, darf man auch nicht die vielfach wiederkehrende Erzählung von der Leuchte verachten, die man im Peterskloster aus alter Zeit aufbewahrt habe; Wanderern, sagen natürlich die späteren Chronisten, sei sie dereinst

---

¹) Im 1. Band der Zeitschrift für Archivkunde p. 71 ff.

²) Um diese Zeit fügt der Petersmönch, der eine Abschrift der Lambertschen Annalen mit Erweiterungen versah, der schon oben citirten Stelle von der Gründung des Klosters „in monte, qui antea Merwigisburgk vocabatur", die auf Dagobert bezüglichen Worte hinzu: „et omnia, quae habuit in Thuringia, sancto Petro fratribusque ibidem Deo servientibus tradidit." Pertz, SS. III, 33. Anm.

³) Wallraf, Althochd. Wörterbuch p. 52.

⁴) Vgl. über dies und das Folgende z. B. die handschriftliche Chronik von Hogel im Eingang (Ev. Minist.-Bibl. zu Erfurt).

⁵) Kopp, Bilder und Schriften der Vorzeit I, 95.

allnächtlich ausgehängt worden. Sollte das die Leuchte von der alten Burgwarte gewesen sein, mit der, wie wir sahen, die Königshäuser unter den Karolingern versehen waren?

Mit dem Petersberg und dessen seit mehr als einem halben Jahrhundert verschwundenem Kloster stand nun das Geschlecht der Gleicher in den allerinnigsten Beziehungen. Vor allem hatten die Grafen von Gleichen seit jeher neben der Vogtei über die Stadt auch die über das Petersloster¹ und jene massenhaften Besitzungen desselben in den thüringischen Dorffluren, die schon 1112 den Neid des Erzbischofs von Mainz heftig erregten² und in der näheren Stadtumgebung auch den Mainzer Grundbesitz, späterer Aufzeichnung zufolge³, bei weitem übertrafen. Sodann hatten die Grafen Antheil am Grund und Boden des Petersberges: ihnen gehörte der Weinberg nach der Seite des Andreasthores hin,⁴ und unweit desselben beim Friedhof der Peterskirche, in der sie ihre Grabstätte fanden,⁵ besaßen sie „einen frei eigenen Hof".⁶ Letztere Besitzung wurde ihnen jedoch erst 1373 vom Klosterconvent nach einem großen in Rom vor dem Papst geführten Proceß nebst 400 Mark löthigen Silbers als Entschädigung für die bis dahin im Kloster gehabte Herberge eingeräumt.⁷ Die Lichtmeßgabe der Petersmönche von zwei halbpfündigen Wachskerzen (II, 22) und ihre Martinigabe von einem Paar Boßschuhe (II, 110) an den Vogt d. h. an das die Stadtvogtei versehende Mitglied der Gleichen-Familie geht dagegen auf höheres Alterthum zurück.

Während im Petersloster bei jedem Monatsanfang den verstorbenen Grafen von Gleichen feierliche Gedächtnißmesse gehalten zu werden pflegte,⁸ stand das Erfurter Domstift s. Mariae, dem Erzstift

---

¹) Vgl. die Traditiones veteres Coenobii S. Petri Erfordiae in Schannat, Vindemiae literariae Tom. II.

²) Pertz, SS. XVI, 17.

³) Liber officii cenarum S. Petri. Eine werthvolle, mehrbändige Pergamenthandschrift in Quart, enthaltend die gesammten städtischen, besonders aber Dorfzinsen des Petersklosters; sie beginnt in der 2. Hälfte des 14. Jahrhunderts und ist Eigenthum der Kgl. Bibl. in Berlin (Mss. boruss. Fol. 78 ff.).

⁴) Libellus correctus, Art. 333.

⁵) Nicolaus von Siegen p. 396.

⁶) Wechsel-Briefe zwischen den Grafen von Gleichen und Kursachsen (D. A. 9853, fol. 271 ff.).

⁷) C. A. Reg. Erfurt, p. 594 No. 6.

⁸) Nic. v. Siegen p. 402.

aufs engste verwandt, in minder enger Verbindung mit dem Grafenhaus. Aber die vollpfündige Wachskerze, die das Domcapitel dem Grafen als Stadtvogt ähnlich wie der Convent von St. Peter zur Lichtmesse darbrachte (II, 23) führt uns wieder auf die allgemeinere Bedeutung der Erfurter Vogtei. Denn an demselben Festtag pflegte der Kölner Burggraf drei einpfündige Kerzen im Dom zu empfangen,[1] und mit diesem Burggrafen theilte der Erfurter Vogt das eigenthümliche Verfügungsrecht über eins der Stadtthore, dessen Oeffnung und Schließung ihm allein zustand. In beiden Städten war es eine alte westliche Thoröffnung; in Erfurt hatte diese wegen der Lage dicht am Petersberg besondere Bedeutung und führte nach dem Gleichenschen Löwen, der als Wappenbild darüber angebracht war, den Namen des Lauenthors oder auch des Gleichenschen Thores.[2] Die anstoßende Lauengasse bewohnten, wie es scheint, Getreue der Grafen, wenigstens finden sich Namen wie der Bertolds von Tonna daselbst im 13. Jahrhundert.[3] Von gewissen Häusern auf dem Petersberg, in der Lauengasse und im Brühl bezogen die Grafen in ihrer Function als Vögte der Stadt jährlichen Zins (II, 181). Demnach zeigen sich gerade Theile des dem Burggrafenbüttel bei Vibra zugewiesenen Ladungsbezirkes in unzweifelhaftem Zusammenhang mit dem die Vogtei übenden Grafengeschlecht, und zwar — wie die Namen Lauenthor und Lauengasse verrathen — schon seit Alters.

Nun sollen hier nicht die von Sagittarius[4] längst gründlich verzeichneten vielfachen Besitzungen der Grafen in der eigentlichen Stadt aufgezählt werden. Es sei nur erwähnt, daß hier ihr eigentliches Wohnhaus am Waidanger, dem jetzigen Anger, in palastartiger Ausdehnung neben der noch so lange die Löwenköpfe über der Thür führenden[5] Bartholomäus-Kirche gelegen war, daß das älteste Freizinsregister die Gleichensche Mühle bei den Langen Stegen (vor dem Ausgang der noch heute sogenannten Grafengasse) als Wallmühle („Wall-Hus") erkennen läßt, und daß überhaupt die Verwachsung dieses Grafenhauses mit der Erfurter Bürgerschaft in der alten Zeit

---

[1] Ennen, l. c. I, 552.
[2] Lib. corr. Art. 338 f.
[3] Freizinsregister des E. A. von 1293.
[4] Sagittarii Historia der Graffschaft Gleichen (1732) p. 18 ff.
[5] Milwitz-Buch des E. A. fol. 207.

eine innigere gewesen zu sein scheint, als uns die erzählenden Geschichtsquellen ahnen lassen. Zumal der Nordtheil der Stadt, das „Mülhäuser Gericht", wie man nachmals das Rosemannsche (II, 175) immer nannte, war großentheils wenigstens Gleichenscher Grund und Boden: hier hatte das den Grafen so nahe stehende Kloster von Volcolberode unweit der Andreaskirche ein Haus,[1] hier hatten sie in dem vieldurchflossenen „Klein-Venedig" unweit vom Judengrab und der Elenden-Herberge ein Färbhaus und an der nördlichsten Stelle der Stadtmauer selbst, wo diese den Breitstrom überwölbt, einen überdachten Gang mit einer „guten Wärftentrocknung" für die Tuchmacher, die sich, wie der Name der Webergasse zeigt, in die nächste Nähe des ihnen allem Anschein nach besonders zugewandten Grafenschirms gezogen fühlten.[2]

Das von den Gleichern lehnrührige[3] Gericht „bei den geklammerten Steinen" (s. S. 155), welches bis in das 17. Jahrhundert diesen Stadttheil bei St. Moritz gerichtlich von der übrigen Stadt scharf abgesondert gehalten, greift indessen in die gesammte Verfassungsgeschichte kaum tiefer ein als das schon im 14. Jahrhundert erzstiftische Trost-Gericht. Für die Stellung unserer Grafen zur Stadt hat vielmehr Hermann von Bibra ohne ihren Namen zu nennen das entscheidende Wort ausgesprochen: die Grafen von Gleichen hatten als Inhaber der Vogtei die drei Vogtsdinge über sämmtliche Einwohner der Innenstadt und auch der Vorstädte, soweit sie nicht in andere Gerichte gehörten, abzuhalten (II, 182) und allein sie hegten in Erfurt das Blutgericht „über Hals und Hand" (II, 176), allein sie hatten den Henker zu bestellen, ihm sein Haus vor den Graben zu bauen und den Gal daneben zu errichten (II, 178 f.). In diesen Zügen faßt das ganze Mittelalter hindurch der Deutsche den obersten Gerichtsbann zusammen; daß dieser Bann ein den Grafen übertragener war, lehrt schon die Bezeichnung desselben als Vogtei,[4] aber sie durften sich deshalb ebenso gut „Herrn der Stadt seit Alters" nennen als jene alten Grafen karolingischer Vorzeit,

---

[1] Freiz.-R. von 1293.
[2] Lib. corr., Art. 332, verglichen mit einer in der 4. Abhandlung genauer angegebenen Handschr. der Kgl. Bibl. zu Berlin (Mss. Germ. Fol. 509).
[3] Lib. corr., Art. 321 ff.
[4] Bluntschli, Staats- und Rechtsgesch. von Zürich p. 136.

die um 800 die drei Dingtage zu Erfurt in des Königs Namen hielten,¹ wie um 1200 die von Gleichen — es fragt sich in wessen Auftrag.

Die Sage meldet von der Schenkung alles Königsgutes in Erfurt durch einen fränkischen König an die Kirche von St. Peter auf der Merwigsburg. Dem „königlichen Kloster" soll nicht nur mit der Königsburg die ganze Ansiedlung an deren Fuß, „die damals Merwigesburg genannt wurde", sondern auch das hirschreiche Brühl, das Gera-Wasser und aller Kronbesitz rings umher geschenkt worden sein.² Da von so reicher Gabe indessen das Petersloster nicht alles gebraucht habe, sei ein Theil davon dem Erzstift Mainz übergeben worden, besonders der Fluß, die schöne Wageweide im Süden und die nächsten, zumal die wendischen Dörfer.

Hieran dürfte wenigstens so viel historisch sein, daß der wesentliche Theil des ältesten erzstiftischen Besitzes in und bei der Stadt Erfurt von Königshand geschenkt worden, und daß doch nicht alles Königsgut bischöflich wurde, weil die Kirche des Stiftes auf der Merwigshöhe — natürlich noch keineswegs das so viel spätere Kloster — zunächst an dieser stolzen Höhe begütert und nicht zu verdrängen war.

Aus nicht sagenhafter Quelle erhellt erzstiftischer Besitz auf der Vorhöhe des Petersberges, wo Bonifacius eine Kirche gegründet hatte und schon 836 ein Nonnenkloster unter dem Namen des hohen Klosters so berühmt war, daß die Gebeine des heiligen Severus von Mainz dorthin gebracht wurden.³ Diese von nun an Severi-Berg getaufte Höhe ist also ohne Zweifel der Kern aller mainzischen Besitzungen gewesen, der „Hof" neben der Severkirche war ja stets der bischöfliche Herrenhof; das alterthümliche „Krummhaus" wird in seinen Anfängen kaum jünger sein als die Niedersetzung der Reliquien jenes Ravennaten, der sich vom Wollenweber zum Bischof aufgeschwungen.

Nichts Unwahrscheinliches liegt auch in der Erzählung, daß sehr früh der dem Gott Wage heilige Wald (II, Anm. 262), in dessen Dickicht Bonifacius des Gottes Heiligthum mit der Axt zerstört d. h.

---

¹) Vgl. Zöpfl, deutsche Rechtsgesch. (3. Aufl.) p. 494.
²) Nic. v. Siegen p. 8. Vgl. auch die erwähnte Hogelsche Chronik im Eingang.
³) Pertz, SS. III, 45 und Jaffé, Monum. Mogunt. p. 517.

wohl seine heiligste Eiche gefällt haben soll, sehr früh aus Königs- in Bischofshand gekommen sei;[1] vollends ein großer Theil des Brühls und gewisse Hufen in den Fluren der drei „Wendendörfer" Daberstedt, Ditelstedt und Melchendorf (den „windischen Gehöfen" I, 49), deren „windische Leute" die uralte Bettemund zu Lätare an des Bischofs Vertreter zu zahlen hatten (II, 39), sowie der drei andern Dörfer Ilversgehofen, Hochheim und Vintersleben, wo der Erzbischof 1157 die „seinem Tisch dienenden Hörigen" zusammen mit jenen „seinen Slaven" des Zolles ledig sprach,[2] endlich die Gebindländerei dicht ober- und unterhalb der Stadt und westlich vom Petersberg, von der in alle Jahrhunderte hinein der Zehnte an die Domkirche abgetragen wurde ganz wie vom Königsland Karls d. Gr. (II, 230, 232 f.), — das alles mag wirklich eine alte Königsschenkung an das Erzstift gewesen sein.

Von Königsrechten in Erfurt ist am frühesten das Münzrecht in erzstiftischer Hand nachweisbar. Eine Silbermünze mit dem Brustbild Erzbischof Aribos und der Nennung ERPHESFVRT als Prägstätte[3] ist ein unumstößlicher Beweis, daß das Erzstift Mainz, außer in Mainz selbst, auch in Erfurt zwischen 1021 und 1031 Münzen prägen ließ. Zwar kennt man aus den folgenden Jahrzehnten desselben Jahrhunderts gerade mehrere ebenso unzweifelhaft in Erfurt geschlagene Kaisermünzen mit bärtigem, bekrönten Kopf, entweder Heinrich III.[4] oder Heinrich IV. der Namensumschrift nach darstellend. Aber wenn dies auch ein sehr zu beachtender Fingerzeig auf noch damals unzerstörte alte Palatial-Gerechtsame deutscher Könige in Erfurt ist und die Fortexistenz einer königlichen neben einer bischöflichen Prägstelle in der Stadt für eine der Ottonenzeit doch schon ferne Periode wahrscheinlich macht, so beginnt dennoch mit dem 12. Jahrhundert eine so große und so ganz ausschließlich **mainzische** Reihe uns noch

---

[1] Als Pfandobject für in Erfurt contrahirte Schulden im Betrag von 182³⁄₄ Mark Silbers setzt der Erzbischof um 1250 die Wawet ein (Schreiber Bartholomäus p. 12).

[2] Nach der schon citirten alten Urkundenabschrift der Hdschr. A.

[3] v. Posern-Klett, Sachsens Münzen im Mittelalter p. 63.

[4] Der große Münzfund von Simoitzel bei Colberg enthält so wenige Münzen aus der Zeit Heinrichs IV., daß Dannenberg den hierunter gefundenen Erfurter Kaiserdenar wohl mit Recht dem dritten Heinrich zuweist. Vgl. Berliner Blätter für Münz-, Siegel- und Wappenkunde II, 152 f.

erhaltener Erfurter Silberpfenninge, daß der Alleinbesitz des Münzregals in Erfurt seit dieser Zeit dem Erzstift nicht abgestritten werden darf.

Ein zweites Regal, das schon sehr früh in Erfurt dem Mainzer verliehen sein muß, ist die Aufsicht über den Marktverkehr und die daraus folgende Erhebung des Marktzolls. Da Münze und Markt naturgemäß gewöhnlich zusammen vergeben wurden, so ist es vielleicht nur ein Zufall, daß wir das Erfurter Marktregal nicht schon im 11., sondern erst im 12. Jahrhundert als dem Erzbischof unzweifelhaft zuständig erkennen. Die angeführte Urkunde von 1157[1] über die Zollbefreiung der Hörigen in den sechs Dörfern nennt bereits unter den Ministerialen, welche die erzbischöfliche Urkunde bezeugen, einen „Bertolt magister fori".

Auch der daneben genannte „Cristan scultetus in pluralio" d. h. Schultheiß im Brühl (II, Anm. 69) kann kein anderer als ein erzstiftischer Ministerial gewesen sein. Längst war im Brühl ein gleichnamiges Dorf entstanden; und wie dem Erzbischof im 12. Jahrhundert der Grund und Boden der Brühlaue großentheils wenigstens gehörte,[2] so stand ihm auch das Gericht in dem Brühldorf zu (II, 169). Wir sahen schon früher (S. 161), wie dieses Gericht des Brühl-Schultheißen auf dem Severhof ein Bauerngericht war; es verstößt auch der Name Vogtsdinge für die drei echten Dinge, die jährlich von diesem Schultheißen an seiner gewöhnlichen Dingstätte, dem Hof im Krummhaus, abgehalten wurden, keineswegs gegen diesen Charakter, denn auch in anderen thüringischen Dörfern hießen diese Gerichte gleichfalls Vogtsdinge. Um so überraschender ist es aber nur, daß diesen dörflichen Gerichten im Frohnhof auch der Name von Burggrafengerichten ertheilt wurde, allerdings wohl nicht im Volksmund (vgl. II, 31, 72, 79), aber jedenfalls officiell (II, 169), so daß diese Bezeichnung auch auf den Büttel des Frohnhofgerichts überging, den man nicht bloß „Büttel im Brühl" (II, 35) oder „Büttel auf dem Severhof", sondern auch „Burggrafenbüttel" (II, 216 ff.) nannte.

Sehen wir uns darum die Competenzen des Brühl-Schultheißen noch genauer an. Sein unverändert gebliebener Titel weist auf das

---

[1] Im Wesentlichen getreu abgedruckt in Fabers Abhandlung von den Freizinsen p. 72 f.

[2] Gudenus, Cod. dipl. I, 108.

Brühldorf, dessen Bauern höchst wahrscheinlich sämtlich seiner Jurisdiction unterstellt waren, obgleich, da die Qualität dieser Ansiedelung als Dorf durch späteren Miteinschluß in das Erfurter Weichbild vielleicht schon vor 1100 verloren ging, Sicheres nie darüber ermittelt werden wird. So lange das Brühl aber Dorf blieb, war es dann auch das einzige Dorf in der Erfurter Gegend, in welchem das Erzstift durch seinen Schultheißen auf dem Severhof die ausschließliche Gerichtshegung hatte. Die übrigen 6 Dörfer waren nur so weit an die Vogtsdinge des bischöflichen Richters in Erfurt gewiesen, als ihre Bewohner erzstiftische Hufen zu Lehen trugen (II, 31); nur die, welche solche Hufen in den 6 Dorffluren kauften, hatte der Büttel des Brühl-Schultheißen nach ortsüblicher Sitte in die Gewere einzuführen (II, 219). Selbst wo Mainz einen Antheil am Dorfgericht hatte, wie es in Melchendorf ⅔ von den gewöhnlichen Gerichtsgefällen bezog, waren die Inhaber der mainzischen Hufen (die „homines" seiner „familia") so wenig in gerichtlicher Hinsicht unfrei, daß z. B. eben die in Melchendorf mit den übrigen Dorfgenossen zusammen auf eigene Hand im 13. Jahrhundert die drückend gewordene Vogtei der Familie Schelmenrode abschüttelten, indem sie den Erfurter Bürger Hugo den Langen baten die Vogtei in ihrem Dorf zu kaufen und sich dann mit diesem über die Vogteisporteln auseinandersetzten.[1] Die bis jetzt unbekannt gewesene Thatsache, daß in Ditelstedt, wo 14 Hufen des Erzbischofs „windischen Leuten" gehörten (II, 31), die Vogtei sogar den Gleichern zustand, und durch einen von ihnen eingesetzten Gerichtshalter (Untervogt) ausgeübt wurde, geht aus folgenden auch sonst merkwürdigen Klagesätzen des Grafen Albert von Gleichen gegen die Bürger Erfurts[2] hervor: „Berthold der Jüngere von Gotha[3] ist

---

[1] S. das schon oben citirte Weisthum von 1333 in Hdschr. A.

[2] Sie füllen, von einer älteren Hand geschrieben, die rechte Columne von fol. 73 v. in dem Copialbuch CL des M. A. (früher: „Erf. Acten, Tit. XXII, No. 1"). Nach den dabei genannten Personennamen zu schließen, fallen die Ereignisse wahrscheinlich ins Jahr 1275, vgl. die Sühne-Urkunde vom April 1275 im M. A. VII, 3 und die Erzählungen des Sampetrinums und der Rotheschen Chronik z. d. J. Die Aufzeichnung ist uns nur durch den glücklichen Zufall erhalten worden, daß sie das Pergamentblatt theilweise leer ließ: zur Ersparniß von Schreibmaterial ist sie so in ein ganz Anderes enthaltendes Copialbuch eingeheftet worden. Ich lasse dieselbe abdrucken in meiner Schrift „Erfurt im dreizehnten Jahrhundert" (Berlin 1870) als Anm. 53.

[3] Einer der Gefrunden oder Patricier Erfurts.

fünfmal oder öfter in das Dorf Ditelstebt eingedrungen und hat mit Gewalt die Thore (ostia) aufgestoßen, gepfändet daselbst und Leute gefangen genommen, während doch die Rechtsprechung in genanntem Dorf uns gehört..... Sie haben unser Dorf Ditelstebt angezündet und unseren Vogt gemißhandelt."

Daher bezieht es sich vermuthlich nur auf die Besitzer der mainzischen Grundstücke in den drei Wenden=Dörfern, wenn es heißt: der Eidesleistung der Dortigen vor der Dorfkirche habe der „Burggrafenbüttel" beizuwohnen, und jeder, der aus den „windischen Gehöfen" gerichtlich „verwunden" worden, sei vom Brühlschultheißen zu pfänden oder seinem Ankläger persönlich zu überliefern (II, 217 f.). Ganz ähnlich wie die Inhaber der Mainzer Hufen in den drei Slavendörfern einen Hühnerzins in den Fasten (II, 35), hatten die etwa 60 „Freigäste" aus 6 im ferneren Südosten der Stadt gelegenen Dörfern Hühner= und Eierzins zu Martini, nur daß der Brühl=Büttel denselben nicht holte, sondern bloß ansagte; dafür waren sie wie jene zollfrei, gegen das Versprechen innerhalb 14 Tagen sich in Erfurt bei ihrem Schultheißen zu stellen, durfte sie Niemand in oder außer der Stadt „arrestiren oder frohnen";[1] sie mußten zwar jede Forderung, deren sie geständig waren, bis nach 14 Tagen leisten, konnten sich aber durch einen Schwur „vor dem Krummhaus" von einer ihnen zugemutheten Geld= oder sonstigen Schuldleistung in derselben Frist befreien (II, 120 f., 220). Da auch unter diesen Freigastdörfern wieder alte Wendendörfer (Windisch=Holzhausen und Bechstedt)[2] sich befinden, so ist die Beziehung des Brühler Schultheißen zu den slavischen Ein-

---

[1] Vgl. II, Anm. 301.

[2] Ueber Letzteres vgl. die Annales Reinhardsbrunnenses (ed. Wegele) p. 55 f. Schon der Name Freigäste deutet auf späteren, vielleicht eben wendischen Zuzug (Gast = herkommender Mann); die geringe Zahl der 60 Freigäste ließe auf nicht zahlreiche Niederlassungen schließen, in den 3 „Slavendörfern" näher bei Erfurt sind es nach II, 31 vollends nur 32 Hufen, von denen dem Bischof „seine Slaven" zinsen, auch diese Dörfer waren also wohl nur theilweise wendisch. Wie weit übrigens vereinzelte Zuzüge sorbischer Wenden in Thüringen gen Westen reichten, hat erst in jüngster Zeit eine schöne sprachliche Entdeckung gelehrt: der Ruhlaer Dialekt enthält nicht nur verschiedene unzweifelhaft slavische Wörter, sondern der so vielfach früher mißdeutete Name „die Ruhl" ist selbst slavisch und bedeutet „das Saalfeld". Vgl. Regel, Ruhlaer Mundart p. 154—157.

wanderern in der Stadtumgebung, die selbst die Sage in Zusammenhang mit dem frühesten Bestand königlicher, dann erzstiftischer Machtbefugniß setzt, unleugbar.

Und nun ist es fast, als sollte noch ein anderer Zug jener oben angedeuteten Sage sich gehaltvoll erweisen, nämlich der vom Geschenk der „Merwigesburg" — freilich nicht an das Petersкloster, wohl aber aus Königs- in geistliche Hand, und dann in keine andere als die des Erzbischofs. Merwigesburg soll der Name der Siedelung am Fuß der gleichnamigen Pfalzhöhe gewesen sein: diese war indessen, wie wir sahen, ursprünglich ein Weichbild für sich, keineswegs die erst später verschmolzene Gesammtstadt Erfurt, die in dem Dualismus ihres Marktlebens[1] auf Graben und Wenigem Markt den Charakter der Zweiheit bis in die Jahrhunderte der Neuzeit bewahrt hat, den Charakter der Zusammensetzung aus einem kleinen westlichen Ort am Berg mit regem Kleinverkehr, alterthümlichstem Gewerbe und einer größeren Stadt in der Flußebene mit den Wohnungen der Patricier, dem Markt wie der Kirche der „Kaufleute", dem Sitz des Großhandels und des Handels mit kostbarer „Krämerei" auf der Brücke, welche die beiden durch den Breitstrom geschiedenen Hälften der eigentlichen Stadt Erfurt verband. — Wir denken nicht an eine Schenkung vom Grund und Boden der westlichen Siedelung, die ja, als das Erzstift noch gar keine Regalien in Erfurt besaß, schon ein integrirender Theil der Gesammtstadt geworden war, indessen wir erinnern uns gewisser R e c h t e, die gerade in diesem westlichen Streifen an dem Höhenzug von Bibra als bischöfliche überliefert werden. Zunächst fand es Bibra nicht der Mühe unwerth zu verzeichnen: nur der Erzbischof oder der, welchem er Vollmacht dazu ertheile, dürfe Mist sammeln oder Streu legen „vor den Graben unter den Schilderern, auf dem Severhof bis zu den alten Fleischbänken" (II, 139), also auf dem uralten Residenzhof am Krummhaus und auf den beiden zur alten Pfalzhöhe führenden Straßen „unter den Schilderern", von denen die eine der Schauplatz regen Marktverkehrs war, und die andere (mit den alten Fleischbänken) sich nach dem Rubenmarkt öffnete.

Wieder zu den Handwerkern am Berg führen die Bestimmungen über die Stellung der Schilderer und Schmiede zum Erzstift. Die Schilderer, meldeten die unserem Bibra als Quelle dienenden Aufzeichnungen, hatten für ein ihrer Gewerkschaft von einem Erzbischof

---

[1] Hierüber vergleiche man die 4. Abhandlung.

vormals geschenktes Ackerstück jährlich dem Bischof einen Sessel zu arbeiten und noch zu Bibras Zeiten selbst mußten sie jedem neuen Erzbischof nach erfolgter Bestätigung einen stattlichen Reitsattel liefern (II, 145 f.). Die Schmiede aber behaupteten eine von den übrigen Innungen der Stadt eigenthümlich gesonderte Stellung wenigstens noch im 14. Jahrhundert: ihr Innungsmeister erhielt vom bischöflichen Verwalter des Mainzer Hofes allemal zu Jacobi die Bestätigung und durch das Symbol der Stabüberreichung die Vollmacht, in Silber und Geld bis zu gewisser Höhe innerhalb der Innung zu strafen; die Innung selbst war ganz speciell an den Mainzer Hof gewiesen und hatte statt aller anderen Abgaben nur nach Jacobi die 36 Pfund Kupfer zu 1—3 Kesseln verarbeitet in den Hof zu geben; dasjenige Mitglied der Innung, welches die Schmiedearbeit im Hof versah, besaß herkömmlich das erzstiftische Gemäß zu Lehen, womit allein auf dem Kohlenmarkt die Kohlen zu messen erlaubt war (II, 185, 75, 252).

Kohlen- und Salzmarkt ist, soweit unsere Kenntniß in die Vergangenheit zurückreicht, in Erfurt stets erzstiftisch gewesen (II, 3 ff.); beide lagen einander benachbart vor den Graben, der letztere da, wo die Wohnungen der Schilderer am Krummhausgarten anfingen. Ob der freie Platz vor den Graben in den frühesten Jahrhunderten (vor Einschluß eines Theils des Brühls in die Stadt) Marktplatz war, ist freilich zu bezweifeln; das Henkershaus wird doch wohl eben einst auf diesen Platz als einen solchen außerhalb der ältesten Stadtmauer gebaut worden sein. Ein Markt dagegen war der natürlichste Verkehrsplatz zwischen den Leuten der Pfalzstadt und denen des eigentlichen Erfurt sowie zwischen beiden und Auswärtigen: der Rubenmarkt, über den der Weg einerseits vom Andreasthor, andrerseits vom Lauenthor und durch die Schilderer nach der „breiten Straße", der Krämerbrücke und dem Markt mit den Gewandschnitt- oder Kaufmannsgaben führte. Auf dem Rubenmarkt scheint der gewiß sehr alte Pferdehandel in Erfurt seine älteste Stätte gehabt zu haben, und wenn der dabei erhobene Schlägschatz geradezu der Rubenmarkt-Schlägschatz genannt wurde (II, 212), so sieht es fast so aus, als hätte hier auch eine besondere Münze gestanden, da Schlägschatz ursprünglich ja nur auf der Bank der Geldwechsler selbst erlegt werden konnte. Ob jedoch dieses eine dem Bischof abgetretene (später auf den Graben verlegte) Münze der Pfalzstadt neben einer anderen, zeitweilig dem König zuständigen, war, ist natürlich nicht auszumachen.

14*

Recht deutlich weist dann auch noch die Mühlengerechtigkeit ebenso auf den Ladungsbezirk des Burggrafenbüttels als auf des Bischofs Richter d. h. den Schultheißen im Brühl: die Mühlen **außerhalb der Stadt und an dem Oststreifen innerhalb der Stadtmauer an der Kirschlache** sind diesem Schultheißen, der das „Burggrafending" auf dem Severhof hält, untergeben (II, 143); der Ausdruck „jenseit der Kirschlache" war daneben auch anderweitig offenbar ein viel gebrauchter, denn er schmolz den Schreibern in der lateinischen Wortform zu dem einen Wort transkirslacam zusammen,[1] und zu der genauen Hervorhebung, ob ein Haus diesseit oder jenseit dieses schmalen Canals lag, konnte unmöglich die kaum vier Schritte betragende Breite des letzteren veranlassen, sondern allein die auf die Lage an dem wichtigen Ostzug der alten Mauer bezügliche Rechtsstellung derer, die rechts der Kirschlache wohnten.

Im 12. Jahrhundert ist in der That einmal Erfurt von einem Erzbischof von Mainz ummauert worden (S. 147). Und den Anspruch wenigstens auf Heeresfolge stellte, wie uns sicher bezeugt wird,[2] der Erzbischof 1233 an Erfurt, als er den König auf einem Kriegszug zu begleiten hatte. Unbestritten stand aber das Recht Heeresfolge zu fordern dem Erzstift keineswegs zu: während des Jahres 1234 wurden die Verhandlungen wegen der von Erfurt das Jahr zuvor verweigerten Hülfe an „Wagen und Mannen" nach vergeblichem Aussöhnungsversuch mit dem Erzbischof vor dem Kaiser selbst geführt, der eine „Verständigungsformel" aufsetzen ließ. Die Stadt muß indessen von dem Recht ihrer Haltung gegen Mainz fest überzeugt gewesen sein, denn sie nahm nicht einmal den kaiserlichen Vermittlungsvorschlag, den ihre Abgeordneten von Frankfurt überbrachten, an, sondern ließ es auf die gewöhnliche Bischofsstrafe der zeitweisen Einstellung des Gottesdienstes ankommen, um dann in dem ebenso gewöhnlichen Sühnemittel bischöflichen Zornes, in klingender Münze, die glückliche Lösung des Streits zu finden. Kaiser Friedrich aber bestätigte noch in demselben Jahr den Bürgern Erfurts, die er **seine Getreuen** nennt, ihre „alten Rechte".[3]

---

[1] So ganz gewöhnlich in den Freizinsregistern.
[2] Pertz, SS. XVI, 29.
[3] Urk.-Abschrift im Copialbuch CL des M. A., abgedruckt zuletzt bei Lambert, ältere Gesch. und Verf. der Stadt Erfurt p. 114.

Daß das Erzstift Mainz altgräfliche, wir dürfen vielleicht sagen burggräfliche Rechte im 10. oder 11. Jahrhundert in Erfurt erworben hat, ist nach den im Vorstehenden gesammelten Andeutungen nicht zu bezweifeln. Wenn 1080 das Heer Heinrichs IV. zur Niederwerfung der Gegenpartei, auf welcher der Erzbischof von Mainz als oberster Reichsfürst stand, Thüringen überschwemmte und dabei zu allererst Erfurt mit Brandstiftung heimsuchte, so konnte Erfurt unmöglich damals noch die königliche Pfalzstadt des 9. Jahrhunderts sein, in welcher der Bischof nur an der Münze, höchstens noch am Marktzoll seinen Antheil hatte. Was nun auch der Sinn einer Erfurter „Burggrafschaft" gewesen sein mag, jedenfalls befaßte sie das, wodurch urkundlich das Wesen der Kölner Burggrafschaft überhaupt ausgedrückt wird: Rechtsprechung. In der Hand des Bischofs war jedoch das Erfurter Burggrafengericht, so weit uns directe Aussagen unserer Quellen blicken lassen, kein Gericht über Erfurter Bürger, bevor nicht die Dorfgemeinde im Brühl eine vorstädtische Gemeinde geworden;[1] manches Königsrecht hatte der Bischof in der Siedelung an der Merwigsburg übernommen, ja vielleicht alle bis auf eins: das Recht der Gerichtshegung. Keine Spur weist auf eine nähere Beziehung der Bewohner dieser westlichen Stadtgegend zum bischöflich gewordenen, jetzt vom Dorfschulzen des Brühls auf dem Frohnhof gehaltenen „Burggrafengericht", dessen einst gewiß höheres Ansehen nur im Rang des ihm dienenden Büttels, des „Obergerichtsknechtes" fortlebte.

Die Bauern aus dem Brühl und den Küchendörfern sowie die Freigastbauern, die alle an das Burggrafending auf dem Severhof gewiesen waren, dürfen wir mit vieler Wahrscheinlichkeit als Fiscalinen der altköniglichen Zeit betrachten, die später unter des Bischofs Richter gekommen waren. Die Beziehungen zum Schilderer- und Schmiedegewerk, die Aufsicht über Salz- und Kohlenmarkt vor den Graben,

---

[1] Möglich wäre es übrigens, daß in diesem Burggrafengericht trotz Bibras Schweigen das später sogenannte Frühgericht über sämmtliche Vorstädte bis auf Trosts Gebiet (S. 155 f.) mit versteckt läge, denn Ausschließung des Stadtschultheißen, Zuziehung von Vogt und Burggrafenbüttel ist für letzteres ebenso bezeichnend, wie seine Hegung auf dem Severhof. Dann erhielte der Ladungsbezirk des Burggrafenbüttels in seiner interessanten Umgrenzung zusammen mit dem Namen des Burggrafengerichts erst rechten Sinn. Um so auffallender bleibt aber gerade dann die Aussonderung des innerhalb der eigentlichen Stadt gelegenen Stücks dieses Ladungsgebiets an der Westhöhe vom bischöflichen Gericht in dessen vermuthlich ältester Ausdehnung.

der Schlägschatz auf dem Rubenmarkt, ganz besonders aber das Räumungsrecht auf den zur Pfalzhöhe führenden Gassen sehen ganz nach Burggrafengerechtsamen in einer alten Pfalzstadt aus. Was anders kann da der Uebergang auch der Gerichtshegung an den Bischof ausgeschlossen haben als die innige Verschmelzung dieser Pfalzburg-siedelung mit der größeren Stadt in der Flußebene zu einem einzigen Ganzen? Denn in dieser „Stadt" saß dem Gericht niemals der erzbischöfliche Schultheiß des Brühls, sondern ein besonderer „Stadt-schultheiß" vor (II, 174), und der Erfurter Schultheiß steht nicht mit unter den schon vor Alters vom Erzbischof eingesetzten Beamten, neben dem Münzmeister, Marktmeister, Brühl-Schultheißen (II, 237).

Die bisher wenig beachtete Trennung des Erfurter Gerichts in das des Stadt- und Brühlschultheißen, wobei nur das letztere ebenso entschieden mainzisch war als es in seinem anderen Namen an die Burggrafenzeit erinnerte, ist ein Beweis, wie ungerechtfertigt die durch nichts bezeugte Anschauung von einer einmaligen Totalschenkung des Gerichtsbannes in Erfurt an Mainz ist. Wohl hat Erfurt den Wandel aus einer Königs- in eine Bischofsstadt durchgemacht, aber in so allmählicher Weise, daß gerade die Jurisdiction als das wichtigste Hoheitsrecht wahrscheinlich noch zu Anfang des 13. Jahrhunderts nicht von allen concurrirenden Gewalten zu Gunsten des Erzstifts losgelöst war. Man hat behauptet, daß schon im 10. Jahrhundert hohe und niedere Gerichtsbarkeit zu Erfurt mainzisch geworden; aber der Analogieschluß, auf den sich diese Behauptung allein gründet, ist sehr gebrechlich: das Hochgericht „über Hals und Hand" war im 10. Jahrhundert bei uns noch nirgends den Bischöfen übertragen, sondern überall nach dem Grundsatz „ecclesia non sitit sanguinem" weltliches Lehen, mittelbar oder unmittelbar vom Kaiser verliehen. Erst unser Weisthum von 1289 spricht den Erfurter Gerichtsbann in vollem Umfang dem Erzstift zu (I, 1), aber abgesondert von „dem Recht, das der Erzbischof von Alter an seinem Gericht gehabt", werden ihm gewisse andere jurisdictionelle Vollmachten, zumal das hohe Gericht und das Gericht über Nothnunft, ausdrücklich zuerkannt, und nur um Gewährleistung des noch nicht genugsam Sicheren oder um Neuordnung handelte es sich in diesen „Concordaten".

Vom Brühl und dem Krummhaus strebte die Bischofsmacht in die eigentliche Stadt hinein, aber selbst die Mauer des 12. Jahrhunderts, die doch gewiß theilweise das Brühl mit der Stadt Erfurt zusammenfaßte, hob die Doppelheit der Schultheißenämter noch nicht auf. Sollte die Ummauerung mit einem besonderen Anrecht auf den Obstreifen zwischen Mauer und Kirschlache verknüpft gewesen sein, so war, wie wir sahen, der Versuch einer Erweiterung der kriegsherrlichen Gerechtsame bis zur Forderung vollständiger Heeresfolge 1233 und 1234 gescheitert. Dagegen beglaubigte ein Artikel der Verständigung von 1289 die Ausdehnung des burggräflichen Räumungsrechtes, wie es die Bibra vorliegende, offenbar ältere, Quelle nur für die Stadtgegend am Petersberg kannte, auf die ganze Stadt: überall steht nunmehr dem erzbischöflichen Beamten das Recht zu, den Mist von den Straßen abräumen, den wegversperrenden Bau abbrechen zu lassen (I, 50). Mit ähnlichem Erfolg sehen wir denn auf demselben Pergament das gewiß schon Jahrhunderte lange Streben nach jurisdictioneller Erweiterung über die Grenzen des „Burggrafendings" hinaus gekrönt, und neben der aus dem 8. Jahrhundert stammenden geistlichen Gerichtsbarkeit konnte diesem Streben nichts förderlicher gewesen sein als das wahrscheinlich älteste Regal, das Mainz in Erfurt gewonnen: die Münz- und Marktgerechtigkeit. Mit dieser Befugniß reichte der Arm des Bischofs in das Herz der eigentlichen Stadt, und strengste Zucht in der Ueberwachung des Marktverkehrs war trefflich geeignet, städtische und bischöfliche Interessen zu verschmelzen.

Es ist nicht anders denkbar, als daß in früherer Zeit der städtische Schultheiß vom Grafen als Oberrichter eingesetzt wurde; auch nachmals bezog ja der letztere als „Vogt" das übliche Grafendrittel von dem Gerichtsstab weiter (II, 177). Aber der Charakter des städtischen Gerichts war ebenso sanft als entscheidend in demselben Augenblick in den eines bischöflichen Gerichts umgewandelt, wo der Erzbischof die Einsetzung des Schultheißen übertragen bekam. Mit diesem Umschwung der Verhältnisse, mag er nun im Beginn des 12. Jahrhunderts oder schon früher erfolgt sein, gipfelte sich die Bedeutung des Vertreters des so fern wohnenden Herrn: des Vizthums. Er hatte von nun an die wichtigen vier Aemter (und zwar pachtweise) im Namen des Erzbischofs zu vergeben, neben Münz- und Marktmeisteramt **beide Schultheißenämter** (III, 3—7). Der in jener Urkunde Erzbischof Arnolds von 1157 unter den Ministerialen aufgeführte Hawart wird dem Brühlschultheißen um zwei Stellen voran genannt kurzweg als „scultetus"; er war jedenfalls der „scultetus civitatis", der als weit vornehmerer Beamte den Zusatz civitatis entbehren durfte, wie denn auch das Weisthum von 1289 immer nur vom „Schultheißen" spricht, bis ihm ganz am Ende im Gegensatz zum Brühlschultheißen der volle Titel „Schultheiß in der Stadt" gegeben wird. Kaum ist anzuzweifeln, daß Hawart erzstiftischer Ministerial, vom Vizthum eingesetzter Schultheiß von Erfurt war. Aber entsprach es auch den Verhältnissen, wenn der Papst 1256 urkundlich aussagte, die weltliche Gerichtsbarkeit stehe dem Erzstift zu,[1] so erhielt sich doch noch lange die Erinnerung an die ältere und innigere Beziehung des Brühler Schultheißenamts[2] zu Mainz. Erst um 1300 verschwindet der Dualismus der Schultheißenämter dadurch, daß der Stadtschultheiß die geringfügigen Geschäfte des Brühlschultheißen mit übernimmt; eine Urkunde von 1294 nennt noch vier bischöfliche Aemter in Erfurt, neben denen von Münz- und Marktmeister „civitatis et in Plurali scultetorum officia",[3] Bibra rechnet 1332 bereits nach der Zeit, „seit welcher der Schultheiß in der Stadt beiden Schultheißen-Aemtern vorsteht" (II, 31); hatte früher jeder der beiden Schultheißen von den Mönchen zu St. Peter sein Paar Boßschuhe als Martinsgabe erhalten, so empfing nunmehr der Stadtschultheiß das für den Brühlschultheißen ursprünglich bestimmte mit (II, 110).

So wurde freilich mit dem 14. Jahrhundert die Scheidung des Gerichts in ein erzstiftisches „im Brühl" und in ein städtisches bis auf die letzten Reminiscenzen aufgehoben. Schon nicht mehr der Praxis, wohl aber unserer Erkenntniß des genetischen Zusammenhangs stiftete Bibra Nutzen durch seine sorgfältigen Bemerkungen über die Ausschließung des Brühler Schultheißen vom Gericht über die Mühlen der Innenstadt diesseit der Kirschlache (II, 143, vgl. 240) und von der Aufsicht über die städtischen Innungen (II, 174; III, 10). Hierfür war der Stadtschultheiß bestellt, ihm zur Seite stand aber längst der Vizthum des Erzbischofs, der von Gerichts- und Innungsgefällen (einschließlich der Bierwetten) sein Drittel bezog (II, 236 ec.; III, 23). Dieser Drittelantheil, besonders der an den Einnahmen vom Gerichts-

---

[1] Urk.-Abschr. im E. A.

[2] In der öfters vorkommenden Bezeichnung villicus für den Brühlschultheißen liegt doch nichts Unterscheidendes dem Stadtschultheißen gegenüber: villicus ist in Erfurt noch während des 13. Jahrhunderts synonym mit scultetus; bei Bartholomäus heißt gerade das städtische Schultheißenamt villicatio in civitate.

[3] M. A. VII, 10ᵃ.

stab, erinnert sehr an das Grafendrittel, den „tortius hannus". Man würde jedoch irren, wenn man sich den Vizthum in dieser Hinsicht für den Grafen eingetreten dächte: er empfängt nicht vom ganzem Ertrag den dritten Theil wie beim Gericht im Frohnhof des Bischofs (III, 3), sondern nur „den dritten Pfenning, welchen der Stadtschultheiß im Gericht einnimmt." Dies aber kann nicht der ganze Ertrag vom Gerichtsstab gewesen sein, denn während bei Bierwetten und Innungsabgaben wie bei jenem Frohnhofsding keine Spur der Betheiligung eines Dritten aufstößt, stellen es zwei gleichlautende Stellen des Bibrabüchleins (II, 174, 177) außer allen Zweifel, daß die Summe der Gerichtsgelder, welche dem Schultheißen zu $^2/_3$, dem Vizthum zu $^1/_3$ zufiel, erst nach Abzug des Grafendrittels für den Vogt resultirte. So gewiß der Vizthum von Apolda[1] oberster Ministerial des Erzbischofs in Erfurt, sein wahrer Alter Ego an dieser Stelle war, so deutlich ist allein schon in dieser Austheilung der Gerichtsgelder der Satz ausgesprochen, daß die Bischofsmacht zwar Antheil gewann am städtischen Gericht, an einer anderen, ihr ursprünglich fremden Gewalt dabei jedoch einen gewissen Widerstand fand; sonst würde ohne Zweifel der Vizthum Oberrichter an Stelle des Grafen geworden sein und nicht umgekehrt seinem Vertreter am städtischen Gericht den Schwur abverlangt haben auch für „ihren Herrn von Gleichen" (III, 1), der also in seiner Stellung als Vogt noch die Oberleitung des Gerichts, auch seinerseits durch einen Vicar, den „Vogt des Grafen" (I, 40), ausübte (II, 177). Indessen hoch genug waren die Vizthume von Apolda mit der Zeit doch gestiegen, sie, denen anfangs nicht viel mehr von Gerichtscompetenzen zustehen mochte, als obersten Aufsehern erzbischöflicher Domänen in Thüringen nothwendig gewährt werden mußten. Sie beschäftigten sich einst mit der Verpachtung von fünf erzstiftischen Höfen (in Witterba, Gottern und drei Orten am Hainich nach dem Eichsfeld zu), und hatten hier wie im Brühl bei Erfurt jährlich dreimal Herberge, „wenn sie des Bischofs Geschäfte besorgen wollten" (II, 247—249). Jetzt hatten sie gewinnreichen Antheil an fast sämmtlichen Einkünften des Erzstifts in Erfurt, ihr Vicedominat in der Stadt trug ihnen außerdem einen förmlichen Jahresgehalt ein, selbst die Gemahlin des jedesmaligen Vizthums bezog davon ihre halbe Mark; und, gewiß ein Ueberkommniß alter Zeit, wurden noch 2 Mark

---

[1] Vgl. oben S. 149.

für das Vizthumamt im Brühl besonders gerechnet neben dem Gehalt für das Vizthumamt in der Stadt (II, 235). Es lag ja in der Natur dieses Amtes, daß sein Ansehen und seine Bedeutung mit der Bischofsmacht gleichmäßig zunahm, mit ihr gleichen Schritt haltend tiefer und tiefer in die eigentliche „Stadt" eindrang. Von allen 4 Aemtern, die der Vizthum im Namen des Bischofs besetzte — denn nur sein eigenes Amt war Erblehen — hatte er seine Mark Silber des Jahres (III, 7; vgl. II, 235), wofür er aber auch z. B. die vollgültige Ausprägung und die redliche Bankverwaltung der Hausgenossen so gut zu überwachen hatte wie der Münzmeister selbst (I, 34 f.). Zu den 10 Ehebett-Schillingen, die er als echter Stiftsvogt am Sonntag Lätare von den windischen Leuten der drei Dörfer vor der Stadt empfing (II, 39; III, 28), und zu den Erhebungen des Hohlwerkzolls an den drei Tagen vor den drei höchsten Festen (II, 20) war die ganze Reihe jener Drittelantheile an den Erhebungen des Stadtschultheißen gekommen, von den Innungs- und Obleigaben der Gewerke (III, 10 ff.) und den vor Gericht zu erlegenden Geldern herab bis auf die Einkünfte vom Salzmarkt (II, 3 ff.). Als die Heringer noch nicht ihren Lachszins in Geld umgesetzt hatten, wurde selbst der am Palmabend von ihnen darzubringende Lachs zerschnitten, um den dritten Theil davon dem Vizthum zu geben (II, 45; III, 20). Gleich sogar dem Schultheißen wurde der Vizthum vom Salzgräfen mit einem Paar Gint-Kamaschen (II, 5), von den Hütern mit zwei Hüten bedacht, und letztere überreichten ihm dazu noch allein ein Frauengebende für seine Gemahlin zu Ostern, Pfingsten und Weihnachten als Oblei (II, 50, 73, 136). Der Schmied des Mainzer Hofes im Brühl mußte ihm sein Reitpferd behufen und Sporen zu 4 Schilling liefern für die ihm gewährte Nutzung vom bischöflichen Kohlenmaß (II, 75; III, 25); endlich hatte er sein Theil am Judenpfeffer zu Neujahr (II, 2; III, 29), sechs Hengel Weinbeeren aus des Bischofs Weingarten und jeden Freitag seine Fische in Halbschillingswerth aus dem Wasser des Bischofs (III, 30 f.).

Stand aber auch der Vizthum als Stiftsvogt dem Stadtvogt von Gleichen hinsichtlich der Ehrengabe der Kerzen und Boßschuhe von Domcapitel und Petersklostet völlig gleich (II, 22 f., 110), so blieb doch selbst im 13. Jahrhundert Blutgericht und Vogtsding eine mächtige Schranke zwischen beiden, da diese noch immer wie vor Alters allein vom Grafen gehegt wurden (II, 176, 182). Der Vizthum und Vogt standen also in dieser Beziehung ähnlich zu einander wie in Augsburg Burggraf und Vogt,[1] in Köln Vogt und Burggraf:[2] dem ursprünglich nicht bischöflichen Richter stand in Augsburg und Köln ebenfalls Blutgericht und dreimaliges Gemeindeding (echtes oder ungebotenes Ding) zu, das in Augsburg auch natürlich ganz wie in Erfurt Vogtsding hieß. Besonders aber auf den Kölner Burggrafen müssen wir hier wegen auffälliger Analogieen mit dem Erfurter Stadtvogt zurückkommen. Das Gericht über die Straßenräumung von Ueberbauten, das der Kölner Burggraf behauptete, sahen wir zwar, vermuthlich in zwei Uebertragungsacten, in Erfurt an den Erzbischof gekommen; was aber der Schied von 1258 vom Kölner Burggrafen beurkundete, daß er so gut wie der Stadtvogt „des Erzbischofs Richter" sei[3] (nämlich geworden sei), durfte zu derselben Zeit vom Erfurter Stadtvogt gegenüber dem Mainzer Stiftsvogt oder Vizthum gesagt werden, denn nicht bloß am Stadtgericht, auch bei den drei großen Vogtsdingen und bei jedem Gericht über Hals und Hand hielt der Vicar des Grafen, den man den „Vogt des Gräfen" nannte, den Stab jetzt als Lehen seines Herrn vom Erzbischof: der Erzbischof von Mainz war wirklich durch Erlangung der Lehnsherrlichkeit über die Erfurter Vogtei oberster Gerichtsherr in der Stadt geworden, das Weisthum von 1289 durfte ihm im vollen Maß die Gerichtshegung in Erfurt zuerkennen. Was der Kölner Erzbischof Siegfried von Johann von Arberg sagte, er habe als „vasallus et fidelis noster comitatum Coloniensem, qui dicitur burggravchaf, a nobis et ecclesia Coloniense per successionem paternam in feodo",[4] das sagt Graf Heinrich von Gleichen selbst, indem er 1290 die seiner Familie erblich zustehende Vogtei über Erfurt ein Lehen von Mainz, den Erzbischof „dominus noster" und „noster feoudalis" nennt.[5] Nicht minder über des Grafen Untervogt[6] wie über das Gesinde des

---

[1] Chroniken der deutschen Städte, IV, XXIX.
[2] Ennen, l. c. I, 567, 569.
[3] Ennen, l. c. I, 552.
[4] Lacomblet, Urk.-Buch II, 727.
[5] M. A. X, 4.
[6] In Arnstadt, wo ein sehr ähnliches Verhältniß zwischen der Abtei Hersfeld und den Grafen von Kevernburg bestand, wurde der darüber geführte Streit 1273 zu mehrerem Vortheil der Grafengerechtsame dahin entschieden, daß die Abtei nur die Bestellung des Schultheißen (villicus), den Grafen die des Gerichtshalters beim Vogtsding gebühre (Michelsen, Rechtsdenkmale p. 6).

eigenen Vizthums hatte nun in höherer Instanz der Erzbischof von Mainz durch seinen Erfurter Schultheißen zu verfügen (I, 40), gerade wie der Kölner Erzbischof über die Unterrichter von Burggraf und Vogt frei zu befehlen hatte, während in Augsburg des Vogts Richterspruch noch über den des Bischofs ging.

Nach wie vor bezogen dabei die Gleicher so beträchtliche Einnahmen von ihrer Vogtei, daß sie z. B. 1299 dieselben der Stadt für volle 50 Mark Reinsilber jährlichen Pachtzinses zeitweise überließen.[1] Das war sicherlich nicht bloß das ihnen vom Stadtgericht anheimfallende Grafendrittel, sondern hauptsächlich wohl der Ertrag der drei Vogtsdinge, bei denen sie vermuthlich ebenso wenig Vorsitz und „Gefälle vom Stab" mit einem Anderen theilten wie die Burggrafen von Köln bei den drei „witzigen Dingen"; oder sie hatten wenigstens einen bedeutenderen Antheil am Vogtsding wie am gewöhnlichen Stadtgericht, etwa ähnlich wie der Melchendorfer Vogt, der vom gewöhnlichen Gericht $1/3$, vom Vogtsding $2/3$ bezog.[2] Daher ist es ein großer Irrthum gewesen, wenn man in unseren Tagen wieder auf die Behauptung derer zurückkam, die aus so unlauteren Quellen, weniger der Wahrheit als dem Erzstift zu Liebe, in den letztvergangenen Jahrhunderten Tendenzschriften ausarbeiteten und um zu beweisen, was sie einmal beweisen wollten, die Vogtei der Grafen von Gleichen in Erfurt zu einer einfachen Mainzer Beamtung umstempelten, dem Vicedominat der Apoldaer völlig gleichartig. Freilich heißt in der zweiten Hälfte des 13. Jahrhunderts sowohl die Vogtei der Gleicher wie das Vizthumamt der Herrn von Apolda ein Lehen von Mainz, aber niemals ist eine Urkunde gefunden worden, in welcher die Gleicher unter den Ministerialen des Erzbischofs von Mainz erschienen wie jene Dynasten ohne Ausnahme; nie anders als dem Ritteradel der Ministerialen voran werden die Grafen als Nobiles aufgeführt in Zeugenreihen, ganz wie ihres Gleichen in Köln, die dortigen Burggrafen.[3] Am dauerhaftesten hielt sich (bis ins 14. Jahrhundert) das gerade am meisten an Kölner und Nürnberger Burggrafenrechte[4] gemahnende Recht der Oeffnung

---

[1] M. A. X, 5.
[2] Nach jenem Weisthum von 1333 in Hdschr. A. Auch der Reichsvogt in Ulm bezog vom dreimaligen Vogtsding $2/3$ (Jäger, Ulm im Mittelalter p. 99).
[3] Ennen, l. c. I, 551.
[4] Hegel, Chroniken der deutschen Städte I, XIX.

des Westthores am alten Merwigsberg in der Hand der Gleicher; damit ist selbstverständlich nicht bewiesen, daß die Gerichtshoheit dieser Grafen aus der altköniglichen Zeit stamme, indessen die Hinleitung ihres Amtes zurück auf das altgräfliche hat, wie wir oben dargethan, nichts Unwahrscheinliches; das oberste Richteramt in Erfurt, das im 13. Jahrhundert als „Vogtei" bischöfliches Lehen war, muß sogar nothwendig früher Königs- oder Kaiserlehen gewesen sein, so gewiß die Stadt einst ein „königlicher Ort" gewesen; der Blutbann muß auch noch in dem bischöflichen Erfurt der älteren Zeit von weltlicher Hand dem Vogt verliehen worden sein.

Genau die Phasen des Uebergangs von weltlicher in geistliche Gewalt beim Erfurter Gericht je nachweisen zu können, steht nicht zu erwarten. Der Entwicklungsgang, den ein bewährter Rechtslehrer für die Gerichtszustände des mittelalterlichen Zürich aufgedeckt hat,[1] möchte sich jedoch in beinahe allen wesentlichen Zügen in Erfurt wiederfinden. Wie in Erfurt der Erzbischof von Mainz, so stand in Zürich die Aebtissin vom Fraumünster zur Stadt: eine geistliche Immunität gründet sich neben einer Königspfalz mit einem königlichen Beamten, der die Einkünfte von den Gütern des Königs einsammelt; früh kommt Münze und Markt der Stadt in den Besitz der Aebtissin, deren Hofrecht jedoch noch nicht weiter reichte als der ihr gehörige Grund und Boden; endlich aber fällt auch die niedere Gerichtsbarkeit mit dem Recht den Schultheißen der Stadt zu bestellen in die geistliche Hand; nur in der Behauptung der Blutgerichtsbarkeit hielt sich der Reichsvogt in Zürich gegen die Aebtissin. Dieser letzte und entscheidendste Hoheitstitel war nun in Erfurt auch mainzisch geworden,[2] in des Erzbischofs Namen wurde bereits im 13. Jahrhundert „Gottes- und Burgfrieden" geboten (I, 1 f.), aber allem Anschein nach auch erst seit diesem Jahrhundert. Aus demselben Jahr 1234, in welchem die Verhandlungen über die vom Mainzer den Erfurtern auferlegte Heeresfolge geführt wurden, hat sich nämlich in den zuverlässigen „Erfurter Annalen"[3] die merkwürdige Nachricht erhalten, erst damals

---

[1] Bluntschli, l. c. p. 66 ff., p. 126 ff., p. 174.

[2] Im Trostgericht am Löwerthor hatte jedoch der Erzbischof noch 1332 den Blutbann nicht (II, 160).

[3] Pertz, SS. XVI, 30; auch aufgenommen in das Chron. Samp. (p. 73 der neuen Ausgabe von Stübel).

sei die Erfurter Vogtei dadurch unter Mainz gekommen, daß der Erzbischof sie vom Thüringer Landgrafen in Form eines in Aussicht gestellten Gütertausches bei Gelegenheit einer Fehde des Landgrafen mit dem Grafen von Gleichen gewonnen habe: aller Lehen, die er vom Landgrafen inne hatte, und somit auch der Erfurter Vogtei verlustig erklärt, muß dann der Graf die letztere also aus der Hand des Erzbischofs wieder empfangen haben. Die 60 Talente, mit denen bis zur Verwirklichung der besagten Güterüberweisung die Vogtei im Juli 1234 einstweilen dem Landgrafen abgekauft wurde, sind allerdings nicht zu vergleichen mit dem Geldwerth, den wenigstens einige Jahrzehnte später die Vogteigerechtsame für die Grafen von Gleichen hatten; indessen handelte es sich ja offenbar nur um das Recht der Lehnsherrlichkeit über die Vogtei, nicht um den Ankauf dieser selbst mit allen ihren Nutzungen. Als der Erfurter Rath nachmals die Contracte über den Vogteiverkauf mit den Grafen von Gleichen abschloß, waren es nur eben die Grafen, denen die Kaufsumme gezahlt wurde, das Erzstift kam dabei nur hinsichtlich der lehnsherrlichen Bestätigung in Frage.[1]

Eine Usurpation der Lehnsherrlichkeit seitens des Landgrafen kann nicht wohl dem Schritt von 1234 vorausgegangen sein; der Erzbischof würde eine solche Vergewaltigung wohl mit Nehmen, aber nicht mit Geben einer Geldsumme ungeschehen gemacht haben. Die Annahme einer Usurpation würde auch völlig unmotivirt sein, denn es ist zwar behauptet, aber nie erwiesen worden, daß das Erfurter Gerichtsschwert noch zur Zeit, da es die Gleicher führten, Reichslehen gewesen. Hatte aber eine Stadt keinen Reichsvogt, so war sie regelmäßig dem Blutgericht des Landgrafen (oder Herzogs) ihres Territoriums unterworfen.[2] Die einstige Belehnung der Grafen von Gleichen mit der Gerichtsbarkeit über Hals und Hand in Erfurt durch die Thüringer Landgrafen, die im 13. Jahrhundert noch persönlich dem thüringischen

---

[1] M. A. X, 1—5. Ganz anders war die Sachlage beim Ankauf der Vogtei in Witterda und Rasdorf: diese war noch 1233 ein Gleichensches Lehen derer von Apolda und Melbingen, und im März dieses Jahres verkaufte sie Heinrich, Schenk von Apolda, der sie mit in Lehnsbesitz hatte, für 50 Mark dem Erzbischof von Mainz, „ita quod universum commodum inde proveniens ad mensam ipsius perpetuo pertinebit" (Gudenus, Cod. dipl. I, 523 f.).

[2] Bluntschli, l. c. p. 199.

Landesding in Mittelhausen vorsaßen[1] und jene Grafen vor dasselbe zu laden das Recht hatten und übten, ist um so weniger unwahrscheinlich, als gerade bei schon frühzeitiger Uebertragung der niederen Gerichtsbarkeit in Erfurt an den Bischof die Formalität der Blutfahnen-Verleihung an den jedesmaligen Stadtvogt dem Bischof nicht mit abgetreten werden konnte und doch, eine unmittelbare Handlung des Kaisers nicht lohnte. Fehden haben die Erfurter genug mit den Landgrafen geführt, jedoch kann darin ebenso wenig ein Gegenbeweis gegen einen in rechtlicher Bedeutung immer noch hochwichtigen Lehnsverband mit denselben gesucht werden wie in der öfteren Widersetzlichkeit der Gleicher gegen die Landgrafen, ihre unbezweifelten Lehnsherrn; der Petersmönch, der uns von dem Streit erzählt, welchen 1177 die Stadt Erfurt mit Rath und Unterstützung der Grafen Erwin und Heinrich von Gleichen gegen den Landgrafen führten, erkennt auch eine „Vermessenheit" in solchem Widerstreben der Bürger gegen „ihren Herrn Ludwig, den erlauchten Landgrafen".[2]

Um die Mitte des 13. Jahrhunderts war thatsächlich wenig davon mehr zu spüren, daß man einst von Erfurt wie von Köln sagen konnte: „dat werentliche swert van dem keyser belient wirt"; redeten auch noch die Grafenvögte von der „seit Alters" ihrer Familie rechtmäßig gehörenden „Herrlichkeit" über die Metropole Thüringens, so durften in Erfurt doch nur die Erzbischöfe von Mainz in Folge der vom Gerichtsbann wesentlich abhängig gedachten Stadtherrlichkeitsidee unseres Mittelalters von sich damals mit Recht sagen,[3] was dann alle ihre Nachfolger ganz wie die Erzbischöfe von Köln so unbeugsam conservativ von ihrer Stadt zu behaupten fortfuhren: sie seien hier „Herrn und oberste Richter".

---

[1] Schannat, Vind. lit. II, 11.
[2] Pertz, SS. XVI, 24.
[3] (Es ist recht erbaulich, gerade von dem tapfersten Kämpen gegen die „freien Gemeinden" unserer mittelalterlichen Städte den Ausspruch zu hören, eben gegen 1250 habe sich Erfurt von der Macht seines bischöflichen Stadtherrn und der von ihm bestellten Beamten („Vogt oder Burggraf und Vizthum") im Wesentlichen völlig emancipirt, und „wem einmal der Begriff „freie Gemeinde" so ans Herz gewachsen ist, daß er davon nicht loszukommen vermag" der dürfe, ohne seinen „Einspruch zu befahren", diesen Titel für Erfurt im Jahr 1250 getrost anwenden (Lambert p. 55). — Es ist nach Obigem nicht zu erwarten, daß die Wissenschaft von dieser hohen Erlaubniß Gebrauch machen wird.

Das Verhältniß der Bürger selbst zum Erzstift und zum Grafenhaus spricht sich, wenn auch in eigenthümlich räthselhaften Zügen, in dem charakteristisch erfurtischen Institut der **Freizinsen** aus, auf welches darum hier noch ein Blick geworfen werden muß.

Michelsen hatte Recht zu sagen, daß vor seiner Erklärung des Wesens der Freizinsen eigentlich gar keine existirt habe. Aber auch die seinige, daß nämlich die Freizinsen ursprünglich Recognitionsgelder für gewisse Privilegien „flämischer Ländereien", besonders im Brühl von Flamländern cultivirter Gärten gewesen wären, und daß diese mit geringem Jahreszins zu erkaufende Bevorrechtung erst später „in erweiterter Anwendung auf Nichtcolonisten ausgedehnt worden",[1] ist eine unhaltbare Hypothese des um Erfurt sonst so verdienten Forschers. Sie gründet sich auf einige mißdeutete Stellen einer einzigen Urkunde des Erzbischofs Adelbert von 1133.[2] Die Möglichkeit, daß die darin genannten Gärtner im Brühl niederländischer Herkunft waren, soll keineswegs bestritten werden. Daß indessen zu derselben Zeit, als niederländische Colonisten auf Mainzer Boden in der goldenen Aue angesiedelt wurden, auch in Erfurt eine „Anlegung neuer Gärten in großem Maaßstabe" statt fand, kann unmöglich durch die urkundliche Erwähnung einiger schon längst bestehenden Gärten in dem bis zur Stunde so gartenreichen Brühl erwiesen werden; wenn die bis dahin dem Erzstift gehörigen Gärten dem Cantor des Severstifts „salva ortulanorum lege" zur Nutznießung durch die besagte Urkunde übertragen werden, so ist es wenigstens schwer, in jenem Zusatz mit Michelsen „ein ganz besonders festgestelltes Rechtsverhältniß" zu erkennen, und ist es vollends undenkbar, daß eben dies „das der Inhaber der Freizinsgüter war", denn der Erzbischof sagt: er habe die Gärtner

---

[1] Michelsen, Mainzer Hof pp. 3—6. In seinen Rechtsdenkmalen aus Thüringen hat Michelsen obige Ansicht festgehalten und damit noch zu stützen gesucht, daß niederländisch nicht nur vry befreit, sondern auch dat vrye das Freigut bedeute, ja eine belgische Urk. von 1260 geradezu den Ausdruck Freizins („liberalis census") habe (ib. p. 295 f.); indessen jene Bedeutungen von „frei" und „das Frei" sind überhaupt deutsch (vgl. Scherz' Glossar p. 420), und das Wort Freizins im allgemeinen Sinn einer befreienden Abgabe kann sich auf die aller verschiedensten Befreiungen beziehen, wie denn selbst in Erfurt der liber census der Freigastbauern (II, 122) nicht das Mindeste mit dem specifisch erfurtischen Freizins zu thun hatte.

[2] Gudenus, Cod. dipl. I, 108.

„außerdem mit derjenigen Besitzfreiheit beschenkt, welche die übrigen Bürger und unsere Unterthänigen (homines), die in Erfurt von erzbischöflicher Hand freie Erbgüter erlangten, inne haben."

Unter diesen letzteren sind allerdings die „Freigüter" verstanden. Jedes derselben sowie das sie auszeichnende Exemtionsrecht selbst hieß in Erfurt „ein Frei" (I, 6). Hätten sich nur Unterthänige des Bischofs des letzteren erfreut, so wäre es immerhin möglich, daß die zunächst den Colonisten aus der Ferne persönlich zugedachte Befreiung, wie bei flämischen Gütern so oft, später eine an diesen selbst haftende Berechtigung geworden wäre. Nun soll aber nach allgemeiner Behauptung gerade Erzbischof Adelbert das ganze Freizinswesen begründet haben, und nach dessen eigener Aussage waren Freizinsen keineswegs bloß im Brühl, sondern auch in der Stadt Erfurt verbreitet, so daß jener Wandel einer Personal- in eine Realprivilegirung nur mit der Annahme einer flämischen, nachher wieder verschwundenen, Bevölkerung der Stadt überhaupt gedacht werden könnte, oder die „erweiterte Anwendung" des Freirechts unmittelbar nach dessen Einsetzung in wenigen Jahren hätte ausgeführt sein müssen.

Die flüchtigste Einsicht in die seit der Mitte des 13. Jahrhunderts[1] uns theilweise erhaltenen ausführlichen Freizinsregister lehrt, daß der Freizins ganz wesentlich ein Häuser- oder Hausarealzins so gut vor mehr denn 600 Jahren gewesen, wie er es noch heute ist; denn der merkwürdige uralte Zins ist noch nicht von allen Grundstücken der Stadt Erfurt, soweit sie ihn überhaupt getragen haben, abgelöst und wird jetzt in Folge der Ueberweisung desselben durch die Krone Preußen nach der Succession in das mainzische Fürstenthum Erfurt vom dortigen Magistrat als eine freilich nun sehr bescheidene Revenüe erhoben. Was unser vollstes Interesse an diesen Zins knüpft, ist nicht sein Geldwerth, der nie ein hoher war, um 1250 noch nicht ganz 38 Pfund Pfenninge, in den nächstfolgenden Jahrhunderten nie viel über 45 Pfund betrug (II, 124), sondern seine mindestens ins 11. Jahrhundert zurückreichende verfassungsgeschichtliche Bedeutung.

Die immer von neuem ausgesprochene Behauptung, die Freiung so vieler Grundstücke Erfurts sei ein von Adelbert I. begründetes

---

[1] Sämmtliche vom Schreiber Bartholomäus pp. 12—22 der Abschrift im E. A. aufgezählten Zinsen sind Freizinsen. Von den sich selbst so nennenden Freizinsregistern sind jedoch die von 1293 und 94 im E. A. aufbewahrten die ältesten, die wir kennen.

Gnadengeschenk des Mainzer Erzstifts, beruht auf der seltsamen Annahme, daß die 1120[1] von diesem Erzbischof laut einer abschriftlich vorhandenen Urkunde desselben gefreiten Güter von allen die ersten gewesen seien. Dagegen ist eine schon längst im Druck vorliegende [2] Urkunde von 1109, ausgestellt von Adelberts Vorgänger Ruthard, ein schlagender Gegenbeweis: in dieser bezeugt letzterer die Uebertragung eines Hofs bei der Limanns= (jetzt Lehmanns=) Brücke an das Reinhardsbrunner Kloster als Frei und zugleich das Vorhandensein der Freigüter seit Alters mit der ausdrücklichen Bemerkung: diese Freiung werde in Erfurt Leuten „jederlei Abkunft oder Standes gewährt", der freie Besitz „irgend eines Hofes" hänge nur an der Zahlung einer mäßigen Geldabgabe, in dem vorliegenden Fall dreier Schillinge, zu Martini an den Schultheißen.

Höheren Alters also, als man bisher geglaubt, führt das Institut der Freizinsen nicht nur in Zeiten zurück, aus denen uns sonst gar keine Nachrichten über die Verfassung der Stadt zu Gebot stehen, sondern sie weisen, solchem Alter entsprechend, auch den Gegensatz von Brühl und „Stadt" durch einen zwar in der späteren, uns leider allein erreichbaren, Zeit zur bloßen Form herabgesunkenen, aber in der so viele Jahrhunderte hindurch unveränderten Erhaltung bedeutungsvollen Brauch auf. Ein Theil der Freizinsen wurde nämlich in der Severikirche beim Bischofshof erlegt und gehörte mit allen Einkünften, die Kauf und Verkauf der Freigüter einbrachte (I, 3—5), der sogenannten „Erblose",[3] ins Brühl=Schultheißenamt, ein anderer hingegen, in der Kaufmannskirche der „Stadt" erlegt, war wenigstens mit jenen nicht unbeträchtlichen Hebungen der Erblose dem Stadtschultheißen übergeben (I, 55; II, 170, 174); an letzterem hatte der Brühlschultheiß nie irgend einen Antheil, wohl aber schreiben Bartholomäus' Aufzeichnungen um 1250 und auch spätere, eine alte Floskel noch über

---

[1]) Die Correctur des bei Faldenstein angeführten Jahres 1125 in 1120 s. in der Vorrede der Analecta Cisrhenana (Erfurt 1739).

[2]) Schaunat, Vind. lit. coll. I, p. 110. Diese Urkunde ist zwar selbst im M. A. (XLIV zu Anfang) nur in Abschrift vorhanden, ihr Inhalt ist aber auch in den Annal. Reinhardsbr. (p. 26 f. ed. Wegele) wiedergegeben und scheint unverfänglich. Der vom Kloster Reinhardsbrunnen gegebene Zins der 3 sol. steht z. B. noch in dem Mercatorum=Freizinsregister des Jahres 1310 (M. A.) verzeichnet.

[3]) Schreiber Bartholomäus, p. 23 der Abschrift im E. A.

ihre Zeit hinaus bewahrende Register[1] diesen Freizins der Kaufmanns=
kirche dem **Marktmeisteramt** zu, also demjenigen, das nach unserer
Vermuthung neben dem des Münzmeisters das älteste, vielleicht lange
Jahre hindurch einzige vom Erzbischof in der eigentlichen Stadt besetzte
Amt war, dem der Erzbischof auch das ihm zugesprochene anderwärts
burggräfliche Recht der Straßenräumung überwiesen hatte (I, 50).

An heiliger Stätte und zu gleicher Zeit wurde beiderlei Freizins
in Empfang genommen. In der Severikirche saß der Brühlschultheiß[2]
mit dem Freiboten, dem Burggrafenbüttel und dem Schreiber aus dem
Mainzer Hof an einem Tisch, den der Severkirchner ebenso wie die
Kohlenheizung besorgen mußte; die Scholaren des Severstifts sangen,
wahrscheinlich beim Beginn der Erhebung (am ersten Tag oder auch
allen folgenden), Halleluja. In der Kaufmannskirche saß dagegen vor
Alters der Stadtschultheiß und zog zu dem Geschäft der Einnahme
zu, wen er wollte. Hier wie dort saß man, die jedes Jahr neu
geschriebenen Pergamentlisten der Freizinspflichtigen auf den Tisch
gelegt, vom Tag nach Martini, die Sonntage ausgenommen, bis zum
achten Tag nach Beginn der Sitzung und sammelte die „Freipfenninge",
die immer Silberpfenninge der jüngsten Prägung sein mußten, ein.
Am achten Tag, gewöhnlich also am 18. November (nur wenn Martini auf einen Sonnabend fiel, am 19. November), riefen die Erheber,
sobald sie glaubten zum 7. Mal genau bis Mittag am Tisch gesessen
zu haben, in jede der beiden Kirchen von nahe wohnenden Bürgern
oder anderen Leuten einige, mindestens zwei zu Zeugen darüber herbei,
daß sie bis über Mittag „des Zinses gewartet", und dann standen

---

[1] Liber officii cenarum s. Petri Erford. (Kgl. Bibl. zu Berlin,
Mss. boruss. Fol. 79). Wie hier noch im 14. Jahrhundert die vom Peters=
kloster zu leistenden Freizinsen getheilt sind in solche „super mensam domini
episcopi" (in der Severkirche) und solche „ad s. Georgium (vielmehr Gre-
gorium d. h. in der Kaufmannskirche) super mensam forensis magistri",
so zeigt schon eine Urk. vom 23. Oct. 1210 im E. A. die Erhebung der Freizinsen
theils durch den villicus Bruli, theils durch den magister fori.

[2] Vgl. hierüber und über das Folgende II, 123, I, 6 und die bereits
mehrfach angezogene Abhandlung Fabers über die Freizinsen. Seit dem
14. Jahrhundert vertrat natürlich der Schultheiß der Stadt die Stelle des
Brühler auch bei der Freizinseinnahme (II, 123), und die am Schluß mehrerer
Jahrgänge der Severi=Freizinsregister des E. A. stehenden Angaben von Vergütungen für die Erhebung, aus denen im Obigen auch einiges geschöpft ist,
nennen daher stets die beiden Büttel des Stadtschultheißen mit.

sie auf. War dies geschehen, so hatte sich jeder, der bis dahin den Zinsabtrag versäumt, eine Strafe von so vielen Pfunden Geldes zugezogen als er Freigüter besaß; ließ der Säumige auch dann noch die Bezahlung anstehen bis zu den Mahnungen des Freiboten, so wurde er diesem für jede Mahnung („Klopfung") 5 Schillinge, dem Schultheißen, unter dem sein Frei lag, aber ein Pfund Pfenninge als Buße schuldig; indessen lauteten die Bußpfunde an den Schultheißen wie jenes erste, das der Schreiber des Hofes einzog, „auf Gnade". Hatte der Freibote, wie es Vorschrift war, an drei auf einander folgenden Tagen sein „Gebot" vollzogen und auch beim dritten Mal vergebens, so wurde das Freigut „gefröhnt" d. h. vom Gericht in Beschlag genommen, und nachdem es „Jahr und Tag in der Frohne gestanden", war es dem Erzbischof heimgefallen.

Besonders die Severi-Freizinsen vermehrten sich seit dem 13. Jahrhundert nicht unbeträchtlich: von 495 Freigütern, die um 1250 gegen 38 Pfund Pfenninge Zins eintrugen, standen 287 Items in der Rolle des Brühlschultheißen, bildeten also wohl den ursprünglichen Inhalt des öfter erwähnten „alten Buches Severi"; von diesen gefielen nicht volle 27 Pfund, die sich zwar bis 1294 um wenig mehr als 1 Pfund, bis 1332 jedoch bis auf 33 Pfund 5 Schilling und 1 1/2 Pfenning vermehrt hatten, während die um 1250 von 208 Freigütern erhobenen etwa 11 Pfund Kaufmannskirchen-Zinses in demselben Jahr nur auf 12 Pfund 7 Schilling und 9 Pfenning gestiegen waren.[1] Diese Steigerung rührte nicht von einer Erhöhung des Zinses her, denn dieser blieb jedem Frei durch alle Zeiten unverändert, sondern von einem Hinzuthun neuer zu den alten Freigütern. Bald wurde es daher Sitte, den Jahresregistern der Severi-Freizinsen am Schluß ein Verzeichniß neuer Freigüter unter der merkwürdigen Ueberschrift beizufügen: „Infra scriptorum bonorum quedam fuerunt feodalia, quedam libera, quedam hereditaria, nunc effecta libera" (wobei das erstere bona libera[2] freie Güter im gewöhnlichen Sinn, das letztere Freigüter — „vri" — bedeuten sollte). So steht das

---

[1] Es ist wohl nicht unwesentlich, daß die Rechnung Engelmanns von 1511 noch beinahe genau dieselbe Summe auf p. 2 für so späte Zeit aufweist; nur ins „neue Buch Severi" ließ der Erzbischof, wie es scheint, neu creirte Freigüter eintragen, so daß 1511 über 4 Pfund Freizins in diesem neuen Buch verzeichnet standen.

[2] Synonym dafür kommt auch bona propria in den Registern vor.

Haus Trosts beim Löwerthor, wo das Erzstift den ganzen Häusercomplex des „Trostgerichts" gewonnen hatte, 1321 mit unter den neuerdings „vri" gewordenen Gütern; von dem noch nicht unter Mainz gekommenen Mülhäuser Gericht bei St. Moritz muß dagegen der jedesmalige Lehnsinhaber 6 Pfenninge Freizins zahlen; der Pleban der Andreaskirche gibt schon 1293 von zwei Bäumen, die seiner Kirche zugehören, 5 Freipfenninge, und auch von Grundstücken in Dorfschaften kommen frühzeitig Freizinsen vor, z. B. 1332 4 Pfenninge auf des Bischofs Tisch zu zahlen von einem Acker in Melchendorf, der früher Erbgut des Besitzers, und zwar vom Thüringer Landgrafen lehnrührig, gewesen war. Wenn der Erzbischof Gerlach von Mainz 1359 seinem Schultheißen in Erfurt die Bitte gewährte, die Wawetsmühle oberhalb der Stadt mit Weidicht und Gärten, sein bisheriges Lehn, ihm in ein Frei zu verwandeln, so daß er von jetzt ab nichts als einen einzigen Schilling Pfenninge von dem ganzen Gut zu Martini in der Severikirche zu zinsen hatte, so erinnert das zwar an jene Freiung der censualischen Garteninhaber im Brühl von 1133, drückt aber gewiß ebenso wenig das ursprüngliche Wesen der Freizinseinrichtung aus wie der Freizins von einzelnen Bäumen oder Dorfäckern. Das waren sicher dem alten Buch fremde „erweiterte Anwendungen", auch nur vereinzelt vorkommende Anlehnungen an eine einmal vorhandene Einrichtung, deren Name immerhin auf eine Entlastung deutete, ohne daß diese spätere Zeit ein klares Bewußtsein von der Natur jener uralten Freiung der beinahe 500 Besitzungen gehabt hätte.

Wollte man wie bisher den Ursprung der Freizinsen nicht tiefer suchen als in lauter Gnadenacten von Mainzer Erzbischöfen, so würde der wenigstens an gewissen Freizinsen den Grafen von Gleichen zustehende Antheil gar nicht, die Doppelerhebung des Zinses in Sever- und Kaufmannskirche sehr schwer erklärbar sein. Der Freizins in Erfurt war, je weiter es erlaubt ist in die Vorzeit zurückzuschauen, um so deutlicher wesentlich ein auf Hausgrundstücken lastender Zins; von nicht mit Häusern besetzten Arealen (Ackerhufen, Weidichten, Waldflecken, Gärten) meldet die älteste Freizinsliste nur Weniges; man wird auch dies Wenige sich in und bei der Stadt liegend denken dürfen, und diejenigen Freizinsen, die das Bartholomäus-Register ohne Angabe des Objects mit dem bloßen Namen des Zinsers aufzählt, meist als Zinsen von den Wohnhäusern der Betreffenden deuten müssen, wobei der sonst auch hier nicht fehlende Zusatz „de curia, in qua inhabitat" als selbstverständlich weggelassen ist.¹ Fest an bestimmten, natürlich stets unbeweglichen, Gütern haftete der Freizins; Ueberschreibungen des Freizinses von einem Haus auf ein anderes ² oder gar von einem städtischen Hof auf Länderei ³ sind dem alterthümlichen Charakter des Freizinses völlig fremde Neuerungen. Mit dem Haus ging der Freizins wie jede andere Reallast aus einer Hand in die andere über; entstanden war jedoch der Freizins selbstrebend nicht als eine Be-, sondern als eine Entlastung, und zwar offenbar durch eine Befreiung des einstmaligen G r u n d s t ü c k s b e s i t z e r s von irgend welchen Lasten. Bei der innigen Verwachsung von Bürger und Wohnhaus in unseren alten Städten dürfen wir die gegen 500 Freigüter der Zeit um 1250 zurückführen auf nahezu ebenso viele Freiungen der Bürger Erfurts und der Stiftshörigen im Brühl.

Die Bedeutung dieser Freierklärung selbst ist indessen sehr schwer und wenigstens für den gegenwärtigen Stand unserer Quellenkenntniß nicht mit voller Sicherheit zu ermitteln. Thatsache ist, daß die in keiner einzigen erzstiftischen Beurkundung im Zusammenhang mit den (stets als ausschließlich erzbischöflich bezeichneten) Freizinsen erwähnten Grafen von Gleichen mit dem Freizinswesen einst in Beziehung gestanden haben, und zwar allem Anschein nach in ihrer Function als Stadtvögte von Erfurt, obgleich um 1250 und auch fernerhin von ihrem Residenzhof am Anger selbst der beinahe höchste Freizins (von 26 Schillingen) auf den Bischofstisch gezahlt wurde. Die Hausstätten, auf deren Platz das berühmte Predigerkloster gebaut wurde am linken Ufer der Breiten Gera, nennt 1240 Graf Heinrich von Gleichen ⁴

---

¹) Z. B. bei Bartholomäus:
Henricus Scigenphuz 6 den.
Henricus de Biltersleiben 2 sol.
Theodericus Gemechlich 6 den.
im Freizinsregister von 1293:
De curia quondam Cigenfuz 6 den.
Bertoldus de Biltersleiben de curia, in qua est, 2 sol.
De curia Gemeichlich 6 den.

²) 1538 läßt das Predigerkloster seinen Freizins vom Haus zum kleinen schwarzen Moorenkopf auf dem Jüdenhof übertragen auf ein Hintergebäude des Hauses zur weißen Lilie dem Kloster gegenüber. M. A. XXXIX, 3.

³) So 1543 auf Acker- und Gartengrundstücke in der Aue. M. A. XXXIX, 17.

⁴) Diese und die im Folgenden angezogenen Urkunden stehen abschriftlich im Copialbuch des Predigerklosters (M. A. Urk. b, VI, 33) fol. 1 v. — 2 v. und sind gedruckt bei Sagittarius l. c.

„areas ad nostrum jus et dominium pertinentes"; 1266 bezeugt
der Rath, daß die Uebertragung des Areals vom Kirchhof bis zur
Mühle, welches das den Predigern allmählich zugewachsene Besitzthum
noch schied, an dieselben geschehe nicht nur nach Aufgebung des daran
dem Erzbischof zustehenden Rechtes, sondern auch „de consensu domini
nostri comitis de Glichensteyn advocati Erffurdensis necnon
et aliorum omnium, quorum consensus secundum jura munici-
palia Erffurdie fuerat acquirendus"; und eben der hierbei gemeinte
Graf Heinrich von Gleichenstein cedirt 1269 wieder für eine andere
nahe gelegene Straße (auf die gleichzeitig der erzstiftische Vizthum
seine Ansprüche aufgab) zu Gunsten der Prediger sein Recht mit dem
ausdrücklichen Bemerken: „ad nos spectabat duplici jure, scilicet
advocacie et jure, quod dicitur frey". Diese letztere Ausdrucksweise
bedeutet wahrscheinlich dasselbe wie jenes „ad nostrum jus et dominium pertinentes", denn die Gleicher faßten ja, wie wir sahen, ihre
Vogtei als ein Dominat über Erfurt auf; jedenfalls ist es bedeutsam,
die Gleicher und das Erzstift nicht hinsichtlich förmlicher Grundeigen-
thums-, wohl aber immerhin hinsichtlich grundherrlicher Rechte auf
dieselben Areale concurriren und das Gleichen'sche Recht daran als
Vogtei- und Freirecht bezeichnet zu sehen. Verzichteten in diesen Fällen
die Grafen auf ein an Arealen inmitten der Stadt ihnen gebührendes
„Vogtei- und Freirecht", so mag dies wohl ein Recht auch von
materiellem Werth gewesen sein, wie sich denn ihre Stadtvogtei überhaupt finanziell werthvoll erwies. Der Jahreszins der etwa 100
Häuser, den sie in mehreren Theilen der Stadt für sich erhoben
(II, 181), betrug genau 3 Silberpfennige von jedem Hof wie nicht
selten der Freizins; aber trotzdem hat dieser Zins mit den Freizinsen
wohl ebenso wenig zu thun als jene Erbzinsen, die Mainz (II, 76, 81)
und städtische Kirchen und Klöster, auch andere Grafen und Herrn in
Erfurt bunt durch einander auf Grund sehr verschiedener Besitztitel
alljährlich einforderten. Erfurter Vogteigefälle konnten zwar recht
wohl auf Hausgereite geschrieben sein, sich aber nicht auf 100 Häuser
beschränken, und ein ungemischtes Anrecht an Freizinsen haben die
Grafenvögte unseres-Wissens nirgends gehabt.[1] Das hatten die

---

[1] Herr Archivrath Beyer hat seine im 4. Heft der Mittheilungen des
Erf. Geschichtsvereins p. 63 geäußerte Ansicht von einem der Grafenfamilie zuständigen Freizins eines Hauses bei der Krämerbrücke neuerdings auch aufgegeben.

Freizinsen mit der Vogtei gemein, daß sie sich über die ganze Stadt, die Vorstädte nicht ausgenommen, verbreiteten; heißt es auch, zu den drei Vogtsbingen seien nur diejenigen Einwohner der Stadt pflichtig, über welche der Vogt überhaupt die Gerichtsbarkeit habe (II, 182), so zeigt doch die gleich darauf folgende Bemerkung, die „seit Alters zur Vogtei gehörenden Leute" seien vom Zoll befreit, daß im Ganzen alle Erfurter Bürger Vogteileute der Grafen waren, denn die seit Alters des Erfurter Marktzolls Ledigen waren eben die Bürger Erfurts (S. 172), die Leute der erzstiftischen Dörfer wurden es erst durch das Privileg von 1157 (S. 173). Ausgenommen von der Vogteigerichtsbarkeit der Stadt waren wohl nur die Geistlichen und die den Kirchen und Klöstern untergebenen Weltlichen, ehedem vielleicht auch noch der Sprengel des Trostgerichts, des Mülhäuser Gerichts und das Brühl, wenn nicht das Mülhäuser Gericht als Gleichen'sches Lehen und das Brühl als altes Gerichtsgebiet des Bischofs, dessen Lehen jetzt die Vogtei war, den Vögten des 13. Jahrhunderts mit unterstellt waren.

Nun sind mittelalterliche Annalen und Urkunden auch in Thüringen voll von Klagen über und von Maßregeln gegen die Erpressungen, die sich Gerichtsvögte gerade an den drei großen Dingtagen jedes Jahres erlaubten. Bettemund von jeder Eheschließung und Schnitterpfennige von jedem Haus des Trostgerichts am Löwerthor empfing der dortige Gerichtsherr noch im 14. Jahrhundert (II, 162, 157). Bei der Uebertragung von 10 Grundstücken, worunter 8 wahrscheinlich freizinspflichtige Höfe in Erfurt und ein eben solcher Garten, werden mit den Gütern selbst noch im Jahr 1210 nicht nur die jährlichen Zinspfennige, sondern auch „alle Rechte wie Bettemund, Erbelose und wenn noch Anderes davon abgetragen zu werden pflegte" dem Domstift zugeeignet.[1] Demselben Stift übergibt sich 1179 die Matrone Fribeburgis in Ichtershausen, von freien Eltern geboren, in einer langwierigen Krankheit in Folge einer Traumerscheinung, sichert sich und ihren Nachkommen aber gegen Zahlung von 2 Silberpfenningen ein besseres Recht als es die anderen Censualen der Marienkirche hatten: Freiheit nämlich von Bettemund, Besthaupt und anderer Forderung und Pressung (exactio und vexatio) des Vogts und Censualen-Meisters.[2] Das

---

[1] E. A. Urk. vom 23. Oct. 1210.
[2] ib. Urk. von 1179.

oft schon angeführte Weisthum von 1333 spricht von harten Vogtei-
Forderungen in Melchendorf erst an Getreide, dann an Geld, wobei der
Vogt noch durch Aussuchen der Pfenninge so peinlich wurde, daß man ihm
gegen das Versprechen nicht mehr darin wählerisch zu sein neues Aufgeld
als „Witze" verwilligte.¹ Aus der Stadt Erfurt selbst (abgesehen vom
Trostgericht) verlautet dagegen, soweit wir zurückschauen können, nichts
von Unbilden der Vögte, nichts von Besthaupt und Schnitterpfennig, auch
nur in jener hypothetischen Form der Urkunde von 1210 etwas von
Bettemund neben Erbelose; bei weitem die meisten Freizinsen sind durch
3 dividirbare Pfenningsummen: 3, 6, 9 Pfenninge oder 1, 2, 3 Schillinge. Wie bei den drei Vogtsdingen (S. 159 f.) wurde in jeder der
beiden Freizins-Kirchen Gesottenes und Gebratenes, und nur weißes
Fleisch (von Hühnern und Gänsen) zum Morgenimbiß aufgetragen; bis
zum Gerichtsschreiber herab aßen sämmtliche Gerichtspersonen von diesem
Frühmahl an jedem Tag der Freiwoche mit Ausnahme der Fasttage.²

Nach den bis jetzt vorliegenden Zeugnissen scheint daher der
Freizins eine Gerichtsabgabe schon der alten Zeit, mindestens des
11. Jahrhunderts bereits, gewesen zu sein, durch welche Freiheit von
drückenderen Leistungen, vermuthlich von solchen an den Vogt, erkauft
wurde. Bestätigt sich diese Vermuthung, so haben die Freipfenninge
Erfurts eine ganz analoge Bedeutung gehabt wie die Salpfenninge
im Gebiet des Bamberger Bischofsrechtes³: gewisse Höfe in der Schel-
lenberger Hofmark, in welcher das Gericht dem Bischof von Bamberg
zustand, hatten nämlich das Vorrecht, daß ihre jedesmaligen Besitzer
nur die drei jährlichen Dingtage zu besuchen und an jedem derselben
einen Salpfennig zu bezahlen brauchten, wofür sie aller andern
Dienste frei und ledig waren; der Richter hatte auch hier seinen regelmäßigen Antheil an den Silberpfenningen, die sich also vielleicht nur

---

¹) Vielleicht bedeutete Witze oder Wisse die an den 3 Vogtsdingen
fällige Abgabe an den Vogt überhaupt, erinnernd an die „witzigen Dinge" der
Kölner Rechtssprache, die „wissenthaften Dinge" der Bopparder Schöffen-
gerichtsordnung (Gengler, Cod. jur. mun. I, 256) und die thüringische
„Witzenthaft" (Neue Mittheil. des thür.-sächs. Vereins XII, 95). Die betreffende
Stelle des Weisthums lautet: „dicti villani promiserunt super quemlibet
mansum solventem XXX sol. XVIII den., quod vocatur d'wyzze, et
super quemlibet mansum solventem IX sol. VI den., ut predicti denarii
non eligerentur.

²) Faber l. c. p. 51.

³) Vgl. Quellensammlung für fränkische Gesch. III, 197, 200 ff.

durch die dreimalige Zahlung von dem Erfurter Freizins unterschieden, denn, war letzterer wirklich Vogteiabgabe, so war der Antheil der Grafen von Gleichen daran ohne Zweifel ein materieller. Als später, wie wohl anzunehmen ist, härtere Vogteidienste für die nicht gefreiten Areale der Stadt von selbst allmählich in Wegfall kamen, konnte leicht der Freizins an den Freigütern als Reallast haften bleiben, und diese nun auf Grund eines „doppelten Rechtes" vom Grafenhaus in Anspruch genommen werden: ihre Besitzer mußten wie alle Anderen zu den Vogtsdingen erscheinen, im Fall ihres Ausbleibens wahrscheinlich Wette zahlen, aber außerdem noch Freizins geben.

Eine gewiß auf hohes Alter des Freizinsinstitutes deutende Spur begegnet noch in einigen Urkunden des 13. Jahrhunderts: von Ackerhufen, auf denen Freizins stand, mußten noch damals Getreidezehnten jährlich „zum Berg gefahren" d. h. dem Domstift s. Mariae geleistet werden.[1] Die Büttel des Domstifts waren bei der Erhebung des Severi-Freizinses zugegen und erhielten so gut wie der Burggrafenbüttel dabei ihren Schilling. Nur dem Domstift pflegte das Recht der Freizinserhebung von Erfurter Grundstücken durch das Erzstift übertragen zu werden,[2] und wohl aus solcher Quelle stammten die „zur rothen Thür" d. h. dem Domstift fälligen Freizinsen.[3] Auch über jene Getreidezehnten hatte nicht das Domstift, sondern das Erzstift endgültig zu verfügen, wie aus der Herabsetzung derselben durch Erzbischof Konrad auf die Hälfte hervorgeht.

Und gerade bei dieser im 12. Jahrhundert geschehenen Ermäßigung kommt ein Unterschied zur Sprache, der sämmtliche zehntenpflichtige Freigüter der Stadt denen im Brühl entgegensetzt: hier nämlich hatte jede Hufe 6, dort 8 Scheffel Getreide zum Berg zu fahren. Damit dürfen wir wohl den Umstand in Beziehung bringen, daß nur zu Sanct Severi neben städtischen auch Brühler Freizinsen erlegt wurden, in der Kaufmannskirche letztere dagegen, wie es scheint, gänzlich fehlten. Das sieht ganz so aus, als hätte sich auch im Freizinswesen die

---

[1] M. A. XXXIX, 1 und E. A. Urk. vom 9. Sept. 1217, von 1222 und 1225.

[2] Vgl. die Urk. vom 23. Oct. 1210, 10. Nov. 1239, besonders aber die vom 1. Sept. 1266 (E. A.)

[3] Nach fol. 51 v. der großen Mater des Erfurter Stadthaushalts von 1495 (im E. A.) zahlte in diesem Jahr die Stadt Zins von 41 Frei zu Severi, von 7 in der Kaufmannskirche, von 14 zur rothen Thür.

Bischofsmacht von Brühl und Severhof aus Eingang in die eigentliche Stadt gebahnt, als hätten früher, als der Bischof noch allein das „Burggrafengericht" auf dem Severhof sein nannte, nur solche Bürger der „Stadt" Freizins mit den allmählich den Bürgern gleichgesetzten Bewohnern des Brühls „auf des Bischofs Tisch" gezahlt, die sich der Gerichtssphäre der Grafen entzogen, um sich unter dem Krummstab besseren Schutz gegen vogteiliche Zumuthungen zu verschaffen.[1] Obwohl auch der in der Kaufmannskirche fällige Freizins frühzeitig an Mainz gekommen sein mag, hat man doch hier nie von einem „Tisch des Bischofs" geredet, sondern immer gesagt, das sei Einkommen des Marktmeisters; wir sahen diesen Freizins als Revenüe dem Marktmeisteramt auch noch um 1250 vorbehalten, wo nicht nur dieses, sondern längst auch das städtische Schultheißenamt mainzisch geworden war. Eben diese Ungleichheit in der Behandlung des Severi- und Kaufmannskirchen-Freizinses selbst noch in der einenden Hand des Bischofs deutet offenbar auf ursprünglich getrennte Entwicklung beider, vielleicht auch mit darauf, daß in Erfurt der Markt früher als das Gericht bischöflich wurde. Denn warum wäre sonst nicht dieser Freizins dem Stadtschultheißen überwiesen worden wie der der Severkirche dem Brühlschultheißen? Der Name der Kaufmannskirche verdrängte schon vor Alters und gewiß nicht ohne Grund den Namen des Heiligen der Kirche im Volksmund gänzlich, was bei keiner anderen Kirche der Stadt geschehen ist; außer aller Beziehung zu den mit der Verfassung der Kaufmannsstadt gewiß eng verwebten Freizinsen steht das wohl nicht. Was aber auch für Lasten durch die in der Kirche der Kaufleute erlegten Freipfennige abgelöst wurden, — wenn letztere schon in vorbischöflicher Zeit dem Marktmeister gebührten, so gingen sie mit dem Marktmeisteramt selbst ohne Frage an den Bischof über; nur die verleihende Hand wechselte ja: der Marktmeister wurde nicht mehr vom Grafen, sondern vom Bischof bestellt, seine Einkünfte wie etwaige Antheile der Grafen an denselben blieben die alten, mochte die Gerichtsherrlichkeit dem Bischof mit verliehen sein oder nicht.

Auf den Markt der Kaufleute (d. h. in Erfurt besonders der Tuchverkäufer) weist der Freizins von den Verkaufsständen der „Gaden"

---

[1] Noch jene Urk. Erzbischof Adelberts von 1120 (bei Faber p. 23) freit ein Haus, das bis dahin mit Geld oder anderer Leistung gedient hatte („quae prius ministerialis extitit"), in der Weise, daß außer dem Freizins seine Besitzer „nulli amplius quicquam respondere habeant".

auf dem Wenigen Markt sowie der von den Schuhbänken dicht dabei; ebenfalls der Zins vom Lederhaus unter den Schilderern und von den unweit davon stehenden Schuhbänken hieß Freizins, doch war Zeit und Art der Erhebung aller dieser Marktfreizinsen eine andere (II, 46, 57 — 59, 130 — 132). Mit alterthümlicher Förmlichkeit wurde endlich auch von den Fleischbänken am Freitag nach Martini ein Freizins im Frühbunkel gesammelt, und dieser auch unter ganz analogen Strafbedrohungen der Säumigen wie der eigentliche Areal = Freizins (II, 125). Deutlicher den Zusammenhang und die Bedeutung dieser verschiedenen Freizinsarten zu begreifen, ist jedoch zur Zeit noch nicht möglich.

III. Bischof und Rath.

Das Vorhandensein corporativer Rechte der Bürger Erfurts schon im 12. Jahrhundert ist durch das prächtige Rundsiegel der Stadt an dem berühmten Erfurter Judeneid bezeugt.[1] In der ersten Hälfte des 13. Jahrhunderts lag die Ausübung dieser Rechte einer Genossenschaft von 22—24 Vertrauensmännern ob,[2] die Rathsmannen (consiliarii) oder auch Bürger vom Rath (cives de consilio) hießen und natürlich sämmtlich ansässige Bürger waren. Der Urkundenausdruck, es sei ihnen die städtische Verwaltung (dispensatio) überhaupt anvertraut, läßt auf einen nicht geringen Umfang der durch sie vertretenen Selbstverwaltung der Gemeinde schon um 1217 schließen. Als Gemeindevorstand wurden sie bei Hausübertragungen um ihre Einwilligung und urkundliche Bezeugung angegangen so gut wie Vogt, Vizthum und Schultheiß, von denen sie also bei solchen Verwaltungsgeschäften keineswegs willenlos abhingen, selbst nicht wenn es sich um Häuser im Brühl handelte; auch über Rechtsfragen, z. B. 1241 über das streitige Eigenthumsrecht an einem Haus unter dem Petersberg, sehen wir sie „nach Recht und Gewohnheit der Stadt" mit entscheiden und den Schied durch das Stadtsiegel bekräftigen; zum Bau der Stadtmauer

---

[1] M. A. XLVII, 1. Abbildung in Herrmanns Abhandlung über Wappen und Siegel der Stadt Erfurt (1. Heft der Mitth. des Erf. Gesch.-Vereins, Tafel VI).

[2] Tittmann, Heinrich der Erlauchte I, 233; Hegel, Städteverfassung von Italien II, 442. Die betr. Url. stehen jetzt gesammelt bei Lambert (ältere Gesch. der Stadt Erfurt p. 110 ff.); No. XII daselbst hat 22 Namen und ist bis auf einige Fehler in der Namenschreibung (es muß heißen: Reinboto, Bendil, Hartmudus und Vicedomini) im Wesentlichen richtig nach dem Original (M. A. Url. b, XXV, 1) wiedergegeben, No. II hat 23 und No. III 24 Namen, da statt Hermannus monetarius senior fruto gelesen werden muß: Hermannus monetarius senior, Fruto.

empfingen sie bei dem Sühneact von 1212 eine halbe Mark vom Kloster Pforta. Ueber den Wechsel der Personen dieses Gemeindevorstandes ist nur zu sagen, daß ein solcher statt fand, denn von 23 Rathsbürgern des Jahres 1212 kehren in der Urkunde von 1217 nur zehn wieder. Von einer Organisation dieses älteren Rathes z. B. hinsichtlich eines oder mehrerer Vorsitzenden ist nichts überliefert, vielmehr testiren überall den Mitgliedern desselben voran die „Richter", besonders fehlt bei namentlicher Aufzählung derselben nie der erzstiftische Vizthum, der in der That für die wichtigeren Berathungen und Beschlußfassungen unter Berufung der Rathsbürger in seine Wohnung die Initiative ergriffen zu haben scheint (II, 238).

Erst 1255 wurde nach durchaus glaubwürdiger Ueberlieferung[1] die Einsetzung eines Rathes von 12 Rathsmannen unter dem Namen von Consuln beschlossen, der von 2 erfahrenen Alten, den Rathsmeistern (magistri, seltner rectores consulum), geleitet, aber jährlich wechselnd, die Geschäfte der städtischen Verwaltung führen und nach Stimmenmehrheit für die ganze Stadtgemeinde bindende Beschlüsse fassen sollte. Der Beschluß ging von jenen „obersten Bürgern", dem bisherigen Verwaltungsrath, selbst aus; Familien ja Personen aus diesem erscheinen in den Jahrescollegien des neuen Vierzehner-Raths wieder. Von einer Erweiterung des Geschäftskreises der städtischen Verwaltungsbehörde, die mit dem Jahr 1255 eingetreten wäre, verlautet nichts; das Wesentlichste an der Reform war ohne Zweifel die Erhöhung der Selbständigkeit der Gemeindevertretung gegenüber der erzstiftischen Regierungsgewalt, folglich die Steigerung der Gemeindemacht selbst. Nicht auf dem Weg der Empörung, sondern völlig legal muß dieser wichtige Schritt der relativen Emancipation vom Mainzer Stadtherrn erfolgt sein, da dieser nie seine Stimme gegen die Rechtmäßigkeit desselben erhoben hat. Wohl damals schon wurde das zuerst 1275 urkundlich erwähnte[2] Rathhaus am Fischmarkt Mittelpunkt der Verwaltung an Stelle der Wohnung des Mainzer Vizthums; Rechtsentscheidungen nach Erfurter Gewohnheitsrecht ertheilten bereits 1261 die „Consuln", und nicht mehr des Bischofs Richter, sondern die selbstgewählten Rathsmeister standen an ihrer Spitze.[3] Nur wenn bei Rechtsgeschäften erzbischöfliche Interessen mit in Frage kamen, wie

---

[1]) Chron. Samp. (ed. Stübel) p. 86.
[2]) Vgl. meine Schrift „Erfurt im dreizehnten Jahrhundert" Anm. 23.
[3]) Urk. von 1261 im E. A. (bei Lambert No. XV).

bei Freigutsübertragungen, vertraten selbstverständlich die Beamten des Erzbischofs ihren Herrn.¹

Natürlich lag auch in Erfurt die älteste Vertretung der Gemeinde nur in der Hand der vornehmeren Bürger, die sich hier die „Gefrunden" d. h. die Befreundeten nannten. Aus den mehr als 250 Gefrunden wählte man mit einer wenn auch anfangs, wie es scheint, nicht genau bestimmten Regelmäßigkeit von Jahresintervallen oft dieselben Personen wieder in den Rath; die zur Zeit noch nicht hinreichend vollständigen Rathsverzeichnisse erlauben über eine etwaige Regelmäßigkeit des Wechsels („Transitus") des Vierzehner-Raths nur das zu sagen, daß gerade eine dreijährige Periode, die man für die Wiederkehr derselben Rathscollegien angenommen, nicht existirt hat,² und daß der neue Rath bereits in den Schlußmonaten des alten Jahrs das Stadtregiment antrat.³

Da kam das Jahr 1283 mit der gewaltigen Erhebung des Gefrunden Volrad von Gotha und seines großen Anhangs aus der Gemeinde gegen die „Reichen und Vornehmeren",⁴ eine Erhebung, von deren Ursprung wir leider gar nichts wissen. Nicht eine Zulassung des niederen Volkes, das man nachmals immer allein die „Gemeine" nannte, ging aus dem Blutbad hervor, wohl aber allem Anschein nach eine für die darauf folgenden Jahre sicher bezeugte und durch die späteren Jahrhunderte aufrecht erhaltene Erweiterung des Rathscollegiums. Plötzlich erscheint nämlich an der Spitze von vier Rathsmeistern im Januar 1283 Volrad von Gotha, im November desselben Jahres treten auch noch 4 Rathsobere auf, aber 4 andere;⁵ die Zahl der Rathsmeister stellt sich dann wieder auf 2, die der Consuln ist aber von nun an 20, seltner 21 oder 22, noch seltner 19; auch als das 14. Jahrhundert die Rathsmeisterstellen auf 4 vermehrte (II, 163) und

---

¹) So beim Verkauf eines Straßenareals 1256 (Grünes Buch des E. A. fol. 21, bei Lambert No. XIII). Wie in dieser Urkunde ein Gegenbeweis gegen den Eintritt der Reform mit (oder kurz vor) dem Jahr 1256 liegen soll, ist durchaus nicht abzusehen, obwohl die Hervorhebung der Rathsmeister in der Aufzählung der (nach der mangelhaften Copie 13) Rathsbürger unterlassen ist.

²) Vgl. den Rath von 1267 mit dem von 1270 in den Transituslisten des E. A.

³) Vgl. ebenda die Rathsverzeichnisse aus einer Urkunde vom 2. Dec. 1270 und einer vom April 1271, die völlig übereinstimmen.

⁴) Chron. Samp. (ed. Stübel) p. 118 f.

⁵) Transituslisten des E. A.

die „Viere von der Gemeine" dazu brachte, blieb die Zahl der Consuln 20, so daß die Normalzahl der Rathsmitglieder ohne die Vierherrn 24 war.

Die bis zur Auflösungszeit der Erfurter Rathsgewalt im 17. Jahrhundert festgehaltene fünfjährige Transitusperiode tritt schon wenige Jahre nach der Neuerung von 1283 uns entgegen und ist die einzige sicher nachweisbare. Wie es später auch Sitte war, bei wichtigen Angelegenheiten außer dem „Rath" die „Räthe" d. h. außer dem das Jahr über die laufenden Geschäfte führenden („sitzenden") Rath die vier übrigen zu berufen, so lud 1288 der regierende Rath bei einem die Besetzung städtischer Aemter betreffenden Streit die Gefrunden überhaupt nach dem Klostergarten der Augustiner. Das Berathungsergebniß liegt uns in einer durch die Vollständigkeit der Namenaufzählung werthvollen Pergamenturkunde vor,[1] und eben hier stehen den übrigen Gefrunden voran 5 Räthe verzeichnet.[2] Keiner derselben ist das fünfte Jahr vor seinem derzeitigen oder zukünftigen Verwaltungsjahr im Regiment nachzuweisen,[3] wohl aber kommen Personen des in zweiter Stelle genannten Collegiums im Rath von 1289 vor,[4] vom dritten beide Meister und auch noch Consuln („Kumpane") im Rath von 1290, vom vierten wenigstens der eine der Meister im Rath von 1291. Noch größere Uebereinstimmung der Räthe von 1296, 1301 und 1306 deutet den mit Anfang des neuen Jahrhunderts wohl endgültig entschiedenen fünfjährigen Wechsel an, so daß wir uns seitdem aus einer größeren, wohl schon damals durch Cooptation sich ergänzenden Genossenschaft von mehr als 100 in Rathsgeschäften bereits erprobten Patriciern den jedesmal fünften Theil in regelmäßiger Aufeinanderfolge mit der eigentlichen Geschäftsleitung betraut denken müssen.

---

[1] M. A. VII, 10ᵇ; bei Lambert (No. XXXII) leider nicht ohne störende Lesefehler abgedruckt, daher als Anm. 27 aufgenommen in „Erfurt im dreizehnten Jahrhundert" (p. 149 ff.).

[2] Der 5. Rath beginnt mit Bertold Sprungel und endet mit dem von Kapellendorf. Das H von dem mitten darin stehenden Namen Henricus Vicedomini ist im Original keineswegs so wie die vorhergehenden drei Buchstaben H, S, B roth ausgezeichnet als Anfang einer neuen Namengruppe; Nennung der Rathsmeister fehlt dieser 5. wie der 2. Gruppe, aber die zwei zuerst stehenden Namen sind die der früheren Meister.

[3] Vielmehr erscheinen aus dem für 1290 wieder bestimmten Collegium Mitglieder im Rath von 1283, und der in 5. Stelle genannte Rath war nach Friese der von 1284.

[4] Gotscalcus Eberhardi = Gotscalcus Forensis.

Der Erfurter Rath stand in dem ersten Halbjahrhundert seiner Thätigkeit, die hier allein in Betracht gezogen wird, der bischöflichen Gewalt, welcher er ganz allmählich nur entwuchs, noch ziemlich nahe. Die vom Erzbischof zu besetzenden Aemter des Markt- und Münzmeisters, des Brühl- und Stadtschultheißen wurden so gewöhnlich an Rathsmitglieder verpachtet, daß eben 1288 die gesammte Gefrundenschaft bei der Niederschrift des Wahrspruchs interessirt war: kein Erzbischof könne ohne sein Capitel die von einem Vorgänger in Einverständniß mit seinem Capitel auf bestimmte Zeit verfügte Verdingung der Erfurter Beamtungen aufheben. Was in späteren Jahrhunderten vollständiger Trennung von städtischem und mainzischem Regiment unerhört gewesen wäre, sehen wir 1262 urkundlich bezeugt: Hugo, der Sohn des berühmten Gefrunden Hugos des Langen, war damals Rathsmeister und verwaltete zugleich ein erzstiftisches Schultheißenamt, wahrscheinlich noch dazu wie 1256 das im Brühl, was bereits sein Vater verwaltet hatte.[1] Man begreift leicht, wie solche dauernd inne gehabten Aemter zu Personennamen Anlaß geben konnten. Hätte die Familie Hugos nicht schon den Namen „Lange" geführt, so würde vielleicht der Titel „Schulze" in ihr als Geschlechtsname erblich geworden sein, wie es mit dem Titel Marktmeister bei einem anderen Rathsgeschlecht wirklich geschah.[2] Wie der Stellvertreter des Grafenvogts am Gericht selbst Vogt hieß (I, 40), so nannte man auch den Vicar des Vizthums von Apolda selbst Vizthum (III, 1); und es wird sich also aus der Bekleidung dieser Stelle durch einen Vorfahren der bürgerliche Geschlechtsname der Vizthume erklären, der, eigentlich genitivisch geformt,[3] mit dem Dynasten-Namen Vicedominus sonst in keinem näheren Bezug steht.

---

[1] Grünes Buch des E. A. fol. 70 und fol. 21, wo das erste „schulteti in Plurali" richtiger zu sein scheint als das „scultetus i. Pl." bei Lambert No. XIII, da dieselbe Bezeichnung Hugos als Sohn des Schultheißen auch in einer Originalurkunde von 1267 (Abschr. im E. A.) vorkommt.

[2] Der schon genannte Gotschall Eberhard heißt 1306 in einer Urkunde magister fori, in einer andern dictus Marchtmeyster.

[3] Albertus Vicedomini (im Rath von 1267) erscheint zwar auch in der Form Albertus Vicedominus, so gut wie Thimo Legati auch einmal (im Rath von 1278) als Thimo Legatus, umgekehrt ein Hotermannus im Verzeichniß von 1288 als Hotermanni vorkommt; aber Urkunden auf den vermeintlich richtigeren Casus für Vicedomini durchzucorrigiren ist sehr unrathsam.

Hiernach wird die Ansicht wenig Glauben verdienen, daß der Erfurter Rath aus dem Kreis der Officialen und Ministerialen des Erzbischofs hervorgegangen sei. Die Vizthume von Apolda standen zwar in entschiedenem Ministerialverband mit dem Erzstift Mainz, das Rathsgeschlecht der Vizthume war ihnen aber unverwandt; und wenn die wenigen Aemter, die der Erzbischof in Erfurt zu besetzen hatte, auch öfter in der Hand von Rathsmitgliedern sich fänden als das wirklich der Fall, so ist das hierbei obwaltende Verhältniß doch nie erweislich das, daß die Betreffenden als Pächter erzstiftischer Officien in den Rath kamen, sondern vielmehr das, daß sie als begüterte und wohl auch einsichtigere Bürger zeitweise erzstiftische Officialen wurden. Gerade die Hausgenossen oder Münzer, die einen engeren und bleibenderen Verband von Familien im Bischofsdienst noch 1289 darstellten (I, 31), haben als solche keinen irgend ersichtlichen Einfluß auf die Entstehung der Rathsgenossenschaft ausgeübt: ein „Hermann Münzer", der in der früheren noch mehr vom Bischof abhängigen Gemeindevertretung genannt wird, könnte zwar möglicher Weise mit dem gleichzeitigen Münzmeister Hermann dieselbe Person sein, aber das würde nicht bedeutungsvoller erscheinen als das Vorkommen des Marktmeisters Heinrich in denselben Rathscollegien von 1212 und 1217; und in dem neu constituirten Rath seit 1255 hat sich bis jetzt auch noch nicht einmal der Name Münzer finden lassen. — Unter den Freizinsern finden sich natürlich die Rathsgeschlechter bei ihrem oft sehr beträchtlichen Grundbesitz zahlreich vertreten, aber jeder nach Erfurt ziehende Fremde — und ein großer Theil der Rathsgeschlechter deutet durch die Namen auf Herzug besonders aus thüringischen Städten und Dörfern — konnte ja Haus und Hof als Freigut erwerben, also liegt darin kein Stand jener Geschlechter ausgesprochen. Erst müßte nachgewiesen werden, daß der rathsfähige Besitzer eines Freiguts im 13. Jahrhundert von dem Vorbesitzer, dem das Gut gefreit wurde, abstammte, ehe man über den einstmaligen Stand des betreffenden Geschlechts ein Urtheil abgeben könnte; sodann aber sahen wir den Charakter der Freiung in so uralten Zügen ausgeprägt, daß selbst für die frühesten Freigutsbesitzer ein etwa censualischer Stand in einem (für die Stadt Erfurt gar nicht nachweisbaren) umfassenden erzstiftischen Hofrechtsverband vor dieser Freiung unmöglich sicher zu folgern wäre. Gewiß gab es in Alt-Erfurt solche hofrechtlichen Vereine mit Ministerialen und Censualen verschiedener Freiheitsgrade; aber die ältesten derselben werden in einer Königsstadt wie Erfurt westliche Große zum Mittelpunkt gehabt haben, das bischöfliche Hofrecht trieb erst später seine Wurzeln in diesen Boden ein und umschlang, so viel wir wissen, nie den Kern der Bürgerschaft; das Mainzer Rad findet sich in keinem der vielen uns vorliegenden Wappen von Gefrundengeschlechtern, ausgenommen das der Melbinger, die durch Verwaltung der alten bischöflichen Kämmerei in Erfurt dem Erzstift ähnlich verbunden waren wie die ihnen nächst verwandten Vizthume von Apolda. Kam der Erzbischof von Mainz einmal mit größerem Rittergefolge von Ministerialen nach Erfurt, so entspann sich mitunter zwischen ihnen und den Bürgern der Stadt blutiger Streit;[1] bei Beurkundungen unterschied man genau zwischen stiftischen Ministerialen und Erfurter Bürgern;[2] die Erzbischöfe selbst trennten „ihre Leute", die Unterthänigen ihrer „familia", von den „Bürgern der Stadt", wenn sie die Stadt auch längst i h r e Stadt zu nennen gewohnt und in kirchlicher Hinsicht dazu seit Alters berechtigt waren. Sogar wenn die Zahlung der Freipfenninge auf des Bischofs Tisch zu Sanct Sever eine völlige Hingebung an die bischöfliche Vogtei mit Hab und Gut zur Grundlage gehabt hätte, würde ein solcher freiwilliger Eintritt in den Vogteischutz der Kirche die Freiheit nicht beeinträchtigt haben.[3]

So weit uns sichere Quellen führen, treten uns die Erfurter Rathsgeschlechter ohne jede Spur dereinstiger hofrechtlicher Minderfreiheit, auch viel seltner im Waffenglanz des Ritterthums als in schlichten bürgerlichen Beschäftigungen thätig und reich geworden entgegen. Eins der am frühesten genannten von ihnen, zugleich eins der wenigen bis in die jüngste Zeit erhalten gebliebenen, trug seinen Namen vom Betrieb einer Ziegelei und nannte sich lateinisch „vom Ziegelstein";[4] die Kerlinger und die de Hallis waren reiche Mühlenbesitzer;[5] der mehrfach als Rathsmeister vorkommende Richmar hatte nur den Namen S ch n e i d e r,[6]

---

[1] So 1141, vgl. Pertz, SS. XVI, 19.

[2] Urk. vom 1. Sept. 1266 im E. A.

[3] Zöpfl, deutsche Rechtsgesch. 3. Aufl., p. 330.

[4] Die Ziegler (de Latere) kommen schon in einer um 1225 aufgenommenen Urkunde (Abschr. im E. A.) vor, heißen bei Bartholomäus scigelere (= zigelacre) und besaßen noch 1437 einen „Ziegelhof" vor dem Johannisthor (Sachebuch des W. A. p. 218).

[5] M. A. XLIV, 6 und 7.

[6] In einer Urk. des E. A. von 1316: „Richmarus dictus sartor."

aber Mitglieder des vornehmen Geschlechts der Mülhausen kennen wir als Schneider und Färber, einen von der Sachsen als Tuchschlitzer, einen von Meldingen wie einen von Jlmene als Kürschner;[1] wenn aus der Gefrundenfamilie der Vizthume ein Günther als „Ritter" vorkommt, so hatte gleichzeitig ein Dietrich Vizthum wie viele seiner Standesgenossen offenen Verkauf im Gaden an der Straße. Dennoch fühlten sich die Gefrunden als „Vornehmere" über denen von der Gemeine. Ihren Adel bezeichnete gar nicht durchweg das „von", aber sie hielten auf ihr Wappenbild und auf ihr „Er",[2] womit sie ritterbürtigen Geschlechtern[3] gleich sich nennen ließen. Wie ebenbürtig sie neben Dynastengeschlechtern standen, zeigt die Verschwägerung derer von der Sachsen mit den Herrn von Apolda im 13. Jahrhundert.[4]

Die Hauptpflicht des Raths lag in dem durch alle Jahrhunderte seines Bestehens ihm jährlich von neuem abgeforderten Schwur ausgesprochen: „Recht zu schaffen so den Armen wie den Reichen".[5] Vor allem die Kenntniß des städtischen Gewohnheitsrechtes scheint das Erfurter Patriciat vor der Gemeinde ausgezeichnet zu haben; Männer aus patricischen Geschlechtern wiesen das Recht im früheren wie in dem neuen Rath, der Rath des 14. Jahrhunderts schrieb „der Stadt Willkür", das berühmte Erfurter Stadtrecht, nieder. Als Rechtsweiser durften sich daher die Consuln ebenso gut Schöffen nennen; und in der That gibt sich z. B. 1276 dasselbe Collegium in einer Urkunde den Namen Rathsmannen (consules), in einer andern den Namen Schöffen (scabini),[6] so daß der 1262 vorkommende Ausdruck „totum consilium et scabini"[7] wohl nicht auf eine neben dem Vierzehner-

---

[1] Nach den Freizinsregistern von 1293, 1312, 1321, 1332 (E. und M. A.).

[2] Dieses vor den Namen gesetzte „er" oder „her" erfuhr sogar eine eigenthümliche Declination, ist aber keineswegs so viel wie Herr (vgl. „Herrn Ern Johann Hartmann, Probst zu Eitersborg" im Sachebuch des W. A. p. 154 v.); auch Namen freier Schwyzer Landleute mit vorgesetztem Er zeigt eine Urk. von 1291 (Blumer, Staats- und Rechtsgesch. der schweizerischen Demokratien I, 80).

[3] Z. B. Ritter her Otte von Wechmar und seine drei ritterlichen Gefährten auf Burg Gleichen in der Urk. von 1316 bei Höfer l. c. p. 115 ff.

[4] Vgl. die Urk. vom 4. Jan. 1247 und 20. Apr. 1259 im E. A.

[5] So schon in der Urk. von 1288 bezeichnet („Erfurt im dreizehnten Jahrhundert" p. 150).

[6] Urk. vom Mai und 1. Aug. d. J. im E. A.

[7] Grünes Buch des E. A. fol. 70.

Rath bestehende Schöffen=Genossenschaft schließen läßt, auch die spätere Erweiterung des Raths auf 20 — 22 Mitglieder (außer den Meistern) nicht mit Wahrscheinlichkeit auf Eintritt von Schöffen in den Rath gedeutet werden kann.[1]

Wie in den italienischen Stadtrepubliken scheint also ebenfalls in Erfurt der Rath der Consuln nicht eine bloße Verwaltungsbehörde neben einem Schöffen=Patriciat gebildet, sondern ganz wesentlich gerade auf jurisdictionelle Befugnisse seine Macht gegründet zu haben. Vor allem war die Eigenthumsübertragung städtischer Grundstücke fort und fort seiner Aufsicht und gerichtlichen Entscheidung unterzogen; als die Augustiner=Eremiten nach manchen Kämpfen sich in der Stadt häuslich niedergelassen hatten, forderte nicht, sondern bat der Erzbischof von Mainz den Rath, er möge sie noch ein Haus nebst einem kleinen daran stoßenden Platz zur Erweiterung ihres Grundbesitzes erwerben lassen, ja er dankte danach dem Rath für seine „Erlaubniß" zu solchem Ankauf und für seine „Gewogenheit";[2] Gassen und freie Plätze, die keinem Einzelnen gehörten, waren Gemeindegut, und der Rath als das Organ der Gemeinde machte förmliches Eigenthumsrecht an solchen Arealen geltend. Auch auf dem Gebiet des Erbrechts gab der Rath völlig selbständige Rechtsweisungen; entgegengesetzt der in Frankfurt geltenden und von den dortigen Schöffen mitgetheilten Ansicht, daß nur körperliche Besitzergreifung Eigenthum begründe, entschied der Erfurter Rath 1261: selbst ohne körperliche Besitzergreifung stehe jedem Bürger freie Verfügung über sein Hab und Gut zu.[3] — Sollen wir aber über die Art der Gerichtshegung in der Stadt vor 1300 etwas sagen, so verlassen uns alle Quellen. Es versteht sich von selbst, daß im ältesten Stadtgericht das Recht von den Bürgern gefunden wurde, daß der Graf als oberster Richter aus den rechtskundigeren vornehmen Geschlechtern die Schöffen genommen hat; wie aber in der Periode

---

[1] In den Rathsverzeichnissen kommen auch damit keine auffallenden Neuerungen, was Familiennamen betrifft, zum Vorschein; die Zahl 9 ist als öfter vorkommende Schöffenzahl zwar verführerisch, indessen eine genaue Steigerung der Zahl der Rathsmitglieder von 12 (+ 2) auf 21 (+ 2) ist nur für einige Jahrgänge nachweisbar, 1288 z. B. war sie nicht 21 sondern 22, da bei Lambert (p. 140) statt Richmaro Ulrico Rabenoldi zu lesen ist: Richmaro, Ulrico Rabenoldi.

[2] Urk. vom 30. Juni und 7. Juli 1317 (E. A.).

[3] M. A. XXVII, 1 und E. A. Urk. von 1261 (bei Lambert p. 122 f.).

des Eindringens der Bischofsmacht, besonders während der großen Fortschritte derselben im 13. Jahrhundert an Stelle der einheitlichen Fortentwicklung die seltsame Zwiespältigkeit der Erfurter Gerichtspflege eintrat, ist uns verschleiert. Bereits im 14. Jahrhundert war die Trennung längst vollzogen: Erzstift und Rath theilten sich in das Gericht, und die Grenzen der beiderseitigen Competenzen waren von vorn herein arg verschlungen.[1]

Gewiß dürfen wir uns noch im 13. Jahrhundert Gefrunden als Schöffen beim Blutgericht, was den Grafen noch am längsten erhalten blieb, denken. Eine halb verlöschte Randnotiz zu der Stelle, die das Blutgericht dem Vogt zuspricht, sagt: der Vogt sei durch die Stadt geritten, und die Rathsmannen hätten sein Pferd bedient (II, 176).[2] Bei der Ferne des Stadtherrn, die seinen Beamten in Erfurt ziemlich freies Spiel gönnte, mußte es hier aber noch mehr als in anderen zu kräftiger Machtentfaltung gelangten Städten Ziel der Gemeindevertretung sein, der Stadtregierung nicht dadurch von Anfang an einen Krebs=schaden zuwachsen zu lassen, daß das Gericht in andere Hand als die Verwaltung käme, beide also möglicher Weise zum Unsegen der Stadt in entgegengesetzte Bahnen gedrängt würden. Ankauf der Vogtei mußte daher das natürliche Ziel für den Rath sein. Das bewegte Jahr 1283 brachte in der That für nur 200 Mark Reinsilber Vogtsding und alle übrigen Vogteigerechtsame an die Stadt,[3] zunächst zwar auf Rückkauf und als Gleichensches Lehn; nach nochmaligem Ankauf durch die Grafen und weiteren Verhandlungen erhielt man jedoch 1299 die wichtige Zusicherung des Grafen Heinrich des Jüngeren von Gleichen: für eine dreifach höhere Verkaufssumme wolle er, sobald das Erzstift der Stadt die Vogtei einzuräumen gesonnen sei, dieses Lehen zu Gunsten Erfurts völlig resigniren.[4] Und jene Genehmigung,

---

[1]) Ein übersichtliches Schema dieser Austheilung in der Juristen=Terminologie des 17. Jahrhunderts hat Helbig aus dem D. A. veröffentlicht im 3. Heft der Mitth. des Erf. Gesch.=Vereins p. 176 f.

[2]) Gemeint ist vielleicht der Aufzug zu den drei jährlichen Vogtsdingen, wo vermuthlich auch über Blutthat und Nothnunft gerichtet wurde, und zu denen, wenigstens anderwärts, der Vogt in Pomp und ritterlicher Begleitung erschien (Blumer l. c. p. 93).

[3]) M. A. X, 1.

[4]) ib. 5; vgl. die gründliche Darlegung bei Michelsen, Rathsverfassung von Erfurt p. 3 ff.

folglich diese Auflassung des Vogteilehens seitens der Gleicher ist jedenfalls erfolgt. Denn die Grafengewalt taucht seit dem 14. Jahrhundert in Erfurt nicht wieder auf, und der Rath hat einen anerkannt rechtmäßigen Antheil an der gesammten Gerichtspflege. Formalien mancher Art mochte der Rath zwar von jeher selbst beim peinlichen Gericht ausgeübt haben: der Brauch, dabei die „rothe Rose", wie man das Gerichtsschwert nannte, „durch einen Stadtknecht an einem Sattel vorführen zu lassen",[1] lehnt sich vielleicht an jene Bedienung des Grafen, wenn er zum Hochgericht die Straßen durchritt, an; das Ausrufen des freien Geleits für den Henker, wenn er zur Hinrichtung auszog,[2] ferner die Herstellung des Stocks (cippus) beim Henkershaus (II, 179)[3] mochte auch seit Alters dem Rath gebühren. Indessen seine wesentliche Betheiligung sogar beim Gericht über Hals und Hand konnte sich nur auf den Rechtstitel des Vogteikaufs gründen.

Freilich war das Erzstift viel zu eifersüchtig auf seine im Lauf der letzten Jahrhunderte in Erfurt, wie es scheint nicht mühelos, gewonnene Stadtherrlichkeit, als daß es an den Uebergang des Vogteilehns von den Grafen an die Stadt nicht beschränkende Bedingungen geknüpft hätte. Es benutzte ohne Zweifel eben diese Gelegenheit, um wichtige Vogteirechte, besonders das der Bestellung des Untervogts wie des Scharfrichters nunmehr sich selbst anzueignen und aus der Criminalgerichtsbarkeit ein eben solches Doppelreich verschlungener Grenzlegung zu machen wie aus der Civilgerichtsbarkeit: der eine Theil jedes der beiden Doppelreiche lag mit den wichtigsten Hoheitstiteln, besonders mit dem Recht sämmtliche Gerichtshalter und Schöffen zu ernennen, auf mainzischer Seite und trug für alle Zeiten den ihm durch Abtrennung vom Stadtregiment (namentlich auch hinsichtlich des Personals) völlig gebührenden Namen des „Mainzer Gerichts"; der andere Theil mit genug Arbeit aber um so geringeren Hoheitstiteln war hinter die Mauern des Rathhauses verwiesen, wo die Casse stand, mit Hülfe deren die Ausscheidung der Grafen aus der nun für das Erzstift so erwünscht freien Gerichtssphäre der Stadt bewirkt worden war.

---

[1] Libell. corr., Art. 135.
[2] Libell. corr., Art. 137; D. A. 9859.
[3] Ueber den cippus als Begleiter des Blutbanns vgl. Walter, deutsche Rechtsgesch. p. 95.

Auf dem Fischmarkt vor dem Rathhaus, wo heute der Roland steht, war an dem alten Malstein der „Gerichtssäule"[1] wohl die Stätte des Blutgerichts vor Alters gewesen; dabei werden die Steinplatten oder „Tafeln" zu denken sein, auf denen nach alterthümlichem Brauch alljährlich auch in der Folgezeit den neuen Wassermeistern vom Gerichtshalter nicht ohne Betheiligung des Raths der Eid abgenommen wurde.[2] Dieser Ort am „Bürgerhaus" blieb überhaupt, wie wir schon früher sahen,[3] dauernd ein geheiligter Mittelpunkt des städtischen Rechtslebens: an des Raths Geldthurm wurde über Leben und Tod gerichtet, wenn nicht am Ort der Freveltat selbst die Gerichtsbänke aufzustellen waren, und ebenda erlegte man Aufgebot= und Helfgeld. Hülfreiche Hand mußte der Rath auch da leisten, wo ihm nicht gestattet war richterlich zu erkennen. Er nahm solche, die Geständnisse in Criminalfällen abzulegen hatten, in das Rathsgefängniß, lieferte die Aussagen der Gesangenen durch die Zweiermänner ins Mainzer Gericht oder ließ durch den Stockmeister den Gefangenen vor die Gerichtsstelle führen;[4] auch bei bloßem Verdacht todeswürdiger Verbrechen diente die „Demniz" als Verhörgefängniß und saß der Rath „Zirkel" über den Verdächtigen, ob er dem peinlichen Gericht zu überliefern sei;[5] sollte eine im peinlichen Gericht ausgesprochene Aechtung wieder aufgehoben werden, so mußte sich wie um freies Geleit überhaupt das Gericht mit dem Rath verständigen;[6] das Entnehmen des Leibzeichens und Einspunden des Leichnams eines Ermordeten in das Faß wollte dagegen das Erzstift dem Rath nie gönnen, sondern sich als Hoheitstitel beilegen.[7] Die nur dem Rath eigene materielle Gewalt mußte schon 1285 den Urtelssprüchen des bischöflichen Schultheißen Nachdruck verschaffen: der Rath hatte sich im Interesse des Gemeinwohls selbst erboten, geständige oder vom Schultheißen ihrer Schuld überführte Schuldner entweder zur Leistung des Geforderten im Fall ausreichenden Vermögens zu zwingen oder Schuldhaft und Stadtausweisung über

---

[1] Zöpfl, Alterth. d. d. Reichs und Rechts III, 148 ff.

[2] Engelm.=Buch, fol. 47 v.; vgl. Michelsen, Rechtsalterth. p. 112.

[3] S. Abhandlung I, 2.

[4] M. A. Erf. Acten VII, 4, fol. 1 ff.; Lib. corr., Art. 133.

[5] Lib. corr., Art. 129; vgl. Stolles Chronik p. 204.

[6] Vgl. I, 51 mit Art. 138 f. im Lib. corr.

[7] S. z. B. fol. 43 ff. im Grünen Buch des E. A.

249

sie zu verhängen.¹ Executionsinstanz für Schuldsachen ist der Rath immer geblieben; war der Vicitzettel dem Kläger geschrieben und das Executionsgeheiß „in des Raths Buch" verzeichnet, so mußte der Rath unsäumig die Execution vollziehen, der Oberzweiermann die Gebühren dafür pünktlich dem Mainzer Schultheißen abliefern; aber auch die Aenderung des vom Mainzer Gericht gefällten Urtheils in Appellationsinstanz übte beim Schuldproceß rechtmäßig der Rath.² Unbezweifelt stand endlich dem Rath die Erkenntniß zu in Erb-, Vormundschafts-, Nähergelter-, Bau- und Polizeisachen.³

Mächtiger entfaltete sich die im Rath gesammelte Kraft der Gemeinde da, wo der Krummstab nicht so vielseitig hemmte: auf administrativem Gebiet. Tragikomisch begann die selbstherrliche Stadtverwaltung mit einem Conflict über die Latrinen der Domherrnhäuser an der Gera, die der Rath zur Abstellung der zumal dem Färbereigewerbe so nachtheiligen Verunreinigung abbrechen ließ, was einen bis an die Stufen des päpstlichen Thrones geführten Proceß ergab.⁴ Handel und Gewerbe nahm sich der Rath von Anfang an zu Hauptgegenständen seiner Fürsorge: genauste Ueberwachung der Münze, daß sie sich an Silberreinheit und Vollgewicht gleich bleibe, übte er zusammen mit Vizthum und Münzmeister des Bischofs durch unangesagte Visitation (I, 35); mit dem Marktmeister theilte er die Zehnschillings-Buße, die auf Gewandschnitt außerhalb der Kaufmannsgaden des Wenigen Markts stand (I, 54); Bau eines neuen Brothauses dicht bei den Gaden,⁵ Ankauf der Brückeninsel, die auf der immer noch hölzernen, daher ewiger Feuersgefahr ausgesetzten, Krämerbrücke lasteten, um diesen Flußübergang mit den Verkaufsgewölben kostbarster Waaren in Stein aufzubauen,⁶ gehörte zu den ersten Bethätigungen der neuen, unabhängigeren Verwaltung. Die Leitung des Innungswesens hat Mainz der Stadt nie mit einigem Schein Rechtens absprechen können, wenn auch die alte Sitte, sich „Heiligen und Stab" im Mainzer Hof zu holen d. h.

---

¹) M. A. XXIV, 3; vgl. I, 1 und „Erfurt im dreizehnten Jahrhundert" p. 148, Anm. 24.

²) M. A. Erf. Acten VII, 6 und 7; vgl. auch den „Ohnumbgänglichen Gegenbericht" des Raths (Erfurt 1646) p. 42.

³) In letzterer Beziehung vgl. I, 2.

⁴) Urk. von 1256 abschriftlich im E. A.

⁵) M. A. Copialbuch CL, fol. 71 v. (bei Lambert p. 127).

⁶) Urk. von 1265 im E. A.

sich den neu gewählten Meister vom Provisor dieses Vorwerks bestätigen zu lassen von einigen Innungen, besonders der der Schmiede, forterhalten wurde; zog doch Bibra selbst zwei Rathsabgeordnete zu, als er 1330 für die Ziechener in dem noch dazu speciell erzstiftischen Trostgericht neue Innungssatzungen aufrichtete (11, 163).

Verpflichtet waren die einzelnen Bürger gegenüber der vom Rath vertretenen Gesammtheit zu Geld- und anderen Leistungen. Schon 1212 sahen wir eine Andeutung davon, daß frühzeitig der Mauerbau Sache der Gemeinde wurde; daß der nunmehrige Rath die Dienste der Unterthanen, auch der mit mainzischen Aemtern betrauten, zum Befestigungsbau heranziehen durfte, spricht 1274 Erzbischof Werner selber aus.[1] Bereit halten mußte sich ein jeder, wenigstens von den Vornehmeren, mit Rüstung und tüchtigem Kampfroß,[2] obgleich bei gefährlicheren und andauernden Fehden auch Soldritter angenommen wurden, 1275 an die dreihundert.[3] Innungsweiser Waffendienst der Gewerke geht aus der nicht uninteressanten Notiz über Zurückweisung des die Nachbardörfer Erfurts rings in Brand steckenden Junkers Dietzmann durch die Wollenweberzunft von 1281 hervor.[4] — Ein die Finanzen der Stadt verwaltender Rathskämmerer findet sich bereits 1265 genannt;[5] die Haupteinnahmequellen der Stadtcasse waren schon damals Geschoß als directe Vermögensfteuer der einzelnen Einwohner und Ungeld als indirecte Getränksteuer.[6]

Ein lebensvolles Bild rüstigen Wirkens auf allen Gebieten des bürgerlichen Lebens stellt diese Stadt inmitten des gesegneten Thüringens seit dem Jahr ihrer Mündigsprechung d. h. seit 1255 dar. Was froh schaffende Arbeit dem Einzelnen an stattlicher Habe zuführte, das sammelte sich zu nicht geringem Theil im Gemeindevermögen, um wieder schützend und fördernd auf jedes Bürgers redliches Thun zurückzuwirken; als die hochgehenden Wogen des auch Erfurt nicht erspart gebliebenen Ständekampfs sich verlaufen hatten, Gesrunden und Gemeine im Rath

---

[1] M. A. Copialbuch CL, fol. 154 v. (bei Lambert p. 133).

[2] M. A. VII, 10ᵇ (bei Lambert p. 143).

[3] Chron. Samp. (ed. Stübel) p. 108.

[4] Carm. satir. v. 1709 f.

[5] Urk. d. J. im E. A.

[6] M. A. VII, 10 b („Erfurt im dreizehnten Jahrhundert" p. 153).

Männer ihrer Mitte sahen, da fühlte sich der niedrigste Bürger sicher in seinem „Burgfrieden", wie er so schön sein Wohnhaus nannte, über dessen Schwelle kein Büttel des Mainzer Gerichts den Fuß setzen durfte. Aber nicht nur das Gefühl guten Schutzes unter dem selbstgesetzten Rath, der Armen und Reichen gleiches Recht zu theilen hatte, auch der Stolz erfüllte ihn, zu all dem aufblühenden Leben, das seine Heimathsstadt im 14. und 15. Jahrhundert zur weitaus mächtigsten Stadt im Thüringer Land, zur Schiedsrichterin zwischen des Landes Fürsten, zur Helferin in des Reiches Nöthen gemacht, das Seine mit beigetragen zu haben. Jeder Bürger durfte mit berechtigtem Selbstgefühl auf die gebrochenen Burgen friedhässiger Herrn weisen, die unter Kaiser= und Stadtbanner einst in Schutt gesunken, auf das reiche Herrschaftsgebiet, vom höchsten Domthurm nicht überschaubar, das mit klingender Münze Grafen und Dynasten abgekauft worden und nun als Lehen vom Landgrafen, ja von Kaiser und Reich das prächtige Stadtwappen schmückte, seine Marksteine vorrückte hinauf in die waldigen Höhen des Südens, hinab in die offenen Gebreite an der Gera bis gegen die Unstrut hin.

Der kühnste Streiter für das Stift des heiligen Martinus konnte es nicht wagen, diese Stadt eine gewöhnliche Mainzer Landstadt zu nennen. Seitdem 1354 auch das Münzregal mit 3000 Mark löthigen Silbers dem schwer verschuldeten Erzbischof von der Stadt abgekauft war, beschränkte sich dessen Hoheit wesentlich auf die Bestellung der Gerichts= personen für die den Bürgern hartnäckig verweigerten Stücke der städtischen Jurisdiction, auf Erhebung des Zolles, der Freipfenninge, Bürgeraufnahme=Gebühren (II, 192) und Judensteuer, endlich auf die ziemlich unbedeutenden Gerechtsame, die sich an den in guter Be= wirthschaftung erhaltenen Gutshof in Brühl knüpften. Welcher Bürger Erfurts in seinem Zeitalter der Vollblüthe hätte es geglaubt, daß einst von diesen dürftigen Positionen aus das Erzstift sich Stadt und Gebiet im vollsten Umfang erobern würde, ja eine Rechtslehre erfunden werden würde, die solcher Gewalt gar einen Boden völliger Recht= mäßigkeit unterbreiten werde?

Scharfsinnig hat man es verstanden der Stadt nachträglich trost= voll zu beweisen, sie sei ja eigentlich keine „freie Reichsstadt" gewesen, was doch nur so viel besagte als: die Mainzer Fürsten hätten ihr glücklich gerade diejenigen Hoheitstitel vorenthalten, die nach der juristischen Theorie jener Rechtslehrer einer Reichsstadt nicht fehlen dürften. Denn daß die gesammte Verfassungsentwicklung Erfurts bis ins 13. Jahrhundert hinein der Reichsstadtqualität naturgemäß zudrängte, glauben wir erwiesen zu haben; und ob ein Baum, dem einige Aeste unterbunden werden, beim Weiterwachsen noch ein Baum wie andere seiner Art zu nennen sei, scheint uns ein Streit wie der um des Kaisers Bart. Wenn Köln, wie wir sahen, ähnlich wie Erfurt seine vom Reich stammenden Gewalten mit bischöflichen vertauschte und dann nach Erblühen der Gemeindemacht der Botmäßigkeit seines „Herrn und obersten Richters" im Wesentlichen dadurch entwuchs, daß es letzterem unmöglich wurde „sich die freie Verfügung über die finanziellen und militärischen Kräfte der Bürgerschaft zu sichern",[1] so dürfen wir die Rolle, die Erfurt thatsächlich in der deutschen Geschichte gespielt hat, der der Freistadt Köln durch keine wesentlichen Verschiedenheiten der staatsrechtlichen Stellung fern rücken.

Bei völliger Freiheit des diplomatischen Verkehrs schloß Erfurt Waffenbündnisse mit den verschiedensten Fürsten: schon 1268 und 1275 mit Landgraf Albert von Thüringen, 1277 mit dem gleichzeitig zum Ehrenbürger aufgenommenen Grafen Albert von Gleichen,[2] so denn auch später zu völlig gleichen Bedingungen mit dem Erzbischof von Mainz.[3] Auch Zuzug leisteten die Erfurter in Zeiten der Bedrängniß dem Erzbischof, aber nicht erfordert, sondern darum gebeten, und die „mit einer hübschen Zahl Pferde" hingesandten Hauptleute bringen dann wohl nach Beendigung des Kriegs ein verbindliches Dankschreiben von jenem mit heim, in welchem er versichert, daß er solche Freundlichkeit „in Gute nit vergessen wolle".[4] Als während der Hussitenkriege die Frage nach der Reichsunmittelbarkeit der Städte durch das Aufkommen der allgemeinen Kriegssteuern eine sehr praktische Bedeutung erhielt, finden wir Erfurt 1431 mit unter den „Frei- und Reichsstädten" veranlagt; ja nachdem Erfurt bei den Verhandlungen über die näher rückende Türkengefahr seinen Abgeordneten 1460 mit in Wien gehabt, wurde es bei dem Anschlag des Jahres 1467 mit einer höheren Contingentzahl von Truppen zu Fuß und zu Roß angesetzt

---

[1]) Ennen, l. c. II, 413.
[2]) M. A. XIII, 1—5.
[3]) Urk. von 1326 bei Höfer l. c. p. 193 f.
[4]) Originalschreiben des Erzbischofs Dietrich an den Rath vom 24. Juli 1460 (E. A.).

als fast sämmtliche anderen reichsunmittelbaren Städte.[1] Solcher Höhe der Anforderungen gegenüber, von denen der Erzbischof von Mainz, auf briefliche Anfrage des Raths, nichts zu wissen erklärte,[2] that man nun den verhängnißvollen Schritt, seitens der Stadt feierlichen Protest gegen diese Specialveranlagung beim Türkenkrieg „extra taxam reverendissimo domino Moguntino impositam vel imponendam" am 12. Januar 1468 dem kaiserlichen Notar in Regensburg überreichen zu lassen.[3] So zog Erfurt sich selbst, ohne es zu ahnen, die schon immer bereit gehaltene Schlinge über das Haupt; der Rath konnte freilich damals noch nicht wissen, daß man einst solche „Subcollectirung" als ein Unterscheidungsmerkmal des staatsrechtlichen Charakters der Stadt überhaupt benutzen würde, und mochte mit ungemischter Freude in einem späteren Schreiben des Erzbischofs es lesen, daß er Erfurt nach seinem Wunsch auf dem Tag zu Regensburg, wohin der Kaiser seine Abgeordneten abermals gefordert, vertreten „und nicht von ihm sondern lassen" wolle.[4]

Vorsichtig, die Zukunft so wie die Gegenwart im Auge habend, wird trotzdem niemand diese Politik des Raths nennen wollen; eine Zeit lang führte man Erfurt in den Reichsmatrikeln wohl noch namentlich auf mit dem Zusatz „ist in des Bischofs von Mainz Anschlag", dann aber, besonders auch in der nachmals immer zu Grund gelegten Matrikel von 1521, ließ man es ganz aus. Mainz hat Wort gehalten Erfurt „nie von ihm sondern zu lassen", und in seiner Stellung als Reichskanzler konnte ja der Erzbischof in dieser Hinsicht viel erreichen; bis in die Zeiten des dreißigjährigen Krieges hat Erfurt an den mainzischen Steuern schwer zu tragen gehabt, schwerer wohl, als bei gerechter Vertheilung ihm im Verein der reichsunmittelbaren Städte zugekommen wäre. Schlimmeres jedoch bewirkte die Subcollectirung als bloß finanzielle Schädigung, die sie hatte vermeiden sollen: sie war von all den Rechtsgründen, die Mainz in der Periode des großen Processes gegen Erfurt am Reichskammergericht zum Beweis seines „merum et mixtum imperium" vorbrachte, der am meisten überzeugende.

---

[1] Neue und vollständigere Sammlung der Reichsabschiede (Frankfurt a. M. 1747) p. 137 ff., p. 198, p. 219.
[2] Originalschreiben des Erzbischofs Adolf vom 13. Oct. 1467 im E. A.
[3] Notariats-Instrument im E. A.
[4] Originalschreiben vom 5. April 1471 im E. A.

Erfurts Freiheit sank dahin. Das Große, das die Stadt im ewigen Ringkampf des Menschen um das Dasein für sich und andere geleistet, mehr noch das Große, das sie der Welt als Wiege des fessellosen deutschen Forschergeistes seiner Hochschule geschenkt, hat bewiesen, daß sie ihrer Freiheit nicht unwürdig war. Die Arglist aber, mit welcher Mainz, nur eigensüchtig dem dynastischen Interesse ergeben, 1509 diese Freiheit zu brechen suchte und 1664 sie wirklich stürzte, ist allein schon Beweises genug, wie übel es bestellt war um sein „gutes Recht".

IV. Landwirthschaft, Gewerbe und Handel.

Ueber die wirthschaftliche Seite des Lebens enthalten die hier veröffentlichten Rechtsquellen natürlich nur hie und da eine zufällig eingestreute Bemerkung. Um so mehr aber ist es unsere Pflicht, das Zerstreute hier zu sammeln.

Sehr wichtig gleich ist die ganz nebenbei einmal gegebene Notiz, daß die Viertelhufe 7½ Acker halte (II, 216). Daraus bestätigt sich der Satz, daß die Normalgröße der gewöhnlichen Hufe auch um Erfurt 30 Acker betrug, wie dasselbe Hufenmaß für zahlreiche andere Gegenden Deutschlands bekannt ist und in einzelnen Fällen auch für Mittelthüringen bereits früher feststand.[1] Regel war, daß die Hufe in den „drei Feldern" vertheilt lag, und zwar durch verschiedene Gewende der drei Flurdrittel in so verschiedenartigen Landstreifen zerstreut, daß keineswegs oft das scheinbar natürlichste Theilungsverhältniß der Hufe nach je 10 Acker aus der Summirung des Hufenantheils an jedem der drei Felder herauskommt, ja daß die Hufe nicht selten im Ganzen hinter dem Normalmaß etwas zurück blieb, bisweilen auch darüber hinausging.[2] Freilich kommen in Erfurter Zinsverzeichnissen auch „kleine" und „große" Hufen unterschieden vor ohne nähere Angabe der Ackerinhalte beider,[3] und wir wissen, daß die große fuldische Hufe auch um Erfurt öfter wiederkehrt (einmal bei einem vom Neuwerkskloster beurkundeten Verkauf zu 40 Acker

---

[1]) Landau, Territorien p. 36.
[2]) 3. B. 2 Hufen = 59½ Acker (E. A. Urkunde v. 10. Juli 1360), 2¼ Hufe = 66⅞ Acker (E. A. Urk. v. 25. Febr. 1359), 1 Hufe = 31 Acker und eine Sottel (E. A. Urk. v. 8. Jan. 1324).
[3]) So öfter im Liber officii cenarum sti. Petri Erfordensis (Saec. XIV.) Kgl. Bibl. zu Berlin, Mss. Boruss. Fol. 79.

veranschlagt¹), daß endlich im vorigen Jahrhundert der Versuch einer gleichförmigen Auftheilung der Fluren im mainzischen Fürstenthum Erfurt scheiterte nicht nur an der Ungleichheit in der Größe der Hufen, sondern auch an der des Acker= und des Ruthenmaßes in fast jeder der zugehörigen Dorfschaften.²

In den meisten Dorffluren zeigte sich aber selbst damals noch die uralte Bestimmung aufrecht erhalten, daß ein Erfurter Acker oder Morgen³ 42 Gerten (virgae) lang und 4 Gerten breit sei, also 168 Geviertgerten halte, die Gerte zu 15 alt=erfurtischen Fußen gerechnet.⁴ Nicht einmal aber dieses schmale Rechteck eines Erfurter Ackers war das regelmäßig wiederkehrende Formelement der Theilung des „Art=" b. h. Ackerlandes, da selbst der Besitzer weniger Aecker dieselben durch die verschiedenen Gewende, wenn diese von ungleicher Bodenbeschaffenheit waren, vor allem aber möglichst gleichmäßig auf die „drei Felder" vertheilt wünschen mußte. In dieser wenigstens annäherungsweisen Dreitheilung auch des geringeren Acker= besitzes liegt wohl ohne Zweifel die Erklärung des in Thüringer Urkunden so häufigen Ausdrucks: ager veldeglich.⁵ Darunter scheint ein zu möglichst gleichen Theilen in den drei Feldern gelegenes Areal von 3 Acker Landes verstanden worden zu sein, denn „6 Acker feldgleich" bedeuten 18 Acker.⁶ Noch 1619 vererbte ein Bauer drei

---

¹) Urk. von 1343 (E. A.); die Normalgröße der Fuldaer und Hersfelder Hufe betrug 60 Acker.

²) Clemens=Buch des E. A. Tom. J, p. 83 und p. 55 ff.

³) „Acker oder Morgen" schon in Dehmars Bericht vom 7. Febr. 1649. M. A. Erf. Acten, Kriegssachen No. 31.

⁴) E. A. Urk. v. 20. Febr. 1331. Die Länge eines alten Erfurter Fußes darf auf 28 Centimeter oder 10" 9''' rhein. angeschlagen werden; dies ist zu folgern aus dem der Einladung zu einem Erfurter Schützenfest vom 18. Juli 1603 (E. A.) beigedruckten Maß einer halben Elle, die nach dem Engelm.=Buch (fol. 122 v.) und dem Clemens=Buch (I. 84) einem Fuß gleichzusetzen ist. Mit der sich daraus ergebenden Länge des Erf. Ackers zu fast genau 47 Ruthen stimmt die 1429 aufgezeichnete und im M. A. (XXIV, 4) bewahrte Vermessung der Erfurter Walllinien nach Ackerlängen ziemlich gut überein, indem sie in den mit Dimen= sionen der gegenwärtigen Umwallung vergleichbaren Angaben im Mittel 46,₄ Ruthen als Ackerlänge gibt. Ein alter Erfurter Acker betrug nach jenem Fußmaß 81270 × 7740 □''' = 210 □Rth. 95 □' 22 □" 72 □''', war demnach bedeutend größer als ein preußischer Morgen (von 180 □Rth.).

⁵) In Scherz' Glossar gedeutet: ager in plano situs (!).

⁶) Urk. von 1299 bei Höfer l. c. p. 55 f. Trotzdem liegen dabei die 18 Acker nach den Zahlen 7 + 4 + 7 durch die drei Felder vertheilt.

Acker der Flur von Klein-Mülhausen bei Erfurt seiner Tochter so, daß sie in jedem Feld einen Acker erhielt.[1] — Natürlich zertheilte man die Rechtecke, um den Pflug nicht zu oft wenden zu müssen, am liebsten der Länge nach und kam so auf jene Schmalstreifen, deren uralter Namenklang in unseren Tagen der Separation zu verschwinden anfängt: Gelenge, halbe Gelenge oder Sotteln, halbe Sotteln oder Striegel.[2] Blieben durch natürliche Hindernisse, etwa einen Bach oder Bergabhang, von der rechteckigen Streifeneintheilung Keilstücke übrig, so nannte und nennt man diese in Erfurt: Geren. Alle jene Ausdrücke geben aber nur die Breite, nie die Länge eines Grundstücks an, weshalb es ganz eitle Mühe ist, Areale wie „anderthalb Viertelhufen und eine Sottel in den einzelnen Feldern" (II, 114) inhaltlich bestimmen zu wollen. Genaue Grundstücksverzeichnisse führen die Ländereien zunächst nach ihrer Breitenbeschaffenheit namentlich auf und fügen dann die durchaus wechselnde Größe in Ackermaßen hinzu, z. B.:

ein Gelenge, hält 3/4 Ackers

ein Gelenge breit, hält 1 Acker

zwei Sotteln breit, halten 2 Acker

zwei Striegel, halten 7/4 Ackers.[3]

Geackert und eingefahren wurde in der Regel mit Pferden statt mit Rindern; selbst die zum Dienst auf dem Herrenland pflichtigen Frohnhubner in den Küchendörfern hatten der Mehrzahl nach eigene Ackerpferde (II, 54).[4] Der Pflug war nicht der slavische „Haken", von dem sich hier trotz der „windischen Dörfer" keine Spur findet, sondern der deutsche Räderpflug, wie wir ihn unter den „currus" des Erfurter Holzmarktes sicher vermuthen durften (II, Anm. 29).

---

[1] Protocollum v. 1617—1619 (Torfvogtei-Buch des E. A.) sub 3. Apr. 1619.

[2] Classisch für die Erkenntniß der Bodentheilung um Erfurt ist das Erbbuch der Adelsfamilie von der Margarithen (Kgl. Bibl. zu Erfurt, Mss. No. 126). Die Breite einer Striegel wurde mir in noch nicht separirten Fluren der Erfurter Umgegend bald zu 14', bald zu 16' angegeben, in Alach genau zu 14' sächsischen Maßes (= 396,100 Centimeter); man darf wohl danach vermuthen, daß die Gelenge die Normalbreite eines Ackers darstellte.

[3] Aus dem eben citirten Erbbuch derer von der Margarithen p. 20.

[4] In der Heiligenstädter Gegend wird als Besthaupt für gewöhnlich auch „melior equus agrestis" von den Bauern gewisser Hufen verlangt, allerdings mit dem Zusatz: „vel, si equi non habentur, melior vacca". (M. A. Nicht veröffentlichter Theil des Libra-Büchleins).

Daß um Erfurt herum damals der Ackerbau ganz und gar noch auf der Dreifelderwirthschaft beruhte, ist mit Unrecht in Zweifel gezogen worden.[1] Diese altgermanische Bestellungsweise darf mit Sicherheit für alle Zeiten und Gegenden angenommen werden, aus denen uns Urkunden den Namen ager veldeglich bringen. Wo irgend genauere Angaben über Vertheilung von Grundstücken mittelthüringischer Fluren vorkommen, erscheinen die „drei Felder", in die wir Stadt- und Dorfmark hinsichtlich des Artlandes uns zweifellos getheilt denken müssen. Das in der Stadtflur dem Erzstift Mainz gehörige Herrenland („Gebind") war offenbar nach dem Dreifeldersystem getheilt in 150 Acker im Wagdfeld (II, 230), 150 im Brühlfeld (II, 232) und ungefähr 120 im Andreasfeld (II, 233), es waren also 140 „Acker feldgleich", jedoch so vertheilt, daß das fruchtbarere der drei Felder[2] eine geringere Ackerzahl faßte. Auch die Gebindfrohnden sehen wir ackerweise vertheilt auf Sommerfeld, Brachfeld und Winterfeld (II, 54). Der Vermerk, daß auch auf jenem Drittel der Gebind, das gerade in der Brache lag, Feldarbeit zu verrichten war, deutet wohl auf die Düngung des Landes, das nach zweimaliger Ernte sich nicht bloß durch den Einfluß der Atmosphärilien erholen sollte (ibid.). Was als Winter- und was im darauf folgenden Jahr als Sommerfrucht gebaut wurde, findet sich nicht unterschieden. Vollständig dagegen scheint die Aufzählung der Getreidearten zu sein, die überhaupt auf dem Boden des Erfurter Stadtgebiets 1332 im Großen gebaut wurden: Weizen, Roggen, Gerste, Hafer und Dinkel (II, 133). Weizen allein oder gewöhnlich wohl Weizen mit Roggen zusammen auf dem Feld gebaut — ein Gebrauch, der dem nicht sandig lockeren Boden mehr als reiner Roggenbau zusagte und noch heute in Thüringen unvergessen ist — gab das Brotkorn und hieß darum auch schlechtweg Korn (frumentum). Nie findet sich der Ausdruck Korn im Sinn von Roggen so wie gegenwärtig in Thüringen als Gegensatz von Weizen gebraucht, mindestens nicht vor der Zeit um 1650, sondern nur als Gegensatz von Hafer und Gerste (I, 10); wohl aber tritt Roggen bisweilen neben Korn auf, so daß gerade diejenige Getreideart, die heute dem Thüringer allein das Brot liefert, theils gar nicht, theils nur mit Weizen zusammen als „Gemangkorn"

---

[1] Langethal, Gesch. der teutschen Landwirthschaft II, 371.
[2] ibid. III, 165.

zu Brot verbacken worden zu sein scheint.¹ Und daß speciell Erfurt noch im 16. Jahrhundert durch sein weißes Brot berühmt war, beweist eine merkwürdige Stelle in einem 1518 von Herzog Georg von Sachsen an Kurfürst Friedrich den Weisen geschriebenen Brief: Franz von Sickingen, heißt es da, habe seinen Landsknechten bei der Entlassung einen neuen Zug in Aussicht gestellt „in ein Land, da das Roggenbrot weißer sei denn am Rhein die Semmeln", und eben hieraus schöpfte man die Vermuthung, er meine das Gebiet von Erfurt.² Das „Roggenbrot" konnte allerdings recht wohl das Gebäck aus Gemangkorn bezeichnen. Auch in Halle wird im 14. Jahrhundert ein regelmäßig wiederkehrender Bäckerzins in Broten „aus schönem Semmel= mehl" erwähnt.³

Gerste baute man nebst Hopfen zur Bierbrauerei (I, 10, 16), Hafer als Pferdefutter (II, 186); und zwar mögen eben Hafer und Gerste auf dem Sommerfeld, Korn (Roggen und Weizen) auf dem Winterfeld gewachsen sein. Wenn Getreidezinsen gewöhnlich zu gleichen Theilen in Korn und in Gerste (oder auch Hafer) gezahlt wurden (II, 103—109), so liegt die Annahme wenigstens nahe, daß man mit jener Getreideart vom einen, mit dieser vom andern der beiden während des laufenden Jahres nicht brache liegenden „Felder" zinste.⁴

Des Weinbaus geschieht natürlich mehrfach Erwähnung (II, 82, 84, 142; III, 30), und die anspruchsvolle Gewerkschaft der Weinschröter beweist, wie manches Faß Wein Einheimischen oder fremden Händlern 1289 zu schroten war (I, 52 f.). Die steilen Muschelkalkabhänge bei Hochheim und im Bornthal trugen massenhafte Trauben; ein einziger Weinberg des letzteren, der noch nicht einmal der größte sein mochte,

---

¹) Vergl. die in II. Anm. 175 mitgetheilten Beweisstellen. Wenn in Artikel 87 des Erfurter Zuchtbriefs ausnahmsweise neben Korn Weizen statt Roggen genannt wird, so soll dies natürlich nur einen Gegensatz von Weizen zu Korn im Sinn von Gemangkorn, nicht von Brotkorn ausdrücken.

²) Gütige Mittheilung des Herrn Dr. Ullmann aus dem C. A. (Reg. C.)

³) Lamberts Hallensia in Bd. 11 der Neuen Mitth. des thür.=sächs. Alt.=Vereins p. 427.

⁴) Zwei Urkunden des E. A. (von 1241 und vom 21. Apr. 1259) stellen ausdrücklich derartige Abgaben zu gleichen Theilen fest in „Winter= getreide" und anderem, also Sommergetreide, wobei letzteres zweimal bloß Gerste, einmal halb Gerste und halb Hafer ist.

befaßte 1331 volle 34 Acker d. h. 5712 Erfurter Geviertruthen.¹
Aber wenn wir uns auch das damalige Erfurt längst in einen kaum
unterbrochenen Kranz von Weingeländen gelagert denken dürfen, Her=
mann von Bibra auch z. B. am Mühlberger Schloßfelsen einen neuen
Weinberg anlegte, obwohl schon dicht dabei 8 Acker voll Reben grünten,²
so fand man doch auf manchem Fleck schon im 13. und 14. Jahr=
hundert andere, namentlich Ackerculturen von sichererm Erträgniß, hatte
daher, wie es der wackere Nicolaus von Siegen 1494 ³ und später
Luther (in den Tischreden) für Erfurt allgemein anrieth, volle 50 Acker
Weinland vor dem Johannisthor — sie hießen 1332 immer noch
„der Weingarten" — in Saalfeld umgeschaffen (II, 103), und war
1332, wie die Freizinsregister ausweisen, bei Hochheim und Binters=
leben mit kleineren Stücken ebenso verfahren; ja bereits 1238 findet
sich das Beispiel eines in einen Hopfenberg verwandelten Weinbergs
bei Vieselbach ⁴ — gleichsam ein Vorbote des schließlich so entscheidenden
Sieges von Bier über Wein in Thüringen, wo sich beide das Mittel=
alter hindurch gegenseitig den Boden streitig machten.

Unter den Erfurts Ruhm nach einem bekannten Spruch begrün=
denden „W" fehlt in unseren Weisthümern neben Wein und Weizen
der Waid, dieses „goldene Vließ" des Erfurter Wohlstandes. Seine
Nichterwähnung beweist recht deutlich, wie selbst Bibras Weisthum
mehr der Vergangenheit, dem historischen Boden der erzstiftischen
Gerechtsame, sich zuwendet als der von neu aufsprossendem Leben
erfüllten Gegenwart. Und doch ist es gewiß eine echte Ueberlieferung,
daß bereits jene Erfurter, die unter dem Kaiserbanner des ersten Habs=
burgers die thüringischen Raubburgen brachen, Waidsamen in die
Trümmerhaufen streuten, um die gelben Blüthen dieses deutschen
Indigos gleich einem lebendigen Wappenbild ihres Bürgerfleißes von
ihren Thaten alljährlich frisches Zeugniß ablegen zu lassen. Es ist
hier nicht der Ort, dem Ursprung der Erfurter Waidcultur nachzugehen,
die auf den slavischen Osten hinzuführen scheint, wo die Kassuben das
Dunkelblau der Kleidung immer geliebt haben, und wo die Lausitz

---

¹) E. A. Freizinsregister d. J. Der Kaufpreis dieser 34 Acker betrug
38 Mark.
²) Nicht veröffentlichter Theil seines Büchleins.
³) ed. Wegele p. 411 ff.
⁴) Urk. abschriftlich im E. A.

stets massenhafte Hülfsarbeiter zur Erfurter Waidernte geschickt haben
soll;¹ aber constatirt muß es werden, daß trotz Bibras Schweigen zu
seiner Zeit längst die große Waidmühle vor dem August=Thor un=
zählige Wurzelblattrosetten der auf weiten Ackerfeldern gezogenen raps=
ähnlichen Färbepflanze zermalmte,² schon um 1250 eine Gasse „unter
den Weiterern" d. h. den Waidfärbern und der Familienname „Weiterer"
(weitere) bekannt war.³

Hinsichtlich der gewerblichen Verwerthung wie der botanischen
Verwandtschaft schließt sich an den Waid nahe genug der Rübsen, den
man in Erfurt Ruben oder Rubsamen nannte. Der alte, wenn auch
etwas zweideutige, Name des Erfurter Rubenmarktes (II, Anm. 279),
unzweideutiger das frühzeitige Vorkommen der Oeler in Erfurt (II, 44;
III, 19) läßt mit einiger Sicherheit wenigstens vermuthen, daß bereits
im frühen Mittelalter (wie unzweifelhaft um 1500) Rübsenfelder die
grünen Fluren des Stadtgebiets bunt durchwirkten und mit ihrem
kräftigen Duft die Hirsche aus angrenzenden Waldungen zu nächt=
lichem Besuch im Frühjahr lockten. Noch im 17. Jahrhundert kannte
ein wohl bewanderter östreichischer Landwirth solchen zur Gewinnung
der ölreichen Samen bestimmten Rübsenbau nur aus England, Flan=
dern und dem obersächsischen Kreis, und zwar erfahren wir noch aus
dem Jahr 1720, daß eben hier außer Leipzig, Wurzen und einigen
Orten an der Saale Erfurt und die goldene Aue der eigentliche
Sitz der Rübsencultur war.⁴ So weit unsere gegenwärtigen Kenntnisse
reichen, erscheint demnach Erfurt als wahrscheinlich älteste Pflegerin
der Rübsensaat in Deutschland, und es wäre wohl möglich, daß
die auch für Thüringen so segensreiche flämische Colonisation des
12. Jahrhunderts der Oelsaat hier wie in der goldenen Aue Bahn
gebrochen habe.⁵

Dazu kamen nun noch lila blühende Felder von der aus Süd=
europa stammenden Weberdistel (wie II, 205 anzunehmen verstattet)

---

¹) Möhsen, Gesch. der Wissensch. in der Mark Brandenburg II, 208.
Vgl. auch Schrebers werthvolles Werk „Beschreibung des Waides" ꝛc. (Halle
1752. 4°).

²) Freizinsregister des E. A. von 1332.

³) Schreiber Bartholomäus (Abschrift des E. A. p. 19).

⁴) Langethal l. c. III, 129 ff.

⁵) Vgl. Michelsen, Mainzer Hof p. 3 und seine Rechtsdenkmale aus
Thüringen (2. Lieferung).

und blau blühende Flachsfelder, ohne die es keine „Lin=Gaben" für den Verkauf heimischer Leinwaaren gegeben hätte (II, 203, 205). Erwähnt werden auch Hanf und Mohn (II, 207, 201), von verschiedenerlei Obst, das man zog, Aepfel und Birnen,[1] endlich „Kohl und ähnliche Krautwaare" (II, 199, 166), „Erbsen, Bolz, Linsen, Hirse und andere Gemüse" (II, 30). Da Hirse hier unter den Gemüsen steht, also anzunehmen ist, daß sie gartenmäßig gebaut und zur Bereitung von Hirsebrei feil geboten wurde, so ist es um so wahrscheinlicher, daß der zwischen den Hülsenfrüchten genannte Bolz (Polenta) ein wenigstens nicht allein aus Hirsekörnern bereiteter Brei war, daß vielmehr Hülsenfrüchte, vielleicht nach Südländerweise die Erfurter Bufbohne (etwa zu größerer Dauerhaftigkeit getrocknet und vermahlen) dazu benutzt wurde (II, Anm. 83). In dem hier nicht veröffentlichten Theil des Bibrabüchleins kommen (bei Mühlberg) „2 Acker, die genannt werden der Bohngarten" vor, aber die nähere Bestimmung der Bohnenart ist dabei freilich nicht möglich. Daß jedoch der Bufbohnenbau in Deutschland bis in die frühesten Jahrhunderte zurückreicht, haben Nicolais Untersuchungen überflutheter Stellen der deutschen Nordseeküste, wo uns schon von den Alten die „Bohneninsel" (Borkum) genannt wird, wahrscheinlich gemacht, und noch gegenwärtig zieht man in Ostfriesland überall die Bufbohne, weil sie, wie ein ausgezeichneter Sachkenner berichtet, auf schwerem Boden sehr leicht zu cultiviren ist und die beste Vorfrucht für jede Art Getreide, besonders aber für Oelsaat bildet, auch mit bestem Erfolg „Saat" (d. h. Oelsaat) und Bufbohnen mit einander ausgesät werden.[2]

Auch in der Viehzucht hatte der Thüringer um 1300 schon über ein altes Erbe mannigfacher Erfahrungen zu gebieten. Thüringens Pferde erregten bereits am Hof Theodorichs des Großen Bewunderung; die Reichssteuer, die Thüringen schon an die fränkischen Könige gezahlt haben soll, bestand in Schweinen.[3] Die Koppelweide des Mainzer Erzstifts im Brühl zwischen den Gera=Fließen ist in ihrer Benutzung

---

[1] „Kirschbaum" ist wenigstens 1350 Familienname in Erfurt (s. das Freizinsregister d. J. im E. A. p. 18).

[2] Arends, Ostfriesland und Jever, besonders in landwirthschaftlicher Hinsicht (Emden 1820) III, 105 f. Vgl. ib. I, 86 f.

[3] Knochenhauer führt die Beweisstellen am vollständigsten auf in seiner Gesch. Thüringens in der karol. und sächs. Zeit p. 75 Anm.

für die freie Roßweidung aus dem Jahr 1133 bekannt;[1] ein Pferd kostete 1332 bisweilen[2] weniger als 10 Lammbäuche (I, 16; II, 212, 52). Von der Koppelwirthschaft legt auch der Name der von einem Erzbischof der Erfurter Fleischerinnung geschenkten Koppelweide am „hohen Stade" bei Ilversgehofen Zeugniß ab (II, 154), wie die II, 125 vorkommende Fleischerbuße in Rippenbraten und der Ilversgehöfer Zins in Schweinerücken (II, 35, 90) nicht der einzige Beweis einer in regem Fortbetrieb befindlichen Schweinezucht ist.[3] Gar manches „Roß"[4] weidete Gras und Kraut des Brachfeldes ab, und längst kannten Dorf- und Stadtgemeinden den Nutzen, sich gemeinschaftlich Beschälthiere („Kur-Viehnösser") zu halten.[5] Theilung des Jahres in Gras- und Trockenfutterzeit war dem Landmann geläufig (II, 247). Spätere Jahrhunderte[6] bringen Klagen über Gras- und Heumangel des Erfurter Gebiets, und wiesenreich werden zu allen Zeiten nur die Fluren der Geradörfer gewesen sein; aus einem derselben mußten einst stundenweit die Inhaber der sogenannten Roßhufen Wagen voll Heu zur Stadt fahren, wenn der Erzbischof im Krummhaus sein Hoflager aufschlug (II, 117). Rindviehzucht kann man bloß aus dem Namen des Erfurter Käsemarktes für frühe Zeiten nachweisen; dieser Markt hieß bereits 1293 der „alte".[7] Der nur kurzgrasigen Weide der meisten Erfurter Dorfschaften entsprach mehr die Schafzucht, die schon im 13. Jahrhundert in schwunghaftem Betrieb war (I, 15); Lammbäuche kamen auch als städtische Abgaben vor (II, 50). Wie

---

[1] Gudenus, Cod. dipl. I, 108.

[2] Bessere Pferde kosteten freilich schon um 1250 weit mehr: für den Marktmeister, einen Fallner u. a. erzstiftische Diener in Erfurt wurden damals Pferde im Werth von 1⅞ bis 6¼ Mark gekauft (Schreiber Bartholomäus p. 12).

[3] Vgl. z. B. Artikel 46 des Erfurter Zuchtbriefes.

[4] Roß oder Viehnoß ist der in Thüringen bis heute erhaltene Ausdruck für „Stück Vieh" (daz beste vihes houbet = daz beste nóz bei Grimm, Rechtsalt. p. 364). Als Schimpfwort existirt Nuß (näss) auch in Erfurt noch. Sonst vergl. Regel, Ruhlaer Dialekt, p. 244.

[5] Vgl. Stephan, Neue Stofflieferungen (1. Heft p. 56) und p. 145 v. des mehrfach citirten „Sachebuchs" des W. A., wonach z. B. in Bieselbach 1434 der Erfurter Bürger Heinrich Karbenal auf dem dortigen großen Gut „einen Ochsen, einen Eber und einen Bock" als Kur-Viehnösser zu halten hatte.

[6] Clemensbuch des E. A. I, 40 f.

[7] Freizinsregister b. J. im E. A. Er scheint einen Theil oder Anhang des Grabens gebildet zu haben, denn F erwähnt Areale, die gelegen sind in platea annulorum et in antiquo foro caseorum.

unter dem Weidevieh am massenhaftesten Schafe, so wurden unter dem
Federvieh natürlich am massenhaftesten Hühner in Stadt und Dorf
gehalten; das zeigen die 805 Hühner und 1890 Eier, die mit nur
8 Gänsen zu Bibras Zeit als Stadt= und Dorfzins alljährlich in
den Mainzer Hof geliefert wurden (vgl. p. 190). Endlich deuten
die 4 Pfund Wachs, die für einen Antheil am Eichenbergforst gezinst
wurden (II, 24), sowie das unter den herbstlichen Erbzinsen, die man
in der Stadt erhob, mit erwähnte Wachs (II, 81) auf Betrieb der
Bienenzucht.

Mit der Landwirthschaft in innigem Verband haben Erfurts
Machtentfaltung im 14. und 15. Jahrhundert vor allem Gewerbe
und Handel begründet. Unsere Rechtsquellen lassen wenigstens ahnen,
wie bunt entfaltet bereits kurz vor und nach 1300 das städtische Leben
auch auf diesen Gebieten war.

Am häufigsten erwähnen sie die Innungen der Weber, Leder=
schneider, Schuster, Futterer, der Mus= d. h. Gemüsehändler, der
Verkäufer von Linnen und alten Kleidern und der Hüter oder Hut=
macher (II, 30, 56, 77; 50, 73, 136; III, 11 ff.); die Gewerkschaften
der Bäcker und Fleischer bildeten seit der Freigebung des Back= und
Fleischwaarenverkaufs an Einheimische wie Fremde von 1264 keine
Innungen mehr.[1]

Nicht ohne Grund mag die Weberinnung allen anderen voran
genannt werden: wie man sie zu Mainz bereits im 11. Jahrhundert
antrifft,[2] so mag sie auch in Erfurt eine der ältesten sein. Wenn in
Nordhausen die Wollenweber geradezu Fläminger genannt wurden, für
Nordhausen der Ursprung seiner Tuchfabrication aus Flandern über
allen Zweifel erhaben ist,[3] so liegt ein Gleiches für Erfurt wenigstens
nicht außer dem Bereich der Möglichkeit. Im Jahr 1221 betheiligten
sich hier namentlich „fremde Friesen" an einem Aufstand gegen die

---

[1] Die betreffende Urk. ist bis jetzt nur in Abschriften bekannt, so fol. 53
des Erfurter Copialbuches No. 1 im M. A. (Erf. Acten, Tit. XXII). Bäcker
kommen in keinem unserer drei Weisthümer vor.

[2] Arnold, Verfassungsgesch. I, 254.

[3] Förstemann, Gesetzsammlung der Stadt Nordhausen im 15. u. 16.
Jahrh., III, §. 3.

Juden;[1] der auf Gent[2] hinweisende Webstoff unter dem Namen „Gint" war in Erfurt wohlbekannt (II, 5 u. Anm.) und wurde vermuthlich auch hier fabricirt. Wollenweber bildeten immer den vornehmsten Theil des Webergewerks in Erfurt, und nach ihnen benannte man die ganze Innung, obgleich in derselben den Wollenwebern im eigentlichen Sinn die Leinweber gleichberechtigt zur Seite standen und aus jeder dieser beiden Unterzünfte abwechselnd der Obermeister gewählt wurde (II, Anm. 248). Bei der Einschürigkeit der thüringischen Schafe,[3] die auch den Handel mit Schaffellen auf die 50 Tage von Charfreitag bis Pfingsten beschränkt zu haben scheint (I, 15; II, 49), war Kämmerei und Tuchfabrikation unzertrennlich verbunden, die Schafscheere das Abzeichen der Wollenweber, denn jeder Tuchmacher mußte sich aus der Wolle derselben Schur lange und kurze Sorte selbst aussondern. Wollhandel war also die unmittelbare Grundlage dieser Industrie, und schon machte Aufkauf und Verkauf von Schafwolle manchen reich (II, 43). Doppelt dauerhafter als sächsische und schlesische Wollstoffe waren die aus thüringischer Wolle gefertigten Tuche, sobald man dafür sorgte, die Stücke in der Länge tüchtig einzuwalken, was bei den wenigen Grundhaaren der thüringischen Schafwolle sich sehr nöthig machte; daher das frühe Vorkommen der Walkmühlen in Erfurt, mindestens schon im 13. Jahrhundert, wo die Grafen-Vögte von Gleichen noch ihr „Walk=Hus" an den Langen Stegen besaßen (s. S. 203). Die ausgekämmte lange Wolle lieferte als treffliches Rohprodukt für Band= und Garnfabrikation seit Alters einen gewinnreichen Verkaufsartikel für die Tuchmacher oder „Weber", Garn war 1332 längst eine ständige Handelswaare in Erfurt (II, 203, 205). Nur aus der kurzen Wolle wurden die Tuche gefertigt, mit großen Distelköpfen (II, 205) aufgekratzt („karkäscht")

---

[1] Chron. Samp. (ed. Stübel) p. 69.

[2] „Heilmann von Geint" war 1263 Marktmeister in Erfurt (Urk. vom 1. Juni d. J. im E. A.) und „Hermann von Gint" ist noch 1350 der Name eines Erfurter Bürgers (Freizinsregister d. J. im E. A.).

[3] Ich benutze hierfür die sachkundigen Ausführungen über die derzeitige Lage und die Geschichte der Erfurter Tuchmacherinnung, die ein Ungenannter als Bearbeitung einer von der Kurmainzer Regierung 1779 gestellten Preisaufgabe verfaßt hat, und die der Handschriftensammlung der Kgl. Bibl. zu Berlin einverleibt ist (Mss. Germ. Fol. 509 „Sammlungen von gelehrten Sachen").

und den Weitern (II, Anm. 318) in die Färbe gegeben.¹ Die Wollspinnerei, die noch vor hundert Jahren in Erfurt weiblichen Händen oblag, wurde im 13. und 14. Jahrhundert daselbst von Beginen oder Grauen Schwestern theilweise versehen, an denen jedoch die Wollenweber auch im Weben und Feilbieten von Tüchern Concurrentinnen hatten (II, Anm. 348).² — „Tuch" nannte man damals, wie noch heute in Hessen,³ auch die Leinwand (II, 205; III, 16). Von Leinewebern führt jedoch Bibra nur die Ziechener (Zechener, Schechener) als Verfertiger des zu Hand- und Tischtüchern wie zu Bettbezügen benutzten „Schechenwerks" an (besonders II, 155 — 163); ja unser Wort „Bettzüge" ist wahrscheinlich nur eine Corruption des Wortes „Bettziegen", worunter man die Bezüge der Bettdecken und Bettkissen nach II, 202 verstand. Die Ansiedlung der Ziechner im „Trostgericht" am Löwerthor fiel gewiß in sehr frühe Zeit (in Köln bildeten sie schon 1149 eine Zunft),⁴ in den Schlußjahren des Mittelalters war ihre Gewerkschaft auf drei Meister herabgesunken (II, Anm. 144). „Betten, Kissen, Federn und inländische Haarlaken" interessiren nebenbei nicht nur als Handelswaaren, sondern in ihrer Nebeneinanderstellung auch als Andeutung von bereits recht bequemer Einrichtung des nächtlichen Lagers (II, 206 u. Anm.).

Von den anderen schon genannten Innungen seien noch besonders hervorgehoben die der Lederschneider und die der Futterer. Erstere ist natürlich die nachmals sogenannte Riemschneider-Innung, und ein Vergleich von II, 30, 56, 77 mit II, 174 und 132 lehrt, daß man der gesammten Innung den Namen der „Schilderer- oder Sattlerzunft" gab; ihr ältester Name möchte der der Schilderer gewesen sein, ihr vollständigster stellt die drei zu ihr gehörigen Hauptgewerke einfach neben einander und lautet: „Innung der Schilderer, der Riemschneider und Sattler".⁵ Die Schilderer machten alles, „damit man einen

---

¹) Nach Konrad von Megenberg (ed. Pfeiffer, p. 419), der den Waid sehr wohl kannte, mußten die Weiter dem Tuch, das sie mit Waid zunächst blau gefärbt hatten, durch weitere Behandlung mit Farbstoffen mannigfache Farben zu geben. Der Verfasser des Carm. sat. rühmt die bunten Färbungen der Erfurter Tuche (v. 180 ff.).
²) Vgl. „Erfurt im dreizehnten Jahrhundert" p. 160.
³) Vgl. Vilmars Idioticon.
⁴) Lacomblet, Niederrh. Urkundenbuch I, 251.
⁵) M. A. Erf. Acten, Tit. XXXV: Gewerbe- und Innungssachen. Daselbst das alte Statut der Schilderer.

Mann verwappne", vor allem Schilde. Da diese, wie eine ganze Reihe noch jetzt in Erfurt erhaltener[1] beweist, aus lederbezogenem Holz gefertigt wurden, so konnten mancherlei andere in Leder und Bretterwerk arbeitende Handwerker bei weiter gehender Theilung der Arbeit aus dem ursprünglichen Schilderer=Handwerk hervorgehen. Fast sicher dürfen wir das von den Sattlern annehmen, in denen später die Schilderer allein noch fortlebten, obgleich die vor Alters von letzteren bewohnte Stadtgegend (in einem rechtwinkligen Haken bis vor die „Graben" reichend) fort und fort „unter den Schilderern", oder in gewöhnlicher Verkürzung „unter den Schildern", zuletzt „unter den Schillern"[2] hieß. Daß ursprünglich gar kein Unterschied zwischen Schilderern und Sattlern war, zumal ja der Sattel mit zur „Wappnung" (d. h. zur Ausrüstung) des Ritters gehörte, macht II, 146 wahrscheinlich und ist auch sonst bezeugt.[3] Die Futterer haben der Futterer= (heute Futter=) Gasse den Namen gegeben und zeigen sich schon durch solche Wohnungslage von den gewöhnlichen Handwerkern unterschieden. Ihre Genossenschaft mochte man immerhin eine Innung nennen, da allein sie „Futterkasten" halten, d. h. den Kleinverkauf von Hafer zum Pferdefutter treiben durften (II, Anm. 82); aber die Häuser, in denen noch im 17. Jahrhundert der Futterkasten erwähnt wird, sind durchweg stattliche Patricierhäuser in einer der vornehmsten Pfarreien der Stadt, die Futterer waren also sicher auch schon im 13. und 14. Jahrhundert Abliche („Gefrunden"), die auf ihren ausgedehnten Gütern Hafer bauten, auch Hafer kauften, um neben der Versorgung des eigenen Marstalls den „Futterkasten" zu füllen, außerdem sich etwa noch auf Waidbau und Waidhandel, die „vornehmste Nahrung" Erfurts, verlegten. Denn nicht so weit wie heute standen in unseren alten Städten Adel= und Gewerbstand, Kaufmanns= und Handwerkerstand von einander ab; Futterer zinsten mit Schustern in Geld, mit Oelern und Heringern in Naturalien (II, 174); die Wollenweber d. h. Tuchfabrikanten waren zugleich Verkäufer ihrer Stoffe, als solche

---

[1] Herrmann, Wappen und Siegel der Stadt Erfurt (Mittheilungen des Vereins für die Gesch. von Erfurt, 1. Heft p. 59 ff.).

[2] In Verrechtsbüchern des 17. Jahrhunderts assimilirt zu „unter den Schülern".

[3] Noch 1283 machten dieselben Handwerker, oder doch zu demselben Handwerk gerechnete Meister sowohl Sessel als Schilde (Carm. sat. v. 1838 f.)

hießen sie „Gewandschneider" d. h. Schnittwaarenhändler, und eben in ihnen sah man zu Erfurt den eigentlichen Kaufmannsstand, so daß „Gewandschnittgaden" und „Kaufmannsgaden" völlig dasselbe bedeutete (II, 57, 256).[1]

Zwei weniger oft genannte Innungen gehen gewiß auch in Erfurt mit der der Weber in früheste Zeit zurück: die der Schmiede und die der Gerber. Die Schmiede machten wieder eine Einung mannigfacher mit Feuer und Hammer arbeitender Handwerke aus. Schwertfeger und Kesselflicker (II, 203) werden mit zu der Innung gehört haben; Kupferkessel oder sonstige eherne Gefäße bildeten ja die Innungsabgabe der Schmiede in den Mainzer Hof, mit dem sie so eng verbunden waren (II, 75). Ganz dicht am Graben, an welchem Schmiede und Schwertfeger wohnten, gaben die Ringler oder Fingerler d. h. Verfertiger von Fingerringen einer ganzen Gasse wieder den Namen (II, 175, 227); und noch am Graben selbst werden uns, wenigstens später,[2] die den Schmieden innungsverwandten Glockengießer genannt, deren kunstreichen Fleiß (II, 205) mauch eherner Mund in weiter Ferne, am schönsten jedoch die schon im 13. Jahrhundert[3] majestätisch erklingende Harmonie der Glocken der eigenen Vaterstadt alltäglich pries. Wie die Glockengießer, Messerer, Sporer und Schlösser zählten auch die „Naldener" (II, 199) d. h. die Nadelfertiger mit zur Schmiedezunft.[4] Die Goldschmiede verarbeiteten überhaupt edle Metalle (II, 154) und hatten „eigene Zeichen" zu muthen, unter denen ihnen allein Gold- und Silberarbeit auf Schmelzheerden („Essen") zu treiben gestattet war; nur die Goldstaubwäscher durften außer ihnen und den Münzern noch solche Essen besitzen (I, 27 f.). Das Meisterstück der Goldschmiede bestand nachmals in der Verfertigung eines Bechers nach einer bestimmten Modellzeichnung; aber das Bechermeisterstück der

---

[1] „Kaufleute" und „Gewandschnitter" (= pannicidae) sind noch dem Verfasser der vorher angeführten Denkschrift über das Erfurter Tuchmachergewerbe ganz synonyme Ausdrücke.

[2] Stolles Thür.-Erf. Chronik, p. 171.

[3] Carm. sat. v. 1673—1676.

[4] Nach den Innungsstatuten im M A. Im Jahr 1466 ist schon von einem Feilbieten von Näh- und Stecknadeln seitens der Naldener die Rede (ib. p. 33).

Becherer scheint davon verschieden gewesen zu sein.[1] Metallbecher als Tafelzierrath, sei es von Becherer- oder Goldschmiedshand, wurden nebst Spangen schon 1332 viel gekauft (II, 199). Die an derselben Stelle genannten Gürtler mögen uns von der Metall- zur Lederindustrie überführen, denn sie arbeiteten mit beidem. — Abgesehen von den Pergamentern,[2] die eine unentbehrliche Gewerkschaft für das mittelalterliche Erfurt, diesen Centralpunkt christlicher und jüdischer Gelehrsamkeit, bildeten, wurde ein ununterbrochener Handel daselbst mit rohen und zu Leder verarbeiteten Thierfellen seitens der Kürschner und Gerber unterhalten (II, 203, 208). Pelzröcke (II, 191) mögen eine verbreitetere Tracht, Pelzverbrämung mag ein verbreiteterer Luxus als heute gewesen sein. Zu Leder gegerbt wurden Rinds- und Schaffelle, auch Bock- und Ziegenfelle[3] auf zweierlei Weise: mit Kochsalz und Sinter d. h. Alaun zu „weißgarem" Leder durch die Weißgerber und mit Gerbsäurelösung aus Eichenlaub und Eichenrinde zu „rothgarem" Leder durch die Lohgerber (II, 199, 208). Letztere bewohnten wieder einen beträchtlichen Theil der Stadt im Süden, dem sie den Namen „unter den Löwern" für alle Zeiten mittheilten, und wo sie damals schon wie heute mit Hülfe des Kirschlachen-Canals ihr Handwerk betrieben. Die im Wasser entbluteten Felle wurden mit der Aetzlauge aus Asche und Kalk im Aescher enthaart und dann mit Lohe gegerbt. Filz (für die Hüter) und Haare (z. B. für die Haarlakenverfertiger) war daher ein natürliches Angebot „unter den Löwern", Lohe, Tag für Tag dort verbraucht, hatte ebenda ihren ständigen Verkaufsplatz, so daß ein Theil des Löwerviertels wie noch gegenwärtig „am Lohbank" hieß (II, 208).

Von anderen Waaren des städtischen Handels theilt uns Hermann von Bibra einen höchst interessanten, allem Anschein nach viel älterer Aufzeichnung entlehnten Katalog von Holzgeräthen und ähnlichen Dingen II, 14 mit, die er mit dem ortsüblichen Namen „Hohlwerk" (vgl. I, 13) bezeichnet. Allerdings mögen Becher, Kannen, Näpfe, Lägel, Bottiche, Tröge darunter die Hohlformen stark vertreten haben, indessen kommen

---

[1] Milwitz-Buch im E. A. p. 271.
[2] Carm. sat. v. 1737 ff.
[3] ib. v. 1758 f.; über erkerwere erchgerwere (Bockledergerber, von ahd. irah, mhd. irch, ërch — Bock) vgl. „Erfurt im dreizehnten Jahrhundert" p. 54.

auch platte Scheiben, stielartige Geräthe, ja sogar Bast und Bogen=
sehnen, Matten und Leibgürtel aus zusammengestecktem Laub vor, die
jenen Namen weniger rechtfertigen, dabei jedoch einen lehrreichen Blick
werfen lassen auf die mannigfaltige Benutzung, die der Stoff der
heimischen Wälder, zumal das Holz als natürlichstes Material
ältester Kunstthätigkeit einst bei unseren Vorfahren fand. Ausgepicht
mußten Becher und Fässer freilich werden; darum nennt uns eine
spätere Zusammenstellung noch außer Sicheln, irdenen und gläsernen
Gefäßen (die zu Bibras Zeiten gewiß den hölzernen schon viel Con=
currenz bereiteten) Pech als Handelswaare neben Mulden und Trögen
(II, 214). Auch Holzschuhe kommen mit Drechslerwaaren und Kämmen
zugleich vor; und wieder auf die Landwirthschaft weisen zurück die
Obst= und Gemüse=, Käse=, Hühner= und Eierverkäufer (II, 199).
Eine eigenthümliche Gruppe von Zukosthändlern bilden auch noch die
Sülzener, Schmeerhändler, Sälzener und Senfer (II, 214).

Ueber den Oel= und Fischhandel sind die Mittheilungen sehr
spärlich. Die Erfurter Oeler werden eben nur genannt (II, 44;
III, 19) und sind doch in der Oelgewinnung aus dem Rubensamen
oder Rübsen vielleicht ganz Deutschland, wie wir sahen, vorangegangen.
Fischhandel wurde ungleich lebhafter als im heutigen Erfurt betrieben;
das vermag schon der Name eines besonderen Fischmarktes allein
zur Genüge zu beweisen, auch brachten es die Fasten mit sich. Von dem
massenhaften Consum in Heringen hatte eine ganze Genossenschaft, die
der Heringer, besten Ertrag (II, 44, III, 20); nach ihrem Lachszins
(II, 45) darf man sie sich wohl auch mit andern Fischen handelnd
denken. Und gerade Lachs machte, wie es nach II, 141 scheint, keinen
unbedeutenden Handelsartikel im damaligen Erfurt aus; dazu kamen
noch Aale und andere nicht näher zu ermittelnde Fische.

Bier und Wein, deren Ausschank nächst Brot= und Fleischverkauf
am allermeisten den täglichen Verkehr beherrschte, kommt ebenfalls nur
selten zu erwähnen Gelegenheit. Wir erfahren nur, daß die Weinschröter
die Hände voll zu thun hatten und sich in ihrer Bedeutung fühlten (I, 52),
ferner daß neben „Landwein" auch fremde Weine in der Stadt verzapft
wurden (II, 142). Vom Wein wurde bereits 1288 (s. S. 250) und
1332 (II, 159) der Stadtcasse Ungeld, vom Bier seit Alters wenigstens
in den Mainzer Hof die Bierwette, große und kleine, gezahlt (II, 27 f.;
III, 21), und beim Brauen benutzte man jene unförmlich großen
kastenartigen „Bierrinnen" (II, Anm. 45), mit denen man den edlen

Gerstensaft zur Bereitung der sogar historisch berühmten Erfurter „Schlunze"[1] überzuleiten, pflegte vom Maisch= in den Braubottich und von diesem dann, mit Hopfen versetzt, in das Kühlschiff. Den über 20 Mühlen, die bereits 1332 von Bergstrom, Breiter und Wilder Gera in oder nahe bei der Stadt getrieben wurden (II, 222), gehen wir vorbei, um zum Schluß noch das eigentliche Marktleben der damaligen und der kurz vorangegangenen Zeit zu betrachten.

Seitdem Erfurts Handelsverkehr als der eines Grenzmarktes gegen die östlichen Slaven emporgekommen war,[2] hörte Erfurt während des Mittelalters nicht auf, ein belebter Handelsplatz für den von West nach Ost ziehenden, bald auch für den damit sich kreuzenden Verkehr von dem Main= und dem Donaugebiet zu den nordischen Küsten zu sein. Zumal für das eigene Heimathsland d. h. für Thüringen war Erfurt außer in der kirchlichen in keiner anderen Beziehung so sehr Metropole als in Handel und Gewerbe; es war, begünstigt durch seine centrale Lage, für den Waarenumsatz dieses Landes was das Herz für den Stoffwechsel des Körpers ist. „Ganz Thüringen nährt und wärmt sich aus Erfurt"[3] — so durfte man gewiß schon um 1300 sagen. „Der Waldmann" (I, 14) brachte Holz und Schnitzwaaren nebst allerlei Flechtwerk aus Bast und Weiden (I, 13 f., 17; II, 14), besonders auch Kohlen und Eisen nach Erfurt und nahm dafür zumal Getreide hinauf in seine rauhen Waldberge der „Loiba".[4] Die Bauern der näheren Umgebung der Stadt fuhren ihr Getreide auf den städtischen Markt und trieben noch 1289 so genau den alterthümlichen Tauschhandel, daß sie oft genug dasselbe Faß mit Bier füllen ließen, nachdem sie dessen Korninhalt als Entgelt des Bieres ausgeschüttet

---

[1] Kurz ehe Rudolf von Habsburg der Schlunze so viel Geschmack abgewann, daß er an ihr zum „Bierrufer" wurde, widmete ihr der Verfasser des Carm. sat. die materialistischen Verse: est ibi ..
Et nigra cerevisia, per quam nova philosophia,
Quando gustatur, in corde viri generatur.

[2] Schon 805 bedurfte der Waffen= und Rüstungshandel in Erfurt der Ueberwachung (Pertz LL. I, 133).

[3] Nicolaus von Siegen (ed. Wegele) p. 487.

[4] Noch 1622 bestand dieser regelmäßige Umsatz von Holz, Kohlen und Eisen gegen Getreide durch die Anwohner des Thüringer Waldes (und seiner Vorberge) in Erfurt. Vgl. den Bericht des Raths vom 16. Apr. 1622 im M. A. (Erf. Acten, Tit. IX, No. 6).

hatten (I, 18).¹ Für den Verkauf der Holzwaaren durften wir sogar die Marktabgabe an den Hohlwerkzöllner öfters mit Holzgeräth selbst entrichtet annehmen (S. 173), und für den sehr stark besuchten Erfurter Pferdemarkt steht Tausch= neben Geldhandel noch für das 14. Jahrhundert fest (II, 212), ebenso der Tauschhandel mit Lein=wand gegen Tuch unter den Gewandschnittgaden des Wenigen Marktes (II, 205).

Wenn einmal der Stadt die Zufuhr abgeschnitten war, so fühlte das nicht nur der Schuh= oder Gewandverkäufer durch den ausbleibenden Absatz an das Landvolk, sondern in zweierlei Hinsicht vor allem fühlte man noch viel allgemeiner und augenblicklicher die unmittelbare Ab=hängigkeit von den Landsleuten außerhalb des Weichbilds: in dem nicht zu befriedigenden Verlangen nach Salz und Kohlen. Hiernach scheint man nie große Vorräthe von beidem aufgesammelt zu haben; aber nur um so reger war der Verkehr auf dem Salz= wie auf dem Kohlenmarkt. Beide waren vor den Graben.² Bei der „schwarzen Kemenate" des Scharfrichters und dem Pranger, den man Kak nannte (II, 179 u. Anm.), war der Boden an jedem Markttag so schwarz von Kohlenabfällen, daß wegen der Vergütungen für das Kehren des Kohlen=marktes durch den Scharfrichter allein oder auch noch durch einen vom Rath verordneten Diener zwischen Stadt und Erzbischof Verhandlungen und Festsetzungen nöthig wurden;³ und so unaufhörlich wanderten die Kohlen der Meiler des „Waldmanns" in Schmiede= und andere Werkstätten Erfurts, daß die Darreichung des ursprünglich korbartig geflochtenen, allein auf dem Kohlenmarkt gebrauchten erzstiftischen Kohlenmaßes Beträchtliches abwarf (II, 75, 235). Vollends aber der Salzmarkt, dicht vor den zur Domkirche heraufführenden Stufen, sammelte immer bunte Schaaren von Bürgern und Bauern (II, 4—12, 15—21). Besonders von Frankenhausen mochte die Salzeinfuhr geschehen, aber auch von Ausländischen wurde der Erfurter Markt mit Salz versorgt (II, 12). Wagen und Karren standen da in langer

---

¹) Noch 1497 kauft ein Erfurter Bürger einem „Waldschmied" Eisen ab für ein Malter Korn, das er ihm „auf seine Hütte" fährt (Engelm.=Buch fol. 134 f.).

²) Vgl. I, 4 und fol. 65 v. der handschriftlichen Chronik seit 1551 (Ev. Minist.=Bibl. zu Erfurt, K XIV), wo das Scharfrichterhaus als „auf dem Kohlenmarkt" gelegen angegeben wird.

³) Concordata Bertholdi von 1497. M. A. VI, 10.

Reihe und brängten sich um das auch hier allein gültige erzstiftische Gemäß. Bis zur „Klinge" saßen die, die in Mulben Salz feil boten (II, 19); unter 15 Hütten oder Buden, die früher bedachte Räderkarren gewesen, wurde ein beständiger Detailverkauf von Salz unterhalten (II, 8, 15), wohl schon damals von den übel berüchtigten Salzweibern. Sie allein durften die „Huppen" oder rückständigen Salzüberschüsse von den Salzwagen aufkaufen und Sonnabends sich auch mit ganzen Wagen- oder Karrenladungen versehen (ib.); Auswärtige durften gar nicht, Bürger, die Salz zu Markt fuhren, nur Mittwochs, Freitags und Sonnabends bis zur Mittagsstunde mit „kleinen Gemäßen" d. h. mit kleineren als Mainzer Halbscheffelmaßen Salz verkaufen (II, 16 f.). Denn Bürger betheiligten sich mit beim Gewinn vom Salzhandel, indem sie den Auswärtigen ihr Salz abhandelten, was auch außerhalb des Salzmarktes, sogar in den Vorstädten geschehen konnte, um dann den städtischen Markt mit zu befahren (II, 11).

Der Platz „vor den Graben" kann indessen nicht als der eigentliche Haupt-Marktplatz der Stadt Erfurt historisch angesehen werden. Sonst wäre die Bestimmung, daß 9 Tage vor Ostern, Johannis und Weihnachten und bei Anwesenheit des Erzbischofs hier Markt gehalten werden müsse (II, 137 f.), ohne Sinn. Es bestand vielmehr ein eigenthümlicher Dualismus des Erfurter Marktwesens auf Graben und Wenigem Markt und zwar mit Bevorzugung gerade des letzteren und seiner nächsten Umgebung. Wohl standen dicht am Krummhausgarten, also am Rand der Severhöhe unweit der „Stufen" etwa 60 Schusterbänke, mit allerhand Schuhwaare vom städtischen Schusterhandwerk behufs des Verkaufs besetzt (II, 46), und gleich dabei hatten die Löwer unter dem sogenannten Lederhaus ihre 36 Bänke für Feilbietung ihrer Lederwaare (II, 60), ganz nahe dabei stand auch ein „Brothaus" (II, Anm. 10),[1] und in der zweiten Hälfte des 13. Jahrhunderts wie wohl auch noch geraume Zeit später existirten Gaden oder Buden für den Leinwandverkauf vor den Graben (I, Anm. 133)[2]. Aber auf

---

[1] Cives Erford. de domo sita ante gradus, in qua venditur panis, tal. et IV pullos (Hdschr. F im M. A.).

[2] Es sind vielleicht die z. B. noch im Freizinsregister des E. A. von 1332 erwähnten „Buden unter den Seilern vor den Graben". Nach dem Register von 1293 (ib.) bilden auch sie ein zusammenschließendes Haus („de domo ante gradus, que dicitur buden").

dem Wenigen Markt waren nicht nur ebenfalls 52 „Bänke oder Stände" für die Erfurter Schuhmacher errichtet und ein Lederhaus dabei (II, 59 u. Anm.) nebst einem „Brothaus",[1] sondern vor allem hatte hier der Schnittwaarenhandel in den vielgenannten „Gewand=schnittgaden" (I, 54) seine Stätte. Neben den Schuhbänken (II, 59) und dem Brothaus zogen sich diese Gaden als eine Doppelreihe von offenen Verkaufsständen gassenförmig von Nord nach Süd, nahe von dem durch die Aegidius= oder Ilgen=Kirche überwölbten Ostaufgang zur Krämerbrücke bis gegen die Bülze etwa hin; kam man von der Krämerbrücke her in diese Gasse der „Kaufmannskammern" (II, 256), so hatte man zur Linken volle 48, zur Rechten ungefähr wohl ebenso viele Gaden, die schon damals wie später, wo man an derselben Stelle von einem „Gewandhaus" redete, nach Art eines langen niederen Bretterhauses rechts wie links zusammenschließen mochten, vielleicht von zwei Durchgängen jederseits durchschnitten, wie die Drittheilung in untere, mittlere und obere Kammern vermuthen läßt (II, 57 f. u. Anm.). Da lagen nun in ganzer Fülle und in den buntesten Färbungen die Erzeugnisse des Erfurter Tuchmacher= und Weitergewerks aus, denn wohl ganze „Stücke" Tuchs durfte man anderwärts verkaufen, jedoch den Einzelverkauf, der das Stück mit der Scheere zu zerschneiden ver= langte, nur hier abhalten (I, 54). Hießen aber auch eben hiernach diese vermuthlich hölzernen Kaufhallen die der Gewandschnitter (Tuch= schlitzer) oder der Kaufleute, so boten unter den wohl mehr als 90 Gaden doch noch andere Händler ihre Bekleidungswaare feil: vor allem die Kürschner ihre Pelzwaare und unter den mittleren Ständen zur Rechten die Schneider, die in denselben Gaden Wämmse verfertigten und verkauften; und so emsig arbeitete unter den Gewandschnittgaden die Scheere, daß die hier (und allerdings noch „bei den Beginen und sonst wo") gesammelten Tuchabfälle, etwa zum Auspolstern der Wämmse benutzt (II, Anm. 353), Gegenstand eines besonderen Handels wurden (II, 208), ähnlich wie man bei Schustern, Riemschneidern und Gürtlern die

---

[1] Der Rath hatte kurz vor 1266 dieses Brothaus „iuxta cameras mercatorum" bauen laßen (Rein, Thur. sacra I, 89); es stand bereits 1265, denn die in einer Urk. d. J. (im E. A.) erwähnten „novi banci, in quibus panis venditur", nahe bei der Ilgen=Kirche sind, wie gewöhnlich solche Ver= kaufsbänke in Erfurt, unter einem gemeinsamen Schutzdach zu denken, so daß sie (wie die Gerichtsstätte unter dem Welterdach) als „domus" zusammenfassend bezeichnet werden.

Lederabfälle sammelte und zum Leimkochen verkaufte (II, 208). Das Erzstift hielt seiner Einkünfte halber streng auf den Alleinverkauf der Tuch= schnittwaare und des „Kürsenwerks" unter den schlechtweg sogenannten „Gaden" des Wenigen Markts; erst 1484 wurde einmal vom Erzstifts= Administrator Albrecht gegen jährliche Vergütung der Einnahmen von den auch fernerhin mit Waare zu versehenden 15 Ständen unter den Gaden den Erfurter Kürschnern zur Wiederbelebung ihres an solcher Einschränkung arg leidenden Handwerks auf 12 Jahre gestattet, in ihren Häusern „mit ausgehangenen Tafeln und aufgethanen Läden" Pelzwaare feil zu bieten.[1]

An derjenigen Seite des Wenigen Marktes, die in der Richtung der anstoßenden Krämerbrücke verläuft und ehedem mit zur Futtergasse gerechnet wurde, stand ein guter Theil der 80—90 kurzbeinigen Klötze, auf denen gegen erzstiftischen Zins das Fleisch gehackt d. h. verkauft wurde: die sogenannten „langen Bänke"; an einem wohl versteckteren Platz, wie es scheint nahe bei der Ueberwölbung von St. Ilgen, gelangte man zum „Judenhut", unter dem saules oder irgendwie verdorbenes Fleisch, wir denken für Thierfütterung, feil stand (II, 125).

Und so ging es an der Münze vorbei auf die noch viel bunter von mannigfachster Kaufwaare erfüllte „Krämerbrücke", den uralten, vielleicht lange Zeit einzigen Uebergang über den Breitstrom, der von Häuschen so dicht und eng umbaut war, daß man, durch das Ilgen= thor eingetreten, wohl in einer Doppelreihe von Kaufhäusern, nicht aber auf einer Brücke sich fühlte. Jedes Haus war ein „Kramhaus", in dessen Kramladen gerade kostbare, meist in kleinen Quantitäten nur verlangte „Krämerei" feil geboten wurde. Die mit nicht geringem „Brückenzins" ihrer Häuser belasteten Krämer haben immer sehr auf ihr Zunftprivileg gehalten, daß nur in den Kramläden dieser Brücke „Kramerswaaren mit der Elle auszumessen und mit dem kleinen Gewicht zu verkaufen" erlaubt sei.[2] Abgesehen von dieser Bedingung des Ver= kaufs im Kleinen oder nur im Großen, zeigt II, 198 den Krämerei= handel nicht ausschließlich an die Brückenhäuser gebunden. Wohl aber mag hier allein der Kleinhandel mit allerlei Kleinod und Specerei,

---

[1] Grünes Buch des E. A. fol. 32 v. f. Das Original befindet sich in der Innungslade der Kürschner zu Erfurt.

[2] Ein interessantes Actenfascikel hierüber („Verfall der Handlung auf der Krämerbrücke") aus den Jahren 1623—1626 befindet sich im M. A., Erf. Acten, Tit. Handel und Gewerbe.

mit Wachs und gewissen Webstoffen, wie Dirdendei und Berwer, verstattet gewesen sein (II, 198, 208). Zudem waren so gut auf der Brücke wie unter den Ziechnern, wie es scheint auch am Schottenkirchhof und auf dem Wenigen Markt, Bettbezüge, Hand- und Tischtücher aus Ziechenwerk zu kaufen (II, 202, 206).

Mit der Benedictskirche, bei der die kurze aber überaus belebte „Brücke" endigte, begann eine ganze Reihe von Läden mit gewöhnlicher Leinwand, welche die östlicheren zwei Drittel der „breiten Straße" schon damals zu einer Marktstraße machten und bis zur Allerheiligenkirche sich, wenn auch wohl nicht ununterbrochen, fortsetzten (II, 210). Unter den „Lin-Gaden" beim Rathhaus wurden auch fertige linnene Kleidungsstücke verkauft, und man nannte in Folge der angeführten Doppelbedeutung des Wortes Tuch auch diese Gegend „unter den Tuchschlitzern"; der Leinwandbuden vor den Graben wurde bereits gedacht.

Hinsichtlich des Wochenmarkts scheint übrigens der Marktplatz vor den Domstufen schon im Mittelalter vor seinem Nebenbuhler den Vorrang gehabt zu haben. Die Zollregister weisen nämlich einen viel höheren Ertrag des Sonnabends- als des Mittwochsmarktes auf,[1] und wie Mittwochs am Wenigen Markt, Sonnabends vor den Graben Stadtgericht gehalten wurde (S. 155), so soll es vor Alters auch mit dem Markthalten beliebt worden sein,[2] bis der „vordere Platz" dem im Innern der eigentlichen „Stadt" gelegenen auch den Mittwochsmarkt entzog.

Den bei weitem größten Waarenumsatz lassen die genannten Zollregister am großen „Freimarkt", Mittwoch nach Trinitatis erkennen: während sonst die Zolleinnahme im Durchschnitt 8—10 Schock Geldes um 1490 an einem gewöhnlichen Markttag betrug, pflegte sie am Freimarkt nach Trinitatis auf mehr denn 40, bis über 44 Schock zu steigen.

Zwang der Verkäufer bezüglich des Verkaufsortes bestand längst nur noch für einige Handwerke; die Bäcker hatten sich vom Alleinverkauf ihrer Waare unter dem Brothaus des einen oder des anderen

---

[1] Die Zollrollen der Jahre 1486—88, 1490 und 91 in Form langer Pergamentstreifen im M. A. (Erf. Acten, Tit. V, No. 2), ein Verzeichniß des Marktzolls von 1495 auch im D. A. (No. 8678).

[2] Nach der Beschwerdeschrift der Erfurter Krämer in dem auf voriger Seite citirten Actenfascikel des M. A.

Marktes im 14. oder schon im 13. Jahrhundert, vielleicht durch den erwähnten, im Jahr 1264 genehmigten Act der Innungsauflösung, frei gemacht, und der Rath gestattete jedem Bäcker in seinem eigenen Haus feil zu bieten.¹

Von dem Import-Handel, den andere Städte nach Erfurt trieben, gestattet uns Hermann von Bibra nur einen Blick auf den der thüringischen Städte (II, 209): von ihnen, namentlich von Mühlhausen brachte man Leder und inländische Kleiderstoffe nach Erfurt.

---

¹) Artikel 47 des Zuchtbriefes.

V. Die Juden.

Neben dem schmalen Streifen zwischen Fluß und Kirschlache, der nach der „Enelenden-Herberge" selbst das Enelend oder Elend (exilium) genannt wurde, lag dicht vor dem Nordende der Stadt Erfurt außerhalb der Stadtmauer „der Juden Grab", wie man im 13. Jahrhundert, ihr „Begräbede", wie man späterhin den alten Friedhof der Erfurter Judengemeinde nannte (I, 49 u. Anm.). Die Grabsteine, die nachmals, als selbst die todten Juden keine Friedensstätte mehr in Erfurt haben sollten, von den Gräbern weggenommen und zu allerlei profanem Mauerwerk verbaut wurden, führen in eine ältere Zeit zurück als alle bis jetzt in Erfurt aufgefundenen christlichen Leichensteine: in das 12. Jahrhundert. Aber diese Grabsteine gehörten nicht alle dem Andenken von Erfurter Juden, sie nannten auch Namen von Juden, die von Dorf und Stadt der näheren oder ferneren Umgebung Erfurts nur als Leichen hierher gefahren oder getragen worden und nach alter Sitte für einen Zoll von 30 Silberpfennigen die letzte Ruhestatt auf diesem wenigstens für Mittelthüringen gemeinsamen „Judengrab" gefunden hatten (II, 140).

Schon diese Thatsache allein, daß, wie Mainz für das Rheingau, Regensburg für Baiern, Frankfurt a. M., Worms, Basel, Zürich, Schweidnitz für ihre Umgebungen,[1] so auch Erfurt für die seinige den jüdischen Begräbnißort bot, also Mittelpunkt eines sogenannten Friedhofsbezirks[2] für vereinzelt oder in kleineren Gemeinden lebende Juden Thüringens war, beweist, daß die „Jüdischheit zu Erfurt" eine hervorragende Bedeutung hatte. Versuchen wir daher an dieser Stelle die wenigen Mittheilungen, die uns vorstehende Weisthümer über

---

[1] Stobbe, die Juden in Deutschland während des Mittelalters, p. 296 f.
[2] ib. p. 146.

Judenverhältnisse geben, aus anderem Urkundenmaterial zu ergänzen behufs eines Beitrags zu der jüngst begründeten Geschichte der Erfurter Judenschaft.[1]

Noch aus den letzten Jahrzehnten des 12. Jahrhunderts stammt der Erfurter Judeneid,[2] der, auf golden umrandetem Pergamentblatt in saubersten Schriftzügen und mit verzierten Initialen niedergeschrieben, eine Perle des Magdeburger Archivs ausmacht, denn in ihm liegt uns eins der ältesten der in Originalschrift erhaltenen Denkmäler mittelhochdeutscher Sprache vor. Es ist eine Schwurformel, die dem eine vorgeworfene Schuld abschwörenden Juden seine Verdammniß im Fall eines Meineids mit vierfacher Bedrohung vorhält. Der Jude beschwört — die Hand in oder auf den Pentateuch gelegt[3] — seine Unschuld, so ihm Gott helfe, „der Gott, der Himmel und Erden geschuf, Laub Blumen und Gras, das davor nie war"; aber „wenn du unrecht schwörst", folgt in wiederholter Anaphora die Versehmung, „verslinde dich die Erde", „bestehe dich die Muselsucht" (= befalle dich der Aussatz), „vertilge dich die Ehe (= das Geseh), die Gott Mose gab in dem Berge Sinai, die Gott selber schrieb mit seinen Fingern an der steinernen Tafel", „fällen dich alle die Schriften, die geschrieben sind an den fünf Büchern Mose." Diese weit über das Weichbild Erfurts (bis nach Schlesien hin[4]) gebrauchte Eidesformel ist in ihren beiden ersten Strafdrohungen für Meineid die fast wörtliche Wiederholung der uralten, schon von Karl d. Gr. angeordneten jüdischen Schwurweise,[5] gegeben aber ist sie für die Stadt Erfurt durch Erzbischof Konrad I. von Mainz.

So erscheint die Erfurter Judengemeinde, soweit wir ihre Geschichte in die Vergangenheit zurückverfolgen können, in engster Beziehung zum Erzstift. Kaiser Otto IV. verlieh zwar um 1212 die Juden-Beten (petitiones ad Judeos) wie in Mainz so in Erfurt dem Erzbischof;[6] es ist aber daraus nicht mit Sicherheit eine diesem

---

[1] Jaraczewsky, Geschichte der Juden in Erfurt. Erfurt 1868.
[2] Wortgetreu bei Jaraczewsky p. 3 f. abgedruckt. Nur moysy ist darin beide Male in moisy zu ändern.
[3] Vgl. Stobbe l. c. p. 155 und M. A. XLVII, 16, Jaraczewsky l. c. p. 95.
[4] Stobbe l. c. p. 157.
[5] Pertz, LL. I, 194.
[6] Gudenus, Cod. dipl. I, 419.

Act vorhergegangene Besteuerung der Erfurter Juden durch den Kaiser zu folgern, da derartige Schatzung (der Begriff der sogenannten Kammerknechtschaft der Juden) gerade in jener Zeit des Kreuzfahrer-Fanatismus überhaupt erst begann; es war jene Verleihung vielmehr wohl nur die vom Erzbischof nachgesuchte kaiserliche Bestätigung der vielleicht jetzt erst begonnenen Erhebung von Judenschutzgeldern für die erzstiftische Kasse, die immerhin als kaiserliches Lehen angesehen werden mußten, da der Kaiser sie als oberster Schutzherr der Juden im ganzen Reich auch hier in Anspruch zu nehmen befugt gewesen wäre.

Ursprünglich werden die Erfurter Juden von beträchtlicheren Abgaben wohl nur das Pflichtgeschenk der 20 Pfund Erfurter Pfenninge und des Pergaments in die Kanzlei[1] beim Eintritt eines neuen Erzbischofs zu leisten gehabt haben (II, 149 f.); dazu kam noch als ständige Abgabe am 1. Januar jedes Jahres je 1 Pfund Pfeffer an des Erzbischofs Vizthum, Kämmerer und Schenken sowie in den Mainzer Hof (II, 2)[2] und der Zins von den vier jüdischen Fleischbänken an der Gera bei den Krautstegen, den später der Rath zu zahlen übernahm (II, 126), nebst einigen anderen Freizinsen. Den Grabeszoll erhob man abweichend von der in anderen Städten (auch in Mainz[3]) herrschenden Sitte nur von auswärtigen Juden.

Seitdem aber die Erzbischöfe im 13. Jahrhundert als Verleiher und Beschützer der Rechte der Erfurter Judenschaft wiederholt[4] auftraten, erhoben sie natürlich jene „Beten" in immer steigender Höhe; denn wie überall war ja auch hier der Judenschutz nur dem Namen nach eine Schutzpflicht seines Inhabers, dem Wesen nach ein lucratives Besteuerungsrecht. Als jüdischer Zinstag war auch in Erfurt der Martinstag festgesetzt; auf diesen Tag waren für die jährliche Erneuerung „der Rechte und Gnaden" von der Judenschaft

---

[1] Ebenso die Juden Frankfurts bei Anwesenheit des Kaisers (Stobbe l. c. p. 38).

[2] Analoge Abgaben der Juden in Köln und Trier: dort 6 Pfund Pfeffer zu Martini an den Burggrafen (Ennen l. c. I, 468), hier 6 Pfund dem Erzbischof und 2 Pfund dem Kämmerer desselben sowohl zu Ostern als zu Weihnachten (Beyer, mittelrheinisches Urkundenbuch II, 400).

[3] Schaab, diplomatische Gesch. der Juden in Mainz p. 124. In Basel (Ochs II, 447) zahlten Einheimische ½, Fremde 1 Gulden Grabgeld.

[4] In unbestimmter Zeit vor 1265, dann 1265 und wieder 1275 und 1287 (M. A. VII, 3 und Höfer l. c. p. 35 f.).

in früherer Zeit ·80 Mark reinen Silbers zu bezahlen, die man auch
wohl — z. B. 1306 [1] — in doppelten Jahresraten voraus erhob
oder in Zeiten der Geldnoth an den Rath verpachtete;[2] 1332 betrug
diese Martini-Schatzung schon 100 Mark, also nur etwa 46 Pfund
Geldes weniger als die gesammten übrigen ständigen Geldeinkünfte des
Erzstifts von Stadt und Land (s. oben S. 194); ja Hermann von
Bibra fügt ganz offenherzig dem Ansatz der 100 Mark noch hinzu:
der Erzbischof könne diese Summe nach Belieben ändern und je nach
den Verhältnissen die Juden „zu einer höheren Summe pressen"
(II, 129). Letzteres scheint jedoch unterblieben zu sein, da in jener
merkwürdigen Urkunde, in welcher Erzbischof Gerlach 1349 der Stadt
Erfurt „die Geschicht, die an unsern Juden geschehen ist" d. h. den
gräßlichen Judenmord (am Sonnabend vor Mittfasten desselben Jahres)
verzeiht, wieder nur „100 Mark Gulde" erwähnt ist.[3] Unter der
Bedingung der Uebernahme dieser jährlichen Judensteuer und der bis
dahin von der Judenschaft gezahlten Freizinsen durch den Rath —
nebenbei der Lossagung desselben von seinem Nebenbuhler um den
Erzstuhl — versprach nämlich Gerlach der Stadt nicht nur Straflosigkeit
für jene Unthat, sondern auch Belassung der Bürger bei allen ihnen
durch den blutigen Sieg über die reiche Judenschaft zugefallenen Häusern
und sonstigen Gütern,[4] ja er verstieg sich in seiner Gnade so weit,
urkundlich „auf alle die Schuld" Verzeihung auszusprechen, welche die
Bewohner von Stadt und Land „seinen Juden" „in irgend welcher
Weise schuldig waren und schuldig sind", wogegen der Stadtgemeinde
wie einzelnen Bürgern aller Gewinn ungestört bleiben solle, den sie durch
Einfordern der Schulden an Stelle der Juden genossen hätten
oder noch genießen würden „Pfaffen und Klöster ausgenommen" —
was freilich das grellste Licht auf die Motive auch dieser „Judenschlacht"

---

[1] M. A. XLVII, 3.

[2] So 1291 „pro exoneratione debitorum nostrorum in romana
curia contractorum" auf 11 Jahre, welche Frist dann noch um 3 Jahre
verlängert wurde (M. A. VII, 10ᵃ).

[3] M. A. VII, 21 und der Revers der Stadt Erfurt von demselben
Datum (Sonnabend vor Margaretha 1349. im E. A., abgedruckt bei Jaraczewsky
p. 83 ff.

[4] Hogel erwähnt in seiner handschr. Chronik (ad a. 1354) bei einer
Jahreseinnahme der Stadt von 2012 Mark im Art. VIII: „29 Mark von
gefundenen Judengütern".

wirft, da wir aus guter Quelle wiſſen, daß gerade damals Herren und
Ritter, Bürger und Bauern den Erfurter Juden „unendliches Geld"
ſchuldig waren,[1] wie denn Verſchuldung an die Erfurter Juden beim
thüringiſchen Adel ſchon im 13. Jahrhundert etwas ganz Normales
geweſen zu ſein ſcheint.[2]

Ueber die inneren Zuſtände der Judengemeinde während dieſer
früheren Periode wiſſen wir faſt nur aus den Freizinsregiſtern Einiges.
Ein „Judenmeiſter"[3] ſtand wenigſtens ſchon im 13. Jahrhundert an
der Spitze der Erfurter „Jüdiſchheit"; er wird wie der Nürnberger
Judenmeiſter und wie der „Synagogen-Vorſteher" (archisynagogus)
in Speier[4] vor allem der Richter der Gemeinde geweſen ſein.
Mit dem Aufblühen der Stadt ſeit der Mitte dieſes Jahrhunderts
ſcheint auch die Kopfzahl der Judengemeinde erſt eine beträchtlichere
geworden zu ſein, denn erſt 1240 ging der Pleban der Benedicts-
Pfarrei (in der die Juden hauptſächlich wohnten) den Erzbiſchof an
um Schutz ſeiner Einkünfte von den Häuſern der Pfarrei, da gewiſſe
Bürger daſelbſt ihre Häuſer den Juden zur Wohnung überließen.
Der Rath glich 1273 den Streit dahin aus, daß dem zeitigen Pleban
jährlich 6 Pfund Erfurter Pfenninge von den Juden ſeiner Pfarrei
zu Martini erlegt werden ſollten, und außerdem jeder Jude, der
fernerhin daſelbſt ein Haus kaufen oder miethen würde, ſich gütlich mit
dem Pfarrgeiſtlichen abfinden möge, wodurch der Letztere ſich vermuthlich
mit der halb jüdiſchen Gemeinde weit beſſer ſtand als mit einer rein
chriſtlichen.[5] Auf „Tauſende" kann aber die Judenſchaft bis zu jenem
Angriff von 1349 ſich unmöglich vermehrt haben; wie hätte auf
4 Fleiſchbänken (II, 126) für mehrere Tauſende das Fleiſch zur täglichen Nahrung gehackt werden können!

Dazu war der den Juden zugetheilte Wohnungsbezirk kaum ſo
groß, um etwa hundert und einige Häuſer faſſen zu können: auf
beiden Seiten des weſtlichen Aufgangs zur Krämerbrücke zog er ſich
hinter dem Rathhaus herum bis zum Töpfenmarkt d. h. dem ſüd-
öſtlichſten Theil des Fiſchmarkts, und andererſeits die Gera herab

---

[1] Chron. Samp. (ed. Stübel) p. 180.
[2] M. A. VII, 3.
[3] Bereits der Schreiber Bartholomäus (um 1250) nennt die uxor magistri Judeorum (p. 12 der Erfurter Abſchrift).
[4] Arnold, Verfaſſungsgeſchichte I, 73.
[5] Die beiden Urkunden bei Jaraczewsky p. 75 f.

ungefähr bis zur Lehmanns-Brücke, bildete also ein mondsichelförmiges
Areal, dessen convexe Ostseite durch das geschäftige Handelsgetriebe der
Krämerbrücke gerade in der Mitte berührt wurde. Von einer theil-
weisen Ummauerung dieses Judenviertels findet sich vielleicht eine Spur
in dem bis zum Brand von 1736 erhalten gewesenen „Heidenthor"
am Töpfenmarkt, das nach einer älteren Angabe[1] „der Juden wegen
von den Christen also benennet gewesen;" es kann indessen dieses
Heidenthor auch ein bloßer Verschluß des Zugangs nach der Judengasse (platea Judeorum) gewesen sein, die sich unfern der Gera
hinter dem Rathhaus am städtischen Marstall vorbeizog.[2]

Mit dem Ausdruck „unter den Juden" (inter Judeos) schlechtweg scheint man den nördlichen Theil des Judenbezirks verstanden zu
haben. „Unter den Juden" lag vor allem das „kalte Bad" der
Juden bei den Krautstiegen, von welchem sammt einem stets damit
zusammen genannten „vicus"[3] die Jüdischheit alljährlich in der Severkirche 2 Pfennige, wie von Friedhof und Synagoge je 6, als Freizins auf des Erzbischofs Tisch legte. Die Synagoge (gewöhnlich
scolae, seltener scola in den Freizinsregistern genannt) lag ungefähr
in der Mitte der concaven Seite jenes Sichel-Areals, abgeschieden
vom Getümmel der Straße. Durch ein massives Steingebäude, dem
reichen Juden Fiwis (Vivus, Piscis) und Abraham von Rothenburg
1293 gehörig, ging man über den „Skulhof" des Morgens und
Abends zur Synagoge, und im 14. Jahrhundert brachte die Gemeinde
bald das Durchgangsgebäude, erst theilweise dann ganz, in ihren
Besitz und zahlte davon 2 Freipfennige. Fiwis hatte außerdem ein
Haus der Synagoge gegenüber („contra scolas"), von dem 1 Schilling Freizins erlegt werden mußte, und das darum erwähnenswerth
ist, weil es ein Beispiel für die **Theilung der Häuser** etlicher Juden

---

[1]) Lib. corr., No. 378, wobei jedoch die Worte „Juden" und „Christen"
mit einander verwechselt sind.

[2]) Auch in Braunschweig konnte die vom neustädtischen Rathhaus aus-
gehende Judenstraße durch zwei Thore verschlossen werden. Vgl. Dürre l. c.
p. 695.

[3]) Das Judenbad war ein an der Gera gelegenes Haus (M. A. XLVII,
38) und muß, da es auch als „in der Krautgasse" liegend bezeichnet wird, am
Ausgang dieser Gasse nach der Gera gelegen haben; der „vicus" war
vielleicht der im Judenbuch der M. A. erwähnte Brunnenplatz („area circa
fontem inter Judeos").

in der Folgezeit abgibt. Es wurde nach Jiwis' Tod zunächst unter
seine Söhne, Schwiegersöhne und Töchter vertheilt, später hatten auch
dem Anschein nach Nichtverwandte Antheil daran; 1321 war es nebst
dem Otto'schen Haus bis auf Sechzehntel vertheilt, was bei nicht
jüdischen Häusern nur einmal vorkommt, nämlich beim Residenzhof der
Grafen von Gleichen, und ein Zeichen von ansehnlicher Größe dieser
jüdischen Häuser gegenüber den christlichen sein dürfte,[1] wie denn noch
jetzt in der Gegend der früheren Judengasse umfangreiche alte Gebäude
sich erhalten haben. Möglich, daß der Rath schon damals Judenhäuser
gebaut und vermiethet oder auch gewinnreich an Juden verkauft hatte.
Einige früher Juden gehörige Häuser in nächster Nähe beim Rathhaus
sehen wir später im Besitz des Raths, so das Haus Johanns von Achen
(de Achis, de Aquis), aus dem schon in den 20er Jahren des 14.
Jahrhunderts der städtische Marstall gemacht war.

Auch in Erfurt waren die Juden von ländlichem Grundbesitz
nicht völlig ausgeschlossen; von einem Weingarten vor dem Andreasthor,
der früher Gotschalk Kerlinger gehört hatte, zinsten 1321 zwei Juden.
Aber selbstverständlich beruhte auch hier ihre Bedeutung auf der neu
erstandenen und immer höher wachsenden Macht des Geldes, über die sie
mehr als alle Anderen Herr waren.[2] Ob ihre Geschäftsverbindungen
auch über die Grenzen Thüringens hinausreichten, ist aus dieser früheren
Zeit nicht zu ermitteln, jedoch nicht unwahrscheinlich; in den 80er Jahren
des 14. Jahrhunderts waren die beiden reichsten Nürnberger Juden, die
der Stadt Nürnberg auf einen Posten 13000 Gulden zahlten, die
Gebrüder Grosse und Meier, von Erfurt,[3] und bereits 1346 erscheint
in Frankfurt a. M. der Jude „Fysch von Erfurte",[4] gewiß ein
Nachkomme des um 1293 gegenüber der Erfurter Synagoge wohn-

---

[1] In London gab es schon im 12. Jahrhundert Häuser reicher Juden
vom Ansehen königlicher Paläste („domus, quae quasi palatia regum erectae
fuerant") Grätz, Gesch. der Juden VI, 259.

[2] Erzstiftische wie städtische Verwaltung machte öfters Anleihen bei den
Juden der Stadt; daß ihnen aber der Erzbischof 1291 die Gerichtsgefälle in
Erfurt verpfändet habe, wie Neumann (Gesch. des Wuchers p. 317) aus
Gudenus mittheilt, beruht nur auf einem Flüchtigkeitsfehler des letzteren:
Juden- und Gerichtsgefälle wurden sammt der Münze damals vom Erzbischof
der Stadt verpfändet (M. A. VII, 10ᵃ).

[3] Hegel, Chroniken der fränkischen Städte I, 122.

[4] Kriegk, Frankfurter Bürgerzwiste und Zustände im Mittelalter,
p. 418, Anm. 3.

haften kinderreichen Fiwis oder Piscis. Die Richtung des Anzugs
der Erfurter Juden läßt sich dagegen um so sicherer aus den Herkunftsnamen erschließen, welche die Stelle der in der Regel fehlenden
Familiennamen so oft bei ihnen vertreten: Vornamenszusätze wie von
Speier, von Aschaffenburg, von Würzburg, von Bamberg, von Roten-
burg (höchst wahrscheinlich dem an der Tauber) weisen deutlich auf
die Main- und Mittelrheingegend als Haupt-Anzugsgebiet hin. Daß
die inländischen d. h. thüringischen Judenschaften natürlich in regem
wechselseitigen Verkehr standen, beweisen ebenfalls die Herkunftsnamen
bei Erfurter Juden: von Arnstadt, von Mühlhausen, von Nordhausen,
in welchen Städten die nächst der Erfurter bedeutendsten Judengemeinden
Thüringens waren.

Trotz der blutigen Auftritte vom 25. Siwan 1221, der zur
Erinnerung an den Mord von einigen 20 Gemeindegliedern, verursacht
durch friesische Fremde, ein mit Fasten begangener Trauertag der
Gemeinde blieb,[1] und trotz des noch verlustreicheren Unheils an dem
schrecklichen Lätare-Sabbat von 1349 scheinen die Juden nicht eine
so gänzlich verachtete und in jeder Beziehung kastenartig von den
christlichen Bewohnern der Stadt abgesonderte Stellung in Erfurt
eingenommen zu haben. Wie in Frankfurt und Ulm wohnten sie in
der Benedicts- und Martinspfarrei mit zum Theil den vornehmsten
Geschlechtern der Stadt angehörigen Bürgern zusammen, nicht selten
in denselben Häusern, die früher diese selbst bewohnt hatten; und
Keiner wird es anstößig gefunden haben, wenn 1293 der Gesunde
Dietrich Vizthum bei der Judenschule d. h. bei der Synagoge einen
Kramladen (apotheca) hielt. Gelehrte höchsten Rufes gehörten ja
der Gemeinde an, und, was noch allgemeinere Anerkennung finden
mußte, Männer wie Frauen der hiesigen Judenschaft trieben das
mehr und mehr unentbehrlich werdende Bankiergeschäft. Nicht vom
Judenmeister, sondern von seiner Frau hatte die erzstiftische Verwaltung in der Stadt einst die Geldspende oder das Darlehen der
5 Pfunde erhalten, und unter den Brunas, Saras, Minnas, die als
Hausbesitzerinnen in den Freizinsregistern auftreten, sind gewiß manche
reiche weibliche Bankiers versteckt, wie solche anderwärts nachgewiesener
Maßen weitbekannte Firmen hatten.[2]

---

[1] Jaraczewsky, l. c. p. 4.
[2] Kriegt, l. c. p. 438.

Aber Neid und Haß regte sich doch genug gegen diese oft so crösusreichen Nachkommen der Kreuziger Christi, vollends von Seiten aller derer, welche mit Geldsummen ihnen verpfändet waren; das würde sich auch ohne die Judenschlachten aus der menschlichen Natur überhaupt und dem von dem Zeitalter gehegten Religionsfanatismus insbesondere von selbst folgern lassen. Als man das schöne Altarblatt der Prediger-Kirche malen ließ, da mußten recht häßliche bärtige Judengestalten mit dem Erfurter Judenhut im Getümmel auf Golgatha sich zeigen; die gute Erhaltung des Gemäldes läßt uns erkennen, daß der gewöhnliche breitkrempige Spitz- oder Thürmchenhut[1] in lichtgrauer oder lichtgelber Farbe auch hier zur vorschriftsmäßigen Judentracht gehörte. „Unter dem Judenhut"[2] mußte nach städtischer Polizeiverordnung auf einem besonderen Platz, der selbst der Judenhut genannt wurde, gerade wo der Weg über die Krämerbrücke ins Judenviertel führte, alles für die menschliche Nahrung untaugliche, finnige und faule Fleisch verkauft werden (II, 125 u. Anm.); und dieser Zusammenhang von „bösem Fleisch" und dem jüdischen Trachtenabzeichen schreibt sich wohl daher, daß gewisse nach jüdischem Ritual verbotene Theile sonst gestatteter Schlachtthiere vom jüdischen Metzger nicht auf die vier Judenbänke (II, 126), und natürlich gar nicht auf die verschiedenen christlichen Fleischbänke, auf denen man das gesunde Fleisch hackte, sondern nur an die Stelle geliefert werden durften, wo sie mitten unter widrigen, selbst Fäulniß verbreitenden Fleischsorten keinen Christen zum Ankauf für sich oder die Seinen locken konnten,[3] vielmehr, wie wir früher schon andeuteten, wohl zur Hunde-, etwa auch zur Bärenfütterung (in die Bärenzwinger, die manches Patricierhaus in Erfurt gehabt hat) verkauft wurden. Denn in nichts schlossen sich — abgesehen von Gotteshaus und Friedhof — die Christen gewissenhafter von den Juden ab, als in der Fleischnahrung und im Bad.

---

[1] Die Form stimmt überein mit der bei v. Hefner-Alteneck (Trachten des christl. Mittelalters, Tafel 86) nach Miniaturgemälden einer Machsor-Handschrift wiedergegebenen.

[2] Aber nicht „unter der Hut (Obhut) der Juden", wie Jaraczewsky l. c. p. 32 sich die Sache denkt, indem er meint, den Juden sei vom Rath „eine Art Sanitätspolizei" über den Fleischverkauf überwiesen worden (!).

[3] In Ulm nannte man alles faulige Fleisch „jüdisches Fleisch" (Jäger, l. c. p. 401).

In wie fern die Juden dieser Periode zum Mittragen städtischer Lasten herangezogen wurden, ist uns völlig unbekannt. Wir erfahren nur aus dem Jahr 1303, daß damals die Erfurter Juden sich Leib und Leben durch eine dem Rath erlegte Summe Geldes retteten;[1] und aus dem Jahr 1309 hat uns die Peterschronik[2] die Nachricht bewahrt, daß damals bei dem Gefahr drohenden Angriff des Markgrafen Friedrich auf die Stadt Christen und Juden unterschiedslos zur Vertheidigung auf Thürme und Schutzwehren postirt wurden, — eine Angabe, welche vermuthen läßt, daß die Kopfzahl der Gemeinde nicht mehr ganz unbeträchtlich war, obwohl für die genauere Prüfung solcher Vermuthung uns freilich jeder Anhalt fehlt. In den Severi-Freizinsregistern von 1293 und 1294 finden sich 17 Juden, in dem von 1321 26 Juden und 12 Jüdinnen genannt, es unterliegt indessen keinem Zweifel, daß es daneben eine ansehnliche Zahl anderer Gemeindemitglieder gab, die zufällig Häuser ohne Freizinsverpflichtung bewohnten. Daß jedoch der Judensturm von 1349 eine der damaligen Nürnberger Judenschaft von ungefähr 220 Männern und Frauen[3] an Zahl beträchtlich überlegene Gemeinde betroffen hätte, wäre in keiner Art zu erweisen.

Der Rath der Stadt soll sich anfangs hartnäckig einer Preisgebung der Judenschaft, die erst kurz vorher wieder eine große Geldsumme zum Schutz gegen die auch auf die thüringischen Gemeinden sich heranwälzende Gefahr ihm gegeben, widersetzt haben,[4] als er aber „gewendet" worden, erneuerte sich „das Verhängniß Erfurts", wie Rabbi Elasar in seinem Sulath auf jenen 25. Sivan das Schicksal von 1221 nannte, und zwar abermals an einem Sabbat. Wieder entzogen sich wie damals[5] durch verzweiflungsvollen Selbstmord und Anzünden der eigenen Häuser viele, wohl die meisten, der Schmach christlichen

---

[1]) Nicolaus von Siegen, der es uns mittheilt (ed. Wegele p. 372), ist offenbar wenig mit dieser Maßregel zufrieden, denn er sagt: der Loslauf sei geschehen nach dem Sprüchwort

   Qui habet nummos, der machet strach daz da crom ist;
   Qui caret nummis, was hylfet es, daz er from ist. .

[2]) ed. Stübel p. 154.

[3]) Hegel, Deutsche Städte-Chroniken I, 111.

[4]) Johann Rothes Düringische Chronik ed. v. Liliencron, p. 598.

[5]) S. die interessanten Mittheilungen aus einem jüdischen Memorbuch bei Jaraczewsky p. 65.

Mörderhänden anheim zu fallen; und wir dürfen es schon glauben, daß über 100 Ermordete gezählt wurden außer denen, die man in den nächsten Tagen aus den rauchenden Trümmern ihrer Wohnungen ausgrub, und daß wagenweise die Leichen hinaus nach dem Judengrab gefahren wurden, um dort wie zur Pestzeit zusammen in Gruben eingescharrt zu werden.

„Requiescant in inferno" schließt der fromme Petersmönch seinen Bericht, und man hat lange Zeit geglaubt, daß durch diesen Ueberfall die Erfurter Judengemeinde (an demselben Tag wie die Mühlhäuser) mit Stumpf und Stiel ausgerottet worden sei; es klingt auch wie eine Bestätigung dieser Ansicht, wenn es in der Peterschronik heißt, erst 1354 seien wieder zwei fremde Juden mit Weib und Kind nach Erfurt gezogen und hätten daselbst unter dem Schutz des Raths sich angesiedelt. Dem war indessen nicht so: mochten auch die den Ansturm Ueberlebenden einige Monate [1] die unheimliche Nähe unzuverlässiger Nachbarn durch Flucht etwa aufs platte Land gemieden haben, so sind doch schon 1350 allein als Freizins Zahlende über 30 jüdische Männer und Frauen als in der Stadt wieder wohnhaft nachzuweisen, und zwar in ihren alten Wohnungen um das Rathhaus und Martinshospital herum, was doch für ein wenigstens dem Rath der Stadt geschenktes und bei der späteren, 1431 über Meißen und Thüringen hereinbrechenden Judenmordwuth auch von demselben durch gewährten Schutz gerechtfertigtes [2] Vertrauen sprechen dürfte. Und nicht nur Einzelne waren 1350 wieder da, sondern eine Gemeinde; denn die Gemeinde zinste wieder in diesem Jahr für das Judenbad, nicht aber für Friedhof und Synagoge, welche im Besitz von Mitgliedern der Patricierfamilie von der Sachsen erscheinen.

Bald machte die Wiederanknüpfung kaum unterbrochener Geschäftsverbindungen die frischen Wunden vernarben. Häuser wie das stattliche Gebäude der Fiwis'schen Hinterlassenschaft, das ehedem der Jüdin Richen von Nordhausen gehörige in der Judengasse u. a. scheinen gar nicht durch den Brand gelitten zu haben, und neue Judenhäuser wurden laut den Stadtrechnungen gerade in den nächsten Jahrzehnten vom Rath in größerer Anzahl mit guter Dachung und mit Dachrinnen

---

[1] Dies wird man aus der von Jaraczewsky (p. 83 ff.) mitgetheilten Rathsurkunde doch schließen müssen.

[2] Johann Rothe l. c. p. 668.

gebaut, auch die Weinkeller¹ nicht vergessen. Selbst eine neue Synagoge erhob sich wieder, 1357 in der Nähe der Gera (ganz nahe der heutigen)² vom Rath erbaut, der jedenfalls dachte wie nachmals Kaiser Max, als ihm die Juden mit goldenen Eiern zinsten: Hühner, die solche Eier legen könnten, solle man nicht fort fliegen lassen, sondern hübsch fest halten.³ Selbst mit dem Erzbischof sehen wir die Erfurter Juden, vermuthlich die Rothschilde unter ihnen, in einem einzelnen culturgeschichtlich nicht uninteressanten Fall auf höchst vertrautem Fuß: als nämlich Erzbischof Adolf von Nassau 1389 zu Weihnachten mit Kriegsrüstungen beschäftigt auf dem Petersberg im schönen Kloster mit Roß und Reisigen lag, da „that er täglich großes Spiel mit den Juden"; freilich setzt der Chronist⁴ hinzu, daß solches Treiben „ihm unziemlich" gewesen, und daß er wenige Wochen darauf in Heiligenstadt eines plötzlichen Todes gestorben „unberichtet, und ward auf seinem Kammerwagen enelendig mit gar wenig Dienern gegen Mainz geführt."

In dieser letzten Periode ihrer alten Geschichte (1350—1457) erscheint die Erfurter Judengemeinde bis auf die geringfügigen Freizinspfenninge, die von Gemeinde- und Privatbesitz auf des Bischofs Tisch erlegt wurden, wesentlich in der schützenden, viel mehr noch schatzenden Hand von Kaiser und städtischem Rath. Der letztere setzte die Zahlung der 100 Mark Judenschutzgelder an den Erzbischof auch nach der Wiedersammlung der Juden in der Stadt fort,⁵ um von nun an seine Obhut den ihm sich anvertrauenden Kindern Israel desto kostbarer zu machen, je ungetheilter sie erschien.⁶

---

¹) Wohlhabende Juden kelterten sich gewiß so gut wie Christen ihren Landwein eigenen Gewächses; Weingärten finden sich auch in dieser Periode bisweilen in jüdischem Besitz, 1398 z. B. hatte ein Parnoß 5 Acker Weinwachs in Salomonsborn.

²) Der Ausdruck „Haus hinter der Schule an der Gera" (Lib. Jud. des M. A.) bestätigt die Vermuthung Jaraczewskys l. c. p. 34.

³) Selig Cassel in Ersch und Gruber, Artikel: Juden (Sect. II, Bd. 27).

⁴) Johannes Rothe l. c. p. 639.

⁵) S. bei Jaraczewsky p. 85.

⁶) Wiener, Regesten zur Gesch. der Juden p. 133 No. 229, p. 138 No. 260 und Jaraczewsky p. 45, aber die daselbst p. 98 ff. mitgetheilte Urk. von 1458 nennt den Rath als bloßen Sammler der Judenschutzgelder und als Zahler der Freizinsen von den Judenhäusern.

Schon seit Alters freilich „helfen die Juden der Stadt Bürden tragen",[1] einen näheren Einblick in dieses Verhältniß gestattet uns jedoch erst das mit dem Jahr 1357 beginnende „Judenbuch" im Magdeburger Archiv (Tit. VII, 1), welches der Erfurter Rath (wie gleichzeitig der Nürnberger) über die städtischen Abgaben der Juden jahrgangweise hat führen lassen. So viele Lücken dasselbe auch hat, so läßt es uns doch gleich in den Bestand und das Wachsthumsverhältniß der Kopfzahl der Gemeinde endlich einen klareren Einblick thun. Es beginnt mit einer Aufzählung von ziemlich genau 50 Juden und Jüdinnen, die Abgaben zahlen, was also etwa auf eine Seelenzahl gegen 250 schließen läßt, da Frauen nur wenige und gewiß zum Theil als Wittwen aufgezählt sind. Fast unverändert ist die Namenzahl im Jahr 1376, nämlich 52, vorher aber (1365) war sie einmal auf mehr denn 80 gestiegen, die Erfurter Judengemeinde folglich damals zahlreicher als die Nürnberger (welche erst 1382 wieder von 18 Männern und Frauen auf 60 stieg[2]) und über dreimal zahlreicher als die Frankfurter mit ihren damals durchschnittlich 16 Steuer zahlenden Familien, also kaum gegen 100 Seelen.[3] Seit 1373 beginnen vereinzelte Aufnahmen von Juden und Jüdinnen ins Erfurter Bürgerrecht, das Jahr 1382 bringt schon 9, das folgende 18 solcher Aufnahmen von Judenbürgern. Der Beschluß aber von 1389, keinen Juden mehr in Erfurt wohnen zu lassen, der nicht das Bürgerrecht kaufe, gibt uns erst vollere Gewißheit über die Zahl der erwachsenen Gemeindemitglieder. „Die Parnossen und Schösser der Juden" mußten nämlich 1389 auf ihren Eid schriftlich angeben, wie viel Juden in Erfurt „Bürger und Bürgerskind über 12 Jahre" seien. Die von ihnen eingereichte Liste ergab 60 männliche und 16 weibliche Personen mit, 26 Arme ohne Bürgerrecht, zusammen mithin 102. Indem den 26 Armen auf ihre Bitte das Bürgerrecht geschenkt wurde, besaß also Erfurt in dem genannten Jahr 102 Mitglieder der Stadtgemeinde von israelitischer Abkunft; die Dienstboten jüdischen Glaubens waren jedoch dabei nicht mitgezählt, von den Jüdinnen wohl sicher nur die mit eigenem

---

[1] Jaraczewsky p. 85.

[2] Hegel, l. c. p. 113.

[3] Kriegk, l. c. p. 433.

Hausstand,¹ die Gesammtzahl der jüdischen Einwohner im Jahr 1389 könnte sich also immerhin auf einige Hunderte belaufen haben. Und diese Zahl wuchs noch bis ins 15. Jahrhundert hinein, so daß 1398 87 Juden und Jüdinnen als Abgaben Zahlende genannt werden, und bis ins letzte mit einem Verzeichniß bedachte Jahr (1407) einzelne Bürgeraufnahmen (1403: 9, 1404: 8, 1407: 11) erfolgten.

Die Wohnungen der Juden waren noch in demselben beschränkten Raum wie ehedem in mitten der Stadt ums Rathhaus her belegen, was ein Beweis ist für die gewiß nicht größere Kopfzahl der Gemeinde in der früheren Periode. Die Michaelisstraße wie die Kraut- und Judengasse werden erwähnt, auch Judenhäuser „bei dem Thor des Rathhauses" oder kurzweg „bei dem Thor" (jedenfalls dem oben genannten „Heidenthor"). Gerson von Nürnberg wohnt 1365 für 10 Pfund Jahresmiethe in der Himmelspforte (Haus „zum Falkenstein" [No. 2759] in der Michaelisstraße), und 1383 sind noch drei andre Häuser bei der Himmelspforte in ähnlich gewinnreicher Weise an Juden vermiethet. Das Haus zum Paradies dicht hinter dem Rathhaus, 1389 auf drei Jahre an Juden vermiethet, brachte der Stadtkasse die gewaltige Summe von 96 Pfund Erfurter Pfenninge ein, das „neue lange Haus an der Gera" enthielt 5 (fast alle von je zwei Juden bewohnte) Theilhäuser und brachte 1360 sowohl zu Walpurgis als zu Michaelis 15 Pfund ein, so daß der Rath schleunig noch ein größeres von 9 Abtheilungen baute, deren jede von den 1—2 Miethern 6—10, das Ganze 72 Pfund eintrug; auch lebenslängliche Vermiethungen kommen vor, so 1398 die Vermiethung des großen Judenhauses, dessen Areal früher drei Häuser getragen, beginnend in der Judengasse an Kesselborns Haus und reichend bis an das Haus zur Weinrebe, an Slaman und seine Tochter Rachel.

Außer diesen hohen Miethen der wohl meistens auf städtische Kosten gebauten Judenhäuser schaffte man der Stadt erkleckliche Einkünfte aus den ganz verschieden hohen Bürgeraufnahmegeldern von Juden wie Jüdinnen. Durch ein Bürgergeld von 20 Mark Reinsilber, wie es 1387 vorkommt, war gleich der fünfte Theil der ganzen von

---

¹) Es muß indessen bemerkt werden, daß die geringe Zahl der 16 weiblichen Namen möglicher Weise um einige Einheiten zu vergrößern ist, da die Entscheidung, ob ein Name ein männlicher oder weiblicher, nicht in allen Fällen leicht war; für die Summe der 76 glaube ich einstehen zu können.

der Stadt nach Mainz zu zahlenden Judensteuer gedeckt; seit etwa 1382 berechnete man das Bürgergeld gewöhnlich nach Goldgulden oder Floren,[1] und Ansätze von 4—6 Gulden sind die niedrigsten, solche von 20 Gulden keine Seltenheit.

Als Gemeindeabgaben der Juden an die Stadt kehren ständig wieder: 6 Mark Reinsilber „von der Schule"[2] und 4 „vom kalten Bad"; daneben stehen 1383 noch 16 Pfund „von den Fleischbänken", was die Vermuthung begründet, daß dies eine der sehr alten Revenüen der Stadt war, für die nur jener Abtrag von 40 Silberpfenningen (also $1/96$) als Freizins an den Erzbischof entrichtet wurde (II, 126). Seit den 80er Jahren des 14. Jahrhunderts treten dazu ebenfalls 16 Pfund vom „Tanzhaus" (domus tripudialis),[3] endlich noch 2 Pfund „Ungeld von den alten Kleidern" (vom Handel damit, aber wahrscheinlich nur vom Altkleiderhandel, den die Juden unter einander trieben), später erst 2 Mark „vom Brunnenplatz unter den Juden", während die Abgabe vom Friedhof bald von Privaten erlegt wird, bald als Gemeindesteuer von auffallend geringer Höhe (1386: $1/2$ Pfund) erscheint, obwohl der Raum des Friedhofs 1375 einer Erweiterung bedurfte, die er durch Ankauf eines Stücks vom Blidenhof (an das „Judengrab" angrenzend, aber i n n e r h a l b der Stadtmauer!) auch erhielt.[4]

Die eigentliche S c h a tz u n g der Judengemeinde, die auf einem Uebereinkommen des Raths mit den einzelnen in der Stadt wohnenden Juden über die Höhe dieses Abtrages beruhte,[5] trug nun vollends ansehnliche Summen Jahr für Jahr ein, gegen Ende des 14. Jahrhunderts 5—600 Gulden, also über 1500—1800 Thaler nach heutigem Geldwerth. So schloß das Jahr 1399 ab mit einer Ein-

---

[1]) Ursprünglich nach dem Muster von Florenz (= 3 Thlr. 10 Sgr. nach jetzigem Silberwerth des Goldes) ausgeprägt, gingen diese Floren deutscher Prägung im 14. Jahrhundert mehr und mehr herab, wurden jedoch auch im Reichsmünzgesetz König Ruprechts von 1402 in einer dem jetzigen Metallwerth von 3 Thlr. 1$1/2$ Sgr. entsprechenden Werthhöhe erhalten. Vgl. Hegel, l. c. p. 228 ff.

[2]) Dies ist also die oben erwähnte n e u e Synagoge (von 1357).

[3]) Die Frankfurter Juden hatten auch ihr Tanzhaus, und zwar „an ihrem Schulhof gelegen" (Kriegk, l. c. p. 426, Anm. 3); 1557 wird ebenfalls in Worms ein Juden-Tanzhaus erwähnt (Wolf, Juden in Worms p. 8).

[4]) Milwitz-Buch des E. A. p. 1020.

[5]) „Subscripti Judei pro censu submotato cum consulibus concordaverunt" lautet im Lib. Jud. die Ueberschrift des ersten Zinsverzeichnisses.

nahme von 586 Gulden von der Judenschatzung und 136 Pfund 11 Schilling Miethzins von den Judenhäusern, neben den schon genannten Posten der gewöhnlichen Gemeindeabgaben. Die uns (leider nicht im Original) erhaltene Uebersicht über den Stadthaushalt des Jahres 1400[1] bringt unter der (von den Einkünften aus den Dörfern absehenden) Summe der Jahreseinnahme von 9754 Pfund nur 240 Pfund „von den Juden", was als Antheil der letzteren an den städtischen Lasten nicht einmal volle 2½% ergäbe, ein gewiß zu niedriger Ansatz, wenn man bedenkt, daß allein die Gemeindeleistungen von Schule, Bad, Tanzhaus und Ungeld (die Mark nur zu 2½ Pfund gerechnet) 43 Pfund ausmachten; diese zu der Judenmiethe addirt, gibt schon beinahe 180 Pfund an Silbergeld, so daß ungefähr 60 Pfund der ganzen Schatzung von gegen 600 Gulden gleichgesetzt sein müßten, was ebenso unwahrscheinlich ist als eine plötzliche Erniedrigung der Judenschatzung in diesem gegen das vorangegangene Jahr.[2] — Außerordentliche Erpressungen blieben natürlich auch nicht aus: 1380 soll die Judenschaft dem Rath in nicht voll drei Jahren 2200 Mark Silber zu zahlen versprochen haben außer einem jährlichen Geschoß von 1000 Pfund Geldes und 50 Mark Silbers, zu welchem jeder Jude „nach seiner Mark Zahl" vierteljährlich beizusteuern habe.[3]

Die Jüdischheit Erfurts war, geringe Schwankungen abgerechnet, wohl continuirlich gewachsen und mochte gerade in dieser Schlußperiode ein bunteres Gemisch mannigfachster Herkunft abgeben denn je. Die Herkunftsnamen weisen nicht nur wie früher auf fernere Städte (wie Würzburg, Nürnberg, Pilsen, Breslau, Magdeburg und hessische Ortschaften), sondern sie lehren auch einen Zusammenfluß von thüringischen Juden aus allen Weltgegenden in diesem Mittelpunkt kennen: aus Saalfeld und Kelbra, Heringen und Mühlhausen, Heldrungen und Arnstadt, — Grenzgegenden wie Schmalkalden, Coburg, Heiligenstadt natürlich auch nicht ausgeschlossen. — Dem entspricht die Vermehrung von Gemeindebeamten. Neben dem Judenmeister und dem Judenschreiber gab es früher nur 4 Parnossen, die wir uns als Gemeindeordner mit richterlicher Gewalt zu denken haben, denn in Streitigkeiten

---

[1]) Hogel, Erf. Chron. (Beistreifen zu fol. 18 v.). Die Summe der hier verzeichneten Posten stimmt fast genau mit der bei Friese gegebenen (9759).

[2]) Nach einer Angabe in dem Copialbuch No. 1747 des M. A. rechnete man 1393 in Erfurt 6 Gulden auf die Münz-Mark, mithin 3 auf das Pfund.

[3]) Milwitz-Buch p. 1026.

innerhalb der Judengemeinde mischte sich weder der städtische Rath noch der Mainzer Schultheiß, sie wurden vor Meister und Parnossen, wohl wie anderwärts in oder vor der Synagoge („auf dem Stulhof"), geschlichtet;[1] in einem Proceß zwischen den Parnossen der Erfurter Judenschaft und einem Juden aus Tannroda erscheint dagegen der Rath als Schiedsrichter.[2] Im Jahr 1366 wurde der Jüdischheit ein 5. Parnoß gestattet[3] und 1398 gab es 6 Parnossen, die, vom städtischen Rath eingesetzt, einen jüdischen Verwaltungsrath namentlich auch mit finanziellen Befugnissen bildeten; als damals der Rath den Heller Zephia und Fridel Slaman in Parnossen-Stellen einsetzt, heißt es, jeder von ihnen erhalte damit „den 6. Theil am Gottesgelde und dem sonstigen gemeinen Gelde", wofür ersterer 100, letzterer sammt seiner Frau 50 Floren — wie es scheint alljährlich — an die Stadtkasse zahlen mußte.

Dabei waren die Juden nicht minder wie die übrigen Bürger der Stadt den Verordnungen des Raths unterworfen. Verboten war ihnen christliches Gesinde, namentlich auch christliche Ammen zu halten, und ein Jude, der „mit einer Christenfrau zu thun gehabt", solle „in ein Faß gestoßen" werden;[3] schon zur Zeit dieser Satzungen (1366) war ihnen von Neuem eingeschärft, nicht ohne Hüte und Stiefeln einher zu gehen,[4] 1389 aber trug man die Zusatz-Bestimmung ins Judenbuch ein: alle Juden sollten Mäntel mit weiten Hauptfenstern tragen, und zwar entweder mit „langen Kogeln poben den Mentiln, die obir die Hoibetvenster langen" (spitze Kapuzen, die sich wahrscheinlich vom Rückenstück des Mantels in Form spitzer Mützen über den Kopf ziehen ließen) oder wie bisher spitze Hüte ohne Kogeln.

Als 1350 die Judengemeinde Erfurts vernichtet zu sein schien, gerirte sich zum letzten Mal der Erzbischof von Mainz als General-Eigenthümer aller Besitzthümer, die dieser Gemeinde zuständig: er schenkte den Erfurtern die Schuldforderungen, welche seine „zu Erforte vergangenen" Juden an Heinrich und Hermann von Beichlingen hatten.[5]

---

[1] Stobbe, l. c. p. 143 f.
[2] „Sachebuch" des W. A. (Sammt. No. 39) p. 171 v.
[3] Milwitz-Buch p. 1008.
[4] Auch die oben erwähnte Darstellung der Judentracht bei v. Hefner-Alteneck (Taf. 86) zeigt offenbar Stiefeln.
[5] M. A. XLVII, 4.

Aber ein neuer Rival erstand dem Rath in der Ausbeutung der Gold- und Silberbergwerke, als welche man sich längst gewöhnt hatte Paläste wie Hütten der Juden anzusehen, im Kaiser, der allerdings nach der Rechtsansicht des späteren Mittelalters die Juden aller Orten als seine Kammerknechte in vollsten Anspruch nehmen durfte. Es klingt, als hätte nie ein Kaiser dem Erzstift die Judensteuern Erfurts cedirt, wenn Ludwig der Baier 1330 dem Landgrafen Friedrich dem Ernsthaften die Juden in ganz Thüringen und Meißen, besonders in den drei Städten Erfurt, Mühlhausen und Nordhausen auf Lebenszeit überläßt, oberster Richter über dieselben zu sein und in des Kaisers Namen „die Steuern und Sammlungen, die uns und dem Reich schon viele Jahre hindurch zu bezahlen versäumten und die noch zu bezahlenden" von ihnen einzufordern.[1] Wir wissen auch nicht, wie viel Erfolg gerade in Erfurt dieses Gebot, die Juden an Kaisers Statt zu schatzen, gehabt hat; die Landgrafen Balthasar und Wilhelm deuten in einer Urkunde von 1368 sogar selbst es an, daß sie innerhalb ihres Gebiets allerdings die Juden als ihre Kammerknechte zu schatzen haben, Erfurt aber so gut als Halle außerhalb ihres Schatzungsgebiets liegt.[2] Die Zeit Ludwigs des Baiern ist zwar eben, begründeter Vermuthung nach,[3] die Ursprungszeit des „goldenen Opferpfennigs", und noch gegenwärtig kennt man die Lage des „Judenzolls auf dem Judenhof" bei der Lehmannsbrücke in Erfurt, wo am Christtag jeder Jude und jede Jüdin über 13[4] Jahre (außer den ganz Armen) dem Kaiser 1 Gulden Leibzins erlegen mußte; indessen wann die regelmäßige Zahlung dieses Zinses für Erfurt begonnen hat, ist nicht zu ermitteln. Gewiß ist nur, daß der nach Judengeld so gierige König Wenzel 1390 mit dem Erfurter Rath wegen der Judenschatzung in argem Haber lag und sich für das, was ihm die Stadtgemeinde nicht willigte, an Johann von Dachwich, Sigfrid Ziegler und funfzehn

---

[1] Rudolphi, Gotha diplomatica V, 209 f.

[2] Joan. Petri de Ludewig Reliquiae manusriptorum omnis aevi. X, 229 ff.

[3] Stobbe, l. c. p. 31.

[4] Dieses Alter nennt König Ruprecht in einer Urkunde von 1407 (Wiener, l. c. p. 71 f.); Stobbes Angabe eines Alters „über 12 Jahre" (l. c. p. 31) und ebenso die von Grätz (VI, 270) ist danach wohl zu berichtigen (vgl. auch Ennen, l. c. p. 467).

andern Erfurter Bürgern schablos hielt, indem er sie in Schweinfurt aufgreifen und nicht eher frei geben ließ, als bis sie versprachen, zum nächsten Pfingstfest in Nürnberg 5000 rheinische Gulden zu zahlen.¹

Am erfindungsreichsten in Scheingründen, um sogenannte Reichsschatzungen nicht geradezu als gemeine Erpressungen erscheinen zu lassen, zeigt sich auch in der Leidensgeschichte der Erfurter Judenschaft König Sigismund. Von jener Zeit ab, wo er während des kostspieligen Concils zu Costnitz „die Schatzung der Juden auf den dritten Pfennig" durchs Reich hatte ergehen und hierbei (1416) die Erfurter Juden 6000 rhein. Gulden an den Breslauer Bürger Nicolaus Bunzlau hatte zahlen lassen,² folgten unter der Firma von Privilegien-Ertheilungen neue Finanzspeculationen auf israelitischen Reichthum an der Gera in den Jahren 1417, 1427 und 1429.³ In dem Privileg von 1427 hieß es zwar, sechs Jahre hindurch, vom Ausstellungstermin der Urkunde ab gerechnet, sollten die Juden Erfurts von allen Steuern und Abgaben frei sein, indessen die Fortzahlung des goldenen Opferpfennigs wurde ausdrücklich als Ausnahme-Clausel hinzugefügt. Und später machte sich Sigismund gerade diese, als Kopfsteuer natürlich weit hinter jener Vermögenssteuer des „dritten Pfennigs" zurückstehende, Abgabe dadurch gewinnreich, daß er sie für 1000 Goldgulden veräußerte. Man kennt Sigismunds Anhänglichkeit an die bürgerliche Familie der Schlick, aus der sein gewandter Kanzler, Kaspar Schlick, stammte; dem Bruder desselben, Matthes Schlick, übertrug er für die genannte Summe den Erfurter Opferpfennig, als er ihn 1433 auf der Tiberbrücke in Rom sammt seinen Brüdern zum Ritter schlug.⁴ Eine letzte theure Gnade erwies er dann 1434 zu Basel der Erfurter Jüdischheit, indem er sie für die nach erfolgter Kaiserkrönung ihm dargebrachte „Ehrung und Schenkung" auf zehn Jahre abermals „aller Abgaben" ledig sprach.⁵

Friedrich III. hatte gewiß den besten Willen, solche Finanzoperationen nachzuahmen. Er erhielt in der That 1443 die für seine Kaiserkrönung geforderte „Ehrung und Steuer" d. h. den dritten Pfennig, wieder wie Sigismund in der Höhe von 6000 Gulden, von

---

¹) M. A. XLVII, 5.
²) ib. 6, 7, 9.
³) ib. 11, 12, 13.
⁴) ib. 19.
⁵) M. A. XXX, 5.

denen jedoch 200 als Gebühren für den kaiserlichen Kammermeister verrechnet sind,[1] während die Mühlhäuser Judenschaft für dieselbe „Ehrung und Steuer" nur 600 Gulden zahlte,[2] also dabei nur den 10. Theil des Reichthums der Erfurter Gemeinde in Ansatz brachte. Als König Friedrich jedoch den Erfurter Rath, wie dieser bei den Erhebungen von 1443, selbst bei der Mühlhäuser, sein Vermittler gewesen, auch nachmals des geheimen Auftrags würdigte, unter der Hand sich über die Vermögenshöhe sämmtlicher in Thüringen weilenden Juden und Jüdinnen zu informiren und demnächst ausführliche Verzeichnisse über diese Ermittelungen ihm einzusenden, damit er sich danach bei Veranschlagung der nach Empfang der Kaiserkrone „gewöhnlichen" Steuer richten könne,[3] scheint es bei dem Auftrag geblieben zu sein, denn ein neues Verhängniß war im Anzug.

Ein eigenthümliches Dunkel schwebt über dem Verlauf dieser in die Zeit von 1456—1457 fallenden Schlußkatastrophe, die nicht so jäh hereinbrach, aber viel entscheidender wirkte als die von 1349. Der Rath scheint doch wenigstens 1390, als der härteste Schlag — die Confiscirung aller Judenforderungen zu Gunsten des Reichs und der Stadtsedel — auch die Erfurter Judenschaft treffen sollte, sich durch ein größeres Interesse am Schutz seiner Juden ausgezeichnet zu haben als manche anderen Stadtregierungen. Amtlich wird es den siebzehn in Schweinfurt gefangen genommenen Bürgern von des Königs Beamten bescheinigt: sie litten dafür, daß Rath und Bürgerschaft Erfurts „die Juden allda bei ihnen in ihrer Stadt vorhalten unserm gnädigen Herrn, dem römischen König, die doch von Rechts wegen in seine und des Reichs Kammern gehören"; — und solche „Vorenthaltung" hatte, zwar sicher im Eigennutz, aber sehr wahrscheinlich in einem der Judenschaft zum Schutz gegen königliche Vermessenheit recht dienlichen Eigennutz ihren Grund. Auch im nächsten Jahr, wo sich der Rath unzweifelhaft Wenzel gegenüber zu großen Spenden bereit finden ließ, um das schöne Priviles der Totaltilgung aller Judenschulden von Stadt und Bürgern auch mit der Zufügung zu erhalten, daß die Juden Erfurts ihre Schulden bei allen Reichsständen, die sich mit dem König bisher „nicht gerichtet und gesetzt", eintreiben dürften,[4] bewies er

---

[1]) M. A. XLVII, 20, 21.
[2]) ib. 23.   [3]) ib. 26.
[4]) Jaraczewsky, p. 88 ff. Eine Abschrift dieser Urkunde auch im M. A. („Copialbücher des Erfurter Gebiets No. 22", fol. 70 ff.).

Verständniß für den Werth seiner Vormundschaft über die jüdischen Bankierschatullen, die in so günstiger Nähe rings um seine Stadtkasse im Rathhaus sich schaarten. König Wenzel hatte nämlich das von seinen Vorgängern den Markgrafen von Meißen und Landgrafen von Thüringen verstattete Recht auf die Juden in ihren Landen 1391 von neuem anerkannt, auch in Rücksicht auf sein großes Schuldenreductions-Unternehmen: nicht die Zinsen (die er aus eigener Machtvollkommenheit für verfallen erklärte), aber die Capitalien der Judenforderungen garantirte er ausnahmsweise den Markgrafen mit der Befugniß, über diese an seiner Statt nach freistem Ermessen zu verfügen.[1] Da ist es denn ein seltsames Abkommen, was die Bürger von Erfurt für ihre Juden mit Landgraf Balthasar 1391, also gewiß im Anschluß an das eben erwähnte Privileg Wenzels, schlossen: Balthasar spricht darin aller Hauptsummen und Zinsen, die den Erfurter Juden geschuldet würden, sich selbst zunächst frei und dazu alle seine „großen Herrn, Ritter und Knechte, die zu den Wappen geboren sind", Städte dagegen, sowie einzelne Bürger, Dörfer, Klöster und Pfaffen sollen „des ganzen Gesuchs und des Hauptgeldes halb ledig und los sein", um Bezahlung der anderen Hälfte aber von jedermann gepfändet werden können; nur über die Schuldverhältnisse des Erfurter Gebiets überläßt er die Entscheidung dem Erfurter Rath.[2]

Indessen das den Juden in ganz Deutschland so unheilvolle 15. Jahrhundert brachte auch den Erfurter Juden nicht länger auszuhaltende Bedrückung. Der Rath scheint durch das Ausharren derselben trotz aller Vermögens-Einbußen allmählich immer rücksichtsloser geworden zu sein, so daß den Juden ihr Aufenthalt in Mittelthüringen nicht einmal mehr relativ erträglich vorkommen mochte, obschon ihre Geldleihgeschäfte — bei kleineren Capitalien unter noch viel höherem Procentsatz als jene mit dem schwarzburgischen Grafenhaus zu 21²/₃ und 32¹/₂% (und stets auf wöchentliche Zinszahlung)[3]

---

[1] Sibori, Gesch. der Juden in Sachsen p. 144 f.
[2] D. A. Copialbücher No. II, fol. 144 v. f.
[3] Jaraczewsky, Urk. 8, 9, 10ᵃ, 10ᵇ im Anhang. Daß diese Höhe des Gesuchs eine vergleichsweise mäßige war, beweist ein Hinblick auf das, was Neumann (Gesch. des Wuchers in Deutschland) p. 321 ff. zusammengestellt hat. In der oben (S. 205) angezogenen Landgrafen-Urkunde von 1368 wird den Thüringer Juden erlaubt, bis zu ⅓ Groschen vom Schock die Woche zu nehmen, also 43¹/₃% jährlich. Und genau dieser Zinssatz findet sich mehrfach

abgeschlossen — in weitestem Umfang betrieben wurden und manch reiches Juwelenpfand aus Bürger= und Fürstenhand einbrachten. Da hatte Burggraf Haus seinem Ritter Haus von Sparneck, als dieser in Noth war, in Ermangelung von Geld ein goldenes Halsband gegeben, das gar bald aus Frankenland nach Erfurt in das Haus des Juden Fribel übergesiedelt war; das Capital, für das es dem Juden versetzt, konnte natürlich nicht zurückbezahlt werden, und schließlich brachte die Landgräfin von Thüringen das kostbare Kleinod, sich brieflich darum bewerbend, durch Kauf an sich; was eben noch beim Juden Fribel in der Truhe gelegen, schmückte bald, mit etlichen Steinen und Perlen „gebessert", Thüringens Fürstin.[1] Was aber halfen alle Gewinnste, wenn der Rath sie zu immer größerem Antheil für sich einforderte und eine neue, eine städtische Kammerknechtschaft seinen Juden auferlegte? Bis zu 400 Mark Silber soll die Judenschaft um die Mitte des Jahrhunderts allein an Gebäudesteuer der Stadt gezahlt und außerdem noch für die Armirung der Wälle aus 18 Centnern Kupfer Büchsen haben gießen lassen.[2] Wie weit war man da entfernt von der friedlichen Vorzeit, wo man sich mit vier Pfund Pfeffer am Festtag der Beschneidung des Christen=Heilands und mit einigen Silberpfenningen die Erlaubniß zum Leben an diesem Ort vom Bischof kaufte!

Und doch hat sich zur Habsucht erst der Fanatismus gesellen müssen, um der „Jüdischheit von Erforte" das Garaus zu machen. Bereits der Cardinallegat Nicolaus von Cusa wird, als er hier im Frühjahr 1451 vor so vielen Tausenden bald auf dem Rasen bei St. Peter, bald von dem steinernen Predigtstuhl der Cavate herab predigte, die Volkswuth gegen die Verächter der Taufe geschürt haben.

---

unter den achtzig Schuldverschreibungen von Erfurter Juden des 15. Jahrhunderts, die das M. A. (XLVII, 40—119) aufbewahrt, und in denen man auch mitunter die merkwürdige Leihweise auf einige Monate ohne Zins-Entgeltung findet; so lieh (ib. No. 111) 1446, Freitag nach Mittfasten, der Erfurter Jude Jsaak von Arnstadt zwei Erfurter Bürgerinnen 21 alte Schock bis zum folgenden 1. Mai „ane gesuch", und dann erst, wenn an diesem Termin die Schuld nicht zurückgezahlt wurde, trat die Bedingung eines Wochenzinses von 1 Groschen auf je 3 Schock in Kraft.

[1]) C. A. Katal. Erfurt, fol. 661.
[2]) Hier und im Folgenden wurde die bei Menken in schlechtem Abdruck vorhandene, aber sehr werthvolle Chronik von Hartung Kammermeister nach einer genauen Abschrift des Dresdner Codex benutzt.

Alsbald langte auch die von demselben überall empfohlene Anordnung, daß die Juden gelbe Ringe auf dem Bruststück ihrer Kleidung aufgeheftet tragen müßten zum Abzeichen von den Christen, in einem Decret Erzbischof Dietrichs von Mainz für Erfurt an.

Da endlich hielt am Tag des heiligen Augustinus 1452 der hagere italienische Barfüßer, Johann von Capistrano, seinen Einzug in Erfurt, — „die Geißel der Hebräer". Eine kleine, greisenhafte Gestalt mit kahlem Haupt und grauem Bart, aber hellrothem Gesicht, hat er unter einem Schwibbogen der Dom=Cavate ungefähr drei Wochen hindurch [1] Tag für Tag, nachdem er vor einem vom Rath ihm erbauten Altar Messe gehalten, zum Volk geredet und kaum irgendwo einen solchen Zulauf gehabt, einen augenblicklich so vollkommenen Erfolg mit seinen Predigten erzielt als eben hier. Sitzend und stehend lauschte das Volk von den Domstufen „bis zu den Schmieden" hinunter dem wohlklingenden Ton seiner Stimme, errieth halb schon den Sinn seiner gegen Weltlust und Geldwucher zumal gerichteten lateinischen Rede aus der südländisch lebhaften Gesticulation und ließ sich das Feuer seiner Ueberzeugung in der Verdolmetschung durch einen deutsch redenden „trefflichen Doctor" in die eigene Brust bringen. Welch eine Begeisterung aus Weltkindern Gotteskinder zu werden ergriff die Schaaren, als sie zum letzten Mal, es war an einem Sonntag, den „andächtigen Vater", wie sie ihn nannten, zum Anfang eines neuen Lebens mahnen hörten! Wie gewöhnlich war dem lateinischen Gesang der Gelehrten das deutsche Eleison des Volkes gefolgt; rechts standen die Männer, durch ein ausgespanntes Seil von ihnen getrennt zur Linken die Frauen, brennende Lichter während der Messe haltend. Als aber diesmal die Predigt geendet war vor ungezählten Tausenden aus Stadt und Land, Capistrano mit emporgehobenen

---

[1] Das Diarium seiner Wunderthaten von Christophorus a Varisio (Acta Sanctorum X, 525) läßt ihn zwar noch am 24. Aug. in Coburg weilen, dann noch in Arnstadt „viele Wunder" thun, während seine Heilungen Lahmer und Contracter, sowie eines Tauben in Erfurt erst am 1. Sept. beginnen und bereits am 4. Sept. schließen; dann nach Weimar und Jena weiter gereist, kommt Capistrano nur auf der Rückreise nach Leipzig noch einmal nach der Mitte desselben Monats durch Erfurt. Indessen bemerkt der Herausgeber in den Acta Sanct. selbst, daß die Angabe der Monatsdaten nicht überall die richtige ist (ib. p. 526, Anm. h).

Heilthümern des heiligen Bernardino die Menge gesegnet hatte, schlug hoch zum Himmel die Flamme eines seltenen Autodafe: neben dem Zollhaus auf dem Graben gingen, an ein hohes Gerüst gehängt, die Ausgeburten weltlicher Lust, in buntem Gemisch der luxuriöse Mode=Tand, Brett= und Kartenspiele sammt den Flechten blondhaariger Schönen, in Feuer auf.

Es ist wunderbar, daß die, wie sicher bezeugt wird,[1] gegen die Juden hauptsächlich mit gerichteten Geißelworte Capistranos nicht auf der Stelle diese Flammen ins Judenviertel der Stadt hinübergetrieben haben. Es ist jedoch in gleicher Untrüglichkeit bezeugt, daß der Haß gegen die Juden durch den wunderthätigen Bettelmönch auf die Spitze getrieben wurde und dennoch erst nach Jahren zur Vernichtung der jüdischen Gemeinde in Erfurt führte. Man ließ sie einen langsamen Tod sterben. Um die Weihnachtszeit 1456 beklagt sich Kaiser Friedrich gegen die Stadt Erfurt über die ihm durch seinen Fiscal gemeldeten Bedrückungen und Mißhandlungen der Juden, die bereits Häuser und Freihöfe daselbst verließen, um ihren Stab weiter zu setzen,[2] und 1459 redet schon eine Urkunde von den „vor Zeiten in Erfurt gewesenen und von dannen gezogenen Juden";[3] im Jahr 1457 scheinen die Letzten Erfurt verlassen zu haben.

Die Stadt war ob der Beeinträchtigung der kaiserlichen Kasse durch diesen Austritt der reichen Judenschaft in einen schlimmen Kammergerichtsproceß verwickelt und zu hoher Pön verurtheilt worden, von welcher erst die Verwendung des (für die eigene Einbuße reich durch den Rath entschädigten) Erzbischofs Dietrich und anderer geistlicher wie weltlicher Fürsten befreite.[4] Die Kaiser hielten sich fortan an den Nachlaß der verzogenen Judenschaft, was freilich eine traurige Rückerinnerung verschwundener Zeiten oftmals wecken mochte. Kaiser Friedrich III. hat für alte Forderungen die erfurtische sammt der halleschen Synagoge dem Nicolaus Pflug verschrieben[5] und noch 1483 dem Erfurter Rath befohlen, die von der Jüdischheit in seinen Händen verbliebenen Bücher dem Juden Levi zu verkaufen.[6] So war denn

---

[1] M. A. XLVII, 28.
[2] ib. 27.
[3] ib. 28.
[4] ib. 28, 29.
[5] ib. 33.
[6] ib. 34.

bis auf das Judenbad alles ausgenutzt, und auch dieses wurde noch vom Kaiser Max I. seinem Kanzleischreiber Berchtold Locher zum Geschenk gemacht 1504.[1]

Die alte Judensteuer des Opferpfennigs scheint in Erfurt die Juden selbst noch überlebt zu haben: der Rath mußte sie vermuthlich nach einem schon früher festgesetzten Normalsatz an den Ritter Matthes Schlick weiter zahlen; in der auffälligen Höhe von 1000 rheinischen Gulden — die einen erwünschten, aber trügerischen Anhalt für die beliebten Populationsübertreibungen geben könnte! — machten die Söhne Matthes Schlicks auf die jährliche Zahlung der Judensteuer von einer längst untergegangenen Gemeinde Anspruch, gaben jedoch ihr Recht um die einmalige Zahlung dieser Summe seitens des Rathes 1486 auf.[2] Das Haus, auf dem der Name des „Judenzolls" haften blieb, hieß noch lange „das Schlicksche Eigenthum" und wurde erst 1544 von den Schlickschen Erben an einen von der Bärenklau verschenkt.[3]

Erfurts Finanzen haben schwer gelitten durch das erst muthwillige, dann allem Anschein nach sehr ernsthaft fanatische Schwingen der Hebräergeißel; nicht bloß, aber gewiß mit aus dieser Ursache stand Erfurt ein halbes Jahrhundert nach Austreibung der Juden vor einem nicht länger zu verhehlenden Staatsbankerutt. In einem kleinen, fast komischen Abbild zeigt sich derselbe Fluch durch die Ebbe, die 1457 über die Kasse des armen Benedicti-Plebans hereinbrach: er konnte sich so wenig von den Verlusten der jüdischen Sporteln seiner christlichen Pfarrei erholen, daß er sich noch 1506 der jährlich ihm obliegenden Zahlung von 3 Schock und 12 Groschen an die ihm vorgesetzte Dompropstei „wegen Wegzugs der Juden" für unfähig erklären mußte.[4]

Nur der Erzbischof von Mainz selbst, der diesen zweiten Untergang Israels in seiner treuen Tochterstadt des Thüringer Landes so feierlich bestätigt hatte, da die Juden „Feind sind und Mißbieter des allmächtigen Gottes, Marien, seiner werthen Mutter, alles himmlischen Heeres und des heiligen Christenglaubens", und er der „Fährlichkeit der Seelen, großem verderblichen Schaden unsrer Bürger

---

[1] M. A. XLVII, 38.
[2] ib. 35.
[3] ib. 39.
[4] Stephan, Neue Stofflieferungen für die deutsche Gesch. 2. Heft, p. 84.

und andrer Christenmenschen von der Jüdischheit daselbst entstanden", hiermit auf die Dauer Abwehr schaffen wolle, — nahm 1528, zu eben jener Zeit, da er den Bannstrahl gegen das kezerisch martinisch gewordene Erfurt stets in Bereitschaft hielt, „Judenbürger" in die dem Stift gehörigen Dörfer dicht vor Erfurts Thoren auf mit ausdrücklicher Garantie gewinnreichen Wuchers, sogar mit der Erlaubniß für gestohlen erachtete Kleinode oder Kleidungsstücke „zu verkaufen oder sonst zu Nuz anzulegen", wenn sie nicht innerhalb Monatsfrist zurückbegehrt würden, natürlich aber auch mit dem nicht weniger ausdrücklichen Gebot, am Michaelistag pünktlich „sechs Gülden rheinisch in Gold" auf des Bischofs Tisch zu legen, auch von Wein, Bier und Brot die gewöhnlichen Abgaben sowie alle Steuern mitzutragen, die der im Mainzer Erzstift gesessenen Judenschaft überhaupt auferlegt würden, wofür sie denn übrigens „ganz frei und unbeschwert" leben sollten.[1] Noch 1553 gab es in Daberstedt solche freie, unbeschwerte Judenbürger „unter Mainzer Gerichtszwang".[2]

Man sieht, die alte Zeit, wenn sie auch mehr am Ueberirdischen hing wie die unsrige, hat die realen Weltmächte auch zu würdigen gewußt.

---

[1] Jaraczewsky, p. 95 ff.
[2] C. A. Kalal. Erfurt, p. 395 f.

Nachträge und Verbesserungen.

S. 1. Seitdem die Heinrich von Kirchberg betreffenden Bemerkungen niedergeschrieben wurden, ist nicht nur die juristische Seite in dem Auftreten dieses merkwürdigen Mannes von Muther in Glasers Jahrbüchern für Gesellschafts- und Staatswissenschaften (XII, 25—40) gewürdigt worden, sondern auch in der neuen kritischen Ausgabe des Carmen historicum (mit in „Geschichtsquellen der Provinz Sachsen", Halle 1870) durch Theobald Fischer soeben ein sehr lehrreicher Excurs über Heinrich von Kirchberg überhaupt erschienen, in welchem u. a. die bisherige Annahme, er habe dem bekannten Burggrafengeschlecht angehört, seine Widerlegung findet. Erst für die späteren Bogen war es mir möglich, die neue Fischer'sche Ausgabe zu benutzen; sie ist zum Unterschied von der Höfler'schen stets als Carmen satiricum citirt worden; die Verszahlen der Erfurt betreffenden Distinction sind bei Citaten nach Höfler („Carm. hist.") behufs des Nachschlagens in dem von Fischer berichtigten Text um 16—21 zu erhöhen.

S. 2. Die zweideutige Rolle, die Kirchberg während des Erfurter Interdicts gespielt hat, ist jetzt auch eingehender und richtiger dargestellt von Fischer l. c. pp. 154—157; vgl. dazu meine Schrift „Erfurt im dreizehnten Jahrhundert" pp. 112—116 und Anm. 57 u. 59.

S. 3, Z. 8 v. u. zu bessern: „mit segnend gehobener Rechten" (eine sachliche Berichtigung, die ich der Güte des Herrn Archivrath v. Mülverstedt verdanke).

S. 34, Z. 2 „zu" zu streichen.

S. 37, Z. 2 zu bessern: Hermannus.

S. 37, Z. 4 desgl. Domini.

S. 37, Anm. 1. Als Nebenformen des Namens Hermannus de Bybera kommen vor: H. de Bibera und H. de Bebera (M. A. VII, 15, 16). Hermanns Brüder, die sich später für ihn in Haft gaben (s. oben S. 32), hießen Heinrich und Hermann (M. A. VII, 14); Gleichbenennung von Brüdern war in jenen Zeiten nicht eben selten.

S. 42, Z. 3: dantur.

S. 43, Anm. 36. Diefenbach citirt in seinem Novum glossarium latino-germanicum (Frankfurt a. M. 1867) p. 123 aus einer Handschrift der Frankfurter Dominicaner-Bibliothek vom Jahr 1429 „ein cheil da men holtz mit chleubt" und aus einem niederdeutsch-lateinischen Wörterbuch „cuneo firmare *kilen*".

S. 54, Z. 1 zu bessern: pannum *et* antiqua, und in der vorletzten Textzeile mansi.

S. 57, Z. 10 desgl. que.

S. 61 ist in der drittletzten wie in der vorletzten Textzeile supra in super zu verwandeln.[1]

S. 62, Z. 11: Byntersleybin.

S. 86, Anm. 195 zu bessern: „des 12. Novembers".

S. 87, Anm. 200 zuletzt: Krämer b r ü c k e.

S. 88 f. ist in den §§. 125, 130, 132 und in Anm. 205 intra in inter zu verwandeln.

S. 91, Z. 2 nach Baptiste einzuschalten: et IX dies post.

S. 91, Z. 7 zu bessern: inter (statt intra).

S. 91, Z. 5 v. u. desgl.: quotquot.

S. 91, Z. 3 v. u. desgl.: quicunque.

S. 103, Anm. 282. Brues könnte sogar nach der Analogie des im heutigen Erfurt noch allbekannten Backs (aus Backhaus, wohl durch Vermittlung von Backes, entstanden) als Kürzung des Wortes Bru-Hus (bruwe hûs = braxatorium) gedeutet werden.

S. 113, Anm. 348. Ueber die Verfertigung von „grisch tuch" durch die Beginen vgl. „Erfurt im dreizehnten Jahrhundert" p. 160.

S. 124, Anm. 397. Da der im 13. Jahrhundert allein bestehende ä l t e s t e Theil des Rathhauses der westliche, dicht am Fischmarkt gelegene war, so hat das ihm „gegenüberliegende" Martins-Hospital (beziehentlich der an die „Straße" reichende Theil desselben) Raum genug auf dem späteren Gesammtareal des Rathhauses selbst gehabt; es wird somit zwar bis vor das Haus zum Paradies gereicht haben, hat indessen nach der Ansicht des Herrn Major Böckner den Raum des letzteren nicht mit befaßt, vielmehr an der Milchgasse sein Ende gefunden.

S. 125, Anm. 401. Konrad von Megenberg war vielmehr ein Mainfranke; die Erfurter Familie der Megenberge führte kein „von" in ihrem Namen.

S. 131, Anm. 444. Das Wort Tine (Tiene) lebt auch in Niederdeutschland noch fort, wo man die nach oben gewöhnlich etwas verjüngten Wassertonnen, die (in märkischen Orten) zum Gebrauch für den Fall einer Feuersbrunst auf offener Straße bereit stehen, Feuer-Tienen nennt; auf Räder gesetzt und einem größeren Wagen hinten angehängt, zeigt auch jede Auffahrt der Berliner Feuerwehr die Feuer-Tiene.

S. 145 f. Zu obigen Schilderung der an den Einritt des Erzbischofs von Mainz in Erfurt sich anschließenden Bräuche habe ich („Erfurt im dreizehnten Jahrhundert" p. 119) noch nachgetragen, daß der Marschall des Erzbischofs das Pferd zum Geschenk zu erhalten pflegte, auf welchem sein Herr in Erfurt eingeritten war.

---

[1]) Auch in der oft vorkommenden Latinisirung des Ausdrucks „auf dem Severberg" wäre vielleicht am besten durchweg *super* statt *supra* montem s. Severi zu setzen gewesen, obgleich hierin nicht nur die Handschriften unter einander schwanken, sondern auch die beste (A) sich nicht treu bleibt.

S. 146, Z. 12 v. u. vor „später" einzuschalten: früher und.

S. 147 (zu Ende). Die Chronologie des Baues, der Zerstörung und des Wiederbaues der Erfurter Stadtmauer in der Zeit zwischen 1160 und 1170 ist eine ziemlich schwankende. In der jetzt durch Ottokar Lorenz' Herausgabe (in „Geschichtsquellen der Provinz Sachsen") vorliegenden älteren Compilation aus dem Original der Reinhardsbrunner Annalen folgt auf die „vollständige Zerstörung" der Mauer durch Landgraf Ludwig den Rechtschaffenen (von 1160) die Wiederherstellung derselben durch Erzbischof Christian 1169; in der von Wegele edirten jüngeren Compilation fällt der Bau einer steinernen Stadtmauer „durch Erzbischof Konrad und die Erfurter" um 1162, die Zerstörung durch Landgraf Ludwig ins Jahr 1164; endlich nach der wohl zuverlässigsten (daher im Text zu Grund gelegten) Angabe der Annales s. Petri Erphesfurdenses wurde die Mauer in der Fehde von 1165 zerstört und 1168 (so ist S. 148, Z. 2 für 1268 zu corrigiren) wieder erbaut.

S. 194, Z. 8 zu bessern: 546 (statt 547).

S. 203. Nicht nur die eine, als Walkhaus vorkommende, sondern auch die andere der beiden „halben" Mühlen bei den Langen Stegen (II, Anm. 393) wird man als altes Besitzthum der Grafen von Gleichen anzusehen haben; es heißt z. B. in dem Severi-Freizinsregister des E. A. von 1332: „III sol. de dimidio molendino et dimidio Walcmülle apud langenstegen quondam comitis de Glychen".

Deutung der Abkürzungen.

Citate in bloßen Ziffern weisen durchweg auf eins der drei hier veröffentlichten Weisthümer und den betreffenden § desselben.

  M. A. = Magdeburger Staatsarchiv.
  E. A. = Erfurter Stadtarchiv.
  W. A. = Weimarisches Staatsarchiv.
  C. A. = Ernestinisches Communarchiv.
  D. A. = Kgl. Sächsisches Haupt-Staatsarchiv.

Bei Citaten von Magdeburger Archivalien bedeutet, wenn nicht ausdrücklich etwas Anderes hinzubemerkt ist, die lateinische Ziffer stets den Titel, die arabische die Nummer des Urkunden-Katalogs a.

Hinsichtlich der Büchercitate glaube ich nichts unklar gelassen zu haben. Ueber „Carm. hist." im Gegensatz zu „Carm. sat." s. S. 304. Stolles thür.-erfurtische Chronik wurde selbstverständlich immer nach Hesses Ausgabe (Bd. XXXII der Bibl. des litter. Vereins in Stuttgart) angeführt, deren vielfältige Ungenauigkeit sich mir zwar bei der Vergleichung mit dem Jenaer Codex in unerwarteter Weise herausstellte, jedoch bei den kurzen hier in Frage tretenden Beweisstellen nicht schädlich einwirkt. — Sollte z. B. bezüglich angezogener handschriftlicher Chroniken nähere Kenntniß gewünscht werden, so steht solche in Herrmanns mit ausgezeichnetem Fleiß zusammengetragener Bibliotheca Erfurtina (Erfurt 1863) jedem leicht zu Gebot.

Wortregister.

achte I, 1.
annulator (= vingerler) II, 175.
barte I, 13.
bate (bata) II, 114, 116.
beckina II, 208.
berrinne II, 18 (p. 45).
berwechte (berwecte, berwette, byrwette) II, 27, 28, 29, 72, 78, 158, 174, 175, 193, 194, 226, 227. III, 14—17, 23.
berwer II, 209.
berwette s. berwechte.
bettemunt (ebtemunt) II. 39, 162.
birouge (birouge, byrouge, bireuge) III, 21.
blůtrunst (blutrunft) I, 2. II, 189.
bodich I, 13.
bozschuch (bosschuch, botschůch, botschu, botschů, boschů, botus) II, 110, 171, 174, 235. III, 12.
brathuve II, 230.
bregen II, 14 (p. 45).
brůes (bruesse, bruosse) II, 175 (p. 103), 194.
brůl I, 49. III, 3, 4. Vgl. p. 197. Anm. 1.
burcvride I, 1, 2.
butil (botel) I, 40. III, 2.
byrouge s. birouge.
byrwette s. berwechte.
caliga II, 5, 11, 211.
canapi II, 207.
cannile II, 14 (p. 45).
carte II, 205.
clingen II, 19.
clippeator (schilder d. h. schilderer) II, 26, 60, 74, 145, 146, 152, 174, 175, 203, 221, 227, 254. Vgl. III, 18.
collopes II, 199.
cratera (crathera?) II, 255 (p. 132).
cursen II, 191.
cursennere II, 204.
cyppus II, 179.
derteil (derte teyl) III, 3, 23.
dirdendei II, 208.

dresler II, 199.
drog II, 255.
ducillus II, 142.
dyna II, 255.

eldergelt II, 98, 100.
entvrone II, 188.
entfronen II, 224.
eriettin I, 38.

felkener (velkennere) II, 61, 144.
froywengebende (frowenbende) II, 50, 73, 136.
frumentum II, Anm. 175.

garn II, 203, 205.
geld (korngeld) I, 10.
gelden I, 23.
genoste I, 26, 30.
gerant zen II, 202.
gerihte I, Ueberschrift; I, 1.
gewarendare II, 219.
glocspise II, 205.
gnade tůn I, 3; uf genade I, 6 ff. (vgl. II, 31).
gotesvride I, 1, 2.
gulde I, 7.
gynt II, 5, 211.

hancniss I, 56.
harlachen II, 206.
heimsůche I, 2.
hengel wynber III, 30.
holwerk (holtwerk, holwerg) I, 13. II, 6, 13, 20, 212, 214, 255.
howenhelbe II, 14 (p. 45).
hulfte II, 14 (p. 47).
huppe II, 15 (p. 47).
husgenozzen I, 12, 22, 24, 27, 31—39.

innungator II, 161, 163.
innunge II, 30. III, 10.

jar und tac I, 6 (p. 10).

kako II, 179.
kampf I, 1.
kelge II, 14 (p. 46).
knuttiln I, 2.

kramph (in Kramphentor) II, Anm. 381.
kremerie II, 198, 202, 208.
kunes II, 14 (p. 43).
kuphe I, 13.

lederkalk II, 209.
leder snyter (ledersnider) II, 30, 56, 77, 207. III, 17.
legil I, 13, 18.
len, dy II, 82.
limleder II, 209.
loloub II, 209; vgl. II, Anm. 324.
losunge II, 207, 255.
lot I, 26.
lower (in Lowertor) II, Anm. 242.
loyfte II, 14 (p. 46).

mart I, Anm. 120.
müden I, 28.
muskewerken (motkewerken, musgewerg) II, 40, 174. III, 15.

naldener II, 199.
notnunft I, 1.

ore II, 205.
oveley III, 11, 12.

pabulator (futerer) II, 30, 56, 77, 174. III, 14.
palu II, 255.
parascheve II, 49.
pilleator (hüter) II, 50, 73, 136, 174. III, 26.
puls II, 30, 40, 56, 77.

radeber II, Anm. 389.
rodelant II, 93.
rossehuve II, 117.

satula II, 114 (vgl. p. 257).
scapulae II, Anm. 93.
schegennere II, 163.
schegenwerg II, 163.
scherf (scherph, scherpf, scerph) I, 17, 25, 28, 33, 37, 39, 45, 47.
schopa II, 214.
schrotin (schrodin) u. schrodere I, 52 f.
schufe II, 14 (p. 43).
schuppha II, 179.
scigere I, 29.
selbogen II, 14 (p. 44).
selsener II, 214.
senyffer II, 214.
sepi II, 81.
septimana communis II, 79.

settine I, 26.
siligo II, Anm. 214.
slegeschatz (sleischatz) I, 10 ff. II, 133, 134, 212.
slegeschatzen I, 13, 18.
slegeschetzer II, 133.
sleyschatz f. slegeschatz.
smersnider II, 214.
sneter phenninge II, 157.
spelta II, Anm. 215.
stopa II, 142.
stutz II, 14 (p. 42).
sulczenere II, 214.
avertspene II, 14 (p. 45).
sweim (in Sweimbach) p. 314.
swerde I, 35.

tabelblie II, 202.
tunnus II, 41.
tytulacio II, 190.

ufgeholen I, 7.
ungelt II, 159.
unirgeden I, 38.
unvercigen unsis rechtis I, 56.

vachboum II, 143.
velkennere, dy f. felkenere.
vilze II, 209.
vingerler II, 227.
volge, dy (= executio) II, 54 (p. 63), 65.
vorsetze II, 223.
vorwunden II, 218.
voygtsding II, 31, 182.
vraten p. 167, Anm. 2.
vri, vrigût I, 3 ff. (vgl. I, Anm. 16), I, 54.
vribote I, 5, 6.
vritag, guoter I, 15.
vröne (vrone) I, 6. II, 123 (p. 87), 188, 224.
vrönen I, 6, 7.

waltman I, 14.
wampmusium II, 208.
warte, nach der II, 196.
weden, gewundene II, 14 (p. 42).
werbhaft wazzer II, 143.
westergewant II, 203.
wippilde I, 11, 45.
wurken I, 17, 31.
wyzze p. 233, Anm. 1.

zehegen (vgl. schegenwerg) II, 202.
zehegennere (schegennere) II, 202.

Namenregister.

Alboldi, domina II, 85.
Alrestete, Heinricus de II, 257.
Andree, valva sancti II, 221.
Anger, Theodericus II, 51.
Appolde, pincerna de II, 257.
Appolde, vicztum von III (Ueberschrift).
Augustini, fratres ordinis sancti II, 68 (p. 70 u. 71).

Bechstete II, 92, 120.
Bechstete, Heinricus de II, 163.
Benedicti, ecclesia sancti II, 205, 210.
Benedicti, parochia sancti II, 175.
Bintersleiben (Byntersleyben, Byltersleyben) II, 31, 37, 54, 63, 87, 107, 167, 169, 217, 219.
Bintersleiben (Bintersleyben, Byltersleiben), Heinricus de II, 66, 67, 68 (p. 72), 70, 135.
Bischovisguttern (auch bloß Guttern) II, 26, 63, 119, 164, 241, 243, 245, 249.
Blankenhayn, Ludewicus de II, 256.
Borntal II, 167.
Brulo II, 169, 235, 236, 237, 240, 248. III, 3.
Bultza II, 228, 229.
Buselciben II, 145.
Bybera, Hermannus de II, 1, 163.
Bychelingen, Eckardus de II, 228, 229.
Byltersleyben f. Bintersleiben.
Byntersleyben f. Bintersleiben.
Byschovisguttern f. Bischovisguttern.

Cammerforste f. Kammerforst.
Cappus, Theodericus II, 257.
Cappus, Wilhelmus (?) II, 257.
Coppilweide II, 154.
Cranchfelt, Volradus de II, 257.
Cranchfelt, Volradus de, juvenis II, 257.
Crutstege II, 126.
Cyriaci, molendinum sancti II, 222.
Cyriaci, monasterium sancti II, 54.

Dorlon (Dorlin), Dorlen II, 164, 241, 243, 246, 249.

Egenstete II, 120.
Egidii, parochia sancti II, 228.
Eilbrechtisgehoven II, 31, 35, 37, 54, 55, 63, 90, 154, 169, 216, 217, 219, 221.
Elrich, illi de II, 102.
Erforthe (Erforte, Erffurte), Erfordia (Erffordia) I, 1, 3, 5, 17, 20, 21, 22, 33, 48, 51, 54, 56. II, 121, 138, 164, 182, 205, 233, 248, 257. III, Ueberschrift, 4, 9.
Eychelborn, illi de II, 31.
Eychenberg II, 24.

Flucken, Heinricus II, 152.

Gera II, 126, 175, 227, 228.
Gerhart, Erzbischof von Mainz I, 56.
Gispersleyben, Heinricus de II, 163.
Glichen, molendinum quondam de II, 229.
Glichen, voyt von III, 1, 2.
Gutendorf, de II, 228.
Guttern f. Bischovisguttern.
Guttern, Bertholdus de II, 163.

Heinricus, vicedominus Erfordensis (vgl. Heinricus Vicedominus) II, 117.
Heyliten, silva II, 119.
Hocheim II, 31, 36, 54, 63, 82, 106, 168, 169, 234.
Holtzhusen II, 120.
Honstad (Honstade) II, 154, 233.
Hoppental II, 231.
Horat II, 62.
Hoveborn II, 234.
Hovelden II, 120.

Jchtershusen f. Ychtrishusen.
Johannis, platea sancti II, 228.
Johannis, valva sancti II, 181, 228.
Judenhut, vicus II, 125.

Kamerforst II, 119, 242.
Kerlingeri, Bertradis II, 62.

Kerlingeri, Gotschalcus II, 62, 256.
Kesemarg II, 222.
Keyser, Ludewicus II, 163.
Kircheim, dominus de II, 68 (p. 71).
Kirslaca II, 143, 144, 221, 228.
Kirspeleyben, Heinricus de II, 151.
Korntal II, 68 (p. 71).
Kramphentor II, 221, 228.

Langelo II, 246.
Lapide, Ludewicus de II, 257.
Lappenberg, uf deme II, 175.
Laurencius, sanctus II, 228.
Leonum platea II, 181, 221.
Linderbech II, 145.
Lowertor II, 155.
Luhellin (Lubelin), Gotscalcus de II, 163.
Lymansbrucke II, 228.

Manstete, Albertus de II, 55.
Marie, capitulum (monasterium) sancte II, 23, 235.
Marie, ecclesia beate II, 171, 230, 232, 233.
Martpeche II, 105, 165, 167.
Mauricii, valva sancti II, 181.
Meintze (Mencze, Meucz) I, 56, 57. III, Ueberschr., 4, 6, 9, 22, 30.
Mekela, ille de II, 228, 229.
Melchendorf f. Milkendorf.
Meldingen, Wernherus de II, 163.
Meuwersburg, Heinricus de II, 257.
Meygenberger gasze, II, 228.
Mila II, 164, 241, 249.
Mildenstein, dominus de II, 216.
Milkendorf (Melchendorf) II, 25, 31, 35, 39, 54, 63, 169, 216, 217, 219, 235. III, 28.
Molhusen II, 209.
Mulborg II, 91.

Northusen, Rudolfus albus de II, 175.
Notelleyben (Notteleibin) II, 88.
Nusezen II, 120.

Orval II, 99, 167.
Owa II, 166, 222.

Petri, monasterium sancti (sente Peter) II, 171. III, 24.
Petri, mons sancti II, 151, 181, 221, 232, 235.
Petro, domini de sancto II, 22, 110.
Plurale II, Anm. 69.

Rastorf II, 34, 67, 68 (p. 70 u. 71), 70, 96, 115, 116, 117, 135.
Rorbeche, Gotschalcus de II, 256.
Roseman II, 175.
Rynneman, Cunradus II, 68 (p. 71).

Schotorum cimiteria II, 207.
Schwartzpurg, Guntherus de II, 257.
Slavi II, 39, 217, 218, 235.
Smyre II, 37.
Smyre, Alexander de II, 61.
Spelberg II, 234.
Stoghusen II, 242.
Swap, Ulricus dictus II, 31.
Sweimbach p. 314.

Taberstete II, 25, 31, 39, 54, 63, 169, 217, 219, 235. III, 28.
Thuringia II, 12, 117, 133, 164, 205, 209.
Tifental (Tivental) II, 63, 84, 85, 86.
Totelstete II, 97, 100, 109, 167, 217.
Trost II, 155, 188, 217, 221.
Tuntorf (Tungdorf, Tunctorf) II, 24, 68, 121, 256, 257.
Tutelstete II, 25, 31, 35, 39, 54, 63, 118, 122, 169, 216, 217, 219, 235. III, 28.
Tyvental f. Tifental.

Urbech II, 120.

Valken (Valkene) II, 164, 241, 243, 246, 249.
Varila, Fridericus de II, 145.
Vicedominus, Heinricus junior II, 68 (p. 70, 71, 72—79, 135.
Vicedominus, Fridericus II, 58.
Vlysgasze II, 221.

Walsleyben (Wallesleibin) II, 89.
Wawetzmulle II, 62, 104, 221.
Wawit (Wawet, Waweit) II, 168, 186, 203.
Wawit, molendinum ante f. Wawetzmulle.
Wilhelmus (Cappus?) II, 257.
Wiszense, Rudolfus de II, 228.
Witterde II, 34, 66, 68, 70, 93, 114, 116, 135, 164, 167, 241, 243, 244, 249.
Wytenrode, de II, 52.

Ychtrishusen, monasterium in II, 24.

Deutung der auf dem beigefügten Stadtplan gebrauchten Zahlen.

1. Das Haus „zur Gabel" an der nach Norden vorspringenden Häuserecke; davor liegt das Faulloch (jetzt: Fallloch, nicht Vollloch, wie im Text mehrmals geschrieben ist), in alter Zeit als Häuser tragendes Areal vorkommend.
1—15. Die Gasse „unter den Schilderern" mit den (alten) Fleischbänken; in der Mitte dieser Gasse befand sich eine isolirt liegende Häusergruppe, welche in 3 Abtheilungen zerfallend, aus 5 der Länge nach an einander gereiheten Gebäuden ohne Hof bestand. Die zwischen 1 und 15 zur Seite dieser Häusergruppe abzweigenden Gäßchen sind: rechts „unter den Fensterläufern", links „die Viehgasse".
2. An der Klappe.
2—3. Die Klappe, ein mit einigen Stufenabsätzen versehenes, enges Gäßchen, welches nach dem Severihof führte.
2—12. Vor dem Krummhausgarten mit 60 isolirt liegenden Schusterbänken.
2—14. Die Fingerler- (Fingerlings-) Gasse.
4. Muthmaßliche Lage des Krummhauses auf dem Hofe s. Severi.
5. Der Severihof, ein auf der kleinen Anhöhe unmittelbar an die Stiftskirche s. Severi angrenzender freier Platz.
6. Die Stiftskirche s. Severi.
7. Die Stiftskirche Beatae Mariae Virginis (der Dom).
8. Das Lauen-Thor.
8—9. (D. h. bis zur Westecke des Hofes s. Severi). Die Lauen-Gasse.
9—10. Der Weg nach dem Petersberg.
10. Die Kirche s. Leonhardi.
11—12. Die Aufstellung der Salzkarren.
13. Der freie Platz „vor den Graben".
14—17. Der Rubenmarkt.
14—15. Der Lappenberg, die von 13 Häusern gebildete westliche Häuserreihe dieses Theiles vom Rubenmarkt, hinter welcher das „Alt Reußen"- (Flickschuster-) Gäßchen sich hinzog.
14—35. Auf dem Kornmarkt (der westliche Theil der jetzigen Marktstraße.
16. Die Kirche s. Andreae.
16—23. Die Weber-Gasse.
17—22. Die Bliden- (später Hunds-, in neuerer Zeit Glocken-) Gasse.
18. Das Andreas-Thor.
19. Judengrab (der Begräbnißplatz der Juden).
20. Das Moritz-Thor.
21—24. Die Querch-Gasse.
22. Die Kirche s. Mauritii.
22—25. Unter den Weißgerbern.
25—32. Die Michaelis-Gasse.
26. Die Kirche s. Georgii.
27. Die Kirche s. Servatii.
28—29. Auf der Limanns-Brücke (eine Gasse).
29—77. Die Limanns-Brücke.
30—15. Die Pergamenter-Gasse.
31. Die Kirche s. Michaelis.
31—35. Hinter Aller-Heiligen.
32. Die Kirche s. Benedicti.
32—61. Die Krämer-Brücke (eine mit zwei Häuserreihen besetzte Brücke).
32—35. Die Breite- (jetzige Markt-) Straße.
33. Der Mühlhof.
34. Der Fischmarkt mit dem Rathhaus.
35. Die Kirche Omnium Sanctorum (Aller Heiligen).

36—57. Die Langen Stege.
37. Das Dominicaner- (Prediger-) Kloster.
38—50. Die Lange Brücke.
39. Die halbe Mühle (auch die Bürger-Mühle, die Mühle vor der langen Brücke, später die Mühle „zur Sackpfeife" genannt).
40. Der Vorwerkshof des Erzbischofs von Mainz (der „Mainzer Hof").
41. Das Brühler-Thor.
42. Das Kloster s. Martini (extra).
43. Die Kirche Sacri fontis (Heilige Brunnen-Kirche).
44. Das Kloster Novi operis (Neuwerks-Kloster).
45. Die Pforte bei dem Neuen-Werk (Wasser-Thor).
46. Die Kirche s. Thomae.
47. Das Löwer-Thor.
47—48. Auf der Löwer-Brücke (eine Gasse).
49. Die Kirche s. Viti.
51. Die Kirche s. Wigberti.
52. Das Augst-Thor und die dabei liegende Kirche s. Albani.
53. Das Kloster der regulirten Chorherren s. Augustini (Regler-Kloster).
54. Die Kirche s. Bartholomaei.
54—56. Die Grafen-Gasse.
55. Das Franziskaner- (Barfüßer-) Kloster.
57. Die Mühle vor den Langen Stegen (1510 nach ihren Besitzern, der Familie Coller, später Schlösser-Mühle genannt).
57—59. Der Sand (in späterer Zeit der Junker-Sand).
58. Die Kirche s. Laurentii.
58—60. Die Bülze.
61. Die Kirche s. Aegidii am Wenigen-Markt.
62—74. Die Futtergasse.
63—65. Die Meigenberger- (später Meimer-, in neuerer Zeit Eimer-) Gasse.
64—66. Die Viehgasse.
67. Die Kirche Mercatorum (Kaufmänner-Kirche).
68—71. Die Krämpfer-Gasse.
69. Das Kloster Albarum dominarum (Weißfrauen-Kloster).
70—71. Die Fleischgasse.
72. Das Krämpfer-Thor.
73—80. Die Johannis-Gasse.
74. Die Kirche s. Matthaei.
75. Das Schotten-Kloster.
76. Die Kirche s. Gothardi.
77. Die Kirche s. Nicolai.
78. Das Kloster s. Augustini eremitarum.
79. Die Kirche s. Johannis.
80. Das Johannis-Thor.
80—81. (Zwischen der Kirschlache und der wilden Gera) Das Elend.
82. Muthmaßliche Lage der Kirche s. Martini intra (südlich vom Fischmarkt).
83. Das Marienknechts-Kloster vor dem Krämpfer-Thor.
84. Der Hof der Grafen von Gleichen auf dem Petersberg.
85. Der Ackerhof des Klosters s. Petri.
86. Die Mühle s. Cyriaci am Bergstrom (außerhalb der Brühler Vorstadt).
87. Das Wawet- (jetzige Papier-Wehr) und die muthmaßliche Lage der Wawet-Mühle an der Gera, unweit der Abzweigung des Bergstroms.
88. Die Kirche s. Pauli.
89. Ungefähre Mitte des Hospital-Areals bis zum Jahr 1385.

Anmerkung. Die Angabe der Lage der alten Martinskirche (No. 82, zum Unterschied von der außerhalb der Altstadt-Mauer gelegenen gleichnamigen Klosterkirche [No. 42] Martini intra genannt) beruht auf einer Vermuthung des Herrn Major Böckner, welche sich auf einen an der betreffenden Stelle noch gegenwärtig befindlichen offenbar alten Steinsockel gründet. Nach einer erst kürzlich aufgefundenen authentischen Nachricht (in einer erzbischöflichen Urkunde von 1385), die ich mitgetheilt habe in meiner Schrift „Erfurt im dreizehnten Jahrhundert" p. 146, kann dieser Sockel jedoch nicht der Martinskirche angehört haben, die vielmehr frei auf dem Fischmarkt, allerdings mehr auf dessen südlichem Theil („iuxta hospitale s. Martini" nach den Freizinsregistern, z. B. nach dem des E. A. von 1332) gestanden haben muß. — Hinsichtlich des der Stadt im Südosten zufließenden, heute gewöhnlich Schwemmbach, früher auch Schweinbach genannten Wassers berufe ich mich wegen der auf dem Plan gewählten Namensform Sweimbach auch auf die Freizinsregister des E. A. (1332: sveimbach, 1350 schon schwembach) und erinnere an mhd. sweim und sweib (Schweben, Schwingung, Krummlauf), eine auf die S-Krümmungen dieses Baches gut passende Bezeichnung (vgl. ze sweime gân bei Nithart).